LINGVA LATINA PER SE ILLVSTRATA I
FAMILIA ROMANA

Montaurii memoriam summo colamus honore

Die XVII mensis Februarii anni MMX, nonaginta iam annos natus,
supremum vitae diem obiit Iohannes Henning Ørberg, qui ipse se Latine,
et lepide quidem, Montaurium appellare solebat. Natus Grenae in Dania anno
MCMXX, die XXI mensis Aprilis, cum sermonibus litterisque
Latinis, Britannicis et Gallicis in Hauniensi Athenaeo studuisset coronamque
lauream ibidem esset adeptus, ab Arturo M. Jensen, cive suo, arcessitus, in
Instituto linguis iuxta naturae rationem tradendis muneris officium, quod ei
commissum erat, egregie praestitit. Ibi vero, vestigiis illius W.H.D. Rouse
aliquatenus insistens, consilium inivit easdem docendi rationes, quae in usu
iampridem ad linguas recentiores impertiendas vigebant, aptatas induci posse ut
sermo quoque Latinus efficaciter perdisceretur.

Opus eius praeclarum, quod per plus quinquaginta annos identidem
retractatum ac recognitum nobis arida pumice expolitissimum tradidit, tu,
candide lector, nunc ipsum manibus tenes, novissima hac editione, quam ille prae
oculis infelix ob fatum habere non potuit. Quibus libris auctor summo studio
atque incomparabili diligentia operam undecim his lustris adeo
navavit, ut ceteros omnes scriptores, qui artem linguam Latinam docendi sunt
aggressi, longe superaverit ac palmare quoddam nobis summoque
artificio elaboratum opus hereditate reliquerit.

Qui hodie linguae Latinae apprime discendae hoc libro usus omnibus viribus suis
operam navaverit, is vere nunc etiam Montaurii memoriam summo colet honore,
ita ut nulla sint nobis funera fletu facienda. Cur? Quia Iohannes per sua opera
nobis tradita volitat vivus per totius orbis hominum ora.

Luigi Miraglia
Vivarium Novum

HANS H. ØRBERG

LINGVA LATINA
PER SE ILLVSTRATA

PARS I

FAMILIA ROMANA

Edizioni Accademia
VIVARIUM
NOVUM

ROMA MMX

LINGVA LATINA
PER SE ILLVSTRATA

For information on the complete series and new titles, visit www.pullins.com

Pars I: Familia Romana
© Hans H. Orberg 2003
Domus Latina, *Skovvangen 7*
DK-8500 Grenaa, Danimarca

Imagines delineavit *Peer Lauritzen*
Imaginibus colores induxit *Nadia Marano*

© di questa edizione: Edizioni Accademia *Vivarium novum* 2010

© Distributed by Focus Publishing/R. Pullins Company
PO Box 369
Newburyport MA 01950
www.pullins.com
with permission of Domus Latina

ISBN: 978-1-58510-423-9 Hardcover
        978-1-58510-420-8 Paperback
To see available eBook versions, visit www.pullins.com

Printed in the United States of America.

11 10 9 8 7 6 5 4 3 2

0512V

INDEX CAPITVLORVM

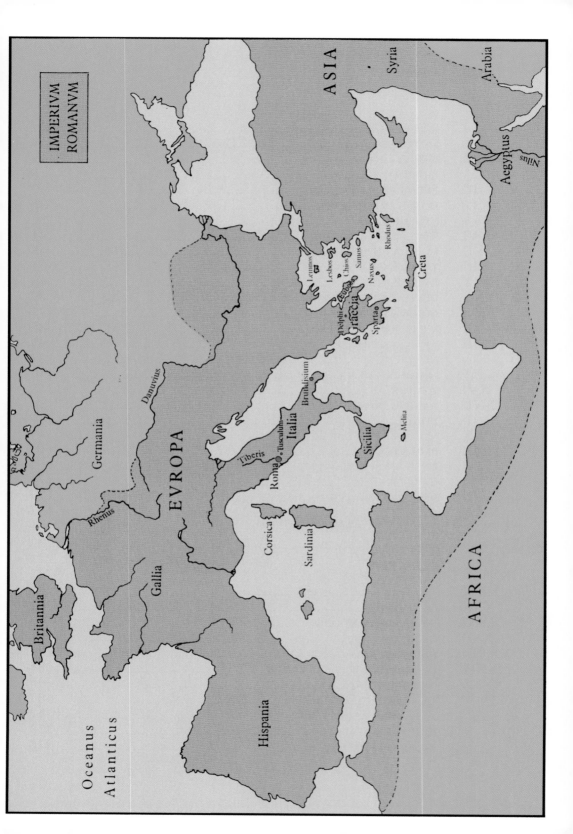

IMPERIVM ROMANVM

1 Rōma in Italiā est. Italia in Eurōpā est. Graecia in Eurōpā est. Italia et Graecia in Eurōpā sunt. Hispānia
quoque in Eurōpā est. Hispānia et Italia et Graecia in
Eurōpā sunt.

5   Aegyptus in Eurōpā nōn est, Aegyptus in Āfricā est.
Gallia nōn in Āfricā est, Gallia est in Eurōpā. Syria nōn
est in Eurōpā, sed in Asiā. Arabia quoque in Asiā est.
Syria et Arabia in Asiā sunt. Germānia nōn in Asiā, sed
in Eurōpā est. Britannia quoque in Eurōpā est. Germā-
10 nia et Britannia sunt in Eurōpā.

    Estne Gallia in Eurōpā? Gallia in Eurōpā est. Estne
Rōma in Galliā? Rōma in Galliā nōn est. Ubi est Rōma?
Rōma est in Italiā. Ubi est Italia? Italia in Eurōpā est.
Ubi sunt Gallia et Hispānia? Gallia et Hispānia in Eu-
15 rōpā sunt.

    Estne Nīlus in Eurōpā? Nīlus in Eurōpā nōn est. Ubi
est Nīlus? Nīlus in Āfricā est. Rhēnus ubi est? Rhēnus
est in Germāniā. Nīlus fluvius est. Rhēnus fluvius est.

-a -ā:
Itali*a*...
in Itali*ā*
est sunt:
Italia in Eurōpā *est;*
Italia et Graecia in
Eurōpā *sunt*

est-ne...?
−ne = ...?

7

-us -ī:
Nīlus fluvi*us* est;
Nīlus et Rhēnus fluvi*ī*
sunt

parvus ↔ magnus

fluvi*us* magn*us*/parv*us*
fluvi*ī* magn*ī*/parv*ī*

-a -ae:
Corsica īnsul*a* est;
Corsica et Sardinia
īnsul*ae* sunt

īnsul*a* magn*a*/parv*a*
īnsul*ae* magn*ae*/parv*ae*

-um -a:
Brundisium oppid*um*
est;
Brundisium et Tūscu-
lum oppid*a* sunt

oppid*um* magn*um*/
parv*um*
oppid*a* magn*a*/parv*a*

Graecus -a -um

Rōmānus -a -um
< Rōma

Nīlus et Rhēnus fluviī sunt. Dānuvius quoque fluvius est. Rhēnus et Dānuvius sunt fluviī in Germāniā. Tibe- 20 ris fluvius in Italiā est.

Nīlus fluvius magnus est. Tiberis nōn est fluvius *II* magnus, Tiberis fluvius parvus est. Rhēnus nōn est fluvius parvus, sed fluvius magnus. Nīlus et Rhēnus nōn fluviī parvī, sed fluviī magnī sunt. Dānuvius quoque 25 fluvius magnus est.

Corsica īnsula est. Corsica et Sardinia et Sicilia īnsulae sunt. Britannia quoque īnsula est. Italia īnsula nōn est. Sicilia īnsula magna est. Melita est īnsula parva. Britannia nōn īnsula parva, sed īnsula magna est. Sicilia 30 et Sardinia nōn īnsulae parvae, sed īnsulae magnae sunt.

Brundisium oppidum est. Brundisium et Tūsculum oppida sunt. Sparta quoque oppidum est. Brundisium est oppidum magnum. Tūsculum oppidum parvum est. 35 Delphī quoque oppidum parvum est. Tūsculum et Delphī nōn oppida magna, sed oppida parva sunt.

Ubi est Sparta? Sparta est in Graeciā. Sparta est oppidum Graecum. Sparta et Delphī oppida Graeca sunt. Tūsculum nōn oppidum Graecum, sed oppidum 40 Rōmānum est. Tūsculum et Brundisium sunt oppida Rōmāna. Sardinia īnsula Rōmāna est. Crēta, Rhodus, Naxus, Samos, Chios, Lesbos, Lēmnos, Euboea sunt īnsulae Graecae. In Graeciā multae īnsulae sunt. In Italiā et in Graeciā sunt multa oppida. In Galliā et in Ger- 45 māniā multī sunt fluviī. Suntne multī fluviī et multa oppida in Arabiā? In Arabiā nōn multī, sed paucī fluviī sunt et pauca oppida.

Num Crēta oppidum est? Crēta oppidum nōn est!
50 Quid est Crēta? Crēta īnsula est. Num Sparta īnsula est? Sparta nōn est īnsula! Quid est Sparta? Sparta oppidum est. Rhēnus quid est? Rhēnus est magnus fluvius. Num ōceanus Atlanticus parvus est? Nōn parvus, sed magnus est ōceanus.

55 Ubi est imperium Rōmānum? Imperium Rōmānum est in Eurōpā, in Asiā, in Āfricā. Hispānia et Syria et Aegyptus prōvinciae Rōmānae sunt. Germānia nōn est prōvincia Rōmāna: Germānia in imperiō Rōmānō nōn est. Sed Gallia et Britannia sunt prōvinciae Rōmānae.
60 In imperiō Rōmānō multae sunt prōvinciae. Magnum est imperium Rōmānum!

III LITTERAE ET NVMERI

I et II numerī sunt. III quoque numerus est. I, II, III numerī Rōmānī sunt. I et II sunt parvī numerī. CIↃ
65 magnus numerus est.

A et B litterae sunt. C quoque littera est. A, B, C sunt trēs litterae. A est littera prīma (I), B littera secunda (II),

---

sunt-ne…?
paucī -ae -a ↔ multī -ae -a: multī/paucī fluviī, multae/paucae īnsulae, multa/pauca oppida

num Crēta…est? = est-ne Crēta…?
num…? … nōn…: num Rōma in Graeciā est? Rōma in Graeciā nōn est

-um -ō:
imperium Rōmānum in imperiō Rōmānō

I = ūnus (1)
II = duo (2)
III = trēs (3)
CIↃ (M) = mīlle (1000)

A = 'ā'
B = 'bē'
C = 'cē'
trēs = III (3)

9

C littera tertia (III). Γ littera Graeca est. C est littera Latīna. C et D litterae Latīnae sunt. Γ et Δ sunt litterae Graecae. 70

Fluvius et *oppidum* vocābula Latīna sunt. *Ubi* quoque vocābulum Latīnum est. In vocābulō *ubi* sunt trēs litterae. In capitulō prīmō mīlle vocābula sunt.

In vocābulō *īnsula* sex litterae et trēs syllabae sunt: syllaba prīma *īn-*, secunda *-su-*, tertia *-la*. In vocābulō 75 *nōn* sunt trēs litterae et ūna syllaba.

Quid est III? III numerus Rōmānus est. Γ quid est? Γ littera Graeca est. Num C littera Graeca est? Nōn littera Graeca, sed littera Latīna est C. Estne B littera prīma? B nōn littera prīma, sed secunda est. Quid est *nōn*? *Nōn* 80 est vocābulum Latīnum. *Nōn, sed, magnus, numerus* vocābula Latīna sunt. *Vocābulum* quoque vocābulum Latīnum est!

GRAMMATICA LATINA
Singulāris et plūrālis 85
[A] Nīlus fluv*ius* magn*us* est.
    Nīlus et Rhēnus fluv*ī* magn*ī* sunt.
'Fluv*ius*' singulāris est. 'Fluv*ī*' plūrālis est. Singulāris: *-us*. Plūrālis: *-ī*.
    Exemplum: numerus, numerī. 90
    I parv*us* numer*us* est. I et II parv*ī* numer*ī* sunt.
[B] Corsica īnsul*a* magn*a* est
    Corsica et Sardinia īnsul*ae* magn*ae* sunt.
'Īnsul*a*' singulāris est. 'Īnsul*ae*' plūrālis est. Singulāris: *-a*. Plūrālis: *-ae*. 95

Γ = 'gamma'
Latīnus -a -um = Rōmānus
D = 'dē'
Δ = 'delta'

vocābul*um: in* vocābul*ō*
capitul*um* prīm*um* (cap. I): *in* capitul*ō* prīm*ō*
mīlle = CIƆ /M (1000)
sex = VI (6)

ūnus -a -um = I (1)

(numerus) singulāris: I; plūrālis: II, III...

fluv*ius* magn*us*
fluv*ī* magn*ī*

-us -ī

exemplum
exempla

īnsul*a* magn*a*
īnsul*ae* magn*ae*

-a -ae

Exempla: littera, litterae; prōvincia, prōvinciae.

A litter*a* Latīn*a* est. A et B litter*ae* Latīn*ae* sunt. Gallia est prōvinci*a* Rōmān*a*. Gallia et Hispānia prōvinci*ae* Rōmān*ae* sunt.

100 [C] Brundisium oppid*um* magn*um* est.

Brundisium et Sparta oppid*a* magn*a* sunt.

'Oppid*um*' singulāris est. 'Oppid*a*' plūrālis est. Singulāris: -*um*. Plūrālis: -*a*.

Exempla: vocābulum, vocābula; exemplum, exempla.

105 *Littera* est vocābul*um* Latīn*um*, nōn Graec*um*. *Littera* et *numerus* nōn vocābul*a* Graec*a*, sed Latīn*a* sunt.

*oppid*um* magn*um*
*oppid*a* magn*a*

-*um* -*a*

PENSVM A

pēnsum
pēnsa

Nīlus fluvi– est. Nīlus et Rhēnus fluvi– —. Crēta īnsul– —. Crēta et Rhodus īnsul– sunt. Brundisium oppid– —. Brundisium et Tūsculum oppid– —.

Rhēnus fluvi– magn– est. Tiberis est fluvi– parv–. Rhēnus et Dānuvius nōn fluvi– parv–, sed fluvi– magn– sunt. Sardinia īnsul– magn– est. Melita īnsul– parv– est. Sardinia et Sicilia nōn īnsul– parv–, sed īnsul– magn– sunt. Brundisium nōn oppid– parv–, sed oppid– magn– est. Tūsculum et Delphī nōn oppid– magn–, sed oppid– parv– sunt.

Crēta īnsul– Graec– est. Lesbos et Chios et Naxus sunt īnsul– Graec–. In Graeciā mult– īnsul– sunt. In Galliā sunt mult– fluvi–. In Italiā mult– oppid– sunt. In Arabiā sunt pauc– fluvi– et pauc– oppid–.

A et B litter– Latīn– sunt. C quoque litter– Latīn– est. *Multī* et *paucī* vocābul– Latīn– sunt. *Ubi* quoque vocābul– Latīn– est. I et II numer– Rōmān– sunt. III quoque numer– Rōmān– est.

PENSVM B

Sicilia — est. Italia īnsula — est. Rhēnus — est. Brundisium — est. Sicilia et Sardinia — magnae sunt. Melita īnsula — est. Britannia nōn — parva, sed — — est. Brundisium nōn —

Vocābula:
fluvius
īnsula
oppidum
ōceanus
imperium
prōvincia
numerus
littera
vocābulum

11

capitulum
syllaba
exemplum
pēnsum
magnus
parvus
Graecus
Rōmānus
Latīnus
multī
paucī
ūnus
duo
trēs
sex
mīlle
prīmus
secundus
tertius
est
sunt
in
et
sed
nōn
quoque
-ne?
ubi?
num?
quid?
grammatica
singulāris
plūrālis

—, sed — magnum est. Est— Brundisium in Graeciā? Brundisium — est in Graeciā, — in Italiā. — est Sparta? Sparta est
in Graeciā: Sparta oppidum — est. Delphī — oppidum Graecum est. Euboea, Naxus, Lesbos, Chios — Graecae sunt. In
Graeciā sunt — īnsulae.

Quid est III? III — est. — est A? A littera est. A, B, C —
Latīnae sunt. — г littera Latīna est? г — littera —, sed littera
— est. *Īnsula* — Latīnum est.

PENSVM C
Ubi est Rōma?
Estne Sparta in Italiā?
Ubi est Italia?
Ubi sunt Syria et Arabia?
Estne Aegyptus in Asiā?
Ubi sunt Sparta et Delphī?
Ubi est Brundisium?
Quid est Brundisium?
Num Crēta oppidum est?
Estne Britannia īnsula parva?
Quid est Tiberis?
Quid est D?
Num ∆ littera Latīna est?
Estne II magnus numerus?

FAMILIA ROMANA

1 Iūlius vir Rōmānus est. Aemilia fēmina Rōmāna est. Mārcus est puer Rōmānus. Quīntus quoque puer Rōmānus est. Iūlia est puella Rōmāna.

Mārcus et Quīntus nōn virī, sed puerī sunt. Virī sunt

5 Iūlius et Mēdus et Dāvus. Aemilia et Dēlia et Syra sunt fēminae. Estne fēmina Iūlia? Nōn fēmina, sed parva puella est Iūlia.

Iūlius, Aemilia, Mārcus, Quīntus, Iūlia, Syra, Dāvus, Dēlia Mēdusque sunt familia Rōmāna. Iūlius pater

10 est. Aemilia est māter. Iūlius pater Mārcī et Quīntī est. Iūlius pater Iūliae quoque est. Aemilia est māter Mārcī et Quīntī et Iūliae. Mārcus fīlius Iūliī est. Mārcus fīlius Aemiliae est. Quīntus quoque fīlius Iūliī et Aemiliae est. Iūlia est fīlia Iūliī et Aemiliae.

15 Quis est Mārcus? Mārcus puer Rōmānus est. Quis pater Mārcī est? Iūlius pater Mārcī est. Quae est māter

ūnus (I) vir
duo (II) virī

ūnus puer
duo puerī

-que = et —: Mēdus-*que*
= *et* Mēdus

Iūlius	∞	Aemilia
pater		*māter*

Mārcus	Quīntus	Iūlia
fīlius	*fīlius*	*fīlia*

quis? quae?
quis est Mārcus?
quae est Iūlia?
quis est pater Mārcī?
quae est māter Mārcī?

13

qui?
qui sunt filiī?

Iūlia-que

filiae-que

duo = II (2)

Mārcī? Māter Mārcī est Aemilia. Quae est Iūlia? Iūlia
est puella Rōmāna. Quae māter Iūliae est? Aemilia māter Iūliae est. Pater Iūliae est Iūlius. Iūlia fīlia Iūliī est.
Quī sunt fīliī Iūliī? Fīliī Iūliī sunt Mārcus et Quīntus. 20
Mārcus, Quīntus Iūliaque sunt trēs līberī. Līberī sunt
fīliī fīliaeque. Mārcus et Quīntus et Iūlia sunt līberī Iūliī
et Aemiliae. In familiā Iūliī sunt trēs līberī: duo fīliī et
ūna fīlia.

Estne Mēdus fīlius Iūliī? Mēdus fīlius Iūliī nōn est, *II*
Mēdus est servus Iūliī. Iūlius dominus Mēdī est. Iūlius
dominus servī est. Dāvus quoque servus est. Mēdus et
Dāvus duo servī sunt. Iūlius est dominus Mēdī et Dāvī.
Iūlius dominus servōrum est et pater līberōrum.

Estne Dēlia fīlia Aemiliae? Dēlia nōn est fīlia Aemi- 30
liae, Dēlia ancilla Aemiliae est. Aemilia domina Dēliae
est. Aemilia domina ancillae est. Syra quoque ancilla
est. Dēlia et Syra duae ancillae sunt. Aemilia domina
ancillārum est.

duo duae duo:
  du*o* servī
  du*ae* ancill*ae*
  du*o* oppid*a*

cuius? Iūli*ī*, Aemili*ae*

Cuius servus est Dāvus? Dāvus servus Iūliī est. Cuius 35
ancilla est Syra? Syra est ancilla Aemiliae.

quot? I, II, III...
  quot fīliī?
  quot fīliae?
  quot oppida?
centum = C (100)

Quot līberī sunt in familiā? In familiā Iūliī sunt trēs
līberī. Quot fīliī et quot fīliae? Duo fīliī et ūna fīlia.
Quot servī sunt in familiā? In familiā sunt centum servī.
In familiā Iūliī sunt multī servī, paucī līberī. Iūlius est 40
dominus multōrum servōrum.

'Duo' et 'trēs' numerī sunt. 'Centum' quoque numerus est. Numerus servōrum est centum. Numerus lībe-

rōrum est trēs. Centum est magnus numerus. Trēs par-
45 vus numerus est. Numerus servōrum est magnus. Numerus līberōrum parvus est. In familiā Iūliī magnus
numerus servōrum, parvus numerus līberōrum est.

magnus numerus servō-
rum = multī servī
parvus numerus līberō-
rum = paucī līberī

Mēdus servus Graecus est. Dēlia est ancilla Graeca.
In familiā Iūliī sunt multī servī Graecī multaeque ancil-
50 lae Graecae. Estne Aemilia fēmina Graeca? Aemilia nōn
est fēmina Graeca, sed Rōmāna. Iūlius nōn vir Graecus,
sed Rōmānus est.

multae-que

Sparta oppidum Graecum est. Sparta, Delphī Tūscu-
lumque tria oppida sunt: duo oppida Graeca et ūnum
55 oppidum Rōmānum. In Graeciā et in Italiā magnus numerus oppidōrum est. In Galliā est magnus numerus
fluviōrum. Fluviī Galliae magnī sunt. Māgnīne sunt fluviī Āfricae? In Āfricā ūnus fluvius magnus est: Nīlus;
cēterī fluviī Āfricae parvī sunt. Suntne magnae īnsulae
60 Graecae? Crēta et Euboea duae īnsulae magnae sunt;
cēterae īnsulae Graecae sunt parvae. —

trēs tria:
trēs līberī
trēs litterae
tria oppida

magnus numerus oppi-
dōrum = multa oppida
magnus numerus fluvi-
ōrum = multī fluviī
magnī-ne

cēterī -ae -a

III   Quis est Cornēlius? Cornēlius dominus Rōmānus est.
Iūlius et Cornēlius duo dominī Rōmānī sunt. Mēdus
nōn est servus Cornēliī. Mēdus servus Iūliī est.

Cornēlius

65   Cornēlius: "Cuius servus est Mēdus?"
    Iūlius: "Mēdus servus meus est."
    Cornēlius: "Estne Dāvus servus tuus?"
    Iūlius: "Dāvus quoque servus meus est. Servī meī
sunt Mēdus et Dāvus et cēterī multī..."
70   Cornēlius: "Estne Dēlia ancilla tua?"

meus -a -um

tuus -a -um

15

Iūlius: "Dēlia est ancilla mea, et Syra quoque ancilla mea est. Ancillae meae sunt Dēlia et Syra et cēterae multae. Familia mea magna est."

Cornēlius: "Quot servī sunt in familiā tuā?"

Iūlius: "In familiā meā sunt centum servī."   75

Cornēlius: "Quid?"

Iūlius: "Numerus servōrum meōrum est centum."

Cornēlius: "Centum servī! Magnus est numerus servōrum tuōrum!"

liber
novus

ecce duo librī ⟶

liber
antīquus

ūnus liber
duo librī

novus -a -um ↔
   antīquus -a -um

pāgina

LIBER TVVS LATINVS   80

Ecce duo librī Latīnī: liber antīquus et liber novus. LINGVA LATINA est prīmus liber tuus Latīnus. Titulus librī tuī est 'LINGVA LATINA'. Liber tuus nōn antīquus, sed novus est.

In LINGVA LATINA sunt multae pāginae et multa capi- 85
tula: capitulum prīmum, secundum, tertium, cētera. 'IMPERIVM ROMANVM' est titulus capitulī prīmī. Titulus capitulī secundī est 'FAMILIA ROMANA'. In capitulō secundō sunt sex pāginae. In pāginā prīmā capitulī secundī multa vocābula nova sunt: *vir, fēmina, puer, pu-* 90
ella, familia, cētera. Numerus vocābulōrum Latīnōrum magnus est!

GRAMMATICA LATINA

Masculīnum, fēminīnum, neutrum

95 [A] 'Serv*us*' est vocābulum masculīnum.

[B] 'Ancill*a*' est vocābulum fēminīnum.

[C] 'Oppid*um*' est vocābulum neutrum.

Exempla:

[A] Vocābula masculīna: fīlius, dominus, puer, vir; fluvius,
100 ōceanus, numerus, liber, titulus. Masculīnum: *-us (-r)*.

[B] Vocābula fēminīna: fēmina, puella, fīlia, domina; īnsula,
prōvincia, littera, familia, pāgina. Fēminīnum: *-a*.

[C] Vocābula neutra: oppidum, imperium, vocābulum, capitulum, exemplum, pēnsum. Neutrum: *-um*.

105 *Genetīvus*

[A] Masculīnum:

Iūlius dominus serv*ī* (Dāv*ī*) est.

Iūlius dominus serv*ōrum* (Dāv*ī* et Mēd*ī*) est.

'Serv*ī*' genetīvus est. 'Serv*ōrum*' quoque genetīvus est.
110 'Serv*ī*' genetīvus singulāris est. 'Serv*ōrum*' est genetīvus plūrālis. Genetīvus: singulāris *-ī*, plūrālis *-ōrum*.

[B] Fēminīnum:

Aemilia domina ancill*ae* (Syr*ae*) est.

Aemilia domina ancill*ārum* (Syr*ae* et Dēli*ae*) est.
115 'Ancill*ae*' genetīvus singulāris est. 'Ancill*ārum*' est genetīvus plūrālis. Genetīvus: singulāris *-ae*, plūrālis *-ārum*.

[C] Neutrum:

D est prīma littera vocābul*ī* 'dominus'.

Numerus vocābul*ōrum* magnus est.
120 'Vocābul*ī*' genetīvus singulāris est. 'Vocābul*ōrum*' est genetīvus plūrālis. Genetīvus: singulāris *-ī*, plūrālis *-ōrum*.

PENSVM A

Mārcus fīli– Iūliī est. Iūlia fīli– Iūliī est. Iūlius est vir Rōmān–. Aemilia fēmin– Rōmān– est. Iūlius domin–, Aemilia
domin– est. Mēdus serv– Graec– est, Dēlia est ancill–

---

masculīnum (*m*) < *mas-
culus* = vir
fēminīnum (*f*) < fēmina
neutrum (*n*) = nōn *m*,
nōn *f*

-us

-a

-um

genetīvus (*gen*)

serv*ī*
serv*ōrum*

-ī -ōrum

ancill*ae*
ancill*ārum*

-ae -ārum

vocābul*ī*
vocābul*ōrum*

-ī -ōrum

17

Graec–. Sparta oppid– Graec– est.

Iūlius pater Mārc– est. Mārcus est fīlius Iūli– et Aemili–. Mēdus servus Iūli– est: Iūlius est dominus serv–. Iūlius dominus Mēd– et Dāv– est: Iūlius dominus serv– est. Numerus serv– magnus est. Dēlia est ancilla Aemili–: Aemilia domina ancill– est. Aemilia domina Dēli– et Syr– est: Aemilia domina ancill– est. In familiā Iūli– est magnus numerus serv– et ancill–. Aemilia māter Mārc– et Quīnt– et Iūli– est. Mārcus, Quīntus Iūliaque sunt līberī Iūli– et Aemili–. Numerus līber– est trēs. Numerus serv– est centum.

In pāginā prīmā capitul– secund– multa vocābula nova sunt. Numerus capitul– nōn parvus est.

PENSVM B

Mārcus — Rōmānus est. Iūlius — Rōmānus est. Aemilia est — Rōmāna. Iūlius est — Mārcī et Quīntī et Iūliae. In — Iūliī sunt trēs —: duo — et ūna —. — līberōrum est Aemilia.

— est Dāvus? Dāvus est — Iūliī. Iūlius — Dāvī est. — est Syra? Syra — Aemiliae est. Aemilia est — Syrae.

Cornēlius: "— servī sunt in familiā tuā?" Iūlius: "In familiā — sunt — (c) servī." Cornēlius: "Familia — magna est!"

'LINGVA LATINA' est titulus — tuī Latīnī.

PENSVM C

Quis est Quīntus?

Quī sunt Mēdus et Dāvus?

Mārcusne quoque servus Iūliī est?

Cuius fīlia est Iūlia?

Quot līberī sunt in familiā Iūliī?

Quot servī in familiā sunt?

Num Syra domina est?

Quae est domina ancillārum?

Estne Cornēlius vir Graecus?

Num 'puella' vocābulum masculīnum est?

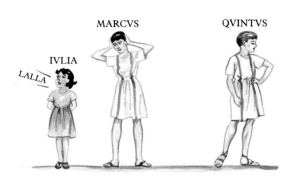

PVER IMPROBVS

1 *SCAENA PRIMA*

Persōnae: Iūlia, Mārcus, Quīntus.

Iūlia cantat: "Lalla." Iūlia laeta est.

Mārcus: "St!" Mārcus laetus nōn est.

5 Iūlia cantat: "Lalla, lalla."

Mārcus: "Ssst!" Mārcus īrātus est.

Iūlia cantat: "Lalla, lalla, lalla."

Mārcus Iūliam pulsat.

Iam Iūlia nōn cantat, sed plōrat: "Uhuhū!"

10 Mārcus rīdet: "Hahahae!"

Quīntus Mārcum videt. Mārcus nōn videt Quīntum.

Quīntus: "Quid? Mārcus puellam pulsat — et rīdet!"

scaena

persōna

Mārcus Iūli*am* pulsat

Iūlia plōrat

Mārcus rīdet

Quīntus Mārc*um* videt

Mārcus Quīnt*um* nōn videt

19

Quīntus Mārc*um* pulsat

mamma = māter

Quīntus īrātus est et Mārcum pulsat! Iam nōn rīdet Mārcus. Mārcus īrātus pulsat Quīntum.

Iūlia: "Ubi est māter?" Iūlia Aemiliam nōn videt.   15

Iūlia Aemiliam vocat: "Māter! Mārcus Quīntum pulsat!"

Mārcus (īrātus): "St!" Mārcus Iūliam pulsat.

Iūlia plōrat et Aemiliam vocat: "Mamma! Mam-ma! Mārcus mē pulsat!"   20

Aemilia venit.

Mārcus Quīn*tum* pulsat

Iūlia Aemili*am* vocat

Aemilia venit

SCAENA SECVNDA   II

Persōnae: Aemilia, Iūlia, Mārcus, Quīntus.

Aemilia interrogat: "Quis mē vocat?"

interrogat ↔ respondet

Quīntus respondet: "Iūlia tē vocat."   25

cūr...? ... quia ...

Aemilia Quīntum interrogat: "Cūr Iūlia plōrat?"

eam : Iūli*am*

Quīntus respondet: "Iūlia plōrat, quia Mārcus eam pulsat."

Aemilia: "Quid? Puer parvam puellam pulsat? Fū! Cūr Mārcus Iūliam pulsat?"   30

Quīntus: "Quia Iūlia cantat."

Aemilia: "Ō Iūlia, mea parva fīlia! Mārcus puer pro-

im-probus -a -um
  ↔ probus -a -um

bus nōn est; Mārcus est puer improbus!"

Quīntus: "Iūlia puella proba est."

35 Aemilia Quīntum interrogat: "Ubi est Iūlius? Cūr
nōn venit?" Aemilia Iūlium nōn videt.

Respondet Mārcus: "Pater dormit."

Quīntus: "Māter nōn tē, sed mē interrogat!"

Aemilia: "St, puerī! Ubi est pater?"

40 Quīntus: "Pater nōn hīc est, sed Mārcus hīc est."

Quīntus Iūlium vocat: "Pater! Pa-ter!"

Iūlius
dormit

cūr *Iūlius* nōn venit?

PATER

Quīntus Iūli*um* vocat

Iūlius Quīntum nōn audit neque venit. Cūr Iūlius
Quīntum nōn audit? Iūlius eum nōn audit, quia dormit.

Mārcus: "Hahae! Pater dormit neque tē audit."

45 Aemilia: "Fū, puer!" Aemilia īrāta est. Māter fīlium
verberat: tuxtax, tuxtax…

Mārcus plōrat: "Uhuhū!"

Iūlius eum audit. Iam nōn dormit pater.

ne-que = et nōn
(ne- = nōn)
eum : Quīnt*um*
Iūlius dormit

verberat = pulsat et
pulsat ('tux-tax')

eum : Mārc*um*

VHV

21

SCAENA TERTIA   III

Persōnae: Iūlius, Aemilia, Iūlia, Mārcus, Quīntus.   50

    Quīntus: "Pater venit."

    Aemilia Quīntum nōn audit, quia Mārcus plōrat.

eum-que = et eum
  (: Quīntum)

    Iūlius Quīntum videt eumque interrogat: "Cūr Mār-
cus plōrat?"

eum : Mārcum

    Quīntus respondet: "Mārcus plōrat, quia māter eum 55
verberat."

    Iūlius: "Sed cūr māter Mārcum verberat?"

māter Mārcum verberat,
quia Mārcus puer im-
probus est

    Quīntus: "Mārcum verberat, quia puer improbus est.
Mārcus parvam puellam pulsat!"

    Iūlia: "Mamma! Pater hīc est." Aemilia Iūlium videt. 60

    Aemilia: "Tuus Mārcus fīlius improbus est!"

    Iūlius: "Fū, puer! Puer probus nōn pulsat puellam.
Puer quī parvam puellam pulsat improbus est!"

    Iūlius īrātus puerum improbum verberat: tuxtax,
tuxtax, tuxtax...   65

Iūlia nōn laeta est

    Mārcus plōrat. Quīntus laetus est et rīdet. Iūlia laeta
nōn est neque rīdet. Cūr nōn laeta est Iūlia? Nōn laeta
est, quia Mārcus plōrat. Iūlia est puella proba!

Puer rīdet. Puella plōrat. Quis est puer quī rīdet?

70 Puer quī rīdet est Mārcus. Quae est puella quae plōrat?

Puella quae plōrat est Iūlia.

Mārcus, quī puellam pulsat, puer improbus est. Puella quam Mārcus pulsat est Iūlia. Iūlia Aemiliam vocat. Aemilia, quam Iūlia vocat, māter līberōrum est. Aemi-

75 lia puerum verberat. Puer quem Aemilia verberat est Mārcus.

Quem vocat Quīntus? Quīntus Iūlium vocat. Iūlius, quem Quīntus vocat, pater līberōrum est. Iūlius Quīntum nōn audit. Quem audit Iūlius? Iūlius Mārcum

80 audit. Puer quem Iūlius audit est Mārcus.

Puella quae cantat laeta est. Puella quae plōrat nōn est laeta. Puer quī puellam pulsat improbus est!

GRAMMATICA LATINA

Nōminātīvus et accūsātīvus

85 [A] Masculīnum.

Mārcus rīdet. Quīntus Mārcum pulsat.

Mārcus Quīntum pulsat. Quīntus plōrat.

'Mārcus' nōminātīvus est. 'Mārcum' accūsātīvus est. 'Quīntum' est accūsātīvus, 'Quīntus' nōminātīvus. Nōminātī-

90 vus: -us (-r). Accūsātīvus: -um.

Exempla: Iūlius, Iūlium; fīlius, fīlium; puer, puerum; eum.

[B] Fēminīnum.

Iūlia cantat. Mārcus Iūliam pulsat.

Iūlia Aemiliam vocat. Aemilia venit.

95 'Iūlia, Aemilia' nōminātīvus est. 'Iūliam, Aemiliam' accūsātīvus est. Nōminātīvus: -a. Accūsātīvus: -am.

Exempla: puella, puellam; parva, parvam; eam.

Margin notes:

quī
quae
puer *quī* rīdet
puella *quae* plōrat

quem
quam
puer *quem* Aemilia verberat
puella *quam* Mārcus pulsat

quem? Iūlium
Quīntum

nōminātīvus (*nŏm*)
accūsātīvus (*acc*)

Mārcus Quīntus
Mārcum Quīntum

-us
-um

Iūlia Aemilia
Iūliam Aemiliam

-a
-am

23

cant*at*
rīd*et*
dorm*it*

-*at*
-*et*
-*it*

	-um	
	-am	
-us	eum	-at
-a	eam	-et
	mē	-it
	tē	

Verbum

Iūlia *cantat*. Mārcus *rīdet*. Iūlius *dormit*.

'Cantat' ver b u m est. 'Cantat', 'rīdet', 'dormit' tria verba 100 sunt.

Exempla: cant*at*, puls*at*, plōr*at*, voc*at*, interrog*at*, verber*at* (-*at*); rīd*et*, vid*et*, respond*et* (-*et*); dorm*it*, ven*it*, aud*it* (-*it*).

Nōminātīvus:	*Accūsātīvus:*	*Verbum:*	
Mārcus	Iūliam	pulsat.	105
Quīntus	Mārcum	videt.	
Iūlia	Aemiliam	vocat.	
Aemilia	Quīntum	interrogat:	
"Quis	mē	vocat?"	
Quīntus		respondet:	110
"Iūlia	tē	vocat.	
Mārcus	eam	pulsat."	
Aemilia	puerum	verberat.	
Mārcus		plōrat.	
Iūlius	eum	audit.	115
Iūlius		venit.	
"Puer probus	parvam puellam	nōn pulsat!"	
Iūlius īrātus	puerum improbum	verberat.	

PENSVM A

Cūr Mārc– Iūliam pulsat? Mārcus Iūli– pulsat, quia Iūli– cantat. Iūlia plōr–, quia Mārcus e– pulsat. Iūlia: "Mamma! Mārcus — pulsat." Aemilia puell– aud– et ven–. Māter Quīnt– videt et e– interrog–: "Quis mē voc–?" Quīnt– respond–: "Iūlia — vocat."

Iūlius dorm–. Quīntus Iūli– voc–: "Pater!" Mārcus rīd–, quia Iūli– nōn venit. Aemilia Mārc– verber–. Iūlius ven–, quia Mārc– plōrat. Iūlius Aemili– et Mārc– et Quīnt– et Iūli– videt. Iūlius: "Puer quī parv– puell– pulsat improbus est." Iūlius puer– improb– verberat. Quem Iūli– verberat? Puer qu– Iūlius verberat est Mārcus. Mārcus plōr–. Puer qu– plō-rat laet– nōn est. Puella qu– cantat laet– est.

PENSVM B

Puella —: "Lalla." Puella — cantat est Iūlia. Iūlia — est.
Puer improbus puellam —. Puella —: "Uhuhū!" Puer —:
"Hahahae!" Puer — rīdet est Mārcus. Iūlia Aemiliam —:
"Mamma!" Aemilia —, et Quīntum —: "Cūr Iūlia plōrat?"
Quīntus —: "Iūlia plōrat, — Mārcus eam pulsat." Aemilia:
"Mārcus puer — nōn est, puer — est! Ubi est pater?" Aemilia
Iūlium nōn —. Quīntus: "Pater nōn — est." Quīntus Iūlium
—: "Pater!" Iūlius Quīntum nōn —. — Iūlius Quīntum nōn
audit? Iūlius eum nōn audit, quia —. Mārcus plōrat, — Ae-
milia eum verberat. Iūlia Mārcum audit; — Iūlius nōn dor-
mit. — Aemilia verberat? Aemilia Mārcum —. Puer — Ae-
milia verberat improbus est. Iūlia laeta nōn est — rīdet.

PENSVM C

Quis Iūliam pulsat?
Cūr Iūlia plōrat?
Quīntusne quoque Iūliam pulsat?
Quem Quīntus pulsat?
Cūr Aemilia venit?
Quis Iūlium vocat?
Cūr Iūlius Quīntum nōn audit?
Quem audit Iūlius?
Cūr Mārcus plōrat?
Rīdetne Iūlia?
Num 'Mārcus' accūsātīvus est?
Num 'Iūliam' nōminātīvus est?
Quid est 'dormit'?

Vocābula nova:
scaena
persōna
mamma
laetus
īrātus
probus
improbus
cantat
pulsat
plōrat
rīdet
videt
vocat
venit
interrogat
respondet
dormit
audit
verberat
mē
tē
eum
eam
neque
iam
cūr?
quia
ō!
hīc
quī
quae
quem
quam
nōminātīvus
accūsātīvus
verbum

25

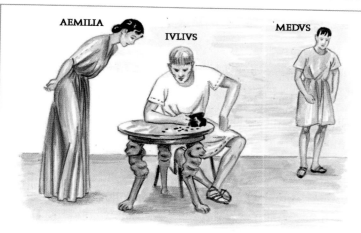

sacculus

pecūnia

sacculus: *in* sacculō
eius : Iūliī

nummus

numerat < numerus

I	ūnus
II	duo
III	trēs
IV	quattuor
V	quīnque
VI	sex
VII	septem
VIII	octō
IX	novem
X	decem

DOMINVS ET SERVI

SCAENA PRIMA

Persōnae: Iūlius, Aemilia, Mēdus.

Sacculus Iūliī nōn parvus est. In sacculō eius est pecūnia. Iūlius pecūniam in sacculō habet.

Aemilia sacculum videt Iūliumque interrogat: "Quot 5
nummī sunt in sacculō tuō?"

Iūlius respondet: "Centum."

Aemilia: "Num hīc centum nummī sunt?"

Iūlius pecūniam numerat: "Ūnus, duo, trēs, quattuor, quīnque, sex, septem, octō, novem, decem. 10
Quid? Decem tantum?"

Iūlius rūrsus pecūniam numerat: "Ūnus, duo, trēs,
quattuor... novem, decem." Numerus nummōrum nōn
est centum, sed decem tantum.

Iūlius: "Quid? In sacculō meō nōn centum, sed tan- 15
tum decem nummī sunt! Ubi sunt cēterī nummī? Servī
meī ubi sunt?"

I

Mēdus: "Servus tuus Mēdus hīc est."

Iūlius servum suum Mēdum videt, Dāvum nōn vi-
20 det. Mēdus adest. Dāvus nōn adest, sed abest. Iūlius et
Aemilia et Mēdus adsunt. Dāvus cēterīque servī absunt.

   ad-est = hīc est
   ab-est ↔ ad-est
   ad-sunt = hīc sunt
   ab-sunt ↔ ad-sunt

Iūlius: "Quid? Ūnus servus tantum adest! Ubi est
Dāvus? Dāvum vocā!"
25 Mēdus Dāvum vocat: "Dāve!" sed Dāvus Mēdum
nōn audit neque venit.

Mēdus rūrsus Dāvum vocat: "Da-ā-ve! Venī!"

Dāvus venit. Iam duo servī adsunt.

SCAENA SECVNDA
30 *Persōnae: Iūlius, Aemilia, Mēdus, Dāvus.*

Dāvus, quī dominum suum nōn videt, Mēdum interrogat: "Quid est, Mēde?"

Mēdus: "St! Dominus adest. Salūtā dominum!"

Servus dominum salūtat: "Salvē, domine!"

servus dominum salūtat

35 Dominus servum salūtat: "Salvē, serve!"

Dāvus: "Quid est, domine?"

Iūlius: "St! Tacē, serve! Tacē et audī!" Servus tacet.

Iūlius: "In sacculō meō sunt decem tantum nummī.
Ubi sunt cēterī nummī meī?"

40 Dāvus tacet, neque respondet.

Aemilia: "Respondē, Dāve! Dominus tē interrogat."

Dāvus respondet: "Pecūnia tua hīc nōn est. Interrogā
Mēdum!"

27

nūllum : nōn ūnum
verbum = vocābulum

Dāvus

mēnsa

Dāvus sacculum in
mēnsā pōnit

ecce sacculus = vidē: hīc
est sacculus

baculum

eius : Dāvī

baculum et sacculus
in mēnsā

bonus -a -um = probus

Iūlius Mēdum interrogat: "Ubi sunt nummī meī, *II*
Mēde?" Mēdus nūllum verbum respondet. 45

Iūlius rūrsus eum interrogat: "Ubi est pecūnia mea?
Respondē, serve!"

Mēdus Dāvum accūsat: "Pecūnia tua in sacculō Dāvī
est. Dāvus pecūniam tuam habet."

Aemilia: "Audī, Dāve! Mēdus tē accūsat." 50

Dāvus: "Quem Mēdus accūsat? mē?"

Iūlius: "Tacē, Mēde! Servus quī servum accūsat improbus est!" Mēdus tacet.

Iūlius Dāvum nōn accūsat, sed interrogat eum: "Estne pecūnia mea in sacculō tuō, Dāve?" 55

Dāvus: "In sacculō meō nōn est pecūnia tua, domine."

Iūlius: "Ubi est sacculus tuus?"

Dāvus: "Hīc est. Ecce sacculus meus."

Iūlius: "Sacculum tuum in mēnsā pōne!" 60

Dāvus sacculum suum in mēnsā pōnit. Iam sacculus
eius in mēnsā est. Iūlius baculum suum in mēnsā pōnit.
Baculum dominī in mēnsā est.

Dāvus: "Vidē: in sacculō meō nūlla pecūnia est."

Iūlius nūllam pecūniam videt in sacculō. In sacculō 65
Dāvī nūllī nummī sunt. Sacculus eius vacuus est. Dāvus pecūniam dominī nōn habet.

Iūlius: "Ō! Dāvus bonus servus est: pecūniam meam
nōn habet. Ecce nummus tuus, Dāve!" Iūlius ūnum
nummum pōnit in sacculō Dāvī. Iam sacculus Dāvī nōn 70

est vacuus: in sacculō eius est ūnus nummus. Dāvus laetus est.

Iūlius: "Sūme sacculum tuum et discēde, bone serve!" Dāvus sacculum suum sūmit et discēdit.

75 Mēdus baculum, quod in mēnsā est, videt. Mēdus quoque discēdit! Cūr discēdit Mēdus? Mēdus discēdit, quia is pecūniam dominī in sacculō suō habet!

Dāvus et Mēdus absunt.

SCAENA TERTIA

80 *Persōnae: Iūlius, Aemilia.*

Iūlius: "Dāvus bonus servus est. Is nōn habet pecūniam meam. — Sed ubi est pecūnia mea, Mēde? Quis pecūniam meam habet?" Mēdus nōn respondet.

Iūlius: "Ubi est Mēdus? Cūr nōn respondet?"

85 Aemilia: "Mēdus nōn respondet, quia abest. Nūllus servus adest."

Iūlius Mēdum vocat: "Mēde! Venī!" sed Mēdus, quī abest, eum nōn audit neque venit.

Iūlius rūrsus vocat: "Mē-de! Venī, improbe serve!"

90 Mēdus nōn venit.

Iūlius: "Cūr nōn venit Mēdus?"

Aemilia: "Mēdus nōn venit, quia is habet pecūniam tuam! Eius sacculus nōn est vacuus!" Aemilia rīdet. Iūlius īrātus est — is nōn rīdet!

95 Iūlius: "Ubi est baculum meum?" Iūlius baculum, quod in mēnsā est, nōn videt.

sūmit ↔ pōnit
discēdit ↔ venit

quī quae quod:
puer *quī* ...
puella *quae* ...
baculum *quod*...
is : Mē**d**us

is : Dā**v**us

29

Aemilia: "Ecce baculum in mēnsā."

Iūlius baculum suum sūmit et discēdit.

GRAMMATICA LATINA

Vocātīvus   100

vocātīvus (*voc*) < vocat

Dāv*e*

-*e*

Mēdus Dāvum vocat: "Dāv*e!*"

'Dāv*e*' vocātīvus est. Vocātīvus: -*e* (nōminātīvus: -*us*).

Exempla: Mēd*e*, domin*e*, serv*e*, improb*e*.

Servus: "Salvē, domin*e!*" Iūlius Mēdum vocat: "Mēd*e!*

Venī, improb*e* serv*e!*"   105

Imperātīvus et indicātīvus

vocā   voc*at*
tac*ē*   tac*et*
discēd*e*   discēd*it*
audī   aud*it*

imperat ↔ pāret

imperātīvus (*imp*)
< imperat

[1] -*ā*   -*at*
[2] -*ē*   -*et*
[3] -*e*   -*it*
[4] -*ī*   -*it*

Dominus: "Vocā Dāvum!" Servus Dāvum voc*at*.

Dominus: "Tac*ē* et audī!" Servus tac*et* et aud*it*.

Dominus: "Discēd*e*, serve!" Servus discēd*it*.

Dominus imperat. Servus pāret.   110

'Vocā' imperātīvus est. 'Vocat' indicātīvus est. 'Tac*ē*',
'audī', 'discēd*e*' est imperātīvus. 'Tac*et*', 'āud*it*', 'discēd*it*'
indicātīvus est. Imperātīvus: -*ā*, -*ē*, -*e*, -*ī*. Indicātīvus: -*at*, -*et*,
-*it*, -*it*.

Exempla: [1] salūt*ā*, salūt*at;* [2] respond*ē*, respond*et;* [3]   115
sūm*e*, sūm*it;* [4] venī, ven*it*.

Mēdus: "Salūt*ā* dominum!" Dāvus dominum salūt*at*.

Iūlius: "Respond*ē*, serve!" Servus respond*et*.

Iūlius imperat: "Sūm*e* sacculum tuum et discēd*e!*" Dāvus
sacculum suum sūm*it* et discēd*it*.   120

Iūlius: "Mēde! Venī!" Mēdus nōn ven*it*.

Iūlius imperat. Dāvus pāret; Mēdus nōn pāret.

PENSVM A

Mēdus ad–. Dāvus ab–. Iūlius imper–: "Voc– Dāvum,
Mēd–!" Mēdus Dāvum voc–: "Dāv–! Ven–!" Dāvus ven–
neque Iūlium vid–. Mēdus: "Salūt– dominum!" Dāvus dominum salūt–: "Salvē, domin–! Quid est?" Dominus: "Tac–,

serv–! Nummī meī ubi sunt?" Servus tac– neque respond–. Iūlius: "Respond–!" Dāvus: "Interrog– Mēdum!" Iūlius Mēdum interrog–: "Ubi est pecūnia mea, Mēd–?" Mēdus: "Dāvus pecūniam tuam hab–." Iūlius: "Pōn– sacculum tuum in mēnsā, Dāv–!" Dāvus pār–: sacculum suum in mēnsā pōn–. Dāvus: "Vid–, domin–: sacculus meus vacuus est." Iūlius: "Sūm– sacculum tuum et discēd–, bon– serv–!" Dāvus sacculum suum sūm– et discēd–.

PENSVM B

In sacculō Iūliī — est. Iūlius pecūniam —: "Ūnus, duo, trēs, —, —, sex, —, —, —, —." In — nōn centum, sed — decem nummī sunt.

Dāvus dominum —: "Salvē, domine!" Iūlius —: "Pōne sacculum tuum in —!" Dāvus sacculum — in mēnsā —. Sacculus Dāvī — est, in sacculō — [: Dāvī] — pecūnia est. Dāvus sacculum suum — et discēdit.

Iūlius: "Mēde! Venī!" Mēdus nōn venit, quia — [: Mēdus] pecūniam Iūliī —. Iūlius baculum, — in mēnsā est, sūmit et —.

Dominus imperat, bonus servus —.

PENSVM C

Quot nummī sunt in sacculō Iūliī?
Adestne Dāvus in scaenā prīmā?
Quis Dāvum vocat?
Suntne nummī Iūliī in sacculō Dāvī?
Quid Iūlius pōnit in sacculō Dāvī?
Quot nummī iam in sacculō Iūliī sunt?
Estne vacuus sacculus Mēdī?
Cūr Mēdus discēdit?
Quem Iūlius vocat?
Cūr Mēdus Iūlium nōn audit?

Vocābula nova:
sacculus
pecūnia
nummus
mēnsa
baculum
vacuus
bonus
quattuor
quīnque
septem
octō
novem
decem
habet
numerat
adest
abest
salūtat
tacet
accūsat
pōnit
sūmit
discēdit
imperat
pāret
nūllus
eius
suus
is
quod
rūrsus
tantum
salvē
vocātīvus
imperātīvus
indicātīvus

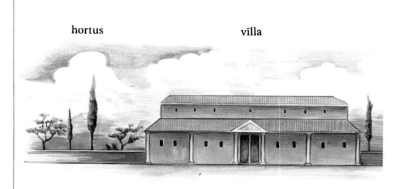

hortus   vīlla

VILLA ET HORTVS

Ecce vīlla et hortus Iūliī. Iūlius in magnā vīllā habitat. *I*
Pater et māter et trēs līberī in vīllā habitant. Iūlius et
Aemilia trēs līberōs habent: duōs fīliōs et ūnam fīliam
— nōn duās fīliās.

   In vīllā multī servī habitant. Dominus eōrum est Iū- 5
lius: is multōs servōs habet. Ancillae quoque multae in
vīllā habitant. Domina eārum est Aemilia: ea multās
ancillās habet.

   Iūlius in vīllā suā habitat cum magnā familiā. Pater et
māter habitant cum Mārcō et Quīntō et Iūliā. Iūlius et 10
Aemilia in vīllā habitant cum līberīs et servīs et ancillīs.

   Vīlla Iūliī in magnō hortō est. In Italiā sunt multae
vīllae cum magnīs hortīs. In hortīs sunt rosae et līlia.
Iūlius multās rosās et multa līlia in hortō suō habet.
Hortus Iūliī pulcher est, quia in eō sunt multae et pul- 15
chrae rosae līliaque.

   Aemilia fēmina pulchra est. Syra nōn est fēmina pulchra, neque pulcher est nāsus eius, sed foedus est.

eōrum : servōrum

is : Iūli*us*

eārum : ancill*ārum*
ea : Aemili*a*

-ō -ā:
  in hortō, *in* vīllā
  cum Mārcō, *cum* Iūliā
-īs:
  in hortīs, *in* vīllīs
  cum servīs, *cum* ancillīs

rosa   līlium

eō : hortō
pulcher -chra -chrum:
  hortus pulch*er* (*m*)
  rosa pulch*ra* (*f*)
  līlium pulch*rum* (*n*)

eius : Syr*ae*
foedus -a -um ↔ pulcher

32

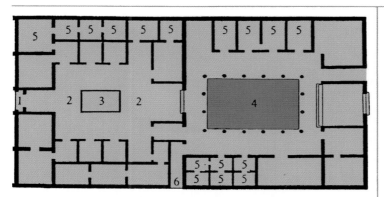

1. ōstium
2. ātrium
3. impluvium
4. peristȳlum
5. cubicula
6. ōstium

Syra, quae bona ancilla est, nāsum magnum et foedum
20 habet. Iūlius est vir Aemiliae, fēminae pulchrae. Iūlius
Aemiliam amat, quia ea pulchra et bona fēmina est.
Aemilia Iūlium virum suum amat et cum eō habitat.
Pater et māter līberōs suōs amant. Iūlius nōn sōlus, sed
cum Aemiliā et cum magnā familiā in vīllā habitat.
25 In vīllā sunt duo ōstia: ōstium magnum et ōstium
parvum. Vīlla duo ōstia et multās fenestrās habet.

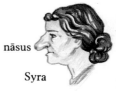

nāsus

Syra

eō : Iūliō

sōlus -a -um

ōstium et fenestra

ātrium

In vīllā Iūliī magnum ātrium est cum impluviō. Quid
est in impluviō? In eō est aqua. In ātriō nūllae fenestrae
sunt.

eō : impluviō

33

peristȳlum

etiam = quoque: etiam
peristȳlum = p. quoque

id : impluvium

Etiam peristȳlum magnum et pulchrum in vīllā est. 30
'Peristȳlum' est vocābulum Graecum. In vīllīs Graecīs
et Rōmānīs magna et pulchra peristȳla sunt. Estne impluvium in peristȳlō? Id nōn in peristȳlō, sed in ātriō
est. In peristȳlō parvus hortus est.

In vīllā sunt multa cubicula. Quīntus in cubiculō 35
parvō dormit. Estne magnum cubiculum Mārcī? Id
quoque parvum est. Iūlius et Aemilia in cubiculō magnō

iī (= eī) : servī

ea : cubicula

dormiunt. Ubi dormiunt servī? Iī quoque in cubiculīs
dormiunt. Suntne magna eōrum cubicula? Ea nōn
magna sunt, et multī servī in ūnō cubiculō dormiunt. 40
Etiam ancillae multae in ūnō cubiculō dormiunt, neque

eae : ancillae

eae magna cubicula habent. —

eā : Aemiliā

sine ↔ cum

Aemilia in peristȳlō est. Estne sōla? Aemilia sōla nōn
est: līberī cum eā in peristȳlō adsunt. Iūlius abest. Aemilia sine virō suō Iūliō in vīllā est. Ubi est Iūlius? In op- 45
pidō Tūsculō est sine Aemiliā, sed cum servīs quattuor.

II Aemilia cum Mārcō, Quīntō Iūliāque in peristȳlō est. Iūlia rosās pulchrās in hortō videt et ab Aemiliā discē-dit. Iam ea cum Aemiliā nōn est. Aemilia eam nōn

50 videt. Puella in hortō est.

Aemilia imperat: "Mārce et Quīnte! Iūliam vocāte!"

Mārcus et Quīntus Iūliam vocant: "Iūlia! Venī!" sed Iūlia eōs nōn audit neque venit.

Iūlia puerōs vocat: "Mārce et Quīnte! Venīte! Hīc

55 multae rosae sunt."

Puerī Iūliam audiunt, neque iī ab Aemiliā discēdunt.

Quīntus: "Carpe rosās, Iūlia!"

Iūlia rosās carpit et cum quīnque rosīs ex hortō venit.

Iūlia: "Vidē, māter! Vidēte, puerī! Vidēte rosās

60 meās!" Iūlia laeta est, rosae eam dēlectant.

Aemilia: "Ecce puella pulchra cum rosīs pulchrīs!"

Verba Aemiliae Iūliam dēlectant.

Mārcus: "Rosae pulchrae sunt; puella sine rosīs pul-chra nōn est!" Verba Mārcī Iūliam nōn dēlectant!

65 Aemilia (īrāta): "Tacē, puer improbe! Iūlia puella pulchra est — cum rosīs et sine rosīs."

Iūlia *cum* Aemiliā est

Iūlia *ab* Aemiliā discēdit

eōs : puerōs

hortus

Iūlia in hortō est

Iūlia *ex* hortō venit

Iūlia rosās carpit

35

Iūlia: "Audīte, Mārce et Quīnte!"

Mārcus: "Māter nōn videt nāsum tuum foedum!"

Mārcus et Quīntus rīdent: "Hahahae!"

Iūlia: "Audī, mamma: puerī etiam mē rīdent!" 70

iīs (= eīs) : puerīs

Iūlia plōrat et cum ūnā rosā ab iīs discēdit.

Aemilia: "Tacēte, puerī improbī! Nāsus Iūliae foedus

nōn est. Discēdite ex peristȳlō! Sūmite cēterās rosās

eās : rosās

eāsque in aquā pōnite!"

iīs : rosīs

Puerī cēterās quattuor rosās sūmunt et cum iīs discē- 75

dunt.

Aemilia, quae iam sōla est in peristȳlō, ancillās vocat:

"Dēlia et Syra! Venīte!"

eās : ancillās

Dēlia et Syra ex ātriō veniunt. Aemilia eās interrogat:

"Suntne puerī in ātriō?" 80

Dēlia respondet: "In ātriō sunt."

Aemilia: "Quid agunt Mārcus et Quīntus?"

Dēlia: "Puerī aquam sūmunt ex impluviō…"

Syra: "…et rosās in aquā pōnunt."

Hīc domina et ancillae puerōs audiunt ex ātriō: Quīn- 85

tus plōrat et Mārcus rīdet.

Aemilia: "Quid iam agunt puerī? Age, Dēlia! discēde

eōs : puerōs

et interrogā eōs!" Dēlia ab Aemiliā et Syrā discēdit.

Aemilia Syram interrogat: "Ubi est Dāvus?"

Syra respondet: "In oppidō est cum dominō." 90

Dēlia ex ātriō venit et dominam vocat: "Venī, ō do-

mina! Venī!"

Aemilia: "Quid est, Dēlia?"

Dēlia: "Quīntus est in impluviō!"

95 Aemilia: "In impluviō? Quid agit puer in impluviō?"

Dēlia: "Aquam pulsat et tē vocat."

Aemilia: "Quid agit Mārcus?"

Dēlia: "Is rīdet, quia Quīntus in aquā est!"

Aemilia: "Ō, puer improbus est Mārcus! Agite! Iū-

100 lium vocāte, ancillae!"

Syra: "Sed dominus in oppidō est."

Aemilia: "Ō, iam rūrsus abest Iūlius!"

Dēlia: "Age! Venī, domina, et Mārcum verberā!"

Quid agit domina? Domina īrāta cum ancillīs ex peri-

105 stȳlō discēdit.

GRAMMATICA LATINA

Accūsātīvus

[A] Masculīnum.

Iūlius nōn ūnum fīli*um*, sed duōs fīli*ōs* habet

110 'Fīli*um*' est accūsātīvus singulāris (vidē cap. III). 'Fīli*ōs*'
accūsātīvus plūrālis est. Accūsātīvus: singulāris -*um* (nōminātīvus -*us*), plūrālis -*ōs* (nōminātīvus -*ī*).

[B] Fēminīnum.

Iūlius nōn duās fīli*ās*, sed ūnam fīli*am* habet.

115 'Fīli*am*' est accūsātīvus singulāris (vidē cap. III). 'Fīli*ās*'
accūsātīvus plūrālis est. Accūsātīvus: singulāris -*am* (nōminātīvus -*a*), plūrālis -*ās* (nōminātīvus -*ae*).

[C] Neutrum.

Vīlla nōn ūnum cubicul*um*, sed multa cubicul*a* habet.

120 'Cubicul*um*' accūsātīvus singulāris est. 'Cubicula' accūsātīvus plūrālis est. Accūsātīvus: singulāris -*um* (= nōminātīvus),
plūrālis -*a* (= nōminātīvus).

fīli*um*
fīli*ōs*

-*um* -*ōs*

fīli*am*
fīli*ās*

-*am* -*ās*

cubicul*um*
cubicul*a*

-*um* -*a*

37

ablātīvus (*abl*)	*Ablātīvus*
	[A] Masculīnum.
hortō	In hortō Iūliī. In hortīs Italiae. 125
hortīs	'Hortō' ablātīvus singulāris est. 'Hortīs' ablātīvus plūrā-
-ō -īs	lis est. Ablātīvus: singulāris -ō, plūrālis -īs.
	[B] Fēminīnum.
vīllā	In vīllā Iūliī. In vīllīs Rōmānīs.
vīllīs	'Vīllā' ablātīvus singulāris est. 'Vīllīs' ablātīvus plūrālis est. 130
-ā -īs	Ablātīvus: singulāris -ā, plūrālis -īs.
	[C] Neutrum.
oppidō	In oppidō Tūsculō. In oppidīs Graecīs.
oppidīs	'Oppidō' ablātīvus singulāris est. 'Oppidīs' est ablātīvus
-ō -īs	plūrālis. Ablātīvus: singulāris -ō, plūrālis -īs. 135

in	
ex -ō	*In, ex, ab, cum, sine* cum ablātīvō: *in* ātriō, *in* cubiculīs, *ex*
cum -ā	hortō, *ex* Italiā, *ab* Aemiliā, *ab* oppidō, *cum* servō, *cum* līberīs,
ab -īs	*sine* pecūniā, *sine* rosīs.
sine	

indicātīvus (*ind*)	*Imperātīvus et indicātīvus*
	"Dāvum vocā, serve!" Servus Dāvum vocat. 140
vocā vocat	"Iūliam vocāte, puerī!" Puerī Iūliam vocant.
vocāte vocant	'Vocā' est imperātīvus singulāris, 'vocat' indicātīvus singu-
	lāris (vidē cap. IV). 'Vocāte' imperātīvus plūrālis est, 'vocant'
	indicātīvus plūrālis. Imperātīvus: singulāris -, plūrālis -*te*.
	Indicātīvus: singulāris -*t*, plūrālis -*nt*. 145

	sing.	plūr.	
[1]	-ā	-āte	Exempla:
	-at	-ant	[1] -*ā*, -*āte*; -*at*, -*ant*:

Salūtā dominum, serve!   Salūtāte dominum, servī!
Servus dominum salūtat.   Servī dominum salūtant.

[2]	-ē	-ēte	[2] -*ē*, -*ēte*; -*et*, -*ent*: 150
	-et	-ent	Tacē, puer! Puer tacet. Tacēte, puerī! Puerī tacent.

[3]	-e	-ite	[3] -*e*, -*ite*; -*it*, -*unt*:
	-it	-unt	Discēde, serve! Discēdite, servī!

Servus discēdit.   Servī discēdunt.

[4]	-ī	-īte	[4] -*ī*, -*īte*; -*it*, -*iunt*: 155
	-it	-iunt	Venī, Iūlia! Iūlia venit. Venīte, puerī! Puerī veniunt.

PENSVM A

Iūlius et Aemilia in vīll– habit– cum līber– et serv–. Dominus mult– serv– et mult– ancill– habet.

Aemilia in peristȳl– est cum Mārc– et Quīnt– et Iūli–. Iūlia mult– ros– in hort– vid– et ab Aemili– discēd–. Iam Aemilia puell– nōn vid–, neque puerī eam vid–. Aemilia: "Mārce et Quīnte! Voc– Iūliam!" Puerī Iūli– voc–: "Iūlia! Ven–!" et Iūlia puer– voc–: "Mārce et Quīnte, ven–!" Iūlia puerōs nōn aud–, sed puerī Iūli– aud–. Iūlia: "Cūr puerī nōn ven–?" Iūlia ex hort– ven– cum v ros– pulchr–. Iūlia: "Vid– ros– meās, māter! Vid–, puerī!" Mārcus: "Rosae pulchrae sunt, puella sine ros– pulchra nōn est!" Iūlia cum ūn– ros– discēd–. Puerī rīd–. Aemilia: "Tac–, puerī! Sūm– ros– et discēd–!" Puerī ros– sūm– et discēd–; in ātri– aqu– sūm– ex impluvi– et ros– in aquā pōn–.

PENSVM B

Iūlius in magnā —— —. Aemilia cum — [: Iūliō] habitat. Iūlius Aemiliam —, quia — [: Aemilia] bona et — fēmina est.

Aemilia in peristȳlō est — līberīs suīs, sed — virō suō. Iūlia — Aemiliā discēdit; iam puella in — est. Iūlia rosās — et — hortō venit cum v —. Puella laeta est: rosae eam —.

Ubi est impluvium? — [: impluvium] est in —. In impluviō — est. In ātriō nūllae — sunt.

PENSVM C

Num Iūlius sōlus in vīllā habitat?
Quot fīliōs et quot fīliās habent Iūlius et Aemilia?
Ubi est impluvium?
Ubi dormiunt servī?
Adestne Iūlius in peristȳlō cum Aemiliā?
Ubi est Iūlius?
Estne Aemilia sōla in peristȳlō?
Quid Iūlia agit in hortō?
Cūr puerī Iūliam rīdent?

Vocābula nova:
vīlla
hortus
rosa
līlium
nāsus
ōstium
fenestra
ātrium
impluvium
aqua
peristȳlum
cubiculum
pulcher
foedus
sōlus
habitat
amat
carpit
dēlectat
agit
etiam
cum
sine
ab
ex
ea
id
eō
eā
iī
eae
ea
eōs
eās
eōrum
eārum
iīs
ablātīvus

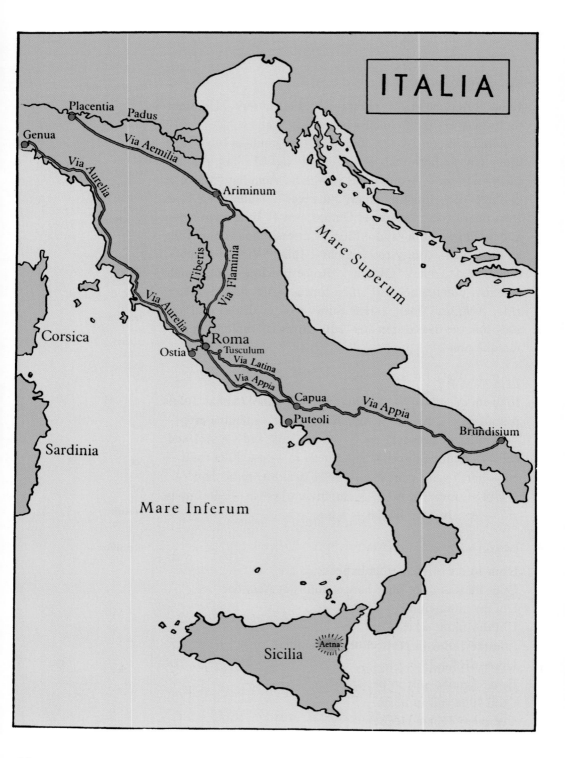

ITALIA

Genua
Placentia
Padus
Via Aemilia
Via Aurelia
Ariminum

Corsica

Tiberis
Via Flaminia
Via Aurelia
Mare Superum

Roma
Ostia
Tusculum
Via Latina
Via Appia
Capua
Puteoli
Via Appia
Brundisium

Sardinia

Mare Inferum

Sicilia
Aetna

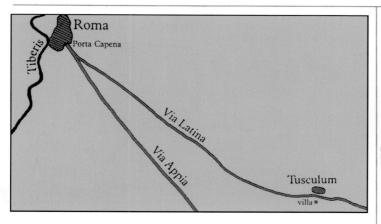

VIA LATINA

1 In Italiā multae et magnae viae sunt: via Appia, via Latīna, via Flāminia, via Aurēlia, via Aemilia. Via Appia
est inter Rōmam et Brundisium; via Latīna inter Rōmam et Capuam; via Flāminia inter Rōmam et Arīmi-
5 num; via Aurēlia inter Rōmam et Genuam; via Aemilia
inter Arīminum et Placentiam. Brundisium, Capua,
Arīminum, Genua, Placentia, Ōstia magna oppida sunt.
Ubi est Ōstia? Ōstia est prope Rōmam. Tūsculum quoque prope Rōmam est. Brundisium nōn est prope Rō-
10 mam, sed procul ab Rōmā: via Appia longa est. Via Latīna nōn tam longa est quam via Appia. Quam longa est
via Flāminia? Neque ea tam longa est quam via Appia.
Tiberis fluvius nōn tam longus est quam fluvius Padus.

Circum oppida mūrī sunt. Circum Rōmam est mūrus
15 antīquus. In mūrō Rōmānō duodecim portae sunt. Porta
prīma Rōmāna est porta Capēna. Circum oppidum Tūsculum mūrus nōn tam longus est quam circum Rōmam.

inter Rōm*am* et Brun-
disi*um* (*acc*)

prope Rōm*am* ↔
procul ab Rōmā

longus -a -um

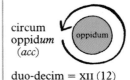

circum
oppid*um*
(*acc*)

duo-decim = XII (12)
porta = magnum ōstium

41

SYRVS LEANDER DAVVS IVLIVS VRSVS

lectīca

oppidum

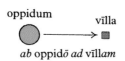

vīlla

ab oppidō *ad* vīll*am*

ad (+ *acc*) ↔ ab (+ *abl*)

Iūlius *it* (*sing*)
servī *eunt* (*plūr*)

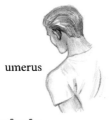

umerus

quī quōs:
    servī *quī* saccōs portant
    saccī *quōs* servī portant

Lēander -drī (*gen*)

vehunt = portant (ab…
    ad…)

ante ↔ post

ā = ab
ab ante *a, e, i, o, u, h*
ā/ab ante cēterās litterās

quō? ↔ unde?

Vīlla Iūliī est prope Tūsculum. Ab oppidō Tūsculō
ad vīllam Iūliī nōn longa via est. Ecce Iūlius et quattuor
servī in viā. Iūlius ab oppidō ad vīllam suam it. Domi- 20
nus et servī ab oppidō ad vīllam eunt. Dominus in lectīcā est. Duo servī lectīcam cum dominō portant. Servī
quī lectīcam portant sunt Ursus et Dāvus. Iūlius nōn in
viā ambulat, servī eum portant. Syrus et Lēander ambulant. Syrus saccum portat et Lēander quoque saccum 25
portat: Syrus et Lēander duōs saccōs in umerīs portant.
Saccī quōs Syrus et Lēander portant magnī sunt, sed
saccus quem Syrus portat nōn tam magnus est quam
saccus Lēandrī. Quattuor servī dominum et duōs saccōs
ab oppidō ad vīllam vehunt. 30

Iūlius in lectīcā est inter Ursum et Dāvum. Ursus est
ante Iūlium, Dāvus post eum est. Syrus et Lēander nōn
ante lectīcam, sed post lectīcam ambulant. Venitne Iūlius ā vīllā? Nōn ā vīllā venit. Unde venit Iūlius? Ab
oppidō venit. Quō it Iūlius? Ad vīllam it. Post eum 35
Tūsculum est, ante eum est vīlla.

Iūlius sōlus nōn est, nam quattuor servī apud eum sunt. Mēdus nōn est apud dominum, nam is dominum īrātum timet. Mēdus est malus servus quī nummōs do-
40 minī in sacculō suō habet. Dominus servōs malōs baculō verberat; itaque servī malī dominum et baculum eius timent. Dāvus autem bonus servus est, neque is Mēdum amat. Dāvus amīcus Mēdī nōn est, nam servus bonus et servus malus nōn amīcī, sed inimīcī sunt. Mē-
45 dus est inimīcus Dāvī. Ursus autem amīcus Dāvī est.

II   Mēdus abest ā dominō suō. Estne in oppidō Tūsculō? Mēdus Tūsculī nōn est; neque Rōmae est Mēdus, sed in viā Latīnā inter Rōmam et Tūsculum. Unde venit Mē-dus? Tūsculō venit, neque is ad vīllam Iūliī it. Quō it
50 Mēdus? Rōmam it. Tūsculum post eum est, ante eum est Rōma. Mēdus viā Latīnā Tūsculō Rōmam ambulat.

Etiam Cornēlius, amīcus Iūliī, in viā Latīnā est inter Rōmam et Tūsculum. Unde venit Cornēlius? Is nōn Tūsculō, sed Rōmā venit. Quō it? Cornēlius nōn Rō-
55 mam, sed Tūsculum it. Rōma post eum, ante eum Tūs-culum est. Cornēlius in equō est. Equus quī Cornēlium vehit pulcher est. Iūlius et Cornēlius ad vīllās suās eunt. Vīlla ubi Iūlius habitat prope Tūsculum est. Ubi habitat Cornēlius? Is Tūsculī habitat.

60 Iam Iūlius prope vīllam suam est. Servī quī lectīcam portant fessī sunt. Dominus autem fessus nōn est, nam is nōn ambulat. Iūlius ab Ursō et Dāvō portātur, itaque is fessus nōn est. Fessī sunt Syrus et Lēander, nam iī

---

apud e*um* sunt = cum e*ō* sunt

malus -a -um ↔ bonus

...autem = sed...: Dāvus autem = sed Dāvus

in-imīcus ↔ amīcus

Tūscul*ī* = *in* oppidō Tūsculō

Tūscul*ō* = *ab* oppidō Tūsculō

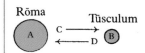

A Rōm*ae* est
B Tūscul*ī* est
C Rōm*ā* Tūscul*um* it
D Rōm*am* Tūscul*ō* it

Tūscul*um* = *ad* oppidum Tūsculum

fessus -a -um

Iūlius ab Ursō et Dāvō portā*tur* = Ursus et Dāvus Iūlium portant

43

saccī quī ā Syrō et Lēandrō portan*tur* = saccī quōs Syrus et Lēander portant
saccus quī ā Lēandrō portā*tur* = saccus quem Lēander portat

is equō vehi*tur* = equus eum vehit

porta

per port*am* ⟶

amīc*us* (*m*): amīc*a* (*f*)

Mēdus ab eā amā*tur* = ea Mēdum amat

amīca mea

id ā Lӯdiā nōn audī*tur* = Lӯdia id nōn audit

duōs magnōs saccōs umerīs portant, neque vacuī sunt saccī! Saccī quī ā Syrō et Lēandrō portantur magnī 65 sunt, sed saccus quem Syrus portat nōn tam magnus est quam saccus quī ā Lēandrō portātur. Itaque Syrus nōn tam fessus est quam Lēander. Cornēlius nōn est fessus, nam is equō vehitur. Iūlius lectīcā vehitur. Servī ambulant. Dominī vehuntur. Mēdus ambulat, nam is servus 70 est neque equum habet.

Iūlius prope vīllam suam est. Mēdus autem, quī dominum īrātum timet, procul ā vīllā Iūliī abest. Dominus ā servō malō timētur. Mēdus prope Rōmam est; iam mūrī Rōmānī ab eō videntur et porta Capēna. (Is quī viā 75 Latīnā venit per portam Capēnam Rōmam intrat.) Cūr Rōmam it Mēdus? Rōmam it, quia Lӯdia Rōmae habitat, nam Lӯdia amīca eius est: Mēdus Lӯdiam amat et ab eā amātur. Mēdus Rōmam vocātur ab amīcā suā, quae fēmina est pulchra et proba. Itaque is fessus nōn 80 est et laetus cantat:
Nōn via longa est Rōmam, ubi amīca habitat mea pulchra.
Sed id quod Mēdus cantat ā Lӯdiā nōn audītur!

Iam Iūlius in vīllā est et ab Aemiliā līberīsque laetīs salūtātur. Cornēlius Tūsculī est. Mēdus autem Rōmae 85 est ante ōstium Lӯdiae. Mēdus ōstium pulsat.

Lӯdia imperat: "Intrā!"

Mēdus per ōstium intrat et amīcam suam salūtat: "Salvē, mea Lӯdia! Ecce amīcus tuus quī sōlus Rōmam ad tē venit." 90

Lȳdia verbīs Mēdī dēlectātur eumque salūtat: "Ō amīce, salvē! Ubi est dominus tuus?"

Mēdus: "Iūlius in vīllā est apud servōs suōs – neque is iam meus dominus est!"

95 Verba Mēdī ā Lȳdiā laetā audiuntur.

Lȳdia verbīs Mēdī dēlec-tātur = verba Mēdī Lȳdiam dēlectant

GRAMMATICA LATINA
Praepositiōnēs

Iūlius *ad* vīll*am* it; ad oppid*um;* ad ancill*ās.*

Ursus *ante* Iūli*um* est; ante e*um;* ante vīll*am.*

100 Dāvus *post* Iūli*um* est; post e*um;* post vīll*am.*

Via *inter* Rōm*am* et Capu*am;* inter serv*ōs.*

Ōstia est *prope* Rōm*am;* prope vīll*am;* prope e*am.*

Circum oppid*um* mūrus est; circum mēns*am.*

Mēdus est *apud* amīc*am* su*am,* nōn apud domin*um.*

105 Mēdus *per* port*am* Capēn*am* Rōmam intrat; per ōsti*um.*

Ab, ad, ex, cēt. sunt praepositiōnēs. Praepositiōnēs cum accūsātīvō: *ad, ante, post, inter, prope, circum, apud, per,* cēt.; praepositiōnēs cum ablātīvō: *ab/ā, cum, ex, in, sine,* cēt. (vidē cap. v).

110 *Quō* it Mēdus? Mēdus Rōmam it. Quō it Cornēlius? Is Tūscul*um* it.

Unde venit Cornēlius? Cornēlius Rōm*ā* venit. Unde venit Mēdus? Is Tūscul*ō* venit.

Ubi habitat Lȳdia? Lȳdia Rōm*ae* habitat. Ubi habitat Cor-
115 nēlius? Is Tūscul*ī* habitat.

Accūsātīvus: Rōm*am,* Tūscul*um,* Capu*am,* Brundisi*um,* Ōsti*am* = *ad* oppidum -am/-um.

Ablātīvus: Rōm*ā,* Tūscul*ō,* Capu*ā,* Brundisi*ō,* Ōsti*ā* = *ab* oppid*ō* -ā/-ō.

120 Locātīvus (= genetīvus): Rōm*ae,* Tūscul*ī,* Capu*ae,* Brundisi*ī,* Ōsti*ae* = *in* oppidō -ā/-ō.

ūna praepositiō (*prp*)
duae praepositiōnēs

ad	-um
ante	-am
post	-ōs
inter	-ās
prope	-a
circum	mē
apud	tē
per	

ad, ante, apud, circum, inter, per, post, prope + acc.
ab/ā, cum, ex, in, sine + abl.

quō? Rōm*am*/Tūscul*um*

unde? Rōm*ā*/Tūscul*ō*

ubi? Rōm*ae*/Tūscul*ī*

oppidum

-um -am →
-ō -ā ←
-ī -ae ×

-us	-um	-t
-a	-am	
	-ōs	
-ī	-ās	-nt
-ae	-a	

-us		
-a	ab/ā -ō	-tur
-um	-ā	
	-īs	
-ī		
-ae		-ntur
-a		

-t	-nt
-tur	-ntur

sing.	plūr.
[1] -ātur	-antur
[2] -ētur	-entur
[3] -itur	-untur
[4] -ītur	-iuntur

Verbum āctīvum et passīvum

Serv*us* sacc*um* porta*t*
= Sacc*us* portā*tur* ā servō

Serv*ī* sacc*ōs* porta*nt*   125
= Sacc*ī* porta*ntur* ā serv*īs*

'Porta*t* porta*nt*' verbum āctīvum est. 'Portā*tur* porta*ntur*' est verbum passīvum. Āctīvum: *-t -nt*. Passīvum: *-tur -ntur*.
Exempla:

[1] *-ātur -antur:* Aemilia Iūlium am*at* et ab eō am*ātur*. Pater et   130
māter līberōs am*ant* et ab iīs am*antur*. Lȳdia verbīs Mēdī dēlect*ātur*.

[2] *-ētur -entur:* Iūlia puerōs nōn vid*et* neque ab iīs vid*ētur*. Puerī Iūliam nōn vid*ent* neque ab eā vid*entur*.

[3] *-itur -untur:* Dāvus sacculum in mēnsā pōn*it* = sacculus in   135
mēnsā pōn*itur* ā Dāvō. Puerī rosās in aquā pōn*unt* = rosae ā puerīs in aquā pōn*untur*. Cornēlius equō veh*itur*.

[4] *-ītur -iuntur:* Iūlia puerōs aud*it* neque ab iīs aud*ītur* = puerī ā Iūliā aud*iuntur* neque eam aud*iunt*.

PENSVM A

Iūlius ab oppid– Tūsculō ad vīll– su– it. Vīlla eius prope Tūscul– est. Iūlius in lectīcā est inter Urs– et Dāv–. Dominus ā servīs port–. Ursus et Dāvus nōn saccōs port–, sacc– ā Syrō et Lēandrō port–. Saccus quem Lēander port– nōn tam parvus est quam saccus quī ā Syr– port–.

Mēdus nōn est apud domin–, nam servus malus dominum tim–. Dominus ā serv– mal– tim–. Dominus serv– mal– voc– neque ab eō aud–. Serv– mal– ā domin– voc– neque eum aud–.

Quō it Mēdus? Rōm– it. Unde venit? Mēdus Tūscul– venit. Ante Mēd– est Rōma, Tūsculum post e– est. Cornēlius nōn Tūsculō Rōmam, sed Rōm– Tūscul– it, nam is Tūscul– habitat. Cornēlius nōn ambulat, sed equ– veh–.

Lȳdia, amīca Mēdī, Rōm– habitat. Iam Mēdus Rōm– apud Lȳdi– est. Mēdus amīc– su– salūt– et ab amīc– su– salūt–, nam Lȳdia Mēd– am– et ab e– am–.

PENSVM B

Ōstia nōn — ā Rōmā, sed — Rōmam est. — venit Iūlius? Tūsculō venit et — vīllam it. Duo servī eum —. Syrus et Lēander, quī — lectīcam ambulant, duōs — portant. Saccus Syrī nōn — magnus est — saccus quī — Lēandrō portātur; — Syrus nōn tam — est quam Lēander.

Mēdus — dominum nōn est, nam Mēdus dominum īrātum —. Mēdus servus — [= improbus] est; — Mēdus et Iūlius nōn —, sed inimīcī sunt. Via Latīna, quae est — Rōmam et Capuam, nōn tam — est quam — Appia. — ambulat Mēdus? Is Rōmam ambulat, — amīca eius Rōmae habitat. Cornēlius — [= sed C.] Rōmā Tūsculum —. Tūsculum est — eum, — eum est Rōma. Cornēlius equō —, is nōn —. Iūlius et Cornēlius ad vīllās suās —.

PENSVM C

Ambulatne Iūlius?

Quī Iūlium portant?

Quid portant Syrus et Lēander?

Unde venit Iūlius et quō it?

Quō it Mēdus?

Etiamne Cornēlius Tūsculō Rōmam it?

Ubi habitat Cornēlius?

Cūr Mēdus laetus est?

Quae est Lȳdia?

Quid habet Mēdus in sacculō suō?

Suntne amīcī Iūlius et Mēdus?

Num *portat* verbum passīvum est?

Vocābula nova:
via
mūrus
porta
lectīca
saccus
umerus
amīcus
inimīcus
equus
amīca
longus
malus
fessus
duodecim
it eunt
portat
ambulat
vehit
timet
intrat
tam
quam
inter
prope
procul ab
circum
ad
ante
post
ā
apud
per
nam
itaque
autem
unde?
quō?
praepositiō
locātīvus
āctīvum
passīvum

lacrima

Iūlia rosam ante nāsum
tenet

illīc : in peristȳlō

oculus

lacrimat ↔ rīdet

speculum

fōrmōsus -a -um = pul-
cher

in cubicul*um* (*acc*)
↔ *ex* cubiculō
claudit ↔ aperit

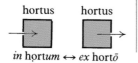

hortus   hortus

in hort*um* ↔ *ex* hortō

PVELLA ET ROSA

Ecce Mārcus et Quīntus ante ōstium vīllae. Puerī Iū-   *1*
lium exspectant. Māter nōn est apud fīliōs, ea in peristȳlō est; illīc virum suum exspectat. Aemilia laeta nōn
est, quia Iūlius abest; nam Aemilia virum suum amat.

   Ubi est Iūlia? In cubiculō suō est. Iūlia, quae sōla est   5
illīc, rosam ante nāsum tenet. Puella lacrimat: in oculīs
eius sunt lacrimae.

   Iūlia speculum sūmit et ante oculōs tenet. Puella sē
in speculō videt et sē interrogat: "Estne foedus nāsus
meus?" Nāsus eius autem fōrmōsus nōn est. Iūlia rūrsus   10
lacrimat.

   Syra ōstium cubiculī pulsat.

   Iūlia: "Intrā!"

   Syra ōstium aperit et in cubiculum intrat, neque ōstium post sē claudit. Iūlia Syram post sē in speculō videt.   15
Syra nōn videt lacrimās Iūliae, nam puella sē nōn vertit.

   Syra: "Ō, hīc est mea puella. Venī in hortum, Iūlia!"

48

Iūlia imperat: "Claude ōstium!"

Ancilla pāret.

20 Iūlia: "Num nāsus meus foedus est, Syra?"

Syra: "Foedus? Immō fōrmōsus est nāsus tuus."

Iūlia sē vertit. Iam Syra lacrimās videt.

Syra: "Quid est, mea Iūlia? Tergē oculōs! Es laeta!

Nāsus tuus tam fōrmōsus est quam meus."

25 Iūlia: "Sed nāsus tuus nōn fōrmōsus est!"

Syra: "Quid? Nōnne fōrmōsus est nāsus meus?"

Iūlia: "Immō foedus est! Ecce speculum, Syra."

Iūlia speculum tenet ante Syram, quae nāsum suum

in speculō videt. Ancilla oculōs claudit et tacet. —

II Ecce Iūlius ad vīllam advenit. Servī lectīcam ante

ōstium pōnunt. Pater fīliōs salūtat: "Salvēte, fīliī!" et ā

fīliīs salūtātur: "Salvē, pater!"

Iūlius ambulat ad ōstium, quod ab ōstiāriō aperītur.

Dominus per ōstium in vīllam intrat. Post eum veniunt

35 Syrus et Lēander, quī duōs saccōs portant. Ōstiārius

post eōs ōstium claudit. Ursus et Dāvus cum lectīcā

vacuā discēdunt.

Puerī saccōs plēnōs quī ā servīs portantur vident et

interrogant: "Quid inest in saccīs?"

40 Iūlius respondet: "In saccō quem Lēander portat

māla īnsunt. Hīc saccum pōne, Lēander!"

Lēander saccum pōnit ante Iūlium, quī aperit eum.

Iūlius: "Vidēte, puerī: hic saccus plēnus mālōrum

est."

immō fōrmōsus : nōn foedus sed fōrmōsus

est sunt
es! este! (imp)

nōn-ne

ad-venit = ad ... venit
salvē! salvēte!
salvē, pater! *(sing)*
salvēte, fīliī! *(plūr)*

ōstiārius = servus quī ōstium aperit et claudit
in vīllam ↔ *ex* vīllā

mālum

plēnus -a -um ↔ vacuus

in-est = in... est

īn-sunt = in... sunt

eum : saccum

hic saccus = saccus quī hīc (apud mē) est

ē = ex
ex ante *a, e, i, o, u, h*
ē/ex ante cēterās litterās

eī : Quīntō

pirum

sōlum = tantum

neque...neque ↔ et...et

dat dant
dā! date! (imp)
iīs (= eīs) : servīs

ad-it = ad... it

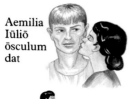

Aemilia
Iūliō
ōsculum
dat

Mārcus   Quīntus
ambulat   currit

Iūlius mālum ē saccō sūmit et sē vertit ad Mārcum: 45
"Ecce mālum tuum, Mārce." Iūlius Mārcō mālum dat.
Pater fīliō suō magnum mālum dat. Iam Mārcus mālum
habet, neque Quīntus mālum habet. Iūlius Quīntum ad
sē vocat et eī mālum dat. Iūlius Quīntō mālum dat. Iam
et Mārcus et Quīntus māla habent. 50

Mārcus: "Quid inest in saccō Syrī?"

Iūlius: "In saccō eius pira īnsunt. Aperī saccum,
Syre! Vidēte, puerī: hic saccus plēnus est pirōrum." Iūlius duo pira ē saccō sūmit: "Ecce pirum tuum, Mārce,
et tuum, Quīnte." Pater fīliīs suīs pira dat. Fīliī, quī iam 55
nōn sōlum māla, sed etiam pira habent, laetī sunt. Servī
autem neque māla neque pira habent.

Quīntus: "Etiam servīs dā māla et pira, pater!"

Iūlius Syrum et Lēandrum servōs ad sē vocat et iīs
māla et pira dat. Dominus servīs māla et pira dat. 60

Aemilia cum Dēliā ē peristȳlō in ātrium intrat, laeta *III*
ad Iūlium adit eumque salūtat. Aemilia virō suō ōsculum dat. Iūlius Aemiliae ōsculum dat.

Iūlius: "Quid agit Iūlia?"

Aemilia: "Rosās carpit in hortō." 65

Iūlius: "Currite in hortum, puerī, et vocāte eam!"

Quīntus currit. Mārcus nōn currit, sed ambulat.

Iūlius imperat: "Age! Curre, Mārce!"

Etiam Mārcus currit. Puerī per peristȳlum in hortum
currunt. Illīc autem puella nōn est. Puerī ex hortō per 70
peristȳlum in ātrium ambulant.

Mārcus: "Iūlia neque in hortō neque in peristȳlō est."

Aemilia: "Estne Syra in hortō?"

Quīntus: "Nōn est. Nūlla ancilla illīc est."

75 Aemilia: "Nōn sōlum Iūlia, sed etiam Syra abest! Dēlia, ī ad cubiculum Iūliae!"

    Dēlia ad cubiculum Iūliae it, ōstium pulsat, aperit, in
cubiculum intrat. Illīc nōn sōlum Iūlia, sed etiam Syra
est. Oculī Iūliae plēnī sunt lacrimārum.

80 Dēlia: "Venī in ātrium, Iūlia! Illīc pater tuus tē exspectat."

    Iūlia oculōs et nāsum terget, rosam sūmit, ē cubiculō
exit. Syra et Dēlia post eam exeunt. Iūlia in ātrium ad
Iūlium currit eīque ōsculum dat.

85 Iūlia: "Ecce rosa. Nōnne pulchra est haec rosa?"

Iūlius: "Nūlla rosa tam pulchra est quam fīlia mea!"
Iūlius fīliae suae ōsculum dat. Iamne lacrimat Iūlia?
Immō laeta est et rīdet.

Iūlia: "Num nāsus meus foedus est?"

90 Iūlius: "Foedus? Immō tam fōrmōsus est quam—hoc
mālum! Ecce mālum tuum, Iūlia." Pater fīliae mālum
magnum et fōrmōsum dat. Iūlia mālum terget et ante
oculōs tenet.

Iūlia: "Ō, quam fōrmōsum est hoc mālum!" Puella
95 laeta mālō suō ōsculum dat!

Iūlius: "Hoc pirum etiam tuum est, Iūlia." Iūlius eī
pirum dat. Iam puella et mālum et pirum habet.

Aemilia: "Etiam ancillīs meīs māla et pira dā!"

---

it eunt
ī! īte! *(imp)*

ex-it ↔ intrat
ex-*it* ex-*eunt*
eī-que

haec rosa = rosa quae hīc
  (apud mē) est

iam-ne

hoc mālum = mālum quod
  hīc (apud mē) est
hīc haec hoc:
  hic saccus (*m*)
  haec rosa (*f*)
  hoc mālum (*n*)

eī : Iūli*ae*

iīs (= eīs) : ancillīs

Iūlius ancillās ad sē vocat et iīs quoque māla et pira
dat. Ancillae laetae ex ātriō exeunt. —   100

cui?   puerō
       puellae

Cui Iūlius mālum dat? Puerō mālum dat. Puer cui
Iūlius mālum dat est fīlius eius.

Cui Iūlius ōsculum dat? Puellae ōsculum dat. Puella
cui Iūlius ōsculum dat fīlia eius est.

GRAMMATICA LATINA   105

datīvus (dat) < dat

Datīvus
[A] Masculīnum.

servō
servīs

Iūlius servō (Syrō) mālum dat.
Iūlius servīs (Syrō et Lēandrō) māla dat.

-ō   -īs

'Servō' datīvus singulāris est. 'Servīs' est datīvus plūrālis. 110
Datīvus: singulāris -ō, plūrālis -īs.
[B] Fēminīnum.

ancillae
ancillīs

Iūlius ancillae (Syrae) mālum dat.
Iūlius ancillīs (Syrae et Dēliae) māla dat.

-ae   -īs

'Ancillae' est datīvus singulāris. 'Ancillīs' datīvus plūrālis 115
est. Datīvus: singulāris -ae, plūrālis -īs.
[C] Neutrum.

oppidō
oppidīs

Fluvius oppidō aquam dat.
Fluviī oppidīs aquam dant.

-ō   -īs

'Oppidō' datīvus singulāris est. 'Oppidīs' est datīvus plūrā- 120
lis. Datīvus: singulāris -ō, plūrālis -īs.

PENSVM A

Iūlius Mārc–, fīli– su–, mālum dat. Iūlius Mārc– et Quīnt–,
fīli– su–, māla dat. Iūlius etiam serv– su–, Syr– et Lēandr–,
māla dat.

C– Aemilia ōsculum dat? Aemilia vir– su– Iūli– ōsculum
dat. Iūlius Aemili– ōsculum dat. Iūlius Iūli–, fīli– su–, mālum dat, neque sōlum Iūliae, sed etiam Syr– et Deli–, ancill–
su–. Iūlia māl– su– ōsculum dat!

PENSVM B

Iūlius ad vīllam —. Ōstiārius ōstium — et post eum —.

Saccī nōn vacuī, sed — sunt. Iūlius: "Vidēte, puerī: —
saccus plēnus — est. Ecce mālum tuum, Mārce." Iūlius Mārcō mālum —. Iūlius fīliīs nōn — māla, sed etiam pira dat.
Iam puerī — māla — pira habent, sed servī — māla — pira
habent. Dominus servōs ad — vocat et — quoque māla et —
dat.

Aemilia ad Iūlium — et eī — dat. Iūlia abest. Puerī nōn
ambulant, sed — in hortum. — [: in hortō] Iūlia nōn est, ea
in cubiculō suō est. Iūlia nōn rīdet, sed —: in — eius sunt —.
Dēlia: "In ātriō pater tuus tē —, Iūlia." Iūlia — [= ex] cubiculō —, ad Iūlium currit et — [: Iūliō] ōsculum dat. Iūlia
rosam ante Iūlium —. Iūlia: "Nōnne — rosa — [= pulchra]
est?"

PENSVM C

Quem puerī exspectant?
Venitne Iūlius Rōmā?
Quis ōstium aperit et claudit?
Quid inest in saccīs?
Cui Iūlius mālum prīmum dat?
Cui Aemilia ōsculum dat?
Estne Iūlia in hortō?
Quō it Dēlia?
Estne Iūlia sōla in cubiculō suō?
Rīdetne Iūlia?
Quō Iūlia currit?
Quid Iūlius dat fīliae suae?

Vocābula nova:
oculus
lacrima
speculum
ōstiārius
mālum
pirum
ōsculum
fōrmōsus
plēnus
exspectat
tenet
lacrimat
aperit
claudit
vertit
terget
advenit
inest
dat
adit
currit
exit
es
sē
hic
haec
hoc
immō
nōnne?
et... et
neque... neque
sōlum
illīc
ē
eī
iīs
cui
datīvus

53

TABERNA ROMANA

gemma   margarīta

haec taberna, *acc* hanc
   tabernam
quī = is quī

ānulus cum gemmā

līnea cum margarītīs =
   līnea margarītārum

haec via, *abl* hāc viā

emit ↔ vēndit
quae = eae quae

quī = iī quī

Ecce taberna Rōmāna, in quā gemmae et margarītae   *1*
multae sunt. Cuius est haec taberna? Albīnī est. Albīnus hanc tabernam habet. Quī tabernam habet tabernārius est. Albīnus est tabernārius Rōmānus quī gemmās
et margarītās vēndit. Aliī tabernāriī librōs vēndunt, aliī   5
māla et pira, aliī rosās et līlia.

    Gemmae et margarītae sunt ōrnāmenta. Ānulus cum
gemmā ōrnāmentum pulchrum est. Etiam līnea cum
margarītīs ōrnāmentum est. Līnea sine margarītīs nōn
est ōrnāmentum!   10

    Multae fēminae quae in hāc viā ambulant ante taber-
nam Albīnī cōnsistunt, nam fēminae ōrnāmentīs dēlectantur. Eae quae magnam pecūniam habent multa ōrnāmenta emunt. Quae nūllam aut parvam pecūniam habent ōrnāmenta aspiciunt tantum, nōn emunt. Etiam   15
virī multī ad hanc tabernam adeunt. Quī magnam pecū-

54

niam habent ōrnāmenta emunt et fēminīs dant; cēterī
rūrsus abeunt. Fēminae quārum virī magnam pecūniam
habent multa ōrnāmenta ā virīs suīs accipiunt.

ab-it ↔ ad-it
ab-*it* ab-*eunt*

20   Aemilia, cuius vir pecūniōsus est, multa ōrnāmenta
ab eō accipit. Aemilia ānulum in digitō et margarītās in
collō multaque alia ōrnāmenta habet. Ānulus digitum
Aemiliae ōrnat, margarītae collum eius ōrnant. Fēminae gemmīs et margarītīs ānulīsque ōrnantur.

pecūniōsus -a -um: p. est
= magnam pecūniam
habet

Aemilia

collum

digitus

25   In viā prope tabernam Albīnī vir et fēmina ambulant.
Quī vir et quae fēmina? Est Mēdus, quī cum Lȳdiā,
amīcā suā, ambulat. Mēdus est servus Iūliī, sed dominus eius Rōmae nōn est. Mēdus sine dominō suō cum
fēminā fōrmōsā in viīs Rōmae ambulat.

quis? quis/quī vir?
quid? quod ōrnāmentum?

30   Lȳdia ōrnāmentum pulchrum in collō habet. Quod
ōrnāmentum? Ōrnāmentum quod Lȳdia habet est līnea
margarītārum. Collum Lȳdiae margarītīs pulchrīs ōrnā-
tur; Lȳdia autem nūllum aliud ōrnāmentum habet, quia
pecūniōsa nōn est, neque pecūniōsus est amīcus eius.

alius -a -*ud* (*n*)

35   (Pecūniōsus est quī magnam pecūniam habet.)

quī = is quī

II   Albīnus clāmat: "Ōrnāmenta! Ōrnāmenta fēminārum! Ōr-nā-men-ta! Emite ōrnāmenta!"

      Lȳdia cōnsistit oculōsque ad tabernam Albīnī vertit:
Lȳdia tabernam aspicit. Mēdus nōn cōnsistit neque ta-
40 bernam aspicit.

      Lȳdia: "Cōnsiste, Mēde! Aspice illam tabernam! Ō,
quam pulchra sunt illa ōrnāmenta!" Lȳdia tabernam
Albīnī digitō mōnstrat. Mēdus sē vertit, tabernam vi-

illa taberna = taberna
quae illīc est

det, cum Lӯdiā ad tabernam adit. Mēdus et Lӯdia ante
tabernam cōnsistunt. Albīnus eōs salūtat et margarītās 45
in līneā ante oculōs Lӯdiae tenet: Albīnus Lӯdiae margarītās ostendit.

Albīnus: "In hōc ōrnāmentō vīgintī margarītae magnae sunt. Nōnne pulchrae sunt hae margarītae?"

Mēdus: "Amīca mea multās margarītās habet." 50

Lӯdia: "In hāc tabernā multa alia ōrnāmenta sunt."

Albīnus iīs trēs ānulōs sine gemmīs ostendit: "Aspicite hōs ānulōs! Nōnne hī ānulī pulchrī sunt?"

Mēdus et Lӯdia ānulōs aspiciunt.

Lӯdia: "In hīs ānulīs gemmae nūllae sunt!" 55

Mēdus Albīnum interrogat: "Quot nummīs cōnstat
ānulus in quō gemma est?"

Albīnus Mēdō ānulum gemmātum ostendit.

Albīnus: "Hic ānulus centum nummīs cōnstat."

Mēdus: "Quid?" 60

Albīnus: "Pretium huius ānulī est centum sēstertiī."

Mēdus: "Centum sēstertiī? Id magnum pretium est!"

Albīnus: "Immō parvum pretium est! Aspice hunc
ānulum: in hōc ānulō magna gemma est. Tanta gemma
sōla octōgintā sēstertiīs cōnstat." 65

Mēdus: "Num ānulus sine gemmā vīgintī tantum sēstertiīs cōnstat?" Albīnus nōn respondet.

Mēdus, quī alium ānulum gemmātum post Albīnum
videt: "Hic ānulus pulcher nōn est. Quot sēstertiīs cōnstat ille ānulus?" 70

Albīnus Lӯdiae (*dat*)
margarītās ostendit

hoc, *abl* hōc
vīgintī = xx (20)

sing hic haec hoc
plūr hī hae haec

aspice*!* aspic*ite!*
aspic*it* aspic*iunt*
hī, *acc* hōs

hī hae haec, *abl* hīs

quī, *abl* quō

ānulus gemmātus = ānu-
lus cum gemmā

hic haec hoc, *gen* huius
sēstertius = nummus

hic ānulus, *acc* hunc
ā.um, *abl* hōc ā.ō
tantus -a -um = tam
magnus
octōgintā = LXXX (80)

hic ānulus = ānulus quī
hīc est
ille ānulus = ānulus quī
illīc est

56

Albīnus: "Quī ānulus?"

Mēdus: "Ille post tē. Quantum est pretium illīus ānulī?" Mēdus ānulum post Albīnum digitō mōnstrat.

Albīnus: "Ille quoque ānulus centum sēstertiīs cōn-
75 stat. Pretium illīus ānulī tantum est quantum huius; sed
amīca tua hunc ānulum amat, nōn illum."

Lȳdia ānulum gemmātum ante oculōs tenet.

Lȳdia: "Ō, quam pulchrum hoc ōrnāmentum est!
Illud ōrnāmentum nōn tam pulchrum est quam hoc,
80 neque illa gemma tanta est quanta haec."

Mēdus: "Tanta gemma ad tam parvum ānulum nōn
convenit."

III   Lȳdia, quae haec verba nōn audit, Mēdō digitōs suōs
ostendit, in quibus nūllī ānulī sunt.

85   Lȳdia: "Aspice, Mēde! In digitīs meīs nūllī sunt
ānulī. Aliae fēminae digitōs ānulōrum plēnōs habent —
meī digitī vacuī sunt!"

Mēdus: "Sacculus quoque meus vacuus est!"

Lȳdia ānulum in mēnsā pōnit. In oculīs eius lacrimae
90 sunt. Mēdus, quī lacrimās videt, sacculum suum in
mēnsā pōnit — neque vacuus est sacculus, sed plēnus
nummōrum! Quanta pecūnia est in sacculō Mēdī? In eō
nōnāgintā sēstertiī īnsunt.

Mēdus: "Ecce sēstertiī nōnāgintā."

95   Albīnus: "Sed nōnāgintā nōn satis est. Pretium ānulī
est sēstertiī centum!"

Lȳdia: "Dā huic tabernāriō centum sēstertiōs!"

---

quantus -a -um = quam
  magnus
ille, *gen* ill*īus*, *acc* ill*um*

tantus...quantus = tam
  magnus...quam

ille -a -ud:
  ill*e* ānulus (*m*)
  ill*a* gemma (*f*)
  ill*ud* ōrnāmentum (*n*)

quī, *abl plūr* quibus

nōnāgintā = xc (90)

sēstertiī nōnāgintā:
  HS XC

hic haec hoc, *dat* huic

57

qui = iī quī

sing ille illa illud
plūr illī illae illa

accip*e!*   accip*ite!*
accip*it*   accip*iunt*

digitus
medius   digitus
            quārtus

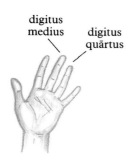

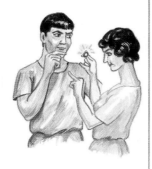

quārtus -a -um = IV (4.)

58

Mēdus: "Id nimis magnum pretium est! Aliī tabernāriī ānulum gemmātum octōgintā sēstertiīs vēndunt."

Albīnus: "Quī sunt illī tabernāriī?"   100

Mēdus: "Quī in aliīs viīs tabernās habent."

Albīnus: "Quae sunt illae viae in quibus illae taber-
nae sunt? Et quae sunt illa ōrnāmenta quae in illīs ta-
bernīs parvō pretiō emuntur? Nōn sunt ōrnāmenta! Sed
aspicite haec ōrnāmenta: hōs ānulōs, hās gemmās, hās 105
margarītās! Haec ōrnāmenta proba sunt! Neque pretium hōrum ōrnāmentōrum nimis magnum est!"

Mēdus: "Accipe nummōs nōnāgintā — aut nūllōs!"

Albīnus: "Num hīc nōnāgintā sēstertiī sunt?"

Mēdus: "Numerā eōs!"   110

Albīnus numerat sēstertiōs, quōrum numerus est
nōnāgintā.

Albīnus: "Sunt nōnāgintā."

Mēdus: "Satisne est?"

Albīnus nōn respondet, sed nummōs sūmit Mēdōque 115
ānulum dat. Albīnus pecūniam accipit et Mēdō ānulum
vēndit sēstertiīs nōnāgintā.

Mēdus sē ad Lȳdiam vertit: "Accipe hunc ānulum ab
amīcō tuō..." Mēdus ānulum in digitō Lȳdiae pōnit. In
quō digitō? In digitō mediō.   120

Mēdus: "Hic ānulus ad digitum tuum nōn convenit.
Ānulus nimis parvus est aut digitus nimis magnus!"

Lȳdia: "Ō Mēde! Digitus medius nimis magnus est.
Pōne ānulum in digitō quārtō!"

125 Mēdus ānulum in digitō Lȳdiae quārtō pōnit. Ānulus
satis magnus est et ad digitum convenit, nam digitus
quārtus nōn tantus est quantus digitus medius. Lȳdia
laeta digitum suum aspicit et amīcō suō ōsculum dat.

Mēdus et Lȳdia ā tabernā abeunt. Lȳdia, quae Rō-
130 mae habitat, Mēdō viam mōnstrat.

Albīnus rūrsus clāmat: "Ōrnāmenta! Ōr-nā-men-ta!"
et aliōs virōs pecūniōsōs, quōrum amīcae nūlla aut
pauca ōrnāmenta habent, exspectat.

GRAMMATICA LATINA

135 *Prōnōmina 'quis', 'quī', 'is', 'ille'*
[A] Masculīnum.

    Quis saccum portat? Serv*us* saccum portat. *Quī* servus?
Servus *quī* saccum portat est Syrus. *Is/ille* servus saccum
portat.

140   Iūlius serv*um* vocat. *Quem* servum? Servus *quem* Iūlius
vocat est Syrus. Iūlius *eum/illum* servum vocat.

    Iūlius dominus servī est. *Cuius* servī? Syrus est servus *cuius*
dominus Iūlius est. Iūlius dominus *eius/illīus* servī est.

    Iūlius serv*ō* mālum dat. *Cui* servō? Servus *cui* Iūlius mā-
145 lum dat est Syrus. Iūlius *eī/illī* servō mālum dat.

    Saccus ā serv*ō* portātur. *Ā quō* servō? Servus ā *quō* saccus
portātur est Syrus. Saccus ab *eō/illō* servō portātur.

    Serv*ī* saccōs portant. *Quī* servī? Servī *quī* saccōs portant
sunt Syrus et Lēander. *Iī/illī* servī saccōs portant.

150   Iūlius serv*ōs* vocat. *Quōs* servōs? Servī *quōs* Iūlius vocat
sunt Syrus et Lēander. Iūlius *eōs/illōs* servōs vocat.

    Iūlius dominus serv*ōrum* est. *Quōrum* servōrum? Servī *quō-
rum* dominus est Iūlius sunt Syrus et Lēander. Iūlius dominus *eōrum/illōrum* servōrum est.

ūnum prōnōmen (*prōn*)
duo prōnōmina

Singulāris:
nōminātīvus
*quis/quī is ille
quī...?*
is servus = *ille* servus

accūsātīvus
quem eum illum

genetīvus
cuius eius illīus

datīvus
cui eī illī

ablātīvus
quō eō illō

Plūrālis:
nōminātīvus
quī iī illī

accūsātīvus
quōs eōs illōs

genetīvus
quōrum eōrum illōrum

59

datīvus
quibus iīs illīs

ablātīvus
quibus iīs illīs

Singulāris:
nōminātīvus
quae ea illa

accūsātīvus
quam eam illam

genetīvus
cuius eius illīus

datīvus
cui eī illī

ablātīvus
quā eā illā

Plūrālis:
nōminātīvus
quae eae illae

accūsātīvus
quās eās illās

genetīvus
quārum eārum illārum

datīvus
quibus iīs illīs

ablātīvus
quibus iīs illīs

Singulāris:
nōminātīvus
*quid/quod id illud
quod…?*

accūsātīvus
*quid/quod id illud
quod…?*

Iūlius servīs māla dat. *Quibus* servīs? Servī *quibus* Iūlius 155
māla dat sunt Syrus et Lēander. I. *iīs/illīs* servīs māla dat.

Saccī ā servīs portantur. Ā *quibus* servīs? Servī ā *quibus*
saccī portantur sunt Syrus et Lēander. Ab *iīs/illīs* servīs saccī
portantur.

[B] Fēminīnum. 160

Ancill*a* abest. *Quae* ancilla? Ancilla *quae* abest est Syra.
Ea/illa ancilla abest.

Iūlius ancill*am* vocat. *Quam* ancillam? Ancilla *quam* Iūlius
vocat est Syra. Iūlius *eam/illam* ancillam vocat.

Iūlius dominus ancill*ae* est. *Cuius* ancillae? Syra est ancilla 165
cuius dominus Iūlius est. I. dominus *eius/illīus* ancillae est.

Iūlius ancill*ae* mālum dat. *Cui* ancillae? Ancilla *cui* Iūlius
mālum dat est Syra. Iūlius *eī/illī* ancillae mālum dat.

Iūlius ab ancill*ā* salūtātur. Ā *quā* ancillā? Ancilla ā *quā*
Iūlius salūtātur est Syra. Iūlius ab *eā/illā* ancillā salūtātur. 170

Ancill*ae* absunt. *Quae* ancillae? Ancillae *quae* absunt sunt
Syra et Dēlia. *Eae/illae* ancillae absunt.

Iūlius ancill*ās* vocat. *Quās* ancillās? Ancillae *quās* Iūlius
vocat sunt Syra et Dēlia. Iūlius *eās/illās* ancillās vocat.

Iūlius dominus ancill*ārum* est. *Quārum* ancillārum? Ancil- 175
lae *quārum* dominus est Iūlius sunt Syra et Dēlia. Iūlius dominus *eārum/illārum* ancillārum est.

Iūlius ancill*īs* māla dat. *Quibus* ancillīs? Ancillae *quibus*
Iūlius māla dat sunt Syra et Dēlia. I. *iīs/illīs* ancillīs māla dat.

Iūlius ab ancill*īs* salūtātur. Ā *quibus* ancillīs? Ancillae ā 180
quibus Iūlius salūtātur sunt Syra et Dēlia. Ab *iīs/illīs* ancillīs
Iūlius salūtātur.

[C] Neutrum.

Quid est ānulus? Ānulus est ōrnāment*um*. *Quod* ōrnāmentum? Ānulus est ōrnāmentum *quod* digitum ōrnat. *Id/illud* 185
ōrnāmentum pulchrum est.

Quid Lȳdia in collō habet? Ōrnāment*um* habet. *Quod* ōrnāmentum? Ōrnāmentum *quod* Lȳdia in collō habet est līnea
margarītārum. Lȳdia *id/illud* ōrnāmentum amat.

190   Pretium ōrnāmentī est HS (= sēstertiī) C. *Cuius* ōrnāmentī?   genetīvus
Ōrnāmentum *cuius* pretium est HS C est ānulus. Pretium *eius*   *cuius eius illīus*
/illīus ōrnāmentī est HS C.

    Fluvius oppidō aquam dat. *Cui* oppidō? Oppidum *cui* flu-   datīvus
vius aquam dat est Capua. Fluvius *eī/illī* oppidō aquam dat.   *cui eī illī*

195   Cornēlius in parvō oppidō habitat. In *quō* oppidō? Oppi-   ablātīvus
dum in *quō* Cornēlius habitat est Tūsculum. In *eō/illō* oppidō   *quō eō illō*
habitat Cornēlius.

    Quae oppida prope Rōmam sunt? Ōstia et Tūsculum sunt   Plūrālis:
oppida *quae* prope Rōmam sunt. *Ea/illa* oppida prope Rō-   nōminātīvus
200 mam sunt.   *quae ea illa*

    Albīnus ōrnāmenta vēndit. *Quae* ōrnāmenta? Ōrnāmenta   accūsātīvus
quae A. vēndit sunt ānulī. *Ea/illa* ōrnāmenta vēndit A.   *quae ea illa*

    Pretium ōrnāment*ōrum* est HS C. *Quōrum* ōrnāmentōrum?   genetīvus
Ōrnāmenta *quōrum* pretium est HS C ānulī sunt. Pretium *eō-*   *quōrum eōrum illōrum*
205 *rum/illōrum* ōrnāmentōrum est HS C.

    Fluviī oppidīs aquam dant. *Quibus* oppidīs? Oppida *quibus*   datīvus
fluviī aquam dant sunt Capua et Brundisium. Fluviī *iīs/illīs*   *quibus iīs illīs*
oppidīs aquam dant.

    Fēminae ōrnāmentīs dēlectantur. *Quibus* ōrnāmentīs? Ōr-   ablātīvus
210 nāmenta *quibus* fēminae dēlectantur sunt margarītae et gem-   *quibus iīs illīs*
mae. *Iīs/illīs* ōrnāmentīs dēlectantur fēminae.

Prōnōmen 'hic'

	Masculīnum	*Fēminīnum*	*Neutrum*
Sing. Nōm.	hic mūrus	haec via	hoc verbum
215 *Acc.*	hunc mūrum	hanc viam	hoc verbum
Gen.	huius mūrī	huius viae	huius verbī
Dat.	huic mūrō	huic viae	huic verbō
Abl.	hōc mūrō	hāc viā	hōc verbō
Plūr. Nōm.	hī mūrī	hae viae	haec verba
220 *Acc.*	hōs mūrōs	hās viās	haec verba
Gen.	hōrum mūrōrum	hārum viārum	hōrum verbōrum
Dat.	hīs mūrīs	hīs viīs	hīs verbīs
Abl.	hīs mūrīs	hīs viīs	hīs verbīs

sing.

m.	f.	n.
hic	*haec*	*hoc*
hunc	*hanc*	*hoc*
	huius	
	huic	
hōc	*hāc*	*hōc*

plūr.

m.	f.	n.
hī	*hae*	*haec*
hōs	*hās*	*haec*
hōrum	*hārum*	*hōrum*
hīs		
hīs		

PENSVM A

Qu– est Albīnus? Est tabernārius qu– ōrnāmenta vēndit. Qu–
ōrnāmenta? Ōrnāmenta qu– Albīnus vēndit sunt gemmae et
margarītae. Qu– emit Mēdus? Ōrnāmentum emit. Qu– ōrnāmentum? Ōrnāmentum qu– Mēdus emit est ānulus c– pretium est HS C. Digitus in qu– ānulus pōnitur est digitus quārtus.

H– servus Mēdus, ill– Dāvus est. Lȳdia h– servum amat,
nōn ill–. Lȳdia amīca h– servī est, nōn ill–. Lȳdia h– servō
ōsculum dat, nōn ill–. Lȳdia ab h– servō amātur, nōn ab ill–.

H– oppidum est Tūsculum, ill– est Brundisium. Cornēlius
in h– oppidō habitat, nōn in ill–. Viae h– oppidī parvae sunt.

PENSVM B

Gemmae et margarītae — pulchra sunt. Aemilia multa ōrnāmenta ā Iūliō —. Aemilia — in collō et ānulum in — habet.
Multae fēminae ante tabernam Albīnī — et ōrnāmenta eius
aspiciunt. Virī ōrnāmenta — et fēminīs dant. — gemmātus
centum sēstertiīs —. — ānulī est centum sēstertiī, sed Mēdus
— (XC) tantum habet. Albīnus: "Nōnāgintā nōn — est!" Mēdus: "Accipe nōnāgintā sēstertiōs — nūllōs!" Ānulus ad digitum medium nōn —: digitus medius — magnus est. Sed
ānulus convenit ad digitum — (IV), quī nōn — est quantus
digitus —. Lȳdia laeta digitum suum — et cum Mēdō ā
tabernā —. Lȳdia Mēdō viam —.

PENSVM C

Quid Albīnus vēndit?
Ā quō Aemilia ōrnāmenta accipit?
Ambulatne Mēdus cum dominō suō?
Ubi Mēdus et Lȳdia cōnsistunt?
Cūr Mēdus margarītās nōn emit?
Cūr Lȳdia nūllum ānulum habet?
Estne vacuus sacculus Mēdī?
Quot sēstertiīs cōnstat ānulus gemmātus?
Ad quem digitum ānulus convenit?

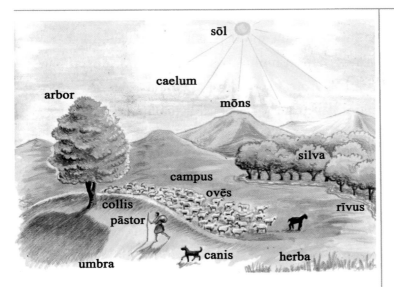

PASTOR ET OVES

1 Hic vir, quī in campō ambulat, pāstor Iūliī est. Pāstor
nōn sōlus est in campō, nam canis niger cum eō est et
centum ovēs: ūna ovis nigra et ūndēcentum ovēs albae.
Pāstor ūnam ovem nigram et multās ovēs albās habet. Is
5 est dominus ovis nigrae et ovium albārum. Pāstor ovī
nigrae et ovibus albīs aquam et cibum dat. Cum ūnā ove
nigrā et ūndēcentum ovibus albīs pāstor in campō est.

Cibus ovium est herba, quae in campō est. In rīvō est
aqua. Ovēs in campō herbam edunt, et aquam bibunt ē
10 rīvō, quī inter campum et silvam est. Canis herbam nōn
ēst, neque pāstor herbam ēst. Cibus pāstōris est pānis,
quī inest in saccō. Iūlius pāstōrī suō pānem dat. Pāstor
canī suō cibum dat: canis ā pāstōre cibum accipit. Itaque canis pāstōrem amat.

ūn-dē-centum = IC (99)

albus -a -um ↔ niger
-gra -grum

	sing	*plūr*
nōm	ovis	ovēs
acc	ovem	ovēs
gen	ovis	ov*ium*
dat	ovī	ov*ibus*
abl	ove	ov*ibus*

rīvus = parvus fluvius

pānis

ēst edunt
vir pānem *ēst*
virī pānem *edunt*

63

sing	plūr
nōm pāstor	pāstōr*ēs*
acc pāstōr*em*	pāstōr*ēs*
gen pāstōr*is*	pāstōr*um*
dat pāstōr*ī*	pāstōr*ibus*
abl pāstōr*e*	pāstōr*ibus*

ūnus mōn*s* (< monts)
duo mont*ēs*

vallis ↔ mōns

ūna arbor
duae arbor*ēs*

lupus

suprā *prp+acc*

nūbēs

ūna nūb*ēs*
duae nūb*ēs*

sub *prp+abl* ↔ suprā
umbra ↔ sōl

umbram petit = ad um-
  bram adit

pāstor in umbrā iacet

ovēs albās relinquit = ab
  ovibus albīs abit

In Italiā sunt multī pāstōrēs. Quī viā Appiā Rōmā 15
Brundisium it multōs pāstōrēs videt in campīs. Numerus pāstōrum magnus est. Dominī pāstōribus suīs cibum dant. Canēs ā pāstōribus cibum accipiunt.

Post campum montēs sunt. Inter montēs sunt vallēs.
In campō est collis. (Collis est mōns parvus.) In colle 20
arbor est. In silvā multae arborēs sunt. Ovēs nōn in silvā
neque in monte, sed in campō sunt. In silvā est lupus.
Pāstor et ovēs lupum timent, nam lupus ovēs ēst. In silvīs
et in montibus lupī sunt, in vallibus nūllī sunt lupī.

Sōl in caelō est suprā campum. In caelō nūlla nūbēs 25
vidētur. Caelum est suprā terram. Montēs et vallēs,
campī silvaeque sunt in terrā. In caelō sōl et nūbēs sunt,
sed suprā hunc campum caelum sine nūbibus est. Itaque sōl lūcet in campō.

Pāstor in sōle ambulat. Sub arbore autem umbra est. 30
Pāstor, quī nūllam nūbem videt in caelō, cum cane et
ovibus ad arborem adit. Pāstor umbram petit. Etiam
ovēs umbram petunt: post pāstōrem ad arborem adeunt. Pāstor ovēs suās ad arborem dūcit.

Ecce pāstor in umbrā arboris iacet cum cane et ovi- 35
bus. Arbor pāstōrī et canī et ovibus umbram dat; sed
ovis nigra cum paucīs aliīs in sōle iacet. Pāstor, quī
fessus est, oculōs claudit et dormit. Canis nōn dormit.

Dum pāstor in herbā dormit, ovis nigra ab ovibus albīs *II*
abit et ad rīvum currit. Ovis nigra ovēs albās relinquit et 40
rīvum petit; aquam bibit ē rīvō, et in silvam intrat!

Canis lātrat: "Baubau!" Pāstor oculōs aperit, ovēs aspicit, ovem nigram nōn videt. Pāstor ovēs numerat: "Ūna, duae, trēs, quattuor, quīnque..... ūndēcentum."
45 Numerus ovium est ūndēcentum, nōn centum. Nūllae ovēs albae absunt, sed abest ovis nigra. Pāstor et canis ovēs albās relinquunt et silvam petunt. Pāstor saccum cum pāne in colle relinquit.

Dum cēterae ovēs ā pāstōre numerantur, ovis nigra in
50 magnā silvā, ubi via nūlla est, errat. Ovis, quae iam procul ā pāstōre cēterīsque ovibus abest, neque caelum neque sōlem suprā sē videt. Sub arboribus sōl nōn lū-cet. Ovis nigra in umbrā est.

In terrā inter arborēs sunt vestīgia lupī. Ubi est lupus
55 ipse? Nōn procul abest. Ovis vestīgia lupī in terrā videt, neque lupum ipsum videt. Itaque ovis lupum nōn ti-met. Parva ovis sine timōre inter arborēs errat.

Lupus autem prope ovem est. Pāstor et canis procul ab eā sunt. Lupus, quī cibum nōn habet, per silvam
60 errat. Lupus in silvā cibum quaerit, dum pāstor et canis ovem nigram quaerunt.

Pāstor: "Ubi est ovis nigra? Age! quaere ovem, canis, et reperī eam!" Canis ovem quaerit et vestīgia eius in terrā reperit, neque ovem ipsam reperit. Canis lātrat.
65 Pāstor: "Ecce vestīgia ovis. Ubi est ovis ipsa? Dūc mē ad eam, canis!" Canis dominum suum per silvam dūcit ad ovem, sed ovis procul abest.

Lupus ululat: "Uhū!" Et ovis et canis lupum audiunt.

vestīgium

lupus ipse, *acc* lupum ipsum

timor -ōris (*gen*) *m*
< timet

ovis ipsa, *acc* ovem ipsam

dūcit   dūcunt
dūc!   dūcite! (*imp*)

65

dēns

ūnus dēns (< dents)
duo dent*ēs*

ac-currit < ad-currit

prope ↔ procul

clāmor -ōris (*gen*) *m*
< clāmat

pāstor ovem in umerōs
im-pōnit (< in-pōnit)

dēclīnātiō -ōnis ƒ (*dēcl*)
< dēclīnat

modus -ī *m*: modō *abl*

-a	-ae
-am	-ās
-ae	-ārum
-ae	-īs
-ā	-īs

Canis currit. Ovis cōnsistit et exspectat dum lupus venit. Ovis bālat: "Bābā!" 70

Ecce lupus quī ante ovem est! Iam ovis lupum ipsum ante sē videt. Oculī lupī in umbrā lūcent ut gemmae et dentēs ut margarītae. Parva ovis oculōs claudit et dentēs lupī exspectat. Lupus collum ovis petit dentibus...

Sed ecce canis accurrit! Lupus sē ab ove vertit ad 75 canem, quī ante lupum cōnsistit et dentēs ostendit. Lupus ululat. Canis lātrat. Ovis bālat.

Pāstor, quī iam prope est, clāmat: "Pete lupum!" Canis clāmōrem pāstōris audit, et sine timōre lupum petit. Lupus autem ovem relinquit et montēs petit. 80

Pāstor quoque accurrit et ovem suam, quae in terrā iacet, aspicit. In collō eius sunt vestīgia dentium lupī! Ovis oculōs aperit et ad pāstōrem suum bālat.

Pāstor laetus ovem in umerōs impōnit eamque portat ad cēterās ovēs, quae sine pāstōre in campō errant. 85

Procul in monte lupus ululat.

GRAMMATICA LATINA

Dēclīnātiō vocābulōrum

[I] Dēclīnātiō prīma.

Vocābulum 'īnsula' dēclīnātur hōc modō: 90

	Singulāris	*Plūrālis*
Nōminātīvus	īnsul|a	īnsul|ae
Accūsātīvus	īnsul|am	īnsul|ās
Genetīvus	īnsul|ae	īnsul|ārum
Datīvus	īnsul|ae	īnsul|īs	95
Ablātīvus	īnsul|ā	īnsul|īs

Hōc modō dēclīnantur multa vocābula fēminīna. Exempla: fēmina, puella, fīlia, domina, ancilla, familia, littera, pecūnia, mēnsa, vīlla, aqua, via, silva, terra, cēt.

100 [II] Dēclīnātiō secunda.

		Sing.	*Plūr.*		*Sing.*	*Plūr.*			
Nōm.	[A]	serv|*us*	serv|*ī*	[B]	verb|*um*	verb|*a*		*-us/-um*	*-ī/-a*
Acc.		serv|*um*	serv|*ōs*		verb|*um*	verb|*a*		*-um*	*-ōs/-a*
Gen.		serv|*ī*	serv|*ōrum*		verb|*ī*	verb|*ōrum*		*-ī*	*-ōrum*
105 *Dat.*		serv|*ō*	serv|*īs*		verb|*ō*	verb|*īs*		*-ō*	*-īs*
Abl.		serv|*ō*	serv|*īs*		verb|*ō*	verb|*īs*		*-ō*	*-īs*

[A] Ut 'servus' dēclīnantur vocābula masculīna: fīlius, dominus, fluvius, numerus, nummus, hortus, nāsus, mūrus, equus, saccus, umerus, amīcus, oculus, campus, rīvus, lu-
110 pus, cēt.; puer, vir, liber (nōm. sing. sine *-us*).

[B] Ut 'verbum' dēclīnantur vocābula neutra: oppidum, exemplum, baculum, ōstium, cubiculum, speculum, mālum, ōrnāmentum, collum, pretium, caelum, vestīgium, cēt.

[III] Dēclīnātiō tertia.

115		*Sing.*	*Plūr.*		*Sing.*	*Plūr.*			
Nōm.	[A]	pāstor	pāstōr|*ēs*	[B]	ov|*is*	ov|*ēs*		*-/-is*	*-ēs*
Acc.		pāstōr|*em*	pāstōr|*ēs*		ov|*em*	ov|*ēs*		*-em*	*-ēs*
Gen.		pāstōr|*is*	pāstōr|*um*		ov|*is*	ov|*ium*		*-is*	*-um/-ium*
Dat.		pāstōr|*ī*	pāstōr|*ibus*		ov|*ī*	ov|*ibus*		*-ī*	*-ibus*
120 *Abl.*		pāstōr|*e*	pāstōr|*ibus*		ov|*e*	ov|*ibus*		*-e*	*-ibus*

[A] Ut 'pāstor' dēclīnantur haec vocābula: sōl sōlis, timor -ōris, clāmor -ōris (masc.); arbor -oris (fēm.); cēt.

[B] Ut 'ovis' dēclīnantur haec vocābula: pānis, collis, vallis, canis (gen. plūr. can*um*); nūbēs -is (nōm. sing. *-ēs*); mōns
125 montis, dēns dentis (nōm. sing. *-s* < *-ts*); et alia multa. Fēmīnīna sunt: ovis, vallis, nūbēs; masculīna: pānis, collis, mōns, dēns.

PENSVM A

In Italiā sunt multī pāstōr–. Numerus pāstōr– magnus est. Pāstor Iūliī ūnum can– et multās ov– habet. Pāstor est dominus can– et ov–. Can– et ov– pāstōr– amant. Cibus ov– est herba, cibus pāstōr– est pān–. Pāstor pān– ēst.

In coll– ūna arbor est. Pāstor cum can– et ov– ad arbor– it. Iam pāstor in umbrā arbor– iacet. Arbor pāstōr– et can– et ov– umbram dat, sed ov– nigra in sōl– iacet. Nūllae nūb– ante sōl– sunt. In silvā multae arbor– sunt, sub arbor– umbra est. Ov– nigra ā pāstōr– cēterīsque ov– discēdit. Canis ov– videt.

PENSVM B

Pāstor et centum — in — sunt. Pāstor ovibus aquam et — dat. Cibus ovium est —, cibus pāstōris est —. Pāstor pānem —. Ovēs herbam — et aquam — ē —.

Sōl —, nūlla — in caelō — hunc campum vidētur. In colle ūna — est, in — multae arborēs sunt. — arboribus umbra est. Pāstor ovēs suās ad arborem —. — pāstor in — arboris iacet, ovis nigra cēterās ovēs — et silvam —. In terrā sunt — lupī; lupus — nōn procul abest. Lupus in silvā cibum —, dum pāstor et — ovem quaerunt.

PENSVM C

Num pāstor sōlus in campō est?
Quot ovēs habet pāstor?
Ā quō canis cibum accipit?
Suntne montēs prope pāstōrem?
Ubi sunt vallēs?
Quid est collis?
Quō it pāstor?
Cūr pāstor umbram petit?
Quō it ovis nigra?
Quid ovis in terrā videt?
Cūr lupus ovem nigram nōn ēst?

asinus

leō -ōnis m, pl leōnēs
-ōnum
ferus -a -um

leō

cauda

homō -inis m, pl hominēs
-inum
fera = bēstia fera

aquila

āēr āeris m

pēs pedis m, pl pedēs -um

pēs   āla

cauda

avēs in āere volant

hominēs in terrā ambu-
lant

piscēs in aquā natant

BESTIAE ET HOMINES

I Equus et asinus, leō et lupus, canis et ovis bēstiae sunt.
Leō et lupus sunt bēstiae ferae, quae aliās bēstiās capi-
unt et edunt. In Āfricā sunt multī leōnēs. Pāstōrēs Āfricae leōnēs timent, nam leōnēs nōn sōlum ovēs pāstōrum
5 edunt, sed etiam pāstōrēs ipsōs! Nōn bēstia, sed homō
est pāstor; leōnēs autem nōn sōlum aliās bēstiās, sed
etiam hominēs edunt. Ferae et hominēs amīcī nōn sunt.
Canis amīcus hominis est, ea bēstia fera nōn est.

    Aliae bēstiae sunt avēs, aliae piscēs. Aquila est magna
10 avis fera, quae parvās avēs capit et ēst. Avēs in āere
volant. Piscēs in aquā natant. Hominēs in terrā ambulant. Avis duās ālās habet. Homō duōs pedēs habet.
Piscis neque ālās neque pedēs habet. Avis quae volat
ālās movet. Homō quī ambulat pedēs movet. Piscis quī
15 natat caudam movet. Cum avis volat, ālae moventur.
Cum homō ambulat, pedēs moventur. Cum piscis na-

69

quī ambulat vestīgia in terrā facit

pot-est pos-sunt

quod = quia

petasus

Mercurius

mercātor -ōris *m*
imperium = id quod
imperātur
...enim = nam...: is
enim = nam is
nūntius = is quī verba
portat (inter hominēs)

Neptūnus

mare -is *n, pl* maria -ium
Rōmānī = hominēs Rō-
mānī
Graecī = hominēs Graecī

flūmen = fluvius

flūmen -inis *n, pl* -ina
-inum

tat, cauda movētur. Quī ambulat vestīgia in terrā facit. Quī volat aut natat vestīgia nōn facit.

In hortō et in silvā multae avēs sunt. Canis avēs, quae inter arborēs volant, aspicit. Canis ipse nōn volat, nam 20 canis ālās nōn habet. Canis volāre nōn potest. Neque pāstor volāre potest. Pāstor duōs pedēs habet, itaque pāstor ambulāre potest. Hominēs ambulāre possunt, quod pedēs habent, neque volāre possunt, quod ālās nōn habent. 25

Mercurius autem ut avis volāre potest, nam in pedibus et in petasō eius ālae sunt. Mercurius nōn homō, sed deus est. Mercurius est deus mercātōrum. (Mercātor est homō quī emit et vēndit.) Mercurius imperia deōrum ad hominēs portat, is enim nūntius deōrum est. 30

Piscēs neque volāre neque ambulāre possunt. Piscēs in aquā natāre possunt. Etiamne hominēs natāre possunt? Aliī hominēs natāre possunt, aliī nōn possunt. Mārcus et Quīntus natāre possunt, Iūlia nōn potest.

Neptūnus natāre potest; is enim deus maris est. (Ōce- *II* anus est magnum mare.) Mercurius et Neptūnus deī Rōmānī sunt. Rōmānī et Graecī deōs multōs habent. Hominēs deōs neque vidēre neque audīre possunt. Deī ab hominibus neque vidērī neque audīrī possunt.

Padus magnum flūmen est. In eō flūmine multī sunt 40 piscēs. Piscēs in aquā flūminis natant. In flūminibus et in maribus magnus numerus piscium est. Flūmina et maria plēna sunt piscium. Hominēs multōs piscēs capi-

unt. Nēmō piscēs flūminum et marium numerāre po-
45 test. Piscēs numerārī nōn possunt.

Piscēs in aquā vīvunt, neque in terrā vīvere possunt,
nam piscēs in āere spīrāre nōn possunt. Homō sub aquā
spīrāre nōn potest. Homō vīvit, dum spīrat. Quī spīrat
vīvus est, quī nōn spīrat est mortuus. Homō mortuus
50 neque vidēre neque audīre, neque ambulāre neque currere potest. Homō mortuus sē movēre nōn potest. Cum
homō spīrat, anima in pulmōnēs intrat et rūrsus ex pul-
mōnibus exit. Anima est āēr quī in pulmōnēs dūcitur.
Quī animam dūcit animal est. Nōn sōlum hominēs, sed
55 etiam bēstiae animālia sunt. Alia animālia in terrā vīvunt, alia in marī.

Sine animā nēmō potest vīvere. Homō quī animam
nōn dūcit vīvere nōn potest. Spīrāre necesse est hominī.
Ēsse quoque hominī necesse est, nēmō enim sine cibō
60 vīvere potest. Necesse est cibum habēre. Pecūniam habēre necesse est, nam quī pecūniam nōn habet cibum
emere nōn potest. Sine pecūniā cibus emī nōn potest.
Necesse nōn est gemmās habēre, nēmō enim gemmās
ēsse potest. Gemmae edī nōn possunt; sed quī gemmās
65 suās vēndit pecūniam facere et cibum emere potest.
Mercātor quī ōrnāmenta vēndit magnam pecūniam facit. Fēminae quae pecūniam facere volunt ōrnāmenta
sua vēndunt.

Avēs nīdōs faciunt in arboribus; nīdī eārum inter rā-
70 mōs et folia arborum sunt. Aquilae in montibus nīdōs

nēmō (< ne- + homō)
= nūllus homō

vīvus -a -um = quī vīvit
 (v. est = vīvit)
mortuus -a -um ↔ vīvus

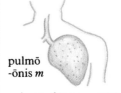

pulmō
-ōnis *m*

animam dūcere = spīrāre

animal -ālis *n, pl* -ālia
 -ālium
mare -is *n, abl* -ī

necesse est (+*dat*)

ēst edunt: *ēsse* (= edere)
nēmō enim = nam nēmō

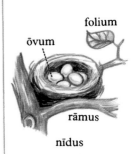

folium

ōvum

rāmus

nīdus

71

facere -it -iunt
parere -it -iunt

pila

vult volunt:
 Iūlia *vult* (= volt)
 puerī *volunt*

capere -it -iunt
 imp cape! capite!

canere = cantāre

vō*x* vōcis *f*

nōn audent : timent

occultāre ↔ ostendere

faciunt. In nīdīs sunt ōva. Avēs ōva pariunt, ex quibus parvī pullī exeunt. Canis nōn ōva, sed pullōs vīvōs parit. Fēminae līberōs pariunt. —

Mārcus et Quīntus et Iūlia in hortō sunt. Iūlia pilam *III* tenet et cum puerīs pilā lūdere vult, neque iī cum puellā 75 lūdere volunt; puerī enim nīdōs quaerunt in arboribus. Itaque puella lūdit cum cane suā Margarītā.

Iūlia: "Cape pilam, Margarīta!"

Canis pilam capit et caudam movet. Puella laeta rīdet et canit. Puerī puellam canere audiunt. 80

Quīntus: "Audī: Iūlia vōcem pulchram habet."

Mārcus: "Vōx eius nōn pulchra est!"

Canis avem suprā sē volāre videt eamque capere vult, neque potest. Canis īrāta lātrat: "Baubau!" Eius vōx pulchra nōn est, canis canere nōn potest! Avēs canere 85 possunt, piscēs nōn possunt: piscēs vōcēs nōn habent.

Cum aquila suprā hortum volat et cibum quaerit, parvae avēs canere nōn audent, et inter folia arborum sē occultant. Itaque aquila eās reperīre nōn potest. Neque avēs neque nīdī avium ab aquilā reperīrī possunt, quod 90 rāmīs et foliīs occultantur.

Mārcus autem nīdum reperit et Quīntum vocat: "Venī, Quīnte! In hāc arbore nīdus est." Accurrit Quīntus.

Mārcus: "Age! Ascende in arborem, Quīnte!"

Quīntus in arborem ascendit; iam is suprā Mārcum 95 in arbore est. Mārcus ipse in arborem ascendere nōn audet!

Mārcus interrogat: "Quot sunt ōva in nīdō?"

Quīntus: "Nūlla ōva, sed quattuor pullī.'

rāmus
crassus

rāmus tenuis

crassus -a -um ↔ tenuis

100 Nīdus est in parvō rāmō. Rāmus quī nīdum sustinet nōn crassus, sed tenuis est. Rāmus tenuis Quīntum sustinēre nōn potest, is enim puer crassus est. Ecce rāmus cum puerō et nīdō et pullīs ad terram cadit!

Mārcus Quīntum ad terram cadere videt. Rīdetne
105 Mārcus? Nōn rīdet. Mārcus enim perterritus est. Iam Quīntus et pullī quattuor sub arbore iacent. Neque puer neque pullī sē movent. Pullī mortuī sunt. Quīntusne mortuus est? Nōn est. Quīntus enim spīrat. Quī spīrat mortuus esse nōn potest. Sed Mārcus eum spīrāre nōn
110 videt, neque enim anima vidērī potest.

est sunt: *esse*

neque enim = nōn enim

facere = agere

Quid facit Mārcus? Mārcus perterritus ad vīllam currit et magnā vōce clāmat: "Age! Venī, pater!"

Iūlius puerum vocāre audit et exit in hortum. Pater fīlium perterritum ad sē accurrere videt eumque inter-
115 rogat: "Quid est, Mārce?"

Mārcus perterritus est

Mārcus: "Quīntus…est…mortuus!"

Iūlius: "Quid? mortuus? Ō deī bonī!"

Pater, ipse perterritus, cum Mārcō ad Quīntum currit. Iūlia quoque accurrit cum cane suā. Quīntus oculōs
120 aperit. Iūlius eum oculōs aperīre videt.

Iūlius: "Ecce oculōs aperit: ergō vīvus est."

Mārcus et Iūlia Quīntum vīvum esse vident. Puer autem ambulāre nōn potest, neque enim pedēs eum sustinēre possunt; ergō necesse est eum portāre.

lectus

Quīn*tus* ā Iūliō portā*tur*
Aemilia Quīn*tum* ā Iūliō
portā*rī* videt

Quīn*tus* in lectō pōni*tur*
Aemilia Quīn*tum* in lectō
pōn*ī* aspicit

īnfīnītīvus - ī *m* (*īnf*)

vocā*re*
vidē*re*
accurre*re*
audī*re*

-*re*

[1] -*āre*

[2] -*ēre*

[3] -*ere*

[4] -*īre*

esse   ēsse

portā*rī*
vidē*rī*
pōn*ī*
audī*rī*

Quīntus ā Iūliō in vīllam portātur et in lectō pōnitur.   125

Aemilia fīlium suum ā Iūliō portārī videt, et interrogat: "Cūr puer ipse ambulāre nōn potest?"

Iūlius: "Quīntus ambulāre nōn potest, quod nōn est avis neque ālās habet! Quī volāre vult neque potest, ad terram cadit!"   130

Aemilia Quīntum ā Iūliō in lectō pōnī aspicit.

GRAMMATICA LATINA
Īnfīnītīvus
[A] Āctīvum.

Iūlius Mārcum nōn vidē*re*, sed audī*re* potest. Pater fīlium   135
vocā*re* audit, et accurre*re* videt.

'Vocā|*re*', 'vidē|*re*', 'accurr|*ere*', 'audī|*re*' īnfīnītīvus est.
Īnfīnītīvus: -*re*.

[1] -*āre:* cantāre, pulsāre, plōrāre, interrogāre, verberāre, numerāre, salūtāre, imperāre, habitāre, amāre, dēlectāre, por-   140
tāre, ambulāre, exspectāre, intrāre, ōrnāre, clāmāre, mōnstrāre, errāre, volāre, natāre, spīrāre; dare; cēt.

[2] -*ēre:* rīdēre, vidēre, respondēre, habēre, tacēre, pārēre, timēre, tenēre, iacēre, movēre, cēt.

[3] -*ere:* pōnere, sūmere, discēdere, carpere, agere, vehere,   145
claudere, vertere, currere, vēndere, emere, cōnsistere, ostendere, bibere, petere, dūcere, relinquere, quaerere, vīvere, lūdere, canere, ascendere, cadere; capere, facere, aspicere, accipere, parere; cēt.

[4] -*īre:* venīre, audīre, dormīre, aperīre, reperīre; īre (ad-īre,   150
ab-īre, ex-īre); cēt.

Mēdus servus *esse* nōn vult. Nēmō gemmās *ēsse* potest.
'Esse' quoque et 'ēsse' īnfīnītīvus est.

[A] Passīvum.

Mārcus ā Iūliō nōn vidē*rī*, sed audī*rī* potest. Mārcus Quīn-   155
tum ā Iūliō portā*rī* et in lectō pōn*ī* videt.

'Portā|*rī*', 'vidē|*rī*', 'pōn|*ī*', 'audī|*rī*' īnfīnītīvus passīvī est.   *-rī/-ī*
Īnfīnītīvus passīvī: *-rī/-ī*.

[1] *-ārī:* portārī, numerārī, vocārī.   [1] *-ārī*

160   [2] *-ērī:* vidērī, tenērī.   [2] *-ērī*

[3] *-ī:* pōnī, emī, edī, claudī.   [3] *-ī*

[4] *-īrī:* audīrī, reperīrī, aperīrī.   [4] *-īrī*

Piscēs numer*ārī* nōn possunt. Syra rosam ā Iūliā ten*ērī*   = Syra Iūliam rosam tenēre videt
videt. Gemmae ed*ī* nōn possunt. Magnum ōstium ā parvā   = parva puella magnum ōstium neque aperīre neque claudere potest
165   puellā neque aper*īrī* neque claud*ī* potest.

Dēclīnātiō tertia

'Avis' (*f*) et 'piscis' (*m*) dēclīnantur ut 'ovis'. Ut 'pāstor'
dēclīnātur 'mercātor' (*m*).

'Leō' (*m*) et 'homō' (*m*) dēclīnantur hōc modō:

	Sing.	Plūr.	Sing.	Plūr.
Nōm.	leō	leōn|*ēs*	homō	homin|*ēs*
Acc.	leōn|*em*	leōn|*ēs*	homin|*em*	homin|*ēs*
Gen.	leōn|*is*	leōn|*um*	homin|*is*	homin|*um*
Dat.	leōn|*ī*	leōn|*ibus*	homin|*ī*	homin|*ibus*
Abl.	leōn|*e*	leōn|*ibus*	homin|*e*	homin|*ibus*

170 (Nōm. row), 175 (Abl. row)

leō < leōn

'Vōx' (*f*) et 'pēs' (*m*) dēclīnantur hōc modō:

	Sing.	Plūr.	Sing.	Plūr.
Nōm.	vōx	vōc|*ēs*	pēs	ped|*ēs*
Acc.	vōc|*em*	vōc|*ēs*	ped|*em*	ped|*ēs*
Gen.	vōc|*is*	vōc|*um*	ped|*is*	ped|*um*
Dat.	vōc|*ī*	vōc|*ibus*	ped|*ī*	ped|*ibus*
Abl.	vōc|*e*	vōc|*ibus*	ped|*e*	ped|*ibus*

180 (Gen. row)

vōx < vōcs
pēs < pe*d*s

'Flūmen', 'mare', 'animal' (*n*): vidē cap. XI.

PENSVM A

Av– in āer– volant. Pisc– in aquā natant. Iūlia neque vol–
neque nat– potest. Homō duōs ped– habet, itaque homō ambul– potest. Homō mortuus sē mov– nōn potest. Spīr– necesse est hominī, nam sine animā nēmō vīv– potest. Cum homō
spīrat, anima in pulmōn– intrat et ex pulmōn– exit. Homō

Vocābula nova:
asinus
leō
bēstia
homō
fera
avis
piscis
aquila

āēr
āla
pēs
cauda
petasus
deus
mercātor
nūntius
mare
flūmen
anima
pulmō
animal
nīdus
rāmus
folium
ōvum
pullus
pila
vōx
lectus
ferus
vīvus
mortuus
crassus
tenuis
perterritus
capere
volāre
natāre
movēre
facere
vīvere
spīrāre
parere
lūdere
canere
audēre
occultāre
ascendere
sustinēre
cadere
potest possunt
vult volunt
necesse est
nēmō
cum
quod
enim
ergō
īnfīnītīvus

quī spīrat mortuus es– nōn potest. Homin– deōs vid– nōn possunt. Deī ab homin– vid– nōn possunt. Nēmō piscēs numer– potest. Piscēs numer– nōn possunt. Sine pecūniā cibus em– nōn potest.

Puerī Iūliam can– audiunt. Mārcus Quīntum ad terram cad– videt. Iūlius Mārcum clām– audit. Aemilia saccum ā Iūliō in mēnsā pōn– et aper– videt.

PENSVM B

Leō et aquila — sunt. Virī et fēminae — sunt. Mercurius nōn homō, sed — est. In aquā sunt —. In āere sunt —. Quid agunt piscēs et avēs? Piscēs in aquā —, avēs in āere —. Avis duās — habet, itaque avis volāre —. Avis quae volat ālās —. Cum homō ambulat, — moventur. Cum homō —, anima in — intrat. Homō quī spīrat — est, quī nōn spīrat — est. Nam sine animā — vīvere potest. Spīrāre hominī — est.

Iūlia — [= cantat]. Iūlia — pulchram habet. Puerī — quaerunt. Nīdī sunt inter — et folia arborum. In nīdīs avium sunt — aut pullī. Avēs nōn pullōs vīvōs, sed ōva —. Quīntus in arborem — et IV — videt in nīdō. Rāmus quī nīdum — tenuis est. Rāmus tenuis puerum — sustinēre nōn potest: Quīntus ad terram —. Mārcus eum cadere videt et — est.

PENSVM C

Num Neptūnus homō est?

Quis est Mercurius?

Quid agunt mercātōrēs?

Num necesse est margarītās habēre?

Quid est ōceanus Atlanticus?

Cūr aquila ā parvīs avibus timētur?

Ubi sunt nīdī avium?

Quid est in nīdīs?

Quae bēstiae ōva pariunt?

Quid agunt puerī in hortō?

Cūr rāmus Quīntum sustinēre nōn potest?

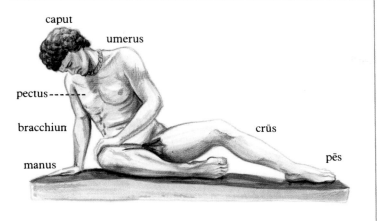

caput
umerus
pectus
bracchiun
manus
crūs
pēs

CORPVS HVMANVM

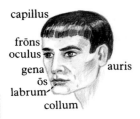

capillus
frōns
oculus
gena
ōs
labrum
collum
auris

1 Corpus hūmānum quattuor membra habet: duo bracchia et duo crūra. Bracchium membrum est et crūs
membrum est. In bracchiō est manus, in crūre pēs.
Duae manūs et duo pedēs in corpore hūmānō sunt.

5   In corpore ūnum caput est, nōn duo capita. In capite
sunt oculī et aurēs, nāsus et ōs. Super caput capillus est.
Capillus virōrum nōn tam longus est quam fēminārum.
Suprā oculōs frōns est. Īnfrā oculōs genae sunt. Post
frontem est cerebrum. Quī cerebrum parvum habet
10 stultus est. Ōs est inter duo labra. In ōre lingua et dentēs īnsunt. Dentēs sunt albī ut margarītae. Lingua et
labra rubra sunt ut rosae.

    Hominēs oculīs vident et auribus audiunt. Homō quī
oculōs bonōs habet bene videt, quī oculōs malōs habet
15 male videt. Quī aurēs bonās habet bene audit, quī aurēs
malās habet male audit. Syra male audit, ea enim aurēs
malās habet.

hūmānus -a -um < homō
corpus -oris n, pl -ora
  -orum
crūs crūris n, pl crūra
  -rum
ūna manus, duae manūs

caput -itis n, pl capita
  -itum
ōs ōris n, pl ōra -um
super prp + acc ↔ sub

frōns -ontis f
īnfrā prp + acc ↔ suprā

stultus -a -um

ruber -bra -brum

bene ↔ male

77

pectus -oris *n*

cor cordis *n*
sanguis -inis *m*
fluere
color -ōris *m*
iecur -oris *n*
venter -tris *m*
viscera -um *n pl*

cibum sūmere = ēsse

sānus -a -um ↔ aeger
    -gra -grum

sānāre = sānum facere

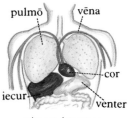

pulmō   vēna

iecur----   ----cor

venter

viscera hūmāna

pōculum

pōculum aquae = pōcu-
    lum cum aquā
modo = tantum, sōlum

Caput est super collum. Sub collō est pectus. In pectore cor et pulmōnēs sunt. In corde est sanguis, quī per vēnās ad cor fluit. Color sanguinis est ruber. Īnfrā pul- 20
mōnēs est iecur et venter. In ventre cibus est. Cor, pulmōnēs, iecur, venter sunt viscera hūmāna.

Homō quī ventrem malum habet cibum sūmere nōn potest, neque is sānus, sed aeger est. Homō sānus ventrem bonum, pulmōnēs bonōs, cor bonum habet.   25

Medicus ad hominem aegrum venit eumque sānum facit. Medicus est vir quī hominēs aegrōs sānat, sed multī aegrī ā medicō sānārī nōn possunt.

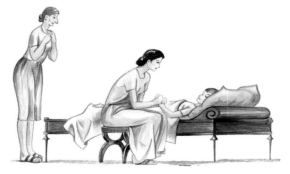

Estne sānus Quīntus? Nōn est: pēs eius aeger est. Puer super lectum iacet. Aemilia et Syra apud puerum 30 aegrum sunt. Māter apud eum sedet manumque eius tenet. Syra nōn sedet, sed apud lectum stat. Quīntus iacet. Aemilia sedet. Syra stat.

Aemilia: "Ecce mālum, Quīnte."

Aemilia puerō aegrō mālum rubrum dat, neque is 35 mālum ēsse potest. Māter eī pōculum aquae dat.

Aemilia: "Bibe aquam modo!"

Māter caput Quīntī sustinet, dum puer aquam bibit.

Aemilia: "Iam dormī, Quīnte! Dormī bene!"

40 Māter manum pōnit in fronte fīliī: frontem eius tangit. Quīntus oculōs claudit atque dormit.

II Iūlius, quī cum Syrō servō in ātriō est, imperat: "Ī ad oppidum, Syre, atque medicum arcesse!"

Medicus Tūsculī habitat. Iūlius servum suum Tūscu-
45 lum īre iubet atque medicum arcessere. Syrus equum ascendit, ad oppidum it, medicum arcessit. Servus cum medicō ad vīllam revenit.

Medicus interrogat: "Quis aegrōtat?"

Iūlius: "Meus Quīntus fīlius aegrōtat; ambulāre nōn
50 potest."

Medicus: "Cūr ambulāre nōn potest?"

Iūlius: "Quia pēs eius aeger est. Puer stultus est, medice: nīdum in arbore reperit, arborem ascendit, dē arbore cadit! Itaque pedem aegrum habet nec ambulāre
55 potest. Nec modo pede, sed etiam capite aeger est."

Iūlius medicum ad cubiculum Quīntī dūcit. Medicus cubiculum intrat, ad lectum adit atque puerum aspicit. Quīntus quiētus super lectum iacet nec oculōs aperit. Medicus puerum dormīre videt.

60 Medicus dīcit: "Puer dormit."

Syra, quae male audit, id quod medicus dīcit audīre nōn potest; itaque interrogat: "Quid dīcit medicus?"

Aemilia (in aurem Syrae): "Medicus 'puerum dormīre' dīcit."

tangere

atque = et

iubēre = imperāre
equum ascendere = in equum ascendere

re-venīre = rūrsus venīre

aegrōtāre = aeger esse

dē *prp*+*abl* = ab [↓]

nec = neque

pede aeger est = pedem aegrum habet

cubiculum intrāre = in cubiculum intrāre
quiētus -a -um = quī sē nōn movet

dīcere

id quod medicus dīcit = verba medicī

79

ad-esse

verbum facere = verbum
  dīcere

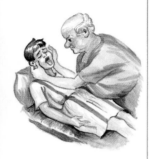

spectāre = aspicere

ap-pōnere < ad-pōnere

sentīre

Quīntus oculōs aperit atque medicum adesse videt. 65
Puer, quī medicum timet, nūllum verbum facere audet.

Medicus: "Ōs aperī, puer! Linguam ostende!"

Syra: "Quid dīcit medicus?"

Aemilia: "Medicus Quīntum ōs aperīre atque linguam ostendere iubet." 70

Quīntus ōs aperit atque medicō linguam ostendit.
Medicus linguam eius rubram esse videt.

Medicus: "Lingua eius rubra est."

Syra: "Quid dīcit?"

Aemilia: "Dīcit 'linguam eius rubram esse'." 75

Medicus etiam dentēs Quīntī spectat et inter dentēs
albōs ūnum nigrum videt. Nōn sānus est dēns quī colōrem nigrum habet.

Medicus: "Puer dentem aegrum habet."

Quīntus: "Sed dēns nōn dolet; ergō dēns aeger nōn 80
est. Pēs dolet — et caput."

Syra: "Quid dīcunt?"

Aemilia: "Medicus dīcit 'Quīntum dentem aegrum
habēre', et Quīntus dīcit 'pedem et caput dolēre, nōn
dentem'." 85

Iūlius: "Nōn dentem, sed pedem modo sānā, medice!"

Medicus pedem Quīntī spectat atque digitum ad pedem appōnit: medicus pedem eius tangit. Puer digitum
medicī in pede suō sentit. 90

Quīntus: "Ei, ei! Pēs dolet!"

III   Medicus (ad Iūlium): "Tenē bracchium puerī!" (ad Aemiliam:) "Tenē pōculum sub bracchiō!" (ad Quīntum:) "Claude oculōs, puer!" Medicus Quīntum oculōs
95 claudere iubet, quod puer cultrum medicī timet.

culter -trī *m*

Ecce medicus cultrum ad bracchium puerī appōnit. Perterritus Quīntus cultrum medicī sentit in bracchiō, nec oculōs aperīre audet. Capillī horrent. Cor palpitat. Medicus vēnam aperit. Ruber sanguis dē bracchiō in
100 pōculum fluit. Quīntus sanguinem dē bracchiō fluere sentit atque horret. Frōns et genae albae sunt ut līlia...

horrēre: capillī horrent = capillī stant

horrēre = perterritus esse

Medicus puerum oculōs aperīre iubet: "Aperī oculōs, puer!" neque Quīntus oculōs aperit. Puer quiētus super lectum iacet ut mortuus.
105 Syra: "Cūr Quīntus oculōs nōn aperit? — Ō deī bonī! Puer mortuus est!"

Quīntus autem spīrat, ergō mortuus nōn est. Sed Syra eum mortuum esse putat, quod eum spīrāre nōn audit. Iūlius et Aemilia fīlium suum quiētum spectant
110 — atque tacent.

Medicus manum super pectus puerī impōnit eumque spīrāre et cor eius palpitāre sentit.

Medicus: "Puer spīrat et cor eius palpitat."

Aemilia gaudet quod fīlius vīvit.
115 Syra: "Quid dīcit medicus?"

Aemilia: "Medicus dīcit 'Quīntum spīrāre et cor eius palpitāre.' Ergō Quīntus vīvit."

Syra Quīntum vīvere gaudet.

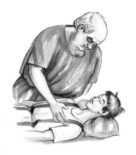

gaudēre = laetus esse

Syra Quīnt*um* vīv*ere* gaudet = Syra gaudet quod Quīntus vīvit

81

de-tergēre

Aemilia sanguinem dē bracchiō fīliī dēterget. Iam puer oculōs aperit.   120

  Quīntus: "Ei! Dolet bracchium!"

  Māter fīlium vīvum esse videt et audit.

  Aemilia imperat: "Aquam arcesse, Syra!" neque ancilla verba dominae audit.

  Iūlius: "Domina tē aquam arcessere iubet, Syra!"   125

  Syra abit, atque revenit cum aliō pōculō aquae plēnō. Aemilia pōculum tenet, dum Quīntus bibit.

  Medicus: "Iam necesse est puerum dormīre."

horrēre = timēre

ab-esse

  Exit medicus. Quīntus, quī medicum horret, eum abesse gaudet.   130

noster -tra -trum = meus
 et tuus

  Iūlius: "Iam fīlius noster nōn modo pede, sed etiam bracchiō aeger est."

  Aemilia: "Ille medicus crassus fīlium nostrum sānāre nōn potest." Aemilia nōn putat medicum puerum aegrum sānāre posse.   135

est potest
sunt possunt
esse *posse (īnf)*

  Syra: "Stultus est medicus! Neque cor neque cerebrum habet!"

  Syra 'medicum stultum esse' dīcit. Iūlius et Aemilia eum stultum esse putant, nōn dīcunt.

GRAMMATICA LATINA   140
Dēclīnātiō tertia
[A/B] Masculīnum et fēminīnum.

  Vocābula masculīna: pāstor, mercātor, clāmor, timor, color, sōl, āēr, venter, leō, pulmō, homō, pēs, sanguis; pānis, collis, piscis, mōns, dēns, cēt.   145

Vocābula fēminīna: ovis, vallis, avis, auris, nūbēs, frōns; arbor, vōx, praepositiō, dēclīnātiō, cēt.

[C] Neutrum.

Vocābula neutra: flūmen, ōs, crūs, corpus, pectus, iecur, 150 caput, cor; viscera (pl); mare, animal, cēt.

Plūrālis: -a. Accūsātīvus = nōminātīvus.

'Corpus' et 'flūmen' dēclīnantur hōc modō:

	Sing.	Plūr.	Sing.	Plūr.		
Nōm.	corpus	corpor|a	flūmen	flūmin|a	-	-a
155 Acc.	corpus	corpor|a	flūmen	flūmin|a	-	-a
Gen.	corpor|is	corpor|um	flūmin|is	flūmin|um	-is	-um
Dat.	corpor|ī	corpor|ibus	flūmin|ī	flūmin|ibus	-ī	-ibus
Abl.	corpor|e	corpor|ibus	flūmin|e	flūmin|ibus	-e	-ibus

Ut 'corpus' dēclīnantur: pectus -or\|is, ōs ōr\|is, crūs crūr\|is, 160 iecur -or\|is (cor cord\|is, caput -it\|is); plūrālis: viscer\|a -um.

'Mare' et 'animal' hōc modō dēclīnantur:

	Sing.	Plūr.	Sing.	Plūr.		
Nōm.	mar|e	mar|ia	animal	animāl|ia	-e/-	-ia
Acc.	mar|e	mar|ia	animal	animāl|ia	-e/-	-ia
165 Gen.	mar|is	mar|ium	animāl|is	animāl|ium	-is	-ium
Dat.	mar|ī	mar|ibus	animāl|ī	animāl|ibus	-ī	-ibus
Abl.	mar|ī	mar|ibus	animāl|ī	animāl|ibus	-ī	-ibus

Accūsātīvus cum īnfīnītīvō

Iūlia dormit. Syra Iūliam dormīre videt.
170 Syra: "Iūlia dormit." Syra 'Iūliam dormīre' dīcit.

'Iūliam dormīre' est accūsātīvus cum īnfīnītīvō. Accūsātīvus cum īnfīnītīvō pōnitur apud multa verba:

[1] *vidēre, audīre, sentīre:* Puer medicum adesse videt. Puerī Iūliam canere audiunt. Medicus puerum spīrāre sentit.
175 [2] *iubēre:* Dominus servum discēdere iubet.

[3] *dīcere:* Quīntus 'pedem dolēre' dīcit.

[4] *putāre:* Syra Quīntum mortuum esse putat.

[5] *gaudēre:* Aemilia fīlium vīvere gaudet.

[6] *necesse esse:* Puerum dormīre necesse est.

---

neutrum: acc. = nōm.

Iūlia dorm*it*
Iūli*am* dorm*īre*

Vocābula nova:
corpus
membrum
bracchium
crūs
manus
caput
auris

ōs
capillus
frōns
gena
cerebrum
labrum
lingua
pectus
cor
sanguis
vēna
color
iecur
venter
viscera
medicus
pōculum
culter
hūmānus
stultus
ruber
sānus
aeger
noster
bene
male
fluere
sānāre
sedēre
stāre
tangere
arcessere
iubēre
revenīre
aegrōtāre
dīcere
spectāre
dolēre
appōnere
sentīre
horrēre
palpitāre
putāre
gaudēre
dētergēre
posse
modo
super
īnfrā
dē
atque
nec

PENSVM A

Membra corpor– hūmānī sunt duo bracchia et duo crūr–. In corpor– hūmānō ūn– caput est, nōn duo capit–. In capit– sunt duae aur– et ūn– ōs. In ōr– sunt dent–. In pector– ūn– cor et duo pulmōn– sunt.

Medicus Quīnt– super lectum iac– videt; medicus puer– dorm– videt. Medicus: "Quīnt– dorm–." Medicus 'Quīnt– dorm–' dīcit. Medicus puer– linguam ostend– iubet, et 'lingu– eius rubr– es–' dīcit. Puer dīcit 'ped– et caput dol–.' Medicus Aemili– pōculum ten– iubet. Syra Quīnt– spīr– nōn audit, itaque Syra e– mortu– es– putat. Sed Quīnt– vīv–. Māter fīli– vīv– gaudet. Necesse est puer– aegr– dorm–.

PENSVM B

— hūmānum habet quattuor —: duo — et duo —. In brac- chiīs duae — sunt, in crūribus duo —. Super collum est —. In capite sunt duo oculī, duae —, ūnus nāsus, ūnum —. In ōre sunt dentēs et —. Sub collō est —. In pectore sunt pulmō- nēs et —. In corde et in vēnīs — est. Sanguis per — ad cor —.

Aemilia apud lectum Quīntī —, Syra apud lectum —. Quīntus nōn —, sed aeger est. Syrus medicum ex oppidō —. Medicus digitum ad pedem puerī —: medicus pedem eius —. Quīntus, quī digitum medicī in pede —: "Ei! Pēs —!"

PENSVM C

Quae sunt membra corporis hūmānī?
Ubi est cerebrum?
Quid est in pectore?
Ubi est venter?
Cūr Quīntus cibum sūmere nōn potest?
Estne Quīntus sōlus in cubiculō suō?
Unde medicus arcessitur?
Quid videt medicus in ōre Quīntī?
Quid Quīntus in bracchiō sentit?
Cūr Syra Quīntum mortuum esse putat?

84

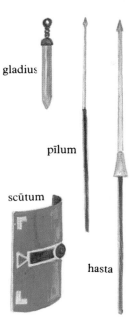

gladius

pīlum

scūtum

hasta

MILES ROMANVS

arma Rōmāna

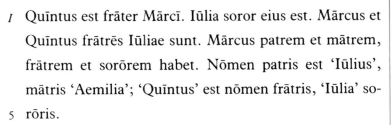

I Quīntus est frāter Mārcī. Iūlia soror eius est. Mārcus et
Quīntus frātrēs Iūliae sunt. Mārcus patrem et mātrem,
frātrem et sorōrem habet. Nōmen patris est 'Iūlius',
mātris 'Aemilia'; 'Quīntus' est nōmen frātris, 'Iūlia' so-
5 rōris.

    Mārcō ūna soror est. Iūliae duo frātrēs sunt. Nōmina
frātrum sunt 'Mārcus' et 'Quīntus'. Patrī et mātrī ūna
fīlia et duo fīliī sunt.

    Mātrī 'Aemilia' nōmen est. Quod nōmen est patrī? Eī
10 nōmen est 'Lūcius Iūlius Balbus'. Virō Rōmānō tria
nōmina sunt. 'Lūcius' est praenōmen, id est nōmen prīmum; 'Balbus' cognōmen est. Fīliīs nōmina sunt 'Mārcus Iūlius Balbus' et 'Quīntus Iūlius Balbus'. 'Mārcus'

frāter -tris *m*
soror -ōris *f*
pater -tris *m*
māter -tris *f*
nōmen -inis *n*

Mārcō (*dat*) ūna soror est
= Mārcus ūnam sorō-
  rem habet

prae-nōmen -inis *n*

cognōmen -inis *n*

85

praenōmina Latīna:
A. = Aulus
C. = Gāius
D. = Decimus
L. = Lūcius
M. = Mārcus
P. = Pūblius
Q. = Quīntus
Sex. = Sextus
T. = Titus

avunculus -ī *m* = frāter mātris

trīstis ↔ laetus

vester -tra -trum (= tuus et tuus)

mīles -itis *m*

fert = portat
fert ferunt
armātus -a -um = quī arma fert

pugnus -ī *m*

et 'Quīntus' praenōmina sunt fīliōrum. Alia praenōmina Latīna sunt 'Aulus', 'Decimus', 'Gāius', 'Pūblius', 15 'Sextus', 'Titus'.

Aemiliae est ūnus frāter, cui 'Aemilius' nōmen est (praenōmen 'Pūblius', cognōmen 'Paulus'). Frāter Aemiliae est avunculus līberōrum. Aemilius autem procul ā sorōre suā abest. Itaque trīstis est Aemilia, quae frā- 20 trem suum amat.

Mārcus et Iūlia mātrem suam trīstem in hortum exīre vident et patrem interrogant: "Cūr māter nostra trīstis est?"

Iūlius: "Māter vestra trīstis est, quod Aemilius procul 25 ab eā abest. Aemilius avunculus vester est, id est frāter mātris. Māter trīstis est, quod frātrem suum vidēre nōn potest."

Mārcus: "Ubi est avunculus noster?"

Iūlius: "Avunculus vester est in Germāniā. Aemilius 30 mīles est. In Germāniā multī sunt mīlitēs Rōmānī."

Iūlia: "Quid est mīles?"

Iūlius: "Mīles est vir quī scūtum et gladium et pīlum fert. Scūtum et gladius et pīlum sunt arma mīlitis Rōmānī. Mīles est vir armātus." 35

Iūlia: "Quid agunt mīlitēs Rōmānī in Germāniā?" *II*

Iūlius: "Mīlitēs nostrī in Germāniā pugnant."

Iūlia: "Meī quoque frātrēs pugnant."

Iūlius: "Puerī pugnīs, nōn armīs pugnant. Mīlitēs pugnant gladiīs, pīlīs, hastīs." 40

Mārcus: "Num Aemilius et hastam et pīlum fert?"

Iūlius: "Aemilius pīlum tantum fert, is enim pedes est, nōn eques. Eques est mīles quī ex equō pugnat; quī pedibus pugnat pedes est. Equitēs hastās, peditēs pīla

45 ferunt. Pīlum nōn tam longum est quam hasta, neque gladius peditis tam longus est quam gladius equitis. Pīlum Aemiliī sex pedēs longum est."

Mārcus: "Quam longus est gladius eius?"

Iūlius: "Duōs pedēs longus est."

50 Mārcus: "Duōs pedēs tantum? Cūr tam brevis est gladius?"

Iūlius: "Quod gladius brevis nōn tam gravis est quam gladius longus. Gladius equitis longior et gravior est quam peditis. Pedes, quī pedibus it multaque alia arma

55 fert, gladium longum et gravem ferre nōn potest; itaque gladius eius brevis et levis est — brevior et levior quam is quī ab equite fertur. Etiam gladiī quī ā Germānīs feruntur longiōrēs et graviōrēs sunt quam Rōmānōrum ac pīla eōrum longiōra et graviōra quam nostra sunt."

60 Iūlia: "Quī sunt Germānī?"

Iūlius: "Germānī sunt hominēs barbarī quī Germāniam incolunt. Germānia est magna terra nōn procul ā Galliā; Gallia autem prōvincia Rōmāna est, ut Hispānia, Syria, Aegyptus. Prōvincia est pars imperiī Rōmānī, ut

65 membrum pars corporis est; Rōma enim caput imperiī est, prōvinciae membra sunt. Germānia nōn est prōvincia Rōmāna. Flūmen Rhēnus Germāniam ā Galliā prō-

pedes -itis *m*

eques -itis *m*

I pēs
[= *29,6 cm*]

brevis ↔ longus

gladius brevis nōn tam gravis est quam gladius longus
ferre (*īnf*) = portāre

levis ↔ gravis

fertur feruntur
Germānī -ōrum *m pl*

ac = atque
atque ante *a,e,i,o,u,h*
ac/atque ante cēterās
litterās

barbarus -a -um = nec
Rōmānus nec Graecus
incolere: terram i. =
in terrā habitāre

pars (< parts) partis *f*

dīvidere

patria -ae *f*: p. nostra
= terra/oppidum pa-
trum nostrōrum

contrā *prp*+*acc*

pārēre/imperāre + *dat*

hostis -is *m* ↔ amīcus
bellum -ī *n*

op-pugnāre = pugnāre
contrā

exercitus -ūs *m*:
sing nōm exercit*us*
     acc exercit*um*
     gen exercit*ūs*
     dat exercit*uī*
     abl exercit*ū*

dux ducis *m*
metuere = timēre

plūr nōm exercit*ūs*
     acc exercit*ūs*
     gen exercit*uum*
     dat exercit*ibus*
     abl exercit*ibus*

Hispānī -ōrum *m pl*
Gallī -ōrum *m pl*

mīlitāre = mīles esse

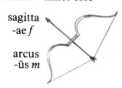

sagitta
-ae *f*

arcus
-ūs *m*

castra -ōrum *n pl* (vocābulum *plūrāle tantum*)

vinciā dīvidit. Rhēnus ac Dānuvius flūmina, quae Germāniam ab imperiō Rōmānō dīvidunt, fīnēs imperiī
nostrī sunt. Germānia est patria Germānōrum, ut Rōma   70
nostra patria est."

Iūlia: "Cūr mīlitēs Rōmānī contrā Germānōs pugnant? Suntne Germānī hominēs improbī?"

Iūlius: "Mīlitēs nostrī contrā Germānōs pugnant,
quod Germānī amīcī Rōmānōrum nōn sunt nec Rōmā-   75
nīs pārent. Germānī hostēs Rōmānōrum sunt, ac bellum
est inter Germānōs et Rōmānōs. Germānī exercitum
nostrum oppugnant."

Iūlia: "Quid est 'exercitus'?"

Iūlius: "Exercitus est magnus numerus mīlitum quī   80
contrā hostēs dūcitur. Quī exercitum dūcit dux exercitūs est. Dux exercituī imperat, exercitus ducī suō pāret,
nam dux ab exercitū metuitur.

"In Germāniā et in Britanniā sunt magnī exercitūs
Rōmānī quī contrā exercitūs hostium pugnant. Mīlitēs   85
et ducēs exercituum Rōmānōrum ab hostibus metuun-
tur. In Hispāniā et in Galliā nōn multī sunt mīlitēs
Rōmānī, nam Hispānī et Gallī, quī eās prōvinciās incolunt, iam exercitibus nostrīs pārent. In exercitibus Rōmānīs etiam Hispānī et Gallī multī mīlitant, quī et alia   90
arma et arcūs sagittāsque ferunt."

Iūlia: "Ubi habitat Aemilius?"   *III*

Iūlius: "Aemilius in castrīs habitat mīlle passūs ā fīne
imperiī. Castra sunt mīlitum oppidum."

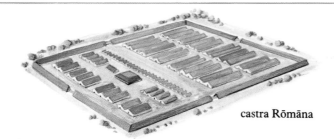

castra Rōmāna

vāllum
-ī *n*

fossa -ae *f*

95 Mārcus: "Quam longus est passus?"

Iūlius: "Ūnus passus est quīnque pedēs, ergō mīlle passūs sunt quīnque mīlia pedum. In castrīs Aemiliī sex mīlia mīlitum habitant. Nūllae fēminae aut puerī illīc habitant, nec enim fēminae puerīque mīlitāre possunt.

100 Circum castra fossa et vāllum longum et altum est."

Mārcus: "Quam altum est vāllum castrōrum."

Iūlius: "Prope decem pedēs altum est, et duo mīlia passuum longum. Quattuor portae per vāllum in castra dūcunt. Inter duās portās est via lāta, quae castra in

105 duās partēs dīvidit; ea via centum pedēs lāta est.

"In bellō portae castrōrum clauduntur. Cum exercitus Germānōrum castra oppugnat, Rōmānī castra dēfendunt: vāllum ascendunt ac pīla in Germānōs iaciunt. Illī autem nec pīla in castra iacere possunt, quod fossa

110 nimis lāta et vāllum nimis altum est, nec vāllum ascendere, quod Rōmānī pīlīs et gladiīs vāllum dēfendunt. Hostēs castra nostra expugnāre nōn possunt.

"Ecce portae aperiuntur atque equitātus noster in hostēs impetum facit. Barbarī perterritī, quī im-

115 petum equitātūs sustinēre nōn possunt, arma ad terram iaciunt atque in magnās silvās fugiunt.

passus -ūs *m*: I passus
= v pedēs [*1,48 m*]

mīlia -ium *n pl* (+ *gen pl*):
mīlle (M) hominēs; duo
mīlia (MM/ĪĪ) homin*um*
puerī = puerī et puellae

altus -a -um

lātus -a -um

in bellō = cum bellum
est
dēfendere ↔ oppugnāre

iacere -it -iunt
in (+ *acc*) = contrā

ex-pugnāre
equitātus -ūs *m* = equi-
tum numerus (pars
exercitūs)
impetus -ūs *m*: impetum
facere in hostem =
hostem armīs petere,
oppugnāre
fugere -it -iunt

metus -ūs *m* = timor

impetus hostium

"Mīles Rōmānus, quī hostem armātum accurrere videt, nōn ab eō fugit, sed armīs sē dēfendit. Mīlitēs Rōmānī fortēs sunt. Mīles fortis hostem nōn metuit, sed
sine metū impetum in hostem facit. Aemilius, avuncu-   120
lus vester, mīles fortis est.

"Circum imperium Rōmānum multī sunt hostēs.
Castra et oppida nostra ab hostibus oppugnantur neque
expugnantur, nam mīlitēs nostrī prōvinciās ac patriam
nostram ā Germānīs et ab aliīs hostibus dēfendunt."   125

Mārcus: "Etiam Germānī suam patriam dēfendunt."

Iūlius: "Sed patria nostra pulchrior est quam illōrum!
Atque Germānī hominēs barbarī sunt."

Mārcus: "Nōnne fortēs sunt Germānī?"

Iūlius: "Fortēs sunt illī, sed Rōmānī fortiōrēs sunt,   130
nec arma Germānōrum tam bona sunt quam nostra.
Scūtum eōrum nimis parvum est, pīlum nimis longum
et grave; nec enim pīlum tam grave procul iacī potest.
Itaque pīlum nostrum breve et leve est — brevius et
levius quam pīlum Germānōrum. Mīlitēs Rōmānī bene   135
pugnant, quod pīla eōrum brevia et levia sunt, nōn longa et gravia ut Germānōrum. Patria nostra bonīs armīs
dēfenditur. Nūllus hostis Rōmam expugnāre potest."

Mārcus: "Cūr Rōmānī Germāniam nōn expugnant?"

Iūlius: "Germānia nōn sōlum armīs dēfenditur, sed   140
etiam altīs montibus, magnīs silvīs atque lātīs et altīs
flūminibus."

GRAMMATICA LATINA
Dēclīnātiō quārta

145 'Exercitus' (*m*) dēclīnātur hōc modō (vidē exempla in versibus 80–89 huius capitulī):

versus -ūs *m*: cap. XII
142 versūs habet

	Singulāris	*Plūrālis*
Nōminātīvus	exercit|us	exercit|ūs
Accūsātīvus	exercit|um	exercit|ūs
150 *Genetīvus*	exercit|ūs	exercit|uum
Datīvus	exercit|uī	exercit|ibus
Ablātīvus	exercit|ū	exercit|ibus

-us	-ūs
-um	-ūs
-ūs	-uum
-uī	-ibus
-ū	-ibus

Ut 'exercitus' dēclīnantur masculīna: arcus, passus, equitātus, impetus, metus, versus, cēt.; fēminīnum: manus.

155 *Adiectīvum*

ad-iectīvum -ī *n* (*adi*)

[I/II] Dēclīnātiō prīma et secunda.

Mōns alt*us*. Arbor alt*a*. Vāllum alt*um*.

altus
alta
altum

'Alt*us -a -um*' est adiectīvum prīmae et secundae dēclīnātiōnis. Masculīnum 'altus' dēclīnātur ut 'servus', fēminī-
160 num 'alt*a*' ut 'fēmina', neutrum 'alt*um*' ut 'oppidum'.

	Singulāris			*Plūrālis*		
	Masc.	Fēm.	Neutr.	Masc.	Fēm.	Neutr.
Nōm.	alt|us	alt|a	alt|um	alt|ī	alt|ae	alt|a
Acc.	alt|um	alt|am	alt|um	alt|ōs	alt|ās	alt|a
165 *Gen.*	alt|ī	alt|ae	alt|ī	alt|ōrum	alt|ārum	alt|ōrum
Dat.	alt|ō	alt|ae	alt|ō	alt|īs	alt|īs	alt|īs
Abl.	alt|ō	alt|ā	alt|ō	alt|īs	alt|īs	alt|īs

-us	-a	-um	
-um	-am	-um	
-ī	-ae	-ī	
-ō	-ae	-ō	
-ō	-ā	-ō	
-ī	-ae	-a	
-ōs	-ās	-a	
-ōrum	-ārum	-ōrum	
-īs	-īs	-īs	
-īs	-īs	-īs	

Hōc modō dēclīnantur haec adiectīva: albus, bonus, fessus, foedus, īrātus, laetus, lātus, longus, magnus, malus,
170 meus, novus, plēnus, prīmus, sānus, tuus, cēt.; (-er -ra
-rum:) pulcher, aeger, niger, ruber, noster, vester, cēt.

-er -ra -rum

[III] Dēclīnātiō tertia.

Gladius brev*is*. Via brev*is*. Pīlum brev*e*.

brevis
breve

'Brev*is -e*' est adiectīvum tertiae dēclīnātiōnis. Masculīnum
175 et fēminīnum 'brev*is*' dēclīnātur ut 'ovis' (sed abl. sing. -ī),
neutrum 'breve' ut 'mare'.

dēcl. III: fēm. = masc.

	Singulāris		Plūrālis	
	Masc./Fēm.	Neutr.	Masc./Fēm.	Neutr.
Nōm.	brev|is	brev|e	brev|ēs	brev|ia
Acc.	brev|em	brev|e	brev|ēs	brev|ia
Gen.	brev|is	brev|is	brev|ium	brev|ium
Dat.	brev|ī	brev|ī	brev|ibus	brev|ibus
Abl.	brev|ī	brev|ī	brev|ibus	brev|ibus

-is -e -ēs -ia
-em -e -ēs -ia
-is -is -ium -ium
-ī -ī -ibus -ibus
-ī -ī -ibus -ibus

Hōc modō dēclīnantur haec adiectīva: brevis, fortis, gravis, levis, tenuis, trīstis, cēt.

Exempla:

Pedes fortis Rōmānus gladium brevem et levem, scūtum magnum et grave fert; eques hastam fert longam et gravem. Peditī fortī Rōmānō est gladius brevis et levis, scūtum magnum et grave; equitī hasta longa et gravis est. Pedes gladiō brevī et levī, scūtō magnō et gravī armātus est; eques hastā longā et gravī pugnat.

Peditēs fortēs Rōmānī gladiōs brevēs et levēs, scūta magna et gravia ferunt; equitēs hastās ferunt longās et gravēs. Peditibus fortibus Rōmānīs sunt gladiī brevēs et levēs, scūta magna et gravia; equitibus hastae longae et gravēs sunt. Peditēs gladiīs brevibus et levibus, scūtīs magnīs et gravibus armātī sunt; equitēs hastīs longīs et gravibus pugnant.

comparātīvus (comp)

Comparātīvus

Hic mūrus altior est quam ille.

Hoc vāllum altius est quam illud.

'Altior -ius' comparātīvus est. Comparātīvus est adiectīvum dēclīnātiōnis tertiae:

altior
altius

	Singulāris:		Plūrālis:	
	Masc./Fēm.	Neutr.	Masc./Fēm.	Neutr.
Nōm.	altior	altius	altiōr|ēs	altiōr|a
Acc.	altiōr|em	altius	altiōr|ēs	altiōr|a
Gen.	altiōr|is	altiōr|is	altiōr|um	altiōr|um
Dat.	altiōr|ī	altiōr|ī	altiōr|ibus	altiōr|ibus
Abl.	altiōr|e	altiōr|e	altiōr|ibus	altiōr|ibus

-ior -ius
-iōrem -ius
-iōris -iōris
-iōrī -iōrī
-iōre -iōre
-iōrēs -iōra
-iōrēs -iōra
-iōrum -iōrum
-iōribus -iōribus
-iōribus -iōribus

Exempla: brevior, fortior, gravior, levior, longior, pulchrior.

Gladius equitis long*ior* et grav*ior* est quam peditis. Eques gladium long*iōrem* et grav*iōrem* fert quam pedes. Eques gla-
215 diō long*iōre* et grav*iōre* pugnat.

Gladiī equitum long*iōrēs* et grav*iōrēs* sunt quam peditum. Equitēs gladiīs long*iōribus* et grav*iōribus* pugnant.

Pīlum brev*ius* et lev*ius* est quam hasta. Pīla brev*iōra* et lev*iōra* sunt quam hastae.

220 Dēlia ancilla pulchr*ior* est quam Syra. Lēander, quī ancillae pulchr*iōris* amīcus est, ancillae pulchr*iōrī* rosam dat. Quid pulchr*ius* est quam rosa?

Mīlitēs Rōmānī fort*iōrēs* sunt quam hostēs. Dux Rōmānus mīlitibus fort*iōribus* imperat quam dux hostium. Ille dux mī-
225 litum fort*iōrum* est.

PENSVM A

Pīlum ē man– iacitur, sagitta ex arc–. In exercit– Rōmānīs multī Gallī mīlitant, quī arc– ferunt. Equitāt– sine met– impet– in hostēs facit, neque hostēs impet– equitāt– sustinēre possunt. Mīlle pass– sunt quīnque mīlia pedum. Via Latīna CL [150: centum quīnquāgintā] mīlia pass– long– est.

Rāmus tenu– puerum crass– sustinēre nōn potest, nam puer crass– grav– est. Ūnum mālum grav– nōn est, nec duo māla grav– sunt, sed saccus plēn– mālōrum grav– est. Lēander saccum magn– et grav– portat. In saccō grav– sunt māla. Servī saccōs grav– portant. In saccīs grav– sunt māla et pira.

Saccus Lēandrī grav– est quam Syrī, nam māla grav– sunt quam pira. Via Appia long– est quam via Latīna. Via Appia et via Aurēlia long– sunt quam via Latīna. Quīntus crass– est quam Mārcus. Lēander saccum grav– quam Syrus portat. In saccō grav– māla sunt.

Hoc pīlum long– et grav– est quam illud. Haec pīla long– et grav– sunt quam illa.

Vocābula nova:
fráter
soror
nōmen
praenōmen
cognōmen
avunculus
mīles
scūtum
gladius
pīlum
arma
arcus
sagitta
pugnus
hasta
pedes
eques
pars
fīnis
patria
hostis
bellum
exercitus
dux
castra
passus
fossa
vāllum

93

equitātus
impetus
metus
versus
mīlia
trīstis
armātus
brevis
gravis
levis
barbarus
altus
lātus
fortis
vester
ferre
pugnāre
incolere
dīvidere
oppugnāre
metuere
mīlitāre
dēfendere
iacere
expugnāre
fugere
contrā
ac
adiectīvum
comparātīvus

PENSVM B

Mārcus — Quīntī est. Quīntus ūnum frātrem et ūnam — habet. 'Iūlia' — sorōris est. Frāter Aemiliae est — līberōrum. Quīntus: "Ubi est avunculus noster?" Iūlius: "Avunculus — est in Germāniā."

Prōvincia est — imperiī Rōmānī. Rhēnus Germāniam ab imperiō Rōmānō —; Rhēnus — imperiī est. In Germāniā multī — Rōmānī sunt, quī contrā Germānōs —; Germānī enim — Rōmānōrum sunt. Mīlitēs Rōmānī scūta et — et pīla —. Mīlitēs in — habitant. Circum castra est — et —, quod x pedēs — est. Mīlitēs patriam ab hostibus —.

PENSVM C

Num 'Mārcus' cognōmen est?
Quot frātrēs habet Aemilia?
Quid agit Aemilius in Germāniā?
Quae arma pedes Rōmānus fert?
Quam longum est pīlum Aemiliī?
Ubi habitant mīlitēs Rōmānī?
Quī sunt Germānī et Gallī?
Estne Germānia prōvincia Rōmāna?
Quod flūmen Germāniam ā Galliā dīvidit?
Cūr hostēs castra expugnāre nōn possunt?
Num mīles fortis ab hoste fugit?
Cūr hasta procul iacī nōn potest?

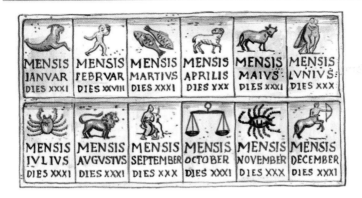

| MENSIS IANVAR DIES XXXI | MENSIS FEBRVAR DIES XXVIII | MENSIS MARTIVS DIES XXXI | MENSIS APRILIS DIES XXX | MENSIS MAIVS DIES XXXI | MENSIS LVNIVS DIES XXX |
| MENSIS IVLIVS DIES XXXI | MENSIS AVGVSTVS DIES XXXI | MENSIS SEPTEMBER DIES XXX | MENSIS OCTOBER DIES XXXI | MENSIS NOVEMBER DIES XXX | MENSIS DECEMBER DIES XXXI |

ANNVS ET MENSES

kalendārium -ī n

Iān.	Capricornus
Febr	Aquārius
Mārt.	Piscēs
Apr.	Ariēs
Māi.	Taurus
Iūn.	Geminī
Iūl.	Cancer
Aug.	Leō
Sept.	Virgō
Oct.	Lībra
Nov.	Scorpiō
Dec.	Sagittārius

I Annus in duodecim mēnsēs dīviditur, quibus haec sunt nōmina: Iānuārius, mēnsis prīmus; Februārius, secundus; Mārtius, tertius; Aprīlis, quārtus; Māius, quīntus; Iūnius, sextus; Iūlius, septimus; Augustus, octāvus; 5 September, nōnus; Octōber, decimus; November, ūndecimus; December, mēnsis duodecimus ac postrēmus.

Ūnus annus duodecim mēnsēs vel trecentōs sexāgintā quīnque diēs habet. Saeculum est centum annī. Centum annī vel saeculum est longum tempus. Duo saecula sunt 10 ducentī annī. Homō sānus nōnāgintā vel etiam centum annōs vīvere potest; ducentōs annōs vīvere nēmō potest.

Mēnsī prīmō et mēnsī tertiō ā deīs nōmina sunt: Iānuāriō ā deō Iānō, Mārtiō ā deō Mārte. Iānus et Mārs 15 sunt deī Rōmānī. Iānus est deus cui duae faciēs sunt. Mārs deus bellī est.

Mēnsis September nōminātur ā numerō *septem*, Octōber, November, December ab *octō, novem, decem*. Nam

mēnsis -is m

V	quīntus -a -um
VI	sextus -a -um
VII	septimus -a -um
VIII	octāvus -a -um
IX	nōnus -a -um
X	decimus -a -um
XI	ūndecimus -a -um
XII	duodecimus -a -um
	postrēmus -a -um
	↔ prīmus

tre-centī -ae -a
= CCC (300)
sexāgintā = LX (60)

tempus -oris n
du-centī -ae -a = CC (200)

Iānus -ī m

Mārs -rtis m

nōmināre < nōmen; nōminātur=nōmen habet

95

antīquus < ante
tunc = illō tempore

nunc = hōc tempore

...igitur = ergō

trīgintā = xxx (30)

ūnus et trīgintā
= xxxi (31)

duo-dē-trīgintā
= xxviii (28)
ūn-dē-trīgintā
= xxix (29)

ūn-decim = xi (11)

item = etiam (: ut
Mārtius)

dīmidia pars = ½

quārta pars = ¼

diēs -ēī m

vesper -erī m ↔ māne n

nox noctis f ↔ diēs

initium -ī n ↔ fīnis
fīnis = pars postrēma
initium = pars prīma

hōra -ae f

tempore antīquō Mārtius mēnsis prīmus erat. Tunc
September mēnsis septimus erat, Octōber, November, 20
December mēnsēs octāvus, nōnus, decimus erant.
Nunc autem mēnsis prīmus est Iānuārius, September
igitur mēnsis nōnus est, Octōber decimus, November
ūndecimus, December duodecimus.

Quam longus est mēnsis November? November trī- 25
gintā diēs longus est. December ūnum et trīgintā diēs
habet. Iānuārius tam longus est quam December, sed
Februārius brevior est: duodētrīgintā aut ūndētrīgintā
diēs tantum habet. Februārius brevior est quam cēterī
ūndecim mēnsēs: is mēnsis annī brevissimus est. Mār- 30
tius ūnum et trīgintā diēs longus est (et item Māius, Iūlius, Augustus, Octōber). Aprīlis trīgintā diēs habet
(item Iūnius et September). Sex mēnsēs sunt dīmidia
pars annī, trēs mēnsēs quārta pars annī.

Diēs est dum sōl in caelō est. Prīma pars diēī est 35
māne, pars postrēma vesper. Diēs est tempus ā māne ad
vesperum. Nox est tempus ā vesperō ad māne. Vesper
est fīnis diēī atque initium noctis. Māne fīnis noctis est
atque initium diēī.

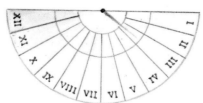

Diēs in duodecim hōrās dīviditur. Ab hōrā prīmā 40
diēs initium facit. Hōra sexta, quae hōra media est inter

hōram prīmam et duodecimam, 'merīdiēs' nōminātur. Hōra sexta vel merīdiēs diem dīvidit in duās aequās partēs: 'ante merīdiem' et 'post merīdiem'. Merīdiē sōl
45 altissimus in caelō est. Sex hōrae sunt dīmidia pars diēī.

II   Nocte sōl nōn lūcet, sed lūna et stēllae lūcent. Lūna ipsa suam lūcem nōn habet, lūx lūnae ā sōle venit; itaque lūna nōn tam clāra est quam sōl. Sōl est stēlla clārissima, quae lūce suā et terram et lūnam illūstrat. Neque
50 tōta lūna sōle illūstrātur, sed tantum ea pars quae vertitur ad sōlem; cētera pars obscūra est. Cum exigua pars lūnae tantum vidētur, lūna 'nova' esse dīcitur. Diē septimō vel octāvō post lūnam novam lūna dīmidia vidētur, quae fōrmam habet litterae D. Diē quīntō decimō post
55 lūnam novam lūna plēna est et fōrmam habet litterae O. Cum lūna nōn lūcet, nox obscūra est.

Diēs mēnsis prīmus 'kalendae' nōminātur. Diēs prīmus mēnsis Iānuāriī dīcitur 'kalendae Iānuāriae'; is diēs annī prīmus est atque initium annī novī. Diēī prīmō
60 mēnsis Iūliī 'kalendae Iūliae' nōmen est; is est diēs annī medius.

Diēs tertius decimus post kalendās 'īdūs' nōminātur. 'Īdūs Iānuāriae' diēs tertius decimus est post kalendās Iānuāriās. Item 'īdūs Februāriae' dīcitur diēs tertius de-
65 cimus mēnsis Februāriī. Sed 'īdūs Mārtiae' diēs est quīntus decimus mēnsis Mārtiī, nam mēnse Mārtiō (item Māiō, Iūliō, Octōbrī) īdūs nōn diēs tertius decimus, sed quīntus decimus post kalendās est. Diēs nō-

merī-diēs (< medi-)
: medius diēs
aequus -a -um

lūna -ae f   stēlla -ae f

lūx lūcis f
clārus -a -um

terra

tōtus -a -um: tōta lūna
↔ pars lūnae
cēterus -a -um
obscūrus -a -um↔clārus
exiguus -a -um = parvus

lūna nova dīmidia plēna

quīntus decimus
= xv (15.)

kalendae -ārum f pl

dīcitur = nōminātur

tertius decimus
= xiii (13.)
īdūs -uum f pl

(mēnsis) -ber -bris m,
abl -brī

97

nōnae -ārum *f pl*

nus ante īdūs dīcitur 'nōnae' (nōnae Iānuāriae: diēs quīntus Iānuāriī; nōnae Februāriae: diēs quīntus Fe- 70 bruāriī; nōnae Mārtiae: diēs septimus Mārtiī; cēt.)

Diēs octāvus ante kalendās Iānuāriās, quī dīcitur 'ante diem octāvum kalendās Iānuāriās', est diēs annī

ante diem octāvum ka-
lendās Iūliās (a. d. VIII
kal. Iūl.) = diēs octāvus
ante kalendās Iūliās

brevissimus. Ante diem octāvum kalendās Iūliās diēs annī longissimus est. Ante diem octāvum kalendās Aprī- 75 lēs (id est diē octāvō ante kalendās Aprīlēs) nox atque diēs aequī sunt; is diēs 'aequinoctium' dīcitur. Item ante diem octāvum kalendās Octōbrēs aequinoctium dīcitur, nam eō quoque diē nox aequa est atque diēs.

aestās -ātis *f* ↔ hiems
hiemis *f*
vēr vēris *n*
autumnus -ī *m*

Tempora annī sunt quattuor: aestās et hiems, vēr et 80 autumnus. Aestās est tempus ā mēnse Iūniō ad Augustum, hiems ā mēnse Decembrī ad Februārium. Mēnsis Iūnius initium aestātis, December initium hiemis est. Tempus ā Mārtiō ad Māium vēr dīcitur, ā mēnse Septembrī ad Novembrem autumnus. Vēr ā mēnse Mārtiō 85 initium facit. Autumnus ā Septembrī incipit.

incipere -it -iunt
= initium facere

calidus -a -um ↔
frīgidus -a -um

imber -bris *m*
nix nivis *f*

operīre

Aestāte diēs longī sunt, sōl lūcet, āēr calidus est. Aestās est tempus calidum. Hiems tempus frīgidum est. Hieme nōn sōlum imber, sed etiam nix dē caelō cadit. Imber est aqua quae dē nūbibus cadit. Nix frīgidior est 90 quam imber. Hieme montēs et campī nive operiuntur. Vēre campī novā herbā operiuntur, arborēs novīs foliīs ōrnantur, avēs, quae hieme tacent, rūrsus canere incipiunt. Autumnō folia dē arboribus cadunt et terram operiunt. In Germāniā hiemēs frīgidiōrēs sunt quam in Ita- 95

hieme montēs nive
operiuntur

liā: altā nive operītur tōta terra et lacūs glaciē operiuntur; hieme Germānī puerī super glaciem lacuum lūdere
possunt. Iānuārius mēnsis annī frīgidissimus est. Mēnsēs calidissimī sunt Iūlius et Augustus. Eō tempore
100 multī Rōmānī urbem relinquunt et vīllās suās petunt,
neque enim tōtam aestātem in urbe vīvere volunt. —

III   Hōra nōna est. Aemilia apud fīlium aegrum sedet.
Cubiculum lūce sōlis illūstrātur. Aemilia ad fenestram
it caelumque spectat.

105   Aemilia: "Hōra nōna est. Sōl altus in caelō est nec
nūbibus operītur."

    Quīntus: "Quandō sōl altissimus est?"

    Aemilia: "Hōrā sextā vel merīdiē. Sed post merīdiem
āēr calidior est quam ante merīdiem."

110   Aemilia fenestram claudit. Iam satis obscūrum est
cubiculum.

    Quīntus: "Ō, quam longae sunt hōrae, cum necesse
est tōtum diem in lectō iacēre!"

    Aemilia: "Vēr est. Diēs atque hōrae longiōrēs sunt
115 vēre quam hieme."

    Quīntus: "Quandō longissimī sunt diēs?"

    Aemilia: "Mēnse Iūniō."

    Quīntus: "Iamne mēnsis Iūnius est?"

    Aemilia: "Māius est: hic diēs est mēnsis Māiī postrē-
120 mus. Hōc annī tempore diēs nōn tam calidī sunt quam
aestāte et noctēs frīgidiōrēs sunt."

    Quīntus: "Quī mēnsis annī calidissimus est?"

glaciēs -ēī *f*

lacus -ūs *m*

urbs urbis *f* = oppidum magnum (: Rōma)

puerī super glaciem lacūs lūdunt

quandō? = quō tempore?

iam-ne

Iūlius Caesar
-aris *m*

(mēnsis) Quīntīlis -is *m*
= Iūlius

Caesar Augustus

(mēnsis) Sextīlis -is *m*
= Augustus

faciēs -ēī *f*

vult volunt, *īnf* velle

Aemilia: "Iūlius."

Quīntus: "Cūr ille mēnsis patris nōmen habet?"

Aemilia rīdet et respondet: "Mēnsis Iūlius nōn ā pa- 125
tre tuō nōmen habet — nōn tantus vir est ille! — sed ā
Iūliō Caesare. Ante tempora Caesaris eī mēnsī erat nōmen 'Quīntīlis' ā 'quīntō' numerō — nōn ā nōmine
tuō!"

Quīntus: "Estne Iūlius mēnsis quīntus?" Puer digitīs 130
numerāre incipit: "Mēnsis prīmus Iānuārius, secundus
Februārius, tertius Mārtius, quārtus..."

Aemilia: "Antīquīs temporibus Mārtius nōn tertius,
sed prīmus mēnsis erat; tunc igitur Quīntīlis, quī nunc
Iūlius nōminātur, mēnsis quīntus erat, nōn septimus, 135
ut nunc est. Item mēnsī Augustō nōmen erat 'Sextīlis',
quia sextus erat, nunc Augustus nōminātur ā Caesare
Augustō. — Sed hoc satis est. Iam necesse est tē dormīre." Māter enim faciem fīliī aspicit eumque oculōs
claudere videt. Aemilia puerum dormīre velle putat. 140

Quīntus: "Sed diēs est. Sōl lūcet. Nocte iubē mē dormīre, cum sōl in caelō nōn est! Ubi sōl est nocte, cum
hīc nōn lūcet?"

Aemilia: "Cum hīc nox est, sōl lūcet in aliīs terrīs
procul ab Italiā et ab urbe Rōmā. Cum nox est illīc, hīc 145
in Italiā diēs est."

Quīntus: "Ergō nunc in aliīs terrīs et urbibus nox est
atque hominēs dormiunt. Hīc diēs est, nec tempus est
dormīre!"

150 GRAMMATICA LATINA

Dēclīnātiō quīnta

Diēs brevissimus est ante diem VIII kalendās Iānuāriās. Māne initium diēī est. Diēī prīmō Iānuāriī nōmen est kalendae Iānuāriae; ab eō diē incipit novus annus. Mēnse Iūniō diēs longī

155 sunt. Iūnius XXX diēs habet: numerus diērum est XXX. Diēbus prīmīs mēnsium nōmina sunt: kalendae Iānuāriae, Februāriae, Mārtiae, Aprīlēs, cēt. Ab iīs diēbus mēnsēs incipiunt.

	Singulāris	Plūrālis		
Nōminātīvus	di|ēs	di|ēs	-ēs	-ēs
Accūsātīvus	di|em	di|ēs	-em	-ēs
Genetīvus	di|ēī	di|ērum	-ēī	-ērum
Datīvus	di|ēī	di|ēbus	-ēī	-ēbus
Ablātīvus	di|ē	di|ēbus	-ē	-ēbus

Ut 'diēs' *m* dēclīnātur 'merīdiēs' *m*, item 'faciēs' *f*, 'glaciēs'

165 *f*, et pauca alia vocābula fēminīna.

— 'Māne' est vocābulum neutrum i n d ē c l ī n ā b i l e.

Superlātīvus

Aetna mōns altus est, alt*ior* quam cēterī montēs Siciliae: is mōns Siciliae alt*issimus* est.

170 Via Appia longa est, long*ior* quam cēterae viae Italiae: ea via Italiae long*issima* est.

'Īre' verbum breve est, brev*ius* quam cētera verba Latīna: id verbum Latīnum brev*issimum* est.

'Alt*ior*, long*ior*, brev*ius*' comparātīvus est. 'Alt*issimus*, lon-

175 *gissima*, brev*issimum*' s u p e r l ā t ī v u s est. Superlātīvus est adiectīvum dēclīnātiōnis I et II: -*issim*\|*us* -*a* -*um*.

PENSVM A

Hōrae di– sunt XII. Hōra sexta di– dīvidit in duās partēs: ante merīdi– et post merīdi–. Sex hōrae sunt dīmidia pars di–. Mēnsis Iūnius XXX di– habet: numerus di– est XXX. Novus annus incipit ab eō di– quī dīcitur kalendae Iānuāriae.

Iūlius mēnsis annī calid– est; Iānuārius est mēnsis annī

---

diēs
diem
diēī
diēī
diē

diēs
diēs
diērum
diēbus
diēbus

in-dēclīnābilis -e (*in-dēcl*) = quī dēclīnārī nōn potest

superlātīvus (*sup*)

alt*issimus* -a -um

long*issimus* -a -um

brev*issimus* -a -um

-*issim*\|*us* -a -um

Vocābula nova:
annus
mēnsis
diēs
saeculum
tempus
faciēs
māne
vesper
nox
initium
hōra
merīdiēs

101

lūna
stēlla
lūx
fōrma
kalendae
īdūs
nōnae
aequinoctium
aestās
hiems
vēr
autumnus
imber
nix
lacus
glaciēs
urbs
postrēmus
dīmidius
aequus
clārus
tōtus
obscūrus
exiguus
calidus
frīgidus
indēclīnābilis
ūndecim
trīgintā
sexāgintā
ducentī
trecentī
quīntus
sextus
septimus
octāvus
nōnus
decimus
ūndecimus
duodecimus
nōmināre
illūstrāre
incipere
operīre
velle
erat erant
vel
tunc
nunc
igitur
item
quandō?
superlātīvus

frīgid–. Mēnsis annī brev– est Februārius. Padus est flūmen Italiae long– et lāt–. Sōl stēlla clār– est.

PENSVM B

Iānuārius — prīmus est. December est mēnsis — ac —. Tempore antīquō September mēnsis septimus —, nam — mēnsis prīmus erat Mārtius. Nunc September mēnsis — est. Diēs est tempus ā — ad —. Māne est — diēī, vesper — diēī est et initium —. Diēs in XII — dīviditur. Nocte — et — lūcent, neque eae tam — sunt quam sōl. Sōl lūnam — suā —. Ea lūnae pars quae sōle nōn illūstrātur — est.

Vēr et —, aestās et — sunt quattuor — annī. — ā mēnse Iūniō —. Hieme nōn sōlum —, sed etiam — dē nūbibus cadit: montēs et campī nive —. Aqua nōn tam — est quam nix.

PENSVM C

Quot sunt mēnsēs annī?
Ā quō Iānuārius nōmen habet?
Quam longus est mēnsis Aprīlis?
Ā quō mēnsis Iūlius nōmen habet?
Cūr mēnsis decimus Octōber nōminātur?
Cūr lūna nōn tam clāra est quam sōl?
Quī diēs annī brevissimus est?
Quī diēs aequinoctia dīcuntur?
Quod tempus annī calidissimum est?
Quandō nix dē nūbibus cadit?
Quid est imber?
Ā quō diē incipit annus novus?

gallus canēns

NOVVS DIES

1 Nox est. Familia dormit. Vīlla Iūliī obscūra et quiēta est. Mārcus quiētus in lectō suō cubat; is bene dormit. Quīntus dormīre nōn potest, quod et caput et pēs eī dolet. Bracchium quoque dolet Quīntō; itaque is nōn

5 dormit, sed vigilat.

    Cubiculum in quō Quīntus cubat nōn magnum est, nec magnum est cubiculum Mārcī. Utrumque cubiculum parvum est. Uterque puer cubat in cubiculō parvō, neuter in cubiculō magnō. Neutrum cubiculum mag-

10 num est. Uterque puer quiētus est, neuter puer sē movet. Alter puer dormit, alter vigilat. Alter ē duōbus puerīs valet, alter aegrōtat. Uter puer aegrōtat, Mārcusne an Quīntus? Quīntus aegrōtat, Mārcus valet.

    Āēr frīgidus cubiculum Mārcī intrat, fenestra enim

15 aperta est. Mārcus fenestrā apertā dormit. Fenestra Quīntī aperta nōn est. Altera ē duābus fenestrīs est aperta, altera clausa. Utra fenestra clausa est? Fenestra Quīntī. Is fenestrā clausā dormit, quia aeger est.

cubāre = iacēre (in lectō)
dolēre + *dat:* pēs *eī* /Quīnt*ō* dolet

vigilāre ↔ dormīre

uter- utra- utrum-que: uterque puer : et M. et Q.; utrumque cubiculum : et cubiculum M.ī et Q.ī
neuter -tra -trum: neuter puer : nec M. nec Q.

alter -era -erum
duo, *abl* duōbus
valēre ↔ aegrōtāre
uter -tra -trum: uter puer? : M.ne *an* Q.?

du*ae*, *abl* duābus

clausus -a -um↔apertus -a -um

103

can*ēns -ent*is = quī canit
(-ns < -nts)

gall*us* can*ēns*
gall*um* can*entem*

dorm*iēns -ent*is = quī
dormit
vigil*āns -ant*is = quī
vigilat

quō-modo? < quō
modō?
ho-diē = hōc diē

mē (*acc*): mihi (*dat*)

ad-hūc = ad hoc tempus,
etiam nunc

inquit = dīcit
surgere

af-ferre < ad-ferre

af-fer! (*imp*)

lavāre
sordidus -a -um

Ecce gallus canit: "Cucurrū! Cucucurrū!" Gallus ca-
nēns novum diem salūtat.   20

Mārcus oculōs nōn aperit neque sē movet. Quīntus,
quī oculīs apertīs iacet, super lectum sē vertit. Puer
dormiēns gallum canentem nōn audit. Puer vigilāns gallum audit, et Dāvum vocat.

Dāvus cubiculum intrāns interrogat: "Quōmodo sē 25
habet pēs tuus hodiē?"

Quīntus respondet: "Pēs male sē habet, nec pēs tantum, sed etiam caput et bracchium dolet. Ō, quam
longa nox est! Sed iam māne est, nam gallus canit. Dā
mihi aquam, Dāve!"   30

Dāvus Quīntō aquam in pōculō dat. Puer aquam bibit. Servus puerum bibentem aspicit.

Dāvus Quīntum in lectō iacentem relinquit et cubicu- *II*
lum Mārcī intrat. Mārcus adhūc dormit. Dāvus ad puerum dormientem adit eumque excitat. Quōmodo servus 35
puerum excitat? In aurem puerī dormientis magnā vōce
clāmat: "Mārce! Māne est!" Eō modō excitātur Mārcus,
et oculōs aperiēns servum apud lectum stantem videt.
Iam neuter ē duōbus puerīs dormit.

"Hōra prīma est" inquit Dāvus, "Surge ē lectō!"   40

Mārcus ē lectō surgit. Iam nōn cubat in lectō, sed
ante lectum stat. Mārcus Dāvum aquam afferre iubet:
"Affer mihi aquam ad manūs!"

Servus Mārcō aquam affert et "Ecce aqua" inquit,
"Lavā faciem et manūs! Manūs tuae sordidae sunt." 45

Mārcus prīmum manūs lavat, deinde faciem.

Dāvus: "Aurēs quoque lavā!"

"Sed aurēs" inquit Mārcus "in faciē nōn sunt!"

Dāvus: "Tacē, puer! Nōn modo faciem, sed tōtum
50 caput lavā! Merge caput in aquam!"

Mārcus caput tōtum in aquam mergit atque etiam
aurēs et capillum lavat. Iam tōtum caput eius pūrum
est. Aqua nōn est pūra, sed sordida.

Aqua quā Mārcus lavātur frīgida est; itaque puer ma-
55 nūs et caput sōlum lavat, nōn tōtum corpus. Māne Rōmānī faciem et manūs aquā frīgidā lavant; post merīdiem tōtum corpus lavant aquā calidā.

Mārcus caput et manūs tergēns Dāvum interrogat:
"Cūr frāter meus tam quiētus est?"

60 Dāvus respondet: "Quīntus adhūc in lectō est."

Mārcus: "In lectō? Quīntus, quī ante mē surgere
solet, adhūc dormit! Excitā eum!"

"Nōn dormit" inquit Dāvus, "Frāter tuus vigilat, nec
surgere potest, quod pēs et caput eī dolet."

65 Mārcus: "Mihi quoque caput dolet!"

Dāvus: "Tibi nec caput nec pēs dolet! Caput valēns
nōn dolet nec membra valentia."

Per fenestram apertam intrat āēr frīgidus. Mārcus frīget, quod corpus eius nūdum est (id est sine vestīmen-
70 tīs); itaque Mārcus vestīmenta sua ā servō poscit: "Dā
mihi tunicam et togam! Vestī mē!" Dāvus puerō frīgentī
tunicam et togam dat, neque eum vestit: necesse est

Mārcus faciem lavat

pūrus -a -um ↔ sordidus

māne *adv* (: hōrā prīmā)

toga
-ae *f*

vir togātus

tē (*acc*): tibi (*dat*)

tunica
-ae *f*

frīgēre = frīgidus esse
nūdus -a -um
vestīmentum -ī *n*
poscere = darī iubēre
vestīre

105

induere

gerere = (in corpore)
ferre, habēre
togātus -a -um = togam
gerēns
praeter *prp+acc*

dexter -tra -trum ↔
sinister -tra -trum

calceus -ī *m*

mē-cum (= cum mē)
tē-cum (= cum tē)
sē-cum (= cum sē)
abl: mē, tē, sē (= *acc*)

parentēs -um *m pl*
= pater et māter

puerum ipsum sē vestīre. Mārcus prīmum tunicam induit, deinde togam. Puer iam nūdus nōn est.

(Toga est vestīmentum album, quod virī et puerī Rō- *III* mānī gerunt. Graecī et barbarī togam nōn gerunt. Multīs barbarīs magna corporis pars nūda est. Virō togātō nūlla pars corporis est nūda praeter bracchium alterum. Utrum bracchium virō togātō nūdum est, dextrumne an sinistrum? Bracchium dextrum est nūdum, bracchium 80 sinistrum togā operītur. Mīlitēs togam nōn gerunt, nēmō enim togātus gladiō et scūtō pugnāre potest. Utrā manū mīles gladium gerit? Manū dextrā gladium gerit, scūtum gerit manū sinistrā.)

Mārcus, quī pedibus nūdīs ante lectum stat, calceōs 85 poscit: "Dā mihi calceōs! Pedēs frīgent mihi." Dāvus eī calceōs dat, et eum sēcum venīre iubet: "Venī mēcum! Dominus et domina tē exspectant."

Mārcus cum servō ātrium intrat, ubi parentēs sedent līberōs exspectantēs. Ante eōs in parvā mēnsā pānis et 90 māla sunt. Parentēs ā fīliō intrante salūtantur: "Salvēte, pater et māter!" et ipsī fīlium intrantem salūtant: "Salvē, Mārce!"

Māter alterum fīlium nōn vidēns Dāvum interrogat: "Quīntus quōmodo sē habet hodiē?" 95

Dāvus: "Quīntus dīcit 'nōn modo pedem, sed etiam caput dolēre'."

Aemilia surgit et ad fīlium aegrōtantem abit. Māter fīliō suō aegrōtantī pānem et mālum dat, sed ille, quī

100 multum ēsse solet, hodiē nec pānem nec mālum ēst.
Puer aegrōtāns nihil ēsse potest.

multum -ī *n*

Mārcus autem magnum mālum ā patre poscit: "Dā
mihi illud mālum, pater! Venter vacuus est mihi."

Iūlius Mārcō pānem dāns "Prīmum ēs pānem" in-
105 quit, "deinde mālum!"

ēsse, *imp* ēs! ēste!

Mārcus pānem suum ēst. Deinde pater eī in utramque manum mālum dat, et "Alterum mālum nunc ēs"
inquit, "alterum tēcum fer!"

utr*a*-que manus
utr*am*-que manum

Dāvus Mārcō librum et tabulam et stilum et rēgulam
110 affert.

tē-cum = cum tē
ferre, *imp* fer! ferte!

Iūlius: "Ecce Dāvus tibi librum et cēterās rēs tuās
affert. Sūme rēs tuās atque abī!"

"Sed cūr nōn venit Mēdus?" inquit Mārcus, quī Mēdum adhūc in familiā esse putat. Is servus cum puerīs
115 īre solet omnēs rēs eōrum portāns. Mārcus ipse nūllam
rem portāre solet praeter mālum.

rēs reī *f*		
	sing	*plūr*
nōm	rēs	rēs
acc	rem	rēs
gen	reī	rērum
dat	reī	rēbus
abl	rē	rēbus

omnis -e ↔ nūllus

Iūlius: "Mēdus tēcum īre nōn potest. Hodiē necesse
est tē sōlum ambulāre."

Mārcus: "...atque mē ipsum omnēs rēs meās portāre?
120 Cūr ille servus mēcum venīre nōn potest ut solet?
Etiamne Mēdō caput dolet?"

tabula -ae *f*

Iūlius: "Immō bene valet Mēdus, sed hodiē aliās rēs
agit."

stilus -ī *m*

Mārcus: "Quae sunt illae rēs?"

125 Iūlius nihil ad hoc respondet et "Iam" inquit "tempus
est discēdere, Mārce."

rēgula -ae *f*

107

Mārcus mālum, librum, tabulam, stilum rēgulamque sēcum ferēns ē vīllā abit. Fīlius ā patre discēdēns "Valē, pater!" inquit.

"Valē, Mārce!" respondet pater, "Bene ambulā!" 130

Quō it Mārcus cum rēbus suīs? Vidē capitulum quīntum decimum!

GRAMMATICA LATINA

Participium

	sing.	plūr.
nōm.	-ns	-nt|ēs
acc.	-nt|em	-nt|ēs
gen.	-nt|is	-nt|ium
dat.	-nt|ī	-nt|ibus
abl.	-nt|e/-ī	-nt|ibus

neutr.

	sing.	plūr.
nōm.	-ns	-nt|ia
acc.	-ns	-nt|ia
gen.	-nt|is	-nt|ium
dat.	-nt|ī	-nt|ibus
abl.	-nt|e/-ī	-nt|ibus

[1] -āns -antis
[2] -ēns -entis
[3] -ēns -entis
[4] -iēns -ientis

Vocābula nova:
gallus
vestīmentum
tunica
toga
calceus
parentēs
tabula
stilus
rēgula

Puer vigilāns in lectō iacēns gallum canentem audit. Gallus 135
canēns nōn audītur ā puerō dormiente. Puer dormiēns servum clāmantem audit, nec ā gallō canente, sed ā servō clāmante excitātur. Nōn vōx gallī canentis, sed vōx servī clāmantis puerum dormientem excitat.

Puerī vigilantēs gallōs canentēs audiunt. Gallī canentēs ā 140
puerīs dormientibus nōn audiuntur. Puerī dormientēs servōs clāmantēs audiunt, nec ā gallīs canentibus, sed ā servīs clāmantibus excitantur. Nōn vōcēs gallōrum canentium, sed vōcēs servōrum clāmantium puerōs dormientēs excitant.

Caput valēns nōn dolet nec membra valentia. Canis animal 145
volāns nōn est; animālia volantia sunt avēs. Mīlitēs inter pīla volantia pugnant.

'Vigilāns', 'iacēns', 'canēns', 'dormiēns' participia sunt. Participium est adiectīvum dēclīnātiōnis III: gen. sing. -ant\|is, -ent\|is (abl. sing. -e vel -ī). 150

PENSVM A

Puer dorm– nihil audit. Dāvus puerum dorm– excitat: in aurem puerī dorm– clāmat: "Mārce!" Mārcus oculōs aper– servum apud lectum st– videt. Servus puerō frīg– vestīmenta dat. Parentēs fīlium intr– salūtant et ā fīliō intr– salūtantur. Fīlius discēd– "Valē!" inquit.

Corpus val– nōn dolet. Medicus caput dol– sānāre nōn potest. Piscēs sunt animālia nat–.

PENSVM B

Puerī in lectīs — [= iacent]. — puer dormit, alter —; alter —, alter aegrōtat. — puer aegrōtat, Mārcusne — Quīntus? Quīntus aegrōtat.

    Servus puerum dormientem — et eī aquam —. Mārcus ē lectō — et prīmum manūs —, — faciem. Puer vestīmenta ā servō —, et prīmum tunicam —, deinde —. Iam puer — nōn est. Virō — [= togam gerentī] bracchium — nūdum est. Dāvus Mārcum sēcum venīre iubet: "Venī —!"

    Mārcus Mēdum, quī cum eō īre —, nōn videt. Mēdus librōs et cēterās — Mārcī portāre solet, Mārcus ipse — portāre solet — mālum. "Hodiē" — Iūlius "Mēdus — īre nōn potest." Mārcus sōlus abit librum et — et stilum — ferēns.

PENSVM C

Quīntusne bene dormit?
Uter puer aegrōtat?
Estne clausa fenestra Mārcī?
Uter ē duōbus puerīs gallum canentem audit?
Quōmodo servus Mārcum excitat?
Tōtumne corpus lavat Mārcus?
Cūr Mārcus frīget?
Quid Mārcus ā servō poscit?
Utrum bracchium togā operītur?
Utrā manū mīles scūtum gerit?
Quās rēs Mārcus sēcum fert?

rēs
apertus
clausus
sordidus
pūrus
nūdus
togātus
dexter
sinister
omnis
cubāre
vigilāre
valēre
excitāre
surgere
afferre
lavāre
mergere
solēre
frīgēre
poscere
vestīre
induere
gerere
inquit
uterque
neuter
alter
uter?
mihi
tibi
mēcum
tēcum
sēcum
nihil
quōmodo
hodiē
adhūc
prīmum
deinde
praeter
an
valē
participium

ludus

MAGISTER ET DISCIPVLI

Mārcus librum et tabulam et cēterās rēs ferēns Tūscu- *1*
lum ambulat. Illīc est lūdus puerōrum. Multī puerī
māne in lūdum eunt.

lūdus -ī *m*

Magister lūdī est vir Graecus, cui nōmen est Diodōrus. Mārcus magistrum metuit, Diodōrus enim magis- 5
ter sevērus est, quī discipulōs suōs virgā verberat; eō
modō magister sevērus discipulōs improbōs pūnīre solet. Discipulī sunt puerī quī in lūdum eunt. Mārcus et
Quīntus sunt duo discipulī. Aliī discipulī sunt Titus et
Sextus.   10

magister -trī *m*

sevērus -a -um
discipulus -ī *m*

virga
-ae *f*

Sextus, quī ante Mārcum et Titum ad lūdum advenit,
prīmus lūdum intrat. Sextus sōlus est, nam cēterī discipulī nōndum adsunt.

nōn-dum = adhūc nōn

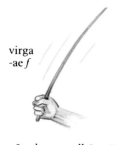

sella
-ae *f*

Magister intrāns Sextum sōlum in sellā sedentem videt. Sextus dē sellā surgēns magistrum salūtat: "Salvē, 15
magister!"

Magister: "Salvē, Sexte! Cōnsīde!"

cōn-sīdere = sedēre in-
cipere (↔ surgere)

110

Sextus in sellā cōnsīdit. Discipulus tacitus ante magistrum sedet.

20 Magister interrogat: "Cūr tū sōlus es, Sexte?"

"Ego sōlus sum, quod cēterī discipulī omnēs absunt"
respondet Sextus.

Exclāmat magister: "Ō, discipulōs improbōs...!"

Sextus: "Num ego discipulus improbus sum?"

25 Magister: "Immō tū probus es discipulus, Sexte, at
Mārcus et Quīntus et Titus improbī sunt!"

Hīc Titus ad lūdum advenit et iānuam pulsat antequam intrat: discipulus nōn statim intrat, sed prīmum
iānuam pulsat; tum lūdum intrat et magistrum salūtat:
30 "Salvē, magister!"

Magister: "Ō Tite! Sextus iam adest..."

Titus: "At Mārcus et Quīntus nōndum adsunt!"

Magister: "Tacē, puer! Claude iānuam et cōnsīde!
Aperīte librōs, puerī!"

35 Sextus statim librum suum aperit, sed Titus, quī librum nōn habet, "Ego" inquit "librum nōn habeō."

Magister: "Quid? Sextus librum suum habet, tū librum tuum nōn habēs? Cūr librum nōn habēs?"

Titus: "Librum nōn habeō, quod Mārcus meum li-
40 brum habet."

II Post Titum Mārcus ad lūdum advenit, neque is iānuam pulsat antequam intrat. Mārcus statim intrat, nec
magistrum salūtat.

"Ō Mārce!" inquit Diodōrus, "Cūr tū iānuam nōn

tacitus -a -um = tacēns

ex-clāmāre

at = sed

iānua -ae f = ōstium

tum = deinde

iam ↔ nōndum

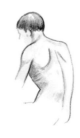

tergum
-ī *n*

audītis-ne

vērus -a -um

vērum -ī *n* = id quod
  vērum est
quod = id quod

posterior -ius *comp*
  < post
lacrimāre puerō (*dat*) nōn
  convenit = lacrimae
  puerō nōn conveniunt

dēsinere ↔ incipere

red-īre = rūrsus īre
  (red- = re-)

audīs-ne

pulsās cum ad lūdum venīs, nec mē salūtās cum mē 45
vidēs?"

At Mārcus "Ego" inquit "iānuam nōn pulsō cum ad
lūdum veniō, nec tē salūtō cum tē videō, quia nec Sextus nec Titus id facit."

Sextus et Titus: "Quid?" 50

Mārcus (ad Sextum et Titum): "Vōs iānuam nōn pul-
sātis cum ad lūdum venītis, nec magistrum salūtātis
cum eum vidētis. Audītisne id quod dīcō?"

Tum Sextus et Titus "Id quod dīcis" inquiunt "vērum nōn est: nōs iānuam pulsāmus cum ad lūdum venī- 55
mus, et magistrum salūtāmus cum eum vidēmus. Nōnne vērum dīcimus, magister?"

Magister: "Vōs vērum dīcitis. Quod Mārcus dīcit nōn
est vērum. Discipulus improbus es, Mārce! Necesse est
tē pūnīre. Statim ad mē venī!" 60

Diodōrus, magister sevērus, tergum puerī virgā verberat. (Tergum est posterior pars corporis.) Tergum
dolet Mārcō, neque ille lacrimat, nam lacrimāre puerō
Rōmānō nōn convenit.

Mārcus clāmat: "Ei! Iam satis est! Dēsine, magister!" 65

Magister puerum verberāre dēsinit et "Ad sellam
tuam redī" inquit, "atque cōnsīde!"

Mārcus ad sellam suam redit, neque cōnsīdit, sed
tacitus ante sellam stat.

"Audīsne, Mārce? Ego tē cōnsīdere iubeō. Cūr nōn 70
cōnsīdis?" interrogat magister.

Mārcus: "Nōn cōnsīdō, quod sedēre nōn possum."

Diodōrus: "Cūr sedēre nōn potes?"

Mārcus: "Sedēre nōn possum, quod mihi dolet...

75 pars tergī īnferior in quā sedēre soleō."

Haec verba audientēs Titus et Sextus rīdent.

Diodōrus: "Quid rīdētis, Tite et Sexte?"

Titus: "Rīdēmus, quod Mārcō dolet..."

Diodōrus: "Tacēte! Eam corporis partem nōmināre

80 nōn convenit! — Sed ubi est frāter tuus, Mārce?"

Mārcus: "Is domī est apud mātrem suam. Quīntus

dīcit 'sē aegrum esse'."

Diodōrus: "Sī aeger est, in lūdum īre nōn potest. At

vōs bene valētis. Iam aperīte librōs!"

85 Titus: "Mārcus meum librum habet."

Diodōrus: "Quid tū librum Titī habēs, Mārce?"

Mārcus: "Ego eius librum habeō, quod is meum mā-

lum habet. Redde mihi mālum meum, Tite!"

Titus rīdēns "Mālum" inquit "tibi reddere nōn pos-

90 sum, id enim iam in ventre meō est!"

Mārcus īrātus Titum pulsāre incipit, sed magister

"Dēsine, Mārce!" inquit, "Titus tibi mālum dare nōn

potest, at ego tibi *malum* dare possum, nisi hīc et nunc

Titō librum reddis!"

95 Mārcus Titō librum reddit.

III Discipulī librōs aperiunt. Item librum suum aperit

magister ac recitāre incipit. Puerī autem priōrem librī

partem tantum audiunt, nam antequam magister par-

---

pos-sum
pot-es
pot-est

īnferior -ius *comp*
  < īnfrā

quid? = cūr?

domī ↔ in lūdō

Q.: "*Ego* aeger *sum*"
Q. dīcit '*sē* aegr*um*
  esse'

red-dere = rūrsus dare

malum -ī *n* = mala rēs;
  m. dare tibi : tē pūnīre
nisi = sī nōn

prior -ius ↔ posterior;
  prior pars : initium

113

pars posterior : fīnis

tem librī posteriōrem recitāre incipit, omnēs puerī dormiunt! 100

magister recitat
discipulī dormiunt

Magister recitāre dēsinit et exclāmat: "O improbī discipulī! Dormītis! Quod recitō nōn audītis!"

quod = id quod

Mārcus magistrō īrātō "Ego" inquit "nōn dormiō.
Immō vigilō et tē audiō, magister."

Item Sextus et Titus "Neque nōs dormīmus" inqui- 105
unt, "Vigilāmus et omnia verba tua audīmus. Bene recitās, Diodōre! Bonus es magister!"

Magister laetus "Vērum est quod dīcitis" inquit, "ego
bene recitō ac bonus sum magister — at vōs male recitā-
tis ac malī discipulī estis!" 110

Discipulī: "Immō bonī discipulī sumus! Bene recitā-
mus!"

Diodōrus: "Tacēte! Ubi estis, puerī?"

Discipulī: "In lūdō sumus."

Diodōrus: "Vērum dīcitis: in lūdō estis — nōn domī 115

lectulus = parvus lectus

in lectulīs! In lectulō dormīre licet, hīc in lūdō nōn licet
dormīre!"

Magister īrātus discipulōs virgā verberat.

Discipulī: "Ei, ei! Quid nōs verberās, magister?"

120 Diodōrus: "Vōs verberō, quod aliō modō vōs excitāre

nōn possum. Ad sellās vestrās redīte atque cōnsīdite!"

Discipulī ad sellās suās redeunt, neque cōnsīdunt.

Magister: "Quid nōn cōnsīditis?"

Discipulī: "Nōn cōnsīdimus, quod sedēre nōn possu-

125 mus."

Diodōrus: "Quid? Sedēre nōn potestis? Ergō vōs hō-

ram tōtam tacitī stāte, dum ego sedēns partem librī pos-

teriōrem recitō! Nec enim stantēs dormīre potestis!"

GRAMMATICA LATINA

130 *Persōnae verbī*

Puerī rīde*nt*. Puella nōn rīde*t*.

Puerī: "Cūr *tū* nōn rīdē*s*, cum *nōs* rīdē*mus?*"

Puella: *"Ego* nōn rīde*ō*, quia *vōs* mē rīdē*tis!*"

'Rīdeō rīdēmus' dīcitur persōna prīma, 'rīdēs rīdētis' per-

135 sōna secunda, 'rīdet rīdent' persōna tertia.

	Singulāris	*Plūrālis*
Persōna prīma	rīde|ō	rīdē|mus
Persōna secunda	rīdē|s	rīdē|tis
Persōna tertia	rīde|t	rīde|nt

140 Exempla: [1] clām\|ō clāmā\|mus; [2] rīde\|ō rīdē\|mus; [3]
dīc\|ō dīc\|imus; faci\|ō faci\|mus; [4] audi\|ō audī\|mus.

Malus discipulus in lūdō clāma*t* et rīde*t*. Quī id nōn fac*it*,
et omnia verba magistrī aud*it*, bonus *est* discipulus.

Bonus discipulus malō dīc*it*: "Ego bonus discipulus *sum:* in
145 lūdō nec clāmō nec rīdeō, et omnia verba magistrī aud*iō.* At
tū malus discipulus *es:* in lūdō clāmā*s* et rīdē*s* nec verba
magistrī aud*īs!* Vērum dīcō! Nōnne hoc fac*is?*" Malus discipulus: "Quod dīc*is* vērum nōn est: ego hoc nōn fac*iō!*"

nōs *acc* (= *nōm*)

vōs *acc* (= *nōm*)

red-īre -it -eunt

pos-sumus
pot-estis
pos-sunt

persōna (*pers*)

ego — nōs
tū — vōs

rīdeō — rīdēmus
rīdēs — rīdētis
rīdet — rīdent

	sing.	plūr.
I	-ō	-mus
II	-s	-tis
III	-t	-nt

[1] clāmā\|re
clām\|ō — clāmā\|mus
clāmā\|s — clāmā\|tis
clāma\|t — clāma\|nt
[2] rīdē\|re
rīde\|ō — rīdē\|mus
rīde\|s — rīdē\|tis
rīde\|t — rīde\|nt
[3] dīc\|ere
dīc\|ō — dīc\|imus
dīc\|is — dīc\|itis
dīc\|it — dīc\|unt

115

face|re
faci|ō   faci|mus
faci|s   faci|tis
faci|t   faci|unt
[4] audī|re
audi|ō   audī|mus
audī|s   audī|tis
audi|t   audi|unt
  esse
sum   *sumus*
es   *estis*
est   *sunt*

[1] -ō   -*āmus*
   -*ās*   -*ātis*
   -*at*   -*ant*
[2] -*eō* -*ēmus*
   -*ēs*   -*ētis*
   -*et*   -*ent*
[3] -ō   -*imus*
   -*is*   -*itis*
   -*it*   -*unt*
   -*iō*   -*imus*
   -*is*   -*itis*
   -*it*   -*iunt*
[4] -*iō* -*īmus*
   -*īs*   -*ītis*
   -*it*   -*iunt*
  īre
eō   *īmus*
īs   *ītis*
it   *eunt*
  posse
pos-sum   *pos-sumus*
pot-es   *pot-estis*
pot-est   *pos-sunt*

Malī discipulī in lūdō clām*ant* et rīd*ent*. Quī id nōn fac*iunt*, et omnia verba magistrī aud*iunt*, bonī *sunt* discipulī.   150

Bonī discipulī malīs dīc*unt:* "Nōs bonī discipulī *sumus:* in lūdō nec clām*āmus* nec rīd*ēmus*, et omnia verba magistrī aud*īmus*. At vōs malī discipulī *estis:* in lūdō clām*ātis* et rīd*ētis* nec verba magistrī aud*ītis!* Vērum dīc*imus!* Nōnne hoc fac*itis?*" Malī discipulī: "Quod dīc*itis* vērum nōn est: nōs hoc nōn 155 fac*imus!*"

[1] Ut 'clām*ō* clām*āmus*' dēclīnantur verba quōrum īnfīnītīvus dēsinit in -*āre*.

[2] Ut 'rīd*eō* rīd*ēmus*' dēclīnantur verba quōrum īnfīnītīvus dēsinit in -*ēre*. 160

[3] Ut 'dīc*ō* dīc*imus*' dēclīnantur verba quōrum īnfīnītīvus dēsinit in -*ere*, praeter ea quae -*i*- habent ante -*ō* et -*unt*, ut 'fac*iō* fac*iunt*': accipere, aspicere, capere, facere, fugere, iacere, incipere, parere, cēt.

[4] Ut 'aud*iō* aud*īmus*' dēclīnantur verba quōrum īnfīnītīvus 165 dēsinit in -*īre*, praeter verbum īre (pers. I sing. *eō*, pers. III plūr. *eunt*), item ab-īre, ad-īre, ex-īre, red-īre, cēt.

Ut 'sum sumus' dēclīnantur verba quōrum īnfīnītīvus dēsinit in -*esse*, ut ab-esse, ad-esse, in-esse, cēt., et *posse* (pers. I pos-sum pos-sumus, II pot-es pot-estis, III pot-est pos-sunt). 170

PENSVM A

Mārcus ad lūdum ven– nec iānuam puls–. Magister: "Cūr tū iānuam nōn puls–, cum ad lūdum ven–?" Mārcus: "Ego iānuam nōn puls– cum ad lūdum ven–, quod nec Sextus nec Titus id facit. Audīte, Sexte et Tite: vōs iānuam nōn puls– cum ad lūdum ven–!" Sextus et Titus: "Nōs iānuam puls– cum ad lūdum ven–!" Magister: "Tacēte! Aperīte librōs!" Titus: "Ego librum nōn hab–." Magister: "Cūr librum nōn hab–, Tite?" Titus: "Librum nōn hab–, quod Mārcus meum librum hab–!" Mārcus: "Sed vōs meās rēs hab–!" Titus et Sextus: "Nōs rēs tuās nōn hab–!"

Magister discipulōs dormīre vidēns exclāmat: "Ō puerī!

Dorm–! Ego recit–, vōs nōn aud–!" Mārcus: "Ego tē recitāre
aud–. Nōn dorm–." Titus et Sextus: "Nec nōs dorm–. Tē
recitāre aud–. Bene recit–, magister." Magister: "Ego bene
recit–, at vōs male recit–! Malī discipulī es–!" Discipulī: "Vērum nōn dīc–, magister. Bonī discipulī s–: in lūdō nec clām-
nec rīd–, et tē aud–!"

PENSVM B

Māne puerī in — eunt. Puerī quī in lūdum eunt — sunt. Quī
lūdum habet — est. Mārcus magistrum metuit, nam Diodōrus magister — est quī puerōs improbōs — verberat.

Intrat magister. Sextus dē — surgit. Cēterī discipulī —
adsunt. Magister —: "Ō, discipulōs improbōs!" Sextus: "Num
ego improbus —?" Magister: "— discipulus improbus nōn es,
— [= sed] cēterī discipulī improbī sunt!"

Post Sextum venit Titus, — [= deinde] Mārcus. Mārcus
— [= ōstium] nōn pulsat, — lūdum intrat, nec magistrum
salūtat.-Magister: "Discipulus improbus —, Mārce! — ad mē
venī!" Magister — Mārcī verberat. Tergum est — pars corporis. Magister puerum verberāre —. Mārcus ad sellam suam
— neque —. Magister: "— [= cūr] nōn cōnsīdis?" Mārcus:
"Sedēre nōn —, quod pars tergī — mihi dolet!"

PENSVM C

Quō puerī māne eunt?

Quis est Diodōrus?

Cūr puerī magistrum metuunt?

Quis discipulus prīmus ad lūdum advenit?

Quid facit Titus antequam lūdum intrat?

Cūr Titus librum suum nōn habet?

Quis est discipulus improbissimus?

Cūr Quīntus in lūdum īre nōn potest?

Cūr magister recitāre dēsinit?

Tūne magister an discipulus es?

Num tū iānuam pulsās antequam cubiculum tuum intrās?

Vocābula nova:
lūdus
magister
discipulus
virga
sella
iānua
vērum
tergum
malum
lectulus
sevērus
tacitus
vērus
posterior
īnferior
prior
pūnīre
cōnsīdere
exclāmāre
dēsinere
redīre
reddere
recitāre
licēre
sum
es
sumus
estis
ego
tū
nōs
vōs
nōndum
statim
tum
quid?
domī
antequam
at
sī
nisi

117

nāvis Rōmāna

TEMPESTAS

inter-esse
quōrum : ex quibus
situs -a -um: situm est
  = est (ubi?)
sīve = vel
appellāre = nōmināre

īnferus -a -um ↔ supe-
  rus -a -um

ad = apud
Tiberis -is *m* (*acc* -im,
  abl -ī)
paulum ↔ multum

nāvis -is *f*
nāvigāre < nāvis

maritimus -a -um = ad
  mare situs
portus -ūs *m*

locus -ī *m*
īn-fluere

eō locō (*abl*) = in eō
  locō, illīc

Italia inter duo maria interest, quōrum alterum, quod *1*
suprā Italiam situm est, 'mare Superum' sīve 'Hadriāti-
cum' appellātur, alterum, īnfrā Italiam situm, 'mare
Īnferum' sīve 'Tūscum'. Tōtum illud mare longum et
lātum quod inter Eurōpam et Āfricam interest 'mare *5*
nostrum' appellātur ā Rōmānīs.

    Urbs Rōma nōn ad mare, sed ad Tiberim flūmen sita
est vīgintī mīlia passuum ā marī. Quod autem paulum
aquae est in Tiberī, magnae nāvēs in eō flūmine nāvigāre nōn possunt. Itaque parvae tantum nāvēs Rōmam *10*
adeunt.

    Ōstiam omnēs nāvēs adīre possunt, id enim est oppi-
dum maritimum quod magnum portum habet. Ad ōstium Tiberis sita est Ōstia. ('Ōstium' sīve 'ōs' flūminis
dīcitur is locus quō flūmen in mare īnfluit; Ōstia sita est *15*
eō locō quō Tiberis in mare Īnferum īnfluit.)

Alia oppida maritima quae magnōs portūs habent sunt Brundisium, Arīminum, Genua, Puteolī. Haec omnia oppida in ōrā maritimā sita sunt. (Ōra maritima
20 est fīnis terrae, unde mare incipit. Portus est locus in ōrā maritimā quō nāvēs ad terram adīre possunt.) In ōrā Italiae multī portūs sunt. Ex omnibus terrīs in portūs Italiae veniunt nāvēs, quae mercēs in Italiam vehunt. (Mercēs sunt rēs quās mercātōrēs emunt ac vēndunt.)
25   Nōn modo mercēs, sed etiam hominēs nāvibus ve-huntur. Portus Ōstiēnsis semper plēnus est hominum quī in aliās terrās nāvigāre volunt. Is quī nāvigāre vult adit nautam quī bonam nāvem habet. Sī āēr tranquillus est, necesse est ventum opperīrī. (Ventus est āēr quī
30 movētur.) Cum nūllus ventus super mare flat, tranquil-lum est mare; cum magnus ventus flat, mare turbidum est. Tempestās est magnus ventus quī mare turbat ac flūctūs facit quī altiōrēs sunt quam nāvēs. Nautae tem-pestātēs metuunt, nam magnī flūctūs nāvēs aquā im-
35 plēre possunt. Tum nāvēs et nautae in mare merguntur.

Puteolī -ōrum *m pl*

ōra -ae *f*

ōra = ōra maritima

merx mercis *f*

Ōstiēnsis -e < Ōstia
semper = omnī tempore

nauta -ae *m*
tranquillus -a -um
= quiētus
opperīrī = exspectāre
ventus -ī *m*
flāre: ventus flat (= mo-vētur)
turbidus -a -um: (mare)
t.um ↔ tranquillum
tempestās -ātis *f*
turbāre = turbidum fa-cere
flūctus -ūs *m*

im-plēre = plēnum fa-cere

flūctus

nāvis et nautae in mare
merguntur

vēlum
-ī *n*

119

marī turbidō (*abl*) = dum
mare turbidum est
opperiu*ntur* = exspectant

ventō secundō (*abl*) =
dum ventus secundus
est
ē-gredī = exīre; ēgredi-
u*ntur* = exeunt

puppis -is *f* (*acc* -im,
abl -ī)
medium mare = media
maris pars
gubernātor -ōris *m* = is
quī nāvem gubernat

orīrī: sōl oritur = sōl
in caelum ascendit
oriēns -entis *m* ↔
occidēns -entis *m*

sōl
oriēns

sōl
occidēns

'septem
triōnēs'

septen-triōnēs -um *m pl*
↔ merīdiēs
occidere ↔ orīrī

contrārius -a -um
< contrā

dextra -ae *f* = manus d.
sinistra -ae *f* = manus s.

serēnus -a -um: (caelum)
s.um = sine nūbibus
simul = ūnō tempore

Nautae nec marī turbidō nec marī tranquillō nāvigāre volunt; itaque in portū ventum secundum opperiuntur (id est ventus quī ā tergō flat). Ventō secundō nāvēs ē portū ēgrediuntur: vēla ventō implentur ac nāvēs plēnīs vēlīs per mare vehuntur. 40

Pars nāvis posterior puppis dīcitur. In puppī sedet *II* nauta quī nāvem gubernat. Quōmodo nāvis in mediō marī gubernārī potest, cum terra nūlla vidētur? Guber-nātor caelum spectat: in altō marī sōl aut stēllae eī ducēs sunt. Ea pars caelī unde sōl oritur dīcitur oriēns. Par- 45 tēs caelī sunt quattuor: oriēns et occidēns, merīdiēs et

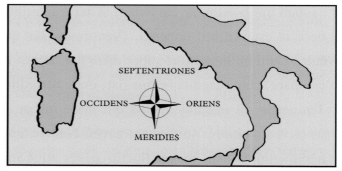

septentriōnēs. Occidēns est pars caelī quō sōl occidit. Merīdiēs dīcitur ea caelī pars ubi sōl merīdiē vidētur; pars contrāria septentriōnēs appellātur ā septem stēllīs quae semper in eā caelī parte stant. Iīs quī ad septentri- 50 ōnēs nāvigant, oriēns ā dextrā est, ā sinistrā occidēns, merīdiēs ā tergō. Oriēns et occidēns partēs contrāriae sunt, ut merīdiēs et septentriōnēs. —

Hodiē caelum serēnum et ventus secundus est. Nāvēs multae simul ē portū Ōstiēnsī ēgrediuntur. Inter eōs 55 hominēs quī nāvēs cōnscendunt est Mēdus, quī ex Italiā proficīscitur cum amīcā suā Lȳdiā. Mēdus, quī Graecus est, in patriam suam redīre vult. Graecia nōn modo ipsīus patria est, sed etiam Lȳdiae.

60 Mēdus et Lȳdia ex Italiā proficīscentēs omnēs rēs suās sēcum ferunt: pauca vestīmenta, paulum cibī nec multum pecūniae. Praetereā Lȳdia parvum librum fert, quem sub vestīmentīs occultat.

Sōle oriente nāvis eōrum ē portū ēgreditur multīs
65 hominibus spectantibus. Nāvis plēnīs vēlīs altum petit. Aliae nāvēs eam sequuntur.

Mēdus in puppim ascendit. Lȳdia eum sequitur. Ex altā puppī sōlem orientem spectant. Iam procul abest Ōstia, hominēs quī in portū sunt vix oculīs cernī pos-
70 sunt. Mēdus montem Albānum, quī prope vīllam Iūliī situs est, cernit et "Valē, Italia!" inquit, "Valēte montēs et vallēs, campī silvaeque! Ego in terram eō multō pul-chriōrem, in patriam meam Graeciam!" Mēdus laetātur neque iam dominum suum sevērum verētur.

75 Lȳdia collēs in quibus Rōma sita est procul cernit et "Valē, Rōma!" inquit, "Nōn sine lacrimīs tē relinquō, nam tū altera patria es mihi." Lȳdia vix lacrimās tenēre potest.

Mēdus faciem Lȳdiae intuētur et "Nōnne gaudēs"
80 inquit, "mea Lȳdia, quod nōs simul in patriam nostram redīmus?"

Lȳdia Mēdum intuēns "Gaudeō" inquit "quod mihi

cōn-scendere = ascen-dere
proficīscī = abīre

ipse -a -um, *gen* -īus

multum pecūniae = magna pecūnia
praeter-eā = praeter eās rēs
sōl*e* orient*e* = dum sōl oritur
mult*īs* spectant*ibus* = dum multī spectant
altum -ī *n* = altum mare
sequī = venīre post; eam sequuntur = post eam veniunt

vix = prope nōn
cernere = vidēre (id quod procul abest)

īre: *eō*   īmus
     īs   ītis
     it   *eunt*
laetārī = laetus esse, gaudēre
verērī = timēre

intuērī = spectāre

121

licet (+ *dat*)

lābī = cadere

complectī: eam complectitur = bracchia circum corpus eius pōnit

paulō post = post paulum (temporis) quam in partem? = in quam partem?

sōle duce = dum sōl dux est, sōle dūcente

loquī = verba facere (dīcere); ↔ tacēre
āter -tra -trum = niger

fit = esse incipit

fulgur
-uris *n*

in-vocāre

paulum = paulum temporis
tonitrus -ūs *m* = quod audītur post fulgur

licet tēcum venīre. At nōn possum laetārī quod omnēs amīcās meās Rōmānās relinquō. Sine lacrimīs Rōma proficīscī nōn possum." Dē oculīs Lӯdiae lacrimae lā- 85
buntur.

Mēdus eam complectitur et "Tergē oculōs!" inquit, "Ego, amīcus tuus, quī tē amō, tēcum sum. In patriam nostram īmus, ubi multī amīcī nōs opperiuntur." Hīs verbīs Mēdus amīcam suam trīstem cōnsōlātur. 90

Paulō post nihil ā nāve cernitur praeter mare et cae- lum. Mēdus gubernātōrem interrogat: "Quam in par- tem nāvigāmus?" Ille respondet: "In merīdiem. Ecce sōl oriēns mihi ā sinistrā est. Sōle duce nāvem gubernō. Bene nāvigāmus ventō secundō atque caelō serēnō." 95

Dum ille loquitur, Mēdus occidentem spectat et nū- *III* bēs ātrās procul suprā mare orīrī videt; simul mare tran- quillum fit. "Nōn serēnum est caelum" inquit, "Ecce nūbēs ātrae..."

Gubernātor statim loquī dēsinit et nūbēs spectat; tum 100 vēla aspiciēns exclāmat: "Quid (malum!) hoc est? Nū- bēs ātrae ab occidente oriuntur et ventus simul cadit! Ō Neptūne! Dēfende nōs ā tempestāte!" Nauta Neptū- num, deum maris, verētur.

"Cūr Neptūnum invocās?" inquit Mēdus, "Prope 105 tranquillum est mare."

Gubernātor: "Adhūc tranquillum est, sed exspectā paulum: simul cum illīs nūbibus ātrīs tempestās orīrī solet cum tonitrū et fulguribus. Neptūnum invocō,

110 quod ille dominus maris ac tempestātum est." Nauta
perterritus tempestātem venientem opperītur.

Paulō post tōtum caelum ātrum fit, ac fulgur ūnum et
alterum, tum multa fulgura caelum et mare illūstrant.
Statim sequitur tonitrus cum imbre, et simul magnus
115 ventus flāre incipit. Mare tempestāte turbātur, ac nāvis,
quae et hominēs et mercēs multās vehit, flūctibus iactā-
tur et vix gubernārī potest. Nautae multum aquae ē
nāve hauriunt, sed nāvis nimis gravis est propter mercēs. Hoc vidēns gubernātor "Iacite mercēs!" inquit nau-
120 tīs, quī statim mercēs gravēs in mare iacere incipiunt,
spectante mercātōre, quī ipse quoque nāve vehitur. Ille
trīstis mercēs suās dē nāve lābī et in mare mergī videt.
Nēmō eum cōnsōlātur! Nāvis paulō levior fit, simul vērō
tempestās multō turbidior et flūctūs multō altiōrēs fīunt.
125 Mēdus perterritus exclāmat: "Ō Neptūne! Servā
mē!" sed vōx eius vix audītur propter tonitrum. Nāvis
aquā implērī incipit, neque enim nautae satis multum
aquae haurīre possunt.

Cēterīs perterritīs, Lȳdia caelum intuētur et clāmat:
130 "Servā nōs, domine!"

Mēdus: "Quis est ille dominus quem tū invocās?"

Lȳdia: "Est dominus noster Iēsūs Chrīstus, quī nōn
modo hominibus, sed etiam ventīs et marī imperāre
potest."

135 Mēdus: "Meus dominus nōn est ille! Ego iam nūllīus
dominī servus sum. Nēmō mihi imperāre potest!"

iactāre = iacere atque
iacere

haurīre
propter *prp* + *acc*

spectant*e* mercātōr*e* =
dum mercātor spectat

...vērō = sed...: simul
vērō = sed simul
fit fīunt

servāre

cēter*īs* perterrit*īs* = dum
cēterī perterritī sunt

nūllus -a -um, *gen* -īus

123

nec vērō = sed nōn

locō (*abl*) movēre = ē
locō movēre

iterum = rūrsus

fit fīunt, *īnf* fierī

Hīc magnus flūctus nāvem pulsat. Mēdus Lȳdiam lābentem complectitur ac sustinēre cōnātur, nec vērō ipse pedibus stāre potest. Mēdus et Lȳdia simul lābuntur. Mēdus surgere cōnātur, nec vērō sē locō movēre 140 potest, quod Lȳdia perterrita corpus eius complectitur.

Lȳdia iterum magnā vōce Chrīstum invocat: "Ō Chrīste! Iubē mare tranquillum fierī! Servā nōs, domine!"

Mēdus ōs aperit ac Neptūnum iterum invocāre vult, sed magnus flūctus ōs eius aquā implet. Mēdus loquī 145 cōnātur neque potest.

Tum vērō ventus cadere incipit! Iam flūctūs nōn tantī sunt quantī paulō ante. Nautae fessī aquam haurīre dēsinunt ac laetantēs mare iterum tranquillum fierī aspiciunt.   150

GRAMMATICA LATINA

dēpōnēns -entis (*dēp*)

[1] -*ārī*: -*ātur* -*antur*
[2] -*ērī*: -*ētur* -*entur*
[3] -*ī*: -*itur* -*untur*
[4] -*īrī*: -*ītur* -*iuntur*
ēgredī ēgrediuntur
orīrī oritur

Vocābula nova:
nāvis
portus
locus
ōra
merx
nauta
ventus
tempestās
flūctus
vēlum
puppis
gubernātor

Verba dēpōnentia

Mēdus laetā*tur* (= gaudet) nec dominum verē*tur* (= timet). Nauta nōn proficīsci*tur* (= abit), sed ventum secundum opperī*tur* (= exspectat).   155

'Laetā*rī*', 'verē*rī*', 'proficīsc*ī*', 'opperī*rī*' verba dēpōnentia sunt. Verbum dēpōnēns est verbum quod semper fōrmam verbī passīvī habet (praeter participium: laetā*ns*, verē*ns*, proficīsc*ēns*, opperi*ēns*) atque in locō verbī āctīvī pōnitur.

Alia exempla verbōrum dēpōnentium: cōnsōlārī, cōnārī,   160 intuērī, sequī, loquī, lābī, complectī, ēgredī, orīrī.

Mēdus ex Italiā proficīsc*ēns* sōlem ori*entem* intu*ētur.* Nāvis ē portū ēgredi*tur;* aliae nāvēs eam sequ*untur.* Dum Lȳdia loqu*itur,* lacrimae dē oculīs eius lāb*untur.* Mēdus eam complecti*tur* et cōnsōlā*rī* cōnā*tur.*   165

PENSVM A

Nautae, quī Neptūnum ver–, tempestātem opper–. Mēdus et Lȳdia ex Italiā proficīsc–. Lȳdia Mēdum in puppim ascendentem sequ–. Dum nauta loqu–, Mēdus occidentem intu–, unde nūbēs ātrae ori–. Simul tempestās or–. Mercātor trīstis mercēs suās in mare lāb– videt; nēmō eum cōnsōl– potest.

Quī ab amīcīs proficīsc– laet– nōn potest.

PENSVM B

Brundisium est oppidum — (in — maritimā situm) quod magnum—habet. Portus est—quō—ad terram adīre possunt.

Cum nūllus — flat, mare — est. — est magnus ventus quī mare—et altōs—facit. Gubernātor est—quī in—nāvis sedēns nāvem—. Partēs caelī sunt—et —, —et merīdiēs. Oriēns est ea caelī pars unde sōl —, occidēns est ea pars quō sōl —.

Mēdus et Lȳdia nāvem — atque ex Italiā —. Ventus — est, nāvis plēnīs — ex portū —; sed in altō marī tempestās —: magnus ventus — incipit et tōtum mare turbidum —. Nautae aquam ē nāve — et — in mare iaciunt. Mēdus Neptūnum —: "Ō Neptūne! — mē!" Nāvis flūctibus — nec — [= sed nōn] mergitur.

PENSVM C

Quae nāvēs Rōmam adīre possunt?

Quid est 'ōstium' flūminis?

Num Tiberis in mare Superum īnfluit?

Quandō nāvēs ē portū ēgrediuntur?

Ubi sedet gubernātor et quid agit?

Quae sunt quattuor partēs caelī?

Quās rēs Mēdus et Lȳdia sēcum ferunt?

Quō Mēdus cum amīcā suā īre vult?

Cūr trīstis est Lȳdia?

Quem deum invocant nautae?

Cūr mercēs in mare iaciuntur?

Num nāvis eōrum mergitur?

oriēns
occidēns
septentriōnēs
altum
tonitrus
fulgur
situs
superus
īnferus
maritimus
tranquillus
turbidus
contrārius
serēnus
āter
interesse
appellāre
nāvigāre
īnfluere
opperīrī
flāre
turbāre
implēre
ēgredī
gubernāre
orīrī
occidere
cōnscendere
proficīscī
sequī
cernere
laetārī
verērī
intuērī
lābī
complectī
cōnsōlārī
loquī
invocāre
iactāre
haurīre
servāre
cōnārī
fierī fit fīunt
paulum
semper
simul
vix
praetereā
iterum
sīve
vērō
propter
dēpōnēns

125

discipulus digitīs
computat

NVMERI DIFFICILES

discere: discipulus
discit
docēre: magister docet

ne-scīre = nōn scīre
doctus -a -um
in-doctus = nōn doctus

Sextus
manum
tollit

prūdēns -entis ↔ stultus
industrius -a -um
↔ piger -gra -grum

quis-que = et ūnus et alter
et tertius...; acc quem-que
quisque ante suam sellam
nēmō eōrum = nēmō ex
iīs

dīcere, imp dīc! dīcite!

tollere

In lūdō puerī numerōs et litterās discunt. Magister pue- *1*
rōs numerōs et litterās docet. Magister puerōs multās
rēs docēre potest, nam is multās rēs scit quās puerī
nesciunt. Magister est vir doctus. Puerī adhūc indoctī
sunt. 5

Quī paulum aut nihil discere potest, stultus esse dīcitur. Quī discere nōn vult atque in lūdō dormit, piger
esse dīcitur. Discipulus quī nec stultus nec piger est,
sed prūdēns atque industrius, multās rēs ā magistrō
discere potest. — 10

Magister Diodōrus recitāre dēsinit et puerōs aspicit,
quī tacitī stant ante suam quisque sellam; nēmō eōrum
dormit. Magister discipulum quemque cōnsīdere iubet,
prīmum Sextum, deinde Titum, postrēmō Mārcum.

Magister: "Nunc tempus est numerōs discere. Prī- 15
mum dīc numerōs ā decem ūsque ad centum!"

Quisque puer manum tollit, prīmum Sextus, tum Titus, postrēmō Mārcus. Magister Titum interrogat.

126

Titus: "Decem, ūndecim, duodecim, trēdecim, quat-
20 tuordecim, quīndecim, sēdecim, septendecim, duodēvīgintī, ūndēvīgintī, vīgintī, vīgintī ūnus, vīgintī duo..."

Hīc magister eum interpellat: "Necesse nōn est omnēs numerōs dīcere; ā vīgintī dīc decimum quemque
numerum tantum, Tite!"

25 Titus: "Vīgintī, trīgintā, quadrāgintā, quīnquāgintā,
sexāgintā, septuāgintā, octōgintā, nōnāgintā, centum."

Magister: "Bene numerās, Tite. Iam tū, Sexte, dīc
numerōs ā centum ad mīlle!"

Sextus: "Longum est tot numerōs dīcere!"

30 Magister: "At satis est decem numerōs dīcere, id est
centēsimum quemque."

Sextus: "Centum, ducentī, trecentī, quadringentī,
quīngentī, sescentī, septingentī, octingentī, nōngentī,
mīlle."

35 Magister: "Quot sunt trīgintā et decem?"

Omnēs puerī simul respondent, nēmō eōrum manum
tollit. Titus et Sextus ūnō ōre dīcunt: "Quadrāgintā."
Mārcus vērō dīcit: "Quīnquāgintā." Quod Mārcus dīcit
rēctum nōn est. Respōnsum Titī et Sextī rēctum est: iī
40 rēctē respondent. Respōnsum Mārcī est prāvum: is
prāvē respondet.

II Magister Titum et Sextum laudat: "Vōs rēctē respondētis, Tite et Sexte. Discipulī prūdentēs atque industriī
estis." Deinde Mārcum interrogat: "Quot sunt trīgintā
45 et septem?"

X	decem
XI	ūn-decim
XII	duo-decim
XIII	trē-decim
XIV	quattuor-decim
XV	quīn-decim
XVI	sē-decim
XVII	septen-decim
XVIII	duo-dē-vīgintī
XIX	ūn-dē-vīgintī
XX	vīgintī
XXX	trīgintā
XL	quadrāgintā
L	quīnquāgintā
LX	sexāgintā
LXX	septuāgintā
LXXX	octōgintā
XC	nōnāgintā
C	centum

tot (*indēcl*) = tam multī
  -ae -a

centēsimus -a -um = C
(100.)

C	centum
CC	du-centī -ae -a
CCC	tre-centī -ae -a
CCCC	quadringentī -ae -a
D	quīn-gentī -ae -a
DC	ses-centī -ae -a
DCC	septin-gentī -ae -a
DCCC	octin-gentī -ae -a
DCCCC	nōn-gentī -ae -a
M/CIↃ	mīlle

rēctus -a -um
respōnsum -ī *n* = quod
  respondētur
prāvus -a -um ↔ rēctus
prāvē ↔ rēctē

laudāre

trīgintā septem
= XXXVII (37)

Mārcus: "Ad hoc rēctē respondēre possum: trīgintā et septem sunt trīgintā septem."

"Rēctē respondēs, Mārce" inquit magister, "Quot sunt trīgintā et octō?"

facilis -e

Mārcus: "Facile est ad hoc respondēre."   50

Magister: "Nōn tam facile quam tū putās!"

Mārcus: "Trīgintā et octō sunt trīgintā octō."

duo-dē-quadrāgintā
= XXXVIII (38)

Magister: "Prāvē dīcis! Trīgintā et octō sunt duodē-quadrāgintā. Quot sunt trīgintā et novem?"

Mārcus: "Trīgintā novem."   55

ūn-dē-quadrāgintā
= XXXIX (39)
cōgitāre

Magister: "Ō Mārce! Id quoque prāvum est. Trīgintā et novem sunt ūndēquadrāgintā. Cūr nōn cōgitās ante-quam respondēs?"

Mārcus: "Semper cōgitō antequam respondeō."

stultus es
stultē respondēs

Magister: "Ergō puer stultus es, Mārce! Cōgitāre nōn   60
potes! Nam stultē et pravē respondēs!" Magister Mār-cum nōn laudat, sed reprehendit.

reprehendere ↔ laudāre

Mārcus: "Cūr ego semper ā tē reprehendor, num-quam laudor? Titus et Sextus semper laudantur, num-quam reprehenduntur."   65

numquam = nūllō tem-pore
numquam ↔ semper

Magister: "Tū ā mē nōn laudāris, Mārce, quia num-quam rēctē respondēs. Semper prāvē respondēs, ergō reprehenderis!"

dif-ficilis -e ↔ facilis

Mārcus: "At id quod ego interrogor nimis difficile est. Atque ego semper interrogor!"   70

Magister: "Tū nōn semper interrogāris, Mārce. Titus et Sextus saepe interrogantur."

saepe = multīs tempo-ribus

Mārcus: "Nōn tam saepe quam ego."

Titus: "Nōs quoque saepe interrogāmur, nec vērō
75 prāvē respondēmus. Itaque nōs ā magistrō laudāmur,
nōn reprehendimur."

Mārcus: "Et cūr vōs semper laudāminī? Quia id quod
vōs interrogāminī facile est — ego quoque ad id rēctē
respondēre possum. Praetereā magister amīcus est pa-
80 tribus vestrīs, patrī meō inimīcus. Itaque vōs numquam
reprehendiminī, quamquam saepe prāvē respondētis;
ego vērō numquam laudor, quamquam saepe rēctē respondeō!"

quamquam ↔ quia

Sextus: "At frāter tuus saepe laudātur, Mārce."

85 Magister: "Rēctē dīcis, Sexte: Quīntus bonus discipulus est, et industrius et prūdēns." Quīntus ā magistrō
laudātur, quamquam abest.

III Sextus: "Nōnne tū laetāris, Mārce, quod frāter tuus
etiam absēns ā magistrō laudātur?"

absēns -entis = quī abest

90 Mārcus: "Ego nōn laetor cum frāter meus laudātur!
Et cūr ille laudātur hodiē? Quia discipulum absentem
reprehendere nōn convenit!"

Magister īrātus virgam tollēns "Tacēte, puerī!" inquit, "Nōnne virgam meam verēminī?"

95 Mārcus: "Nōs nec tē nec virgam tuam verēmur!"

Magister, quī verba Mārcī nōn audit, ex sacculō suō
duōs nummōs prōmit, assem et dēnārium, et "Ecce"
inquit nummōs ostendēns "as et dēnārius. Ut scītis,
ūnus sēstertius est quattuor assēs et ūnus dēnārius quat-

as

dēnārius

prōmere = sūmere (ē
loco)
as assis *m*
dēnārius -ī *m*
I sēstertius = IV assēs
I dēnārius = IV sēstertiī

tuor sēstertiī. Quot assēs sunt quattuor sēstertiī, Tite?" 100

Titus digitīs computat: "...quattuor...octō...duode-
cim...sēdecim: quattuor sēstertiī sunt sēdecim assēs."

Magister: "Et decem dēnāriī quot sēstertiī sunt?"

Titus: "Quadrāgintā."

duo-dē-quīnquāgintā
= XLVIII (48)

Magister: "Quot dēnāriī sunt duodēquīnquāgintā 105
sēstertiī?"

Titus magistrō interrogantī nihil respondet.

Magister: "Respōnsum tuum opperior, Tite. Cūr
mihi nōn respondēs?"

oportēre: oportet =
necesse est, convenit

Titus: "Nōndum tibi respondeō, quod prīmum cōgi- 110
tāre oportet. Duodēquīnquāgintā est numerus difficilis!"

Sextus: *Ego* respōnsum
sci*ō*"
Sextus dīcit '*sē* respōnsum scī*re*'

Sextus manum tollēns "Ego respōnsum sciō" inquit.

Magister: "Audī, Tite: Sextus dīcit 'sē respōnsum
scīre.' Sed exspectā, Sexte! Nōn oportet respondēre 115
antequam interrogāris."

certus -a -um

in-certus = nōn certus

Titus: "Duodēquīnquāgintā sēstertiī sunt dēnāriī...
quattuordecim? an quīndecim? Nōn certus sum!" Titus
nōn certus, sed incertus est, et respōnsum incertum dat
magistrō. 120

Magister: "Respōnsum certum magistrō dare oportet. Respōnsum incertum nūllum respōnsum est. Nunc
tibi licet respondēre, Sexte."

Quamquam difficilis est numerus, Sextus statim rēctē
respondet: "Duodēquīnquāgintā sēstertiī sunt duo- 125
decim dēnāriī."

130

Magister iterum Sextum laudat: "Bene computās, Sexte! Semper rēctē respondēs. Ecce tibi assem dō." Diodōrus assem dat Sextō, et dēnārium in sacculō re-
130 pōnit.

Mārcus: "Discipulō tam industriō dēnārium dare oportet. Largus nōn es, magister. Pecūniam tuam nōn largīris."

Diodōrus: "Nōn oportet pecūniam largīrī discipulīs."

135 Mārcus: "Quārē igitur tot numerōs difficilēs discimus?"

Magister: "Quia necesse est computāre scīre, ut multīs exemplīs tibi dēmōnstrāre possum. Sī tria māla ūnō asse cōnstant et tū decem assēs habēs, quot māla emere
140 potes?"

Mārcus: "Tot assēs nōn habeō — nōn tam largus est pater meus; nec mihi licet tot māla emere."

Magister: "Id nōn dīcō. Ecce aliud exemplum: Sī tū sex assēs cum frātre tuō partīris, quot sunt tibi?"

145 Mārcus: "Quīnque!"

Magister: "In aequās partēs pecūniam partīrī oportet. Sī vōs sex assēs aequē partīminī, quot tibi sunt?"

Mārcus: "Pecūniam meam exiguam nōn largior nec partior cum aliīs!"

150 Postrēmō magister "Ō Mārce!" inquit, "hōc modō nihil tē docēre possum! Tam stultus ac tam piger es quam asinus!"

dare: dō damus
dās datis
dat dant
re-pōnere = rūrsus pōnere

largus -a -um = quī multum dat
largīrī = multum dare

quā-rē? = cūr?

dē-mōnstrāre = mōnstrāre (verbīs)

partīrī = dīvidere (in partēs)

aequē partīrī = in aequās partēs dīvidere

-or
-ris
-mur
-minī

	sing.	plūr.
I	-or	-mur
II	-ris	-minī
III	-tur	-ntur

[1] iactār|ī
iact|or   iactā|mur
iactā|ris   iactā|minī
iactā|tur   iacta|ntur
[2] vidē|rī
vide|or   vidē|mur
vidē|ris   vidē|minī
vidē|tur   vide|ntur
[3] merg|ī
merg|or   merg|imur
merg|eris   merg|iminī
merg|itur   merg|untur
[4] audī|rī
audi|or   audī|mur
audī|ris   audī|minī
audī|tur   audi|untur

[1] -or   -āmur
   -āris   -āminī
   -ātur   -antur
[2] -eor   -ēmur
   -ēris   -ēminī
   -ētur   -entur
[3] -or   -imur
   -eris   -iminī
   -itur   -untur
   -ior   -imur
   -eris   -iminī
   -itur   -iuntur
[4] -ior   -īmur
   -īris   -īminī
   -ītur   -iuntur

GRAMMATICA LATINA

Persōnae verbī passīvī

Ego ā magistrō laud*or* = magister mē laudat.   155

Tū ā magistrō laudā*ris* = magister tē laudat.

Nōs ā magistrō laudā*mur* = magister nōs laudat.

Vōs ā magistrō laudā*minī* = magister vōs laudat.

       Singulāris   *Plūrālis*

Persōna prīma   laud|or   laudā|mur   160

Persōna secunda   laudā|ris   laudā|minī

Persōna tertia   laudā|tur   lauda|ntur

Exempla: [1] iact|or iactā|mur; [2] vide|or vidē|mur; [3] merg|or merg|imur; [4] audi|or audī|mur.

Nauta, quī flūctibus iact*ātur* ac merg*itur:* "Flūctibus iact*or*   165 ac merg*or!* Servā mē, Neptūne, quī prope ades, quamquam nec vid*ēris* nec aud*īris* ab hominibus." Neptūnus: "Flūctibus iact*āris*, nauta, nec vērō merg*eris!* Nam ego adsum, quamquam nec vid*eor* nec aud*ior.*" Deus ab hominibus nec vid*ētur* nec aud*ītur.*   170

Nautae, quī flūctibus iact*antur* ac merg*untur:* "Flūctibus iact*āmur* ac merg*imur!* Servāte nōs, ō deī bonī, quī prope adestis, quamquam nec vid*ēminī* nec aud*īminī* ab hominibus." Deī: "Flūctibus iact*āminī*, nautae, nec vērō merg*iminī!* Nam nōs adsumus, quamquam nec vid*ēmur* nec aud*īmur.*"   175 Deī ab hominibus nec vid*entur* nec aud*iuntur.*

[1] Ut 'laud*or* laudā*mur*' dēclīnantur verba passīva et dēpōnentia quōrum īnfīnītīvus dēsinit in -*ārī*.

[2] Ut 'vid*eor* vidē*mur*' dēclīnantur verba passīva et dēpōnentia quōrum īnfīnītīvus dēsinit in -*ērī*.   180

[3] Ut 'merg*or* mergi*mur*' dēclīnantur verba passīva et dēpōnentia quōrum īnfīnītīvus dēsinit in -*ī* (praeter ea quae -*i*- habent ante -*or* et -*untur*, ut 'cap*ior* cap*iuntur*', 'ēgred*ior* ēgrediuntur').

[4] Ut 'aud*ior* audī*mur*' dēclīnantur verba passīva et dēpōnentia quōrum īnfīnītīvus dēsinit in -*īrī* (sed 'or*īrī* ori*tur*').   185

Exempla verbōrum dēpōnentium: [1] laet|or laetā|mur;

[2] vere|*or* verē|*mur;* [3] sequ|*or* sequ|*imur;* [4] parti|*or* par-
tī|*mur.*

190 Lȳdia: "Ego Neptūnum nōn vere*or*. Tūne eum verē*ris*,
nauta?" Nauta: "Omnēs nautae deum maris verē*mur*." Lȳdia:
"Cūr Neptūnum verē*minī?*"
Nautae Neptūnum vere*ntur*, Lȳdia eum nōn verē*tur*.

vere*or*	verē*mur*
= time*ō*	= timē*mus*
verē*ris*	verē*minī*
= time*s*	= timē*tis*
verē*tur*	vere*ntur*
= time*t*	= time*nt*

PENSVM A

Mārcus ā magistrō nōn laud–, sed reprehend–. Mārcus: "Cūr
ego semper reprehend–, numquam laud–? Titus et Sextus
semper laud–, numquam reprehend–." Magister: "Tū nōn
laud–, sed reprehend–, quia prāvē respondēs." Mārcus: "Sed
ego semper interrog–!" Sextus: "Tū nōn semper interrog–;
nōs saepe interrog– nec prāvē respondēmus: itaque ā magistrō laud–, nōn reprehend–." Mārcus: "At facile est id quod
vōs interrog–: itaque rēctē respondētis ac laud–!" Titus: "Nōs
magistrum ver–. Nōnne tū eum ver–?" Mārcus: "Ego magistrum nōn ver–. Cūr vōs eum ver–?"

PENSVM B

Discipulus est puer quī —. Vir quī puerōs — magister est.
Magister est vir — quī multās rēs — quās puerī —. Sextus
nec stultus nec piger, sed — atque — est. Magister interrogat, discipulus quī respondēre potest manum —. Nōn —
respondēre antequam magister interrogat. Magister: "— numerōs ā decem — ad centum!" — puer manum tollit, prīmum Sextus, deinde Titus, — Mārcus. Sextus numerōs dīcit:
"X, XI, XII, XIII, XIV, XV, XVI, XVII, XVIII, XIX, XX, XXX, XL,
L, LX, LXX, LXXX, XC, C." Sextus bonus discipulus est, quī
semper — respondet; itaque magister eum —. Mārcus, quī
semper — respondet, ā magistrō —: "— rēctē respondēs,
Mārce! Cūr nōn — antequam respondēs?" Mārcus: "Cūr Titum nōn interrogās? Is nōn tam — interrogātur quam ego."
Magister: "Iam eum interrogō: quot sunt XXI et LXVIII?" Titus: "LXXXVII? an LXXXVIII?" Titus nōn —, sed — est ac

Vocābula nova:
respōnsum
as
dēnārius
doctus
indoctus
piger
prūdēns
industrius
rēctus
prāvus
facilis
difficilis
absēns
certus
incertus
largus
centēsimus
trēdecim
quattuordecim
quīndecim
sēdecim
septendecim
duodēvīgintī
ūndēvīgintī
quadrāgintā
quīnquāgintā
septuāgintā
quadringentī
quīngentī
sescentī
septingentī
octingentī
nōngentī
discere
docēre

scīre
nescīre
tollere
interpellāre
laudāre
cōgitāre
reprehendere
prōmere
oportēre
computāre
repōnere
largīrī
dēmōnstrāre
partīrī
quisque
tot
postrēmō
rēctē
prāvē
aequē
ūsque
numquam
saepe
quamquam
quārē

magistrō — incertum dat. Sextus vērō rēctē respondet, — difficile est id quod interrogātur. Quod Mārcus interrogātur nōn difficile, sed — est.

Ūnus — est IV sēstertiī, ūnus sēstertius IV —.

PENSVM C

Quid puerī discunt in lūdō?
Cūr Sextus ā magistrō laudātur?
Cūr Mārcus reprehenditur?
Estne facile id quod Titus interrogātur?
Cūr Titus nōn statim respondet?
Uter rēctē respondet, Titusne an Sextus?
Quot sunt ūndētrīgintā et novem?
Trēs sēstertiī quot sunt assēs?
Quot dēnāriī sunt octōgintā sēstertiī?
Num facilēs sunt numerī Rōmānī?
Tūne ā magistrō tuō laudāris?

LITTERAE LATINAE

1 Discipulī nōn modo numerōs, sed etiam litterās discunt. Parvī discipulī, ut Mārcus et Titus et Sextus, litterās Latīnās discunt. Magnī discipulī litterās Graecās et linguam Graecam discunt. Lingua Graeca difficilis est.

5 Ecce omnēs litterae Latīnae, quārum numerus est vīgintī trēs, ab A ūsque ad Z: A, B, C, D, E, F, G, H, I, K, L, M, N, O, P, Q, R, S, T, V, X, Y, Z. Litterae sunt aut vōcālēs aut cōnsonantēs: vōcālēs sunt A, E, I, O, V, Y; cēterae sunt cōnsonantēs. (Etiam I et V cōnsonantēs sunt in

10 vocābulīs IAM, VEL, VOS, QVAM, cēt.)

Litterae Y et Z in vocābulīs Graecīs modo reperiuntur (ut in hōc vocābulō *zephyrus*, id est nōmen ventī quī ab occidente flat). Y et Z igitur litterae rārae sunt in linguā Latīnā, in linguā Graecā frequentēs. K littera, quae fre-

15 quēns est in linguā Graecā, littera Latīna rārissima est,

litterae dīcuntur

A	'ā'	N	'en'
B	'bē'	O	'ō'
C	'cē'	P	'pē'
D	'dē'	Q	'cū'
E	'ē'	R	'er'
F	'ef'	S	'es'
G	'gē'	T	'tē'
H	'hā'	V	'ū'
I	'ī'	X	'ix'
K	'kā'	Y	'ypsīlon'
L	'el'	Z	'zēta'
M	'em'		

(littera) vōcālis -is *f*
(littera) cōnsonāns -antis *f*
[in hōc librō U u = v vōcālis (cōnsonāns V v)]

zephyrus -ī *m*

rārus -a -um

frequēns -entis ↔ rārus

135

Kaesō -ōnis m

quae-que syllaba : et
prīma et secunda et
tertia syllaba
īdem ea-dem idem (< is
ea id + -dem): *īdem* nu-
merus(m), *eadem* littera
(f), *idem* vocābulum(n)
per sē : sōla

facere/fierī (*āct/pass*):
vōcālis syllabam *facere*
potest; sine vōcālī syl-
laba *fierī* nōn potest

iungere ↔ dīvidere

con-iungere = iungere

uter- utra- utrum-que,
gen utrīus-que

varius -a -um ↔ īdem

īdem ea-dem idem, *acc*
eun-dem eán-dem idem
(< eum- eam-dem)
erus -ī m = dominus

utraque lingua : lingua
Graeca et Latīna

quis- quae- quod-que,
acc quem- quam- quod-
que, *gen* cuius-que
sīc = hōc modō

nam к in ūnō vocābulō Latīnō tantum reperītur, id est
kalendae (itemque in praenōmine *Kaesō*, quod praenōmen Rōmānōrum rārissimum est).

Hoc vocābulum *amīca* quīnque litterās habet et trēs
syllabās: *a-mī-ca*. Quaeque syllaba vōcālem habet, ergō 20
numerus syllabārum et vōcālium īdem est. In prīmā et
in postrēmā syllabā huius vocābulī eadem vōcālis est: *a*.
Vōcālis est littera quae per sē syllabam facere potest, ut
a syllabam prīmam facit in vocābulō *amīca*. Sine vōcālī
syllaba fierī nōn potest. Cōnsonāns per sē syllabam nōn 25
facit, sed semper cum vōcālī in eādem syllabā iungitur.
In exemplō nostrō *m* cum *ī* iungitur in syllabā secundā
mī, et *c* cum *a* in syllabā tertiā *ca*.

Cum syllabae iunguntur, vocābula fīunt. Cum vocābula coniunguntur, sententiae fīunt. Ecce duae senten- 30
tiae: *Lingua in ōre inest* et *Lingua Latīna difficilis est*.
Vocābulum prīmum utrīusque sententiae idem est, sed
hoc idem vocābulum duās rēs variās significat. Item
varia vocābula eandem rem vel eundem hominem significāre possunt, ut *ōstium* et *iānua*, *dominus* et *erus* (sed 35
erus est vocābulum multō rārius quam *dominus*).

Quī litterās nescit legere nōn potest. Magister, quī
puerōs legere docet, ipse et librōs Latīnōs et Graecōs
legere potest, nam is utramque linguam scit. Quōmodo
parvus discipulus hanc sententiam legit: *Mīles Rōmānus* 40
fortiter pugnat? Discipulus quamque litteram cuiusque
vocābulī sīc legit: "м-ı mī, ʟ-ᴇ-ꜱ les: mī-les, ʀ-ᴏ Rō, м-ᴀ

mā, Rō-mā-, N-V-S nus: Rō-mā-nus..." Ita quodque vocābulum cuiusque sententiae ā discipulō legitur. (In hāc
45 sententiā vocābulum *fortiter* novum est, sed quī vocābulum *fortis* scit, hoc vocābulum quoque intellegit, nam
mīles fortis est mīles quī fortiter pugnat.)

    In lūdō puerī nōn modo legere, sed etiam scrībere
discunt. Quisque discipulus in tabulā suā scrībit eās
50 sententiās quās magister eī dictat. Ita puerī scrībere discunt.

ita = eō modō

intellegere

*fort*is *fort*iter: mīles
  fort*is* fort*iter* pugnat

*discipulī scrībunt
magistrō dictante*

    Magister discipulīs imperat: "Prōmite rēgulās vestrās
et līneās rēctās dūcite in tabulīs. Tum scrībite hanc sententiam: *Homō oculōs et nāsum habet.*"
55   Quisque puer stilum et rēgulam prōmit et dūcit līne-
am rēctam in tabulā suā; tum scrībere incipit. Discipulī
eandem sententiam nōn eōdem modō, sed variīs modīs
scrībunt. Sextus ūnus ex tribus puerīs rēctē scrībit:
HOMO OCVLOS ET NASVM HABET. Titus sīc scrībit: HOMO
60 HOCVLOS ET NASVM HABET. Mārcus vērō sīc: OMO OCLOS
ET NASV ABET.
II   Magister: "Date mihi tabulās, puerī!"

———————

līnea rēcta

*ūnus : sōlus
trēs tria, abl tribus*

dare, imp dā! date!

qualis -e

Discipulī magistrō tabulās suās dant. Is tabulam cuiusque puerī in manūs sūmit litterāsque eōrum aspicit. Quālēs sunt litterae Sextī? Pulchrae sunt. Quālēs 65 sunt litterae Mārcī et Titī? Litterae eōrum foedae sunt ac vix legī possunt. Magister suam cuique discipulō tabulam reddit, prīmum Sextō, tum Titō, postrēmō Mārcō, atque "Pulchrē et rēctē scrībis, Sexte" inquit,

tālis -e (= quī ita est)

"Facile est tālēs litterās legere. At litterae vestrae, Tite 70 et Mārce, legī nōn possunt! Foedē scrībitis, pigrī discipulī!" Magister Titum et Mārcum sevērē reprehendit.

Titus: "Certē pulcherrimae sunt litterae Sextī, sed

pulcher, *comp* pulchrior, *sup* pulcherrimus -a -um

meae litterae pulchriōrēs sunt quam Mārcī."

Magister: "Reddite mihi tabulās, Tite et Mārce!" 75

Titus et Mārcus tabulās suās reddunt magistrō, quī

simul = eōdem tempore

eās simul aspicit. Magister litterās Titī comparat cum litterīs Mārcī, et "Litterae vestrae" inquit "aequē foedae sunt: tū, Tite, neque pulchrius neque foedius scrībis quam Mārcus." 80

Titus: "At certē rēctius scrībō quam Mārcus."

Magister: "Facile est rēctius quam Mārcus scrībere, nēmō enim prāvius scrībit quam ille! Nōn oportet sē

piger, *comp* pigrior, *sup* pigerrimus -a -um

comparāre cum discipulō pigerrimō ac stultissimō! Comparā tē cum Sextō, quī rēctissimē et pulcherrimē 85 scrībit." Tum sē vertēns ad Mārcum: "Tū nōn modo foedissimē, sed etiam prāvissimē scrībis, Mārce! Nescīs Latīnē scrībere! Puer pigerrimus es atque stultissimus!" Iam Mārcus multō sevērius reprehenditur quam Titus.

90 Mārcus (parvā vōce ad Titum): "Magister dīcit 'mē prāvē scrībere': ergō litterās meās legere potest."

At magister, quī verba Mārcī exaudit, "Litterās tuās turpēs" inquit "legere nōn possum, sed numerāre possum: quattuor litterās deesse cernō. Aspice: in vocābulō
95 prīmō et in vocābulō postrēmō eadem littera ʜ deest."

Mārcus: "At semper dīcō 'omō abet'."

Magister: "Nōn semper idem dīcimus atque scrībimus. In vocābulō secundō ᴠ deest, in quārtō ᴍ. Quid significant haec vocābula turpia *oclōs* et *nāsu*? Tālia verba
100 Latīna nōn sunt! Nūllum rēctum est vocābulum praeter ūnum *et*, atque id vocābulum est frequentissimum et facillimum! Quattuor menda in quīnque vocābulīs! Nēmō alter in tam brevī sententiā tot menda facit!"

Magister stilō suō addit litterās quae dēsunt; ita
105 menda corrigit. Tum vērō "Nec sōlum" inquit "prāvē et turpiter, sed etiam nimis leviter scrībis. Hās līneās tenuēs vix cernere possum. Necesse est tē stilum gravius in cēram premere." (Discipulī in cērā scrībunt, nam tabulae eōrum cērā operiuntur. Cēra est māteria mollis
110 quam apēs, bēstiolae industriae, faciunt.)

Mārcus: "Stilum graviter premō, sed cēra nimis dūra est. Aliam tabulam dā mihi! Haec cēra prope tam dūra est quam ferrum." (Ferrum est māteria dūra ex quā cultrī, gladiī, stilī aliaeque rēs multae efficiuntur.)
115 Magister Mārcō eandem tabulam reddit et "Cēra tua" inquit "tam mollis est quam Sextī, et facile est eius

ex-audīre = audīre (quod parvā vōce dīcitur)

turpis -e = foedus

de-esse (: ab-esse)
de-est dē-sunt

facilis, *comp* facilior, *sup* facil*limus* -a -um
mendum -ī *n*: m. facere = prāvē scrībere

ad-dere < ad + dare

corrigere = rēctum facere

leviter scrībere = levī manū scrībere

apis -is *f*

cēra -ae *f*

bēstio*la* -ae *f* = parva bēstia

dūrus -a -um ↔ mollis -e

ferrum -ī *n*

ef-ficere -iō = facere (< ex + facere)

139

dec*iēs* = 10×

-iēs [×]:
quot*iēs?* tot*iēs:*
dec*iēs* = 10×
nov*iēs* = 9×
oct*iēs* = 8×
sept*iēs* = 7×
sex*iēs* = 6×
quīnqu*iēs* = 5×
quater = 4×
ter = 3×
bis = 2×
semel = 1×

animadvertere = vidēre
    vel audīre

semel = 1×

super-esse ↔ de-esse

litterās legere. Sūme tabulam tuam et scrībe H litteram deciēs!"

Mārcus deciēs H scrībit: H H H H H H H H H H. Tum *III* magister eum V sexiēs scrībere iubet, et Mārcus, quī 120 eandem litteram totiēs scrībere nōn vult, V V V V scrībit. Quotiēs Mārcus V scrībit? Mārcus, ut piger discipulus, quater tantum V scrībit. Deinde magister eum tōtum vocābulum NASVM quīnquiēs scrībere iubet, et Mārcus scrībit NASVM NASVM NASVM NASV NASV. Mārcus ter 125 rēctē et bis prāvē scrībit.

Tum Titus, quī duās litterās deesse videt, sīc incipit: "Magister! Mārcus bis..." — cum Mārcus stilum dūrum in partem corporis eius mollissimam premit! Titus tacet nec fīnem sententiae facere audet. Magister vērō 130 hoc nōn animadvertit.

Magister: "Iam tōtam sententiam rēctē scrībe!"

Mārcus interrogat: "Quotiēs?"

Magister breviter respondet: "Semel."

Mārcus tōtam sententiam iterum ab initiō scrībere 135 incipit: HOMO HOCVLOS...

Magister: "Quid significat *hoculōs*? Illud vocābulum turpe nōn intellegō!"

Mārcus: "Num hīc quoque littera deest?"

Magister: "Immō vērō nōn deest, at superest H litte- 140 ra! Num tū *hoculōs* dīcis?"

Mārcus, ut puer improbus, magistrō verba sua reddit: "Nōn semper dīcimus idem atque scrībimus!"

Magister: "Tacē, improbe! Dēlē illam litteram!"

145 Mārcus stilum vertit et litteram н dēlet. Simul Titus idem mendum eōdem modō corrigit in suā tabulā, neque vērō magister hoc animadvertit.

Postrēmō Mārcus "Quārē" inquit "nōs scrībere docēs, magister? Mihi necesse nōn est scrībere posse.

150 Numquam domī scrībō."

Magister: "Num pater tuus semper domī est?"

Mārcus: "Nōn semper. Saepe abest pater meus."

Magister: "Cum pater tuus abest, oportet tē epistulās ad eum scrībere."

155 Sextus: "Ego frequentēs epistulās ad patrem meum absentem scrībō." Sextus puer probus est ac tam impiger quam apis.

Mārcus: "Ego ipse nōn scrībō, sed Zēnōnī dictō. Zēnō est servus doctus quī et Latīnē et Graecē scit.

160 Īdem servus mihi recitāre solet."

Magister calamum et chartam prōmit et ipse scrībere incipit; is enim calamō in chartā scrībit, nōn stilō in cērā ut discipulī. (Charta ex papȳrō efficitur, id est ex altā herbā quae in Aegyptō apud Nīlum flūmen reperītur.

165 *Charta* et *papȳrus* vocābula Graeca sunt.)

Mārcus magistrum scrībere animadvertit eumque interrogat: "Quid tū scrībis, magister?"

"Epistulam" inquit ille "ad patrem tuum scrībō. Breviter scrībō 'tē esse discipulum improbum'."

170 Magistrō scrībente, Mārcus "Prāvē scrībis" inquit,

dēlēre ↔ addere

Zēnō

frequentēs : multās

im-piger = industrius
(↔ piger)
im- (ante *p*, *m*, *b*) = in-

Zēnō -ōnis *m*

Latīnē scīre = linguam
Latīnam scīre
īdem servus : is quoque
servus

calamus
-ī *m*

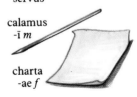

charta
-ae *f*

papȳrus -ī *f*

141

"syllaba *im* superest. Dēlē illam syllabam et scrībe 'discipulum *probum*'!"

Magister: "Tacē, puer improbissime! Nihil dēleō,
immō vērō vocābulum addō: 'tē discipulum improbum
atque *pigrum* esse' scrībō!"   175

"Scrībe '*probum* atque *impigrum*'!" inquit Mārcus, nec
vērō haec verba ā magistrō audiuntur.

epistul*ae* (*dat*) addere =
ad epistulam addere

Diodōrus, quī diem epistulae addere vult, discipulōs
interrogat: "Quī diēs est hodiē?"

kalendae Iūniae = diēs
prīmus mēnsis Iūniī

Titus: "Hodiē kalendae Iūniae sunt."   180

Magister: "Rēctē dīcis. Kalendae sunt hodiē. Ergō

mercēs -ēdis *f*

date mihi mercēdem!" (Mercēs est pecūnia quam magister quōque mēnse ā patribus discipulōrum accipit.
Discipulī kalendīs cuiusque mēnsis mercēdem magistrō
suō afferre solent.)   185

Sextus et Titus statim magistrō mercēdem dant. Mārcus vērō mercēdem sēcum nōn fert. Magister, ante-

signāre (epistulam)
= cērā claudere

quam epistulam signat, pauca verba addit.

"Quid nunc scrībis?" interrogat Mārcus.

"Scrībō 'tē mercēdem ad diem nōn afferre'" respon-   190
det magister, atque epistulam signat ānulum suum in

im-primere < in + pre-
mere

cēram imprimēns.

magister
epistulam
signat

GRAMMATICA LATINA
Adverbium

195 Discipulus stult*us* est quī stult*ē* respondet.
Mīles fort*is* est quī fort*iter* pugnat.
'Stult*us*' et 'fort*is*' adiectīva sunt. 'Stult*ē*' et 'fort*iter*' sunt
adverbia.
Adiectīvum: *-us -a -um* (dēcl. I/II). Adverbium: *-ē*.
200 Adiectīvum: *-is -e* (dēcl. III). Adverbium: *-iter*.
Exempla:
Sextus rēct*ē* et pulchr*ē* scrībit, Titus et Mārcus prāv*ē* et
turp*iter* scrībunt ac sevēr*ē* reprehenduntur. Magister Latīn*ē*
et Graec*ē* scit. Sōl clār*ē* lūcet. Magister brev*iter* respondet.
205 Puer crassus nōn lev*iter*, sed grav*iter* cadit.

Cert*ē* Titus rēct*ius* et pulchr*ius* scrībit quam Mārcus, nēmō
prāv*ius* aut turp*ius* scrībit quam ille; Mārcus prāv*issimē* et
turp*issimē* scrībit, Sextus rēct*issimē* et pulcher*rimē*. Nēmō for-
t*ius* pugnat quam Rōmānī: Rōmānī fort*issimē* pugnant.
210 'Rēct*ius*', 'fort*ius*' est comparātīvus adverbiī, 'rēct*issimē*',
'fort*issimē*' superlātīvus est. Comparātīvus: *-ius*. Superlātīvus: *-issimē*.

PENSVM A
Sextus rēct– respondet, Mārcus prāv– respondet et sevēr–
reprehenditur. Nēmō rēct– aut pulchr– scrībit quam Sextus;
is rēctissim– ét pulcherrim– scrībit. Lūna plēna clār– lūcet,
sed sōl clār– lūcet quam lūna et cēterae stēllae; sōl clārissim–
lūcet.
Hostēs nōn tam fort– pugnant quam Rōmānī. Mīlitēs nostrī fort– pugnant quam hostēs. Nostrī fortissim– pugnant.
Mārcus nimis lev– scrībit. Magister brev– scrībit 'Mārcum
improbum esse.'

PENSVM B
Ex XXIII litterīs Latīnīs VI — sunt: A E I O V Y; cēterae sunt —.
Cōnsonāns semper cum vōcālī —. K, Y, Z litterae — sunt in

---

stult*ē* < stultus -a -um
fort*iter* < fortis -e

adverbium -ī *n (adv)*
< ad + verbum

-ē
-iter

rēct*ē*
rēct*ius*
rēct*issimē*

fort*iter*
fort*ius*
fort*issimē*

-ius
-issimē

Vocābula nova:
vōcālis
cōnsonāns
zephyrus
sententia
erus
mendum
cēra
māteria
apis
ferrum
epistula
calamus
charta
papȳrus
mercēs
rārus
frequēns
varius
turpis

143

mollis
dūrus
quālis
tālis
impiger
iungere
coniungere
significāre
legere
intellegere
scrībere
dictāre
comparāre
exaudīre
deesse
addere
corrigere
premere
efficere
animadvertere
superesse
dēlēre
signāre
imprimere
īdem
eadem
idem
quaeque
quodque
sīc
ita
quotiēs
totiēs
semel
bis
ter
quater
quīnquiēs
sexiēs
deciēs
adverbium

— Latīnā, in linguā Graecā —. Vocābula *ōstium* et *iānua* — rem significant; *lingua* duās rēs — significat. Magister librōs Latīnōs et Graecōs — potest.

Discipulī hanc — in tabulīs suīs —: *Homō oculōs et nāsum habet*. Magister tabulam — puerī aspicit, et Sextī et Titī et Mārcī. In tabulā Mārcī IV litterae —. Magister litterās quae dēsunt —; — [= eō modō] magister menda Mārcī —. Tum Mārcus scrībit — [= hōc modō]: HOMO HOCVLOS... Magister: "Ō Mārce! Hīc nōn —, immō — littera H!" Mārcus stilum vertēns H litteram —. Tum magister calamum et — sūmit et — ad patrem Mārcī scrībit.

Cēra est — mollis. Ferrum est māteria —.

PENSVM C

Quot sunt litterae Latīnae?
Estne D vōcālis an cōnsonāns?
Quot syllabās habet vocābulum 'apis'?
Quōmodo parvus discipulus legit?
Quis discipulus rēctissimē scrībit?
Quālēs sunt litterae quās Titus scrībit?
Quālis discipulus est Mārcus?
Cūr Mārcus nōn HOMO, sed OMO scrībit?
Quotiēs Mārcus litteram H scrībit?
Stilōne in tabulā scrībit magister?
Quid magister scrībit?
Estne facilis grammatica Latīna?
Tūne rēctius scrībis quam Mārcus?

MARITVS ET VXOR

1 Iūlius cum uxōre suā in peristȳlō ambulat. Uxor eius est
Aemilia. Iūlius marītus Aemiliae est. Marītus et uxor
inter columnās et signa ambulant. Tēctum peristȳlī altīs
columnīs sustinētur, inter quās tria pulchra signa stant:
5 ūnum Iūnōnis, alterum Cupīdinis, tertium Veneris.
Iūnō et Venus deae sunt. Cupīdō est fīlius Veneris et
Mārtis, quamquam Venus Mārtis coniūnx nōn est, sed
alterīus deī, cui nōmen est Vulcānus. Venus enim mala
uxor est, quae aliōs deōs amat praeter coniugem suum
10 Vulcānum. Mārs et Vulcānus sunt fīliī Iūnōnis et Iovis;
Iūnō enim coniūnx Iovis est. Sed Iuppiter malus marītus est, quī multās aliās deās amat praeter Iūnōnem,
coniugem suam. Nēmō deōrum pēior marītus est quam
Iuppiter, neque ūlla dea pēior uxor est quam Venus.
15 Inter omnēs deōs deāsque Iuppiter pessimus marītus est
ac Venus pessima uxor.

tēctum

columnae

signa

uxor -ōris *f*

marītus Aemiliae
  = vir Aemiliae
columna -ae *f*
signum -ī *n*
tēctum -ī *n*

Iūnō -ōnis *f*
Cupīdō -inis *m*
Venus -eris *f*
deus -ī *m*; dea -ae *f*
con-iūnx -iugis *f*/*m*
  = uxor/marītus
alter -era -erum,
  gen -erīus
Vulcānus -ī *m*

Iuppiter Iovis *m*

malus, *comp* pēior -ius,
  sup pessimus -a -um
ūllus -a -um: neque ūllus
  = et nūllus

145

māter familiā*s* = māter
(domina) famili*ae*
mātrōna -ae *f* = fēmina
quae marītum habet
amor -ōris *m* < amāre

pulchritūdō -inis *f*
< pulcher
omnēs -ium *m pl*
↔ nēmō

bonus, *comp* melior -ius,
sup optimus -a -um
Aemilia: "Iūlius *bonus*
vir est, *melior* quam
ūllus alius vir: Iūlius
est *optimus* omnium
virōrum!"

vocāre = appellāre

trēs tria, *gen* trium
duo -ae -o, *gen* duōrum
-ārum -ōrum
ūnus -a -um, *gen* -īus
pater *ūnīus* fīliī/fīliae;
duōrum fīliōrum/*duārum*
fīliārum; *trium* fīliōrum
/fīliārum

magnus, *comp* māior -ius,
sup māximus -a -um
parvus, *comp* minor -us,
sup minimus -a -um

pater familiā*s* = pater
(dominus) famili*ae*
adulēscēns -entis *m* = vir
quī nōndum xxx annōs
habet
virgō -inis *f* = fēmina
quae marītum nōndum
habet

ab-erat
domus -ūs *f*, *abl* -ō,
pl acc -ōs

Mātrēs familiās Iūnōnem invocant, ea enim dea est mātrōnārum. Venerem et Cupīdinem invocant amantēs, nam Venus et Cupīdō amōrem in cordibus hominum excitāre possunt. Cupīdō enim est deus amōris, et 20 Venus, pulcherrima omnium deārum, dea amōris ac pulchritūdinis est. Pulchritūdō Veneris ab omnibus laudātur.

Iūlius est bonus marītus quī uxōrem suam neque ūllam aliam fēminam amat. Certē Iūlius marītus melior 25 quam Iuppiter est! Item Aemilia bona uxor est quae marītum suum neque ūllum alium virum amat. Certē Aemilia uxor melior est quam Venus! Aemilia Iūlium 'virum optimum' appellat. Item Iūlius uxōrem suam 'optimam omnium fēminārum' vocat. 30

Iūlius et Aemilia sunt parentēs trium līberōrum: duōrum fīliōrum et ūnīus fīliae. Līberī adhūc parvī sunt. Mārcus octō annōs habet. Quīntus est puer septem annōrum. Iūlia quīnque annōs habet. Quīntus nōn tantus est quantus Mārcus nec tam parvus quam Iūlia. Quīn- 35 tus māior est quam Iūlia et minor quam Mārcus. Māximus līberōrum est Mārcus, minima est Iūlia.

Ante decem annōs Iūlius pater familiās nōn erat, tunc enim nec uxōrem nec līberōs habēbat. Iūlius adulēscēns vīgintī duōrum annōrum erat. Aemilia mātrōna nōn 40 erat, sed virgō septendecim annōrum, quae Rōmae apud parentēs suōs habitābat. Domus eōrum nōn procul aberat ab aliā domō, in quā Iūlius cum parentibus

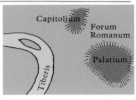

suīs habitābat. Iūlius et Aemilia in eādem urbe habitā-
45 bant, nōn in eādem domō.

In urbe Rōmā multae domūs sunt et multa templa
deōrum. In mediā urbe inter collēs Capitōlium et Palā-
tium est forum Rōmānum, quō hominēs ex tōtā Italiā
atque ex omnibus prōvinciīs Rōmānīs conveniunt. In
50 Capitōliō est templum Iovis Optimī Māximī; circum
forum Rōmānum sunt alia multa templa deōrum. In
Palātiō sunt domūs magnificae. Rōmae plūrēs hominēs
habitant quam in ūllā aliā urbe imperiī Rōmānī. Urbs
Rōma plūrimōs hominēs et plūrimās domōs habet. Arī-
55 minum, Capua, Ōstia magna sunt oppida, sed minōra
quam Rōma. Ōstia est oppidum minus quam Rōma,
sed māius quam Tūsculum. Rōma urbs māxima atque
pulcherrima est tōtīus imperiī Rōmānī.

II   Pater Iūliī, quī iam mortuus est, magnam pecūniam
60 habēbat multāsque vīllās magnificās possidēbat praeter
domum Rōmānam: is homō dīves erat. Pater Aemiliae
erat homō pauper, quī ūnam domum exiguam possidēbat. Aemilia igitur virgō pauper erat, sed tamen Iūlius
eam amābat. Cūr Iūlius, adulēscēns dīves, virginem
65 pauperem amābat? Quia ea virgō proba ac fōrmōsa erat.
Nec Iūlius amōrem suum occultābat, nam Aemiliam
'amīcam' appellābat et multa dōna eī dabat. Sed tamen
Aemilia nōn Iūlium amābat, sed alium virum Rōmānum. Ergō Iūlius miser erat et nocte male dormiēbat.

70   Vir quī ab Aemiliā amābātur Crassus Dīves nōminā-

templum -ī *n* = domus
  deī
forum -ī *n*=locus in urbe
  apertus quō multī con-
  veniunt
con-venīre = in eundem
  locum venīre
Optimus Māximus: Iovis
  cognōmen
magnificus -a -um =
  magnus et pulcher
multī, *comp* plūrēs -a,
  sup plūrimī -ae -a

templum

forum

tōtus -a -um, *gen* -īus

possidēre = habēre

dīves -itis = pecūniōsus

pauper -eris ↔ dīves

tamen : quamquam ea
  pauper erat
tamen ↔ itaque

dōnum -ī *n* = rēs quae
  datur

miser -era -erum

147

cotīdiē = omnī diē,
quōque diē

flōs flōris *m*: rosa flōs
est; rosae et līlia
flōrēs sunt

re-mittere

annō (*abl*) post = post
annum
coniugēs -um *m pl* =
marītus et uxor

beātus -a -um ↔ miser

ōsculārī (eam) = ōscu-
lum dare (eī)

bātur. Aemilia Crassum amābat, neque vērō ab eō amābātur, quod parentēs Aemiliae pauperēs erant. Itaque
ea quoque misera erat.

Aemilia numquam Iūlium salūtābat, cum eum in forō
Rōmānō vidēbat, quamquam ipsa ā Iūliō salūtābātur. 75
Iūlius cotīdiē epistulās ad Aemiliam scrībēbat, in quibus pulchritūdō eius laudābātur verbīs magnificīs, ac
simul cum epistulīs rosās aliōsque flōrēs pulcherrimōs
ad eam mittere solēbat. Initiō Aemilia epistulās Iūliī
nōn legēbat nec dōna eius accipiēbat, sed omnia ad eum 80
remittēbat; sed post paucōs diēs neque epistulae neque
flōrēs remittēbantur...

Annō post Iūlius et Aemilia coniugēs erant sub eōdem tēctō habitantēs. Iūlius uxōrem suam amābat et ab
eā amābātur. 85

Etiam nunc, decem annīs post, beātī sunt coniugēs.
Iūlius Aemiliam amat et ab eā amātur, neque amor con-
iugum hodiē minor est quam tunc.

Iūlius uxōrem ōsculātur et "Ō Aemilia" inquit, "mea *III*
optima uxor! Decem annī longum est tempus, sed amor 90

meus tempore nōn minuitur. Ut tunc tē amābam, ita
etiam nunc tē amō."

Tum Aemilia, quae verbīs Iūliī dēlectātur, "Ō Iūlī"
inquit, "mī optime vir! Meus amor ergā tē multō māior
95 est hodiē quam tunc! Tempus amōrem meum nōn minuit, immō vērō auget!"

Ad hoc Iūlius rīdēns "Ita est ut dīcis" inquit, "nam
tunc ego tē amābam, tū mē nōn amābās! Ego miserrimus eram omnium adulēscentium, quod tū numquam
100 mē salūtābās, cum mē vidēbās, quamquam ego semper
tē salūtābam, cum tē vidēbam. Neque epistulās, quās
cotīdiē tibi scrībēbam, legēbās, neque flōrēs, quōs tibi
multōs mittēbam, accipiēbās, sed omnēs ad mē remittē-
bās! Propter amōrem nocte vix dormiēbam — semper
105 dē tē cōgitābam..."

Aemilia item dē illō tempore cōgitāns "Ego quoque"
inquit "tunc miserrima eram. Amābam enim alium virum Rōmānum, quī mē nōn amābat, quod virgō pauper
eram."

110 Iūlius: "Ille vir pessimus tē dignus nōn erat!"

Aemilia: "Rēctē dīcis, mī Iūlī. Tū sōlus amōre meō
dignus erās, tū enim mē amābās, mihi epistulās scrībē-
bās ac flōrēs mittēbās, quamquam pecūniam nūllam ha-
bēbam. Certē nōn propter pecūniam mē amābās, Iūlī!
115 At nunc tē sōlum nec ūllum alium virum amō. Fēmina
beāta sum, quod marītum bonum habeō, et quia nōs
trēs līberōs habēmus et cum magnā familiā in hāc vīllā

minuere = minōrem fa-
cere

Iūlius, meus, *voc* Iūlī!
mī!: "Ō Iūlī, *mī* vir!"
ergā *prp* + *acc*

augēre = māiōrem fa-
cere; ↔ minuere

miser, *comp* miserior,
sup miserrimus

dignus -a -um (+ *abl:*
tē/amōre tuō d.)

magnificā habitāmus, quae familiā nostrā digna est. Hoc peristȳlum magnificum, hae columnae, haec signa, hī flōrēs — haec omnia cotīdiē mē dēlectant! Ō, quam 120 beātī hīc sumus, Iūlī! Quantus est deōrum ergā nōs amor!"

haec (*n pl*) = hae rēs

Iūlius: "Est ut dīcis, Aemilia. Decem annīs ante apud parentēs nostrōs habitābāmus, ipsī parentēs nōndum erāmus nec familiam habēbāmus. Tū et parentēs tuī 125 pauperēs erātis, in exiguā domō habitābātis nec ūllam vīllam habēbātis, sed tamen ego tē amābam..."

x annīs (*abl*) ante = ante x annōs

Aemilia: "Quārē ego, virgō pauperrima, ā tē, adulēscente dīvitissimō, amābar?"

pauper, *comp* -erior, *sup* -errimus
dīves, *comp* dīvitior, *sup* dīvitissimus

Iūlius iterum Aemiliam ōsculāns "Tū ā mē amābāris" 130 inquit, "quod pulcherrima erās omnium virginum Rōmānārum, prope tam pulchra quam ipsa Venus!"

Aemilia: "Num hodiē minus pulchra sum quam tunc eram?"

minus pulcher (↔ pulchrior) = nōn tam pulcher

Iūlius faciem uxōris intuēns "Certē" inquit "mātrōna 135 tam pulchra es quam virgō erās, mea Aemilia. Omnēs pulchritūdinem tuam laudant." Tum vērō fōrmam eius spectāns: "At minus gracilis es quam tunc: eō enim tempore gracilior erās quam hoc signum Veneris."

gracilis -e = tenuis

Aemilia signum Veneris aspicit, cuius corpus gracilius ac minus est quam ipsīus. "Certē tam gracilis hodiē 140 nōn sum" inquit, "sed quārē mē crassiōrem fierī putās?"

Iūlius rīdēns respondet: "Quia nunc cibum meliōrem ēs quam tunc edēbās!"

ēsse: edō   edimus
       ēs   ēstis
       ēst   edunt

145 Aemilia: "Id quod nunc edō nec melius nec pēius est quam quod apud parentēs meōs edēbam."

Iūlius: "Ergō plūs ēs quam tunc, Aemilia."

Postrēmō Aemilia "Certē plūs edō quam solēbam" inquit, "sed nec plūs nec minus quam opus est. Nimis

150 stultus vir es, Iūlī! Nōnne intellegis nōn modo amōrem nostrum, sed etiam familiam tempore augērī? Num opus est mē plūs dīcere?"

Amor dōnum est Veneris. Līberī dōna Iūnōnis sunt.

GRAMMATICA LATINA

155 Verbī tempora

Tempus praesēns et praeteritum

Tempus praesēns (nunc): Māne *est*. Sōl lūce*t*. Omnēs vigila*nt*, nēmō dormi*t*. Avēs canu*nt*.

Tempus praeteritum (tunc): Ante trēs hōrās nox *erat*.

160 Stēllae lūcē*bant*, sōl nōn lūcē*bat*. Nēmō vigilā*bat*, omnēs dormi*ēbant*. Avēs nōn canē*bant*.

Praeteritum (pers. III): singulāris *-bat -ēbat*, plūrālis *-bant -ēbant*.

Praeteritum

165 [A] Āctīvum.

Exempla: [1] computā|re: computā|*bat*; [2] pārē|re: pārē-|*bat*; [3] scrīb|ere: scrīb|*ēbat*; [4] dormī|re: dormi|*ēbat*.

Ante vīgintī annōs Iūlius discipulus tam improbus *erat* quam Mārcus nunc est: in lūdō dormi*ēbat*, male computā*bat*,

170 foedē scrīb*ēbat*, neque magistrō suō pārē*bat*.

Mārcus: "Num tū melior discipulus *erās*, pater, quam ego sum? Nōnne tū in lūdō dormi*ēbās*? Num semper magistrō pārē*bās*, bene computā*bās* et pulchrē scrīb*ēbās*?" Iūlius: "Ego

Margin notes:

multum, *comp* plūs plū-ris, *sup* plūrimum -ī
paulum, *comp* minus -ōris, *sup* minimum -ī
opus est = necesse est /oportet

praesēns -entis (*praes*)
praeteritus -a -um

praeteritum -ī *n* = tempus praeteritum
-bat -bant
-ēbat -ēbant

[1] computā|ba|m / computā|bā|s / computā|ba|t / computā|bā|mus / computā|bā|tis / computā|ba|nt
[2] pārē|ba|m / pārē|bā|s / pārē|ba|t / pārē|bā|mus / pārē|bā|tis / pārē|ba|nt

151

[3] scrīb|ēba|m
   scrīb|ēbā|s
   scrīb|ēba|t
     scrīb|ēbā|mus
     scrīb|ēbā|tis
     scrīb|ēba|nt
[4] dormi|ēba|m
   dormi|ēbā|s
   dormi|ēba|t
     dormi|ēbā|mus
     dormi|ēbā|tis
     dormi|ēba|nt
esse era|m   erā|mus
     erā|s   erā|tis
     era|t   era|nt

[1,2] -ba|m -bā|mus
     -bā|s   -bā|tis
     -ba|t   -ba|nt
[3,4] -ēba|m -ēbā|mus
     -ēbā|s -ēbā|tis
     -ēba|t -ēba|nt

[1] laudā|ba|r
   laudā|bā|ris
   laudā|bā|tur
     laudā|bā|mur
     laudā|bā|minī
     laudā|ba|ntur
[2] timē|ba|r
   timē|bā|ris
   timē|bā|tur
     timē|bā|mur
     timē|bā|minī
     timē|ba|ntur
[3] reprehend|ēba|r
   reprehend|ēbā|ris
   reprehend|ēbā|tur
     reprehend|ēbā|mur
     reprehend|ēbā|minī
     reprehend|ēba|ntur
[4] pūni|ēba|r
   pūni|ēbā|ris
   pūni|ēbā|tur
     pūni|ēba|mur
     pūni|ēbā|minī
     pūni|ēba|ntur

[1,2] -ba|r   -bā|mur
     -bā|ris -bā|minī
     -bā|tur -ba|ntur
[3,4] -ēba|r -ēbā|mur
     -ēbā|ris -ēbā|minī
     -ēbā|tur -ēba|ntur

numquam in lūdō dormi*ēbam*, semper magistrō pārē*bam*, bene computā*bam* et pulchrē scrīb*ēbam!* Certē ego discipulus 175 multō melior *eram* quam tū nunc es!"

Quīntus: "Quid? Num vōs meliōrēs discipulī *erātis* quam nōs sumus? Nōnne vōs in lūdō dormi*ēbātis?* Num semper magistrō pārē*bātis*, bene computā*bātis* et pulchrē scrīb*ēbātis?*" Iūlius: "Nōs numquam in lūdō dormi*ēbāmus*, semper magistrō 180 pārē*bāmus*, bene computā*bāmus* et pulchrē scrīb*ēbāmus!* Certē nōs discipulī multō meliōrēs *erāmus* quam vōs nunc estis!"

Iūlius vērum nōn dīcit: ante vīgintī annōs discipulī tam malī *erant* quam nunc sunt: in lūdō dormi*ēbant*, male computā*bant*, foedē scrīb*ēbant*, neque magistrō suō pārē*bant!* 185

	Sing.	Plūr.	Sing.	Plūr.
Persōna prīma	-bam	-bāmus	-ēbam	-ēbāmus
Persōna secunda	-bās	-bātis	-ēbās	-ēbātis
Persōna tertia	-bat	-bant	-ēbat	-ēbant

[B] Passīvum. 190

Iūlius magistrum suum nōn timē*bat*, sed ipse ā magistrō timē*bātur!* Itaque nōn reprehend*ēbātur* nec pūni*ēbātur*, sed laudā*bātur* ā magistrō.

Mārcus: "Num tū semper ā magistrō tuō laudā*bāris?* Nōnne reprehend*ēbāris* ac pūni*ēbāris?*" Iūlius: "Ego ā magistrō 195 meō saepe laudā*bar*, numquam reprehend*ēbar* aut pūni*ēbar*. Ego magistrum nōn timē*bam*, sed ipse ab eō timē*bar!*" Mārcus: "Tūne ā magistrō timē*bāris?*" Iūlius: "Nōs omnēs ā magistrō timē*bāmur*. Itaque nōn reprehend*ēbāmur* nec pūni*ēbā*-*mur*, sed semper laudā*bāmur!*" Mārcus: "Nōn vērum dīcis! 200 Vōs nōn timē*bāminī* ā magistrō nec semper laudā*bāminī*, sed reprehend*ēbāminī* ac pūni*ēbāminī!*"

In illō lūdō discipulī ā magistrō timē*bantur!* Itaque nōn reprehend*ēbantur* nec pūni*ēbantur*, sed semper laudā*bantur*.

	Sing.	Plūr.	Sing.	Plūr.	
Persōna prīma	-bar	-bāmur	-ēbar	-ēbāmur	205
Persōna secunda	-bāris	-bāminī	-ēbāris	-ēbāminī	
Persōna tertia	-bātur	-bantur	-ēbātur	-ēbantur	

PENSVM A

Ante x annōs Iūlius apud parentēs suōs habit– nec uxōrem hab–. Iūlius et Aemilia Rōmae habit–. Iūlius Aemiliam am– nec ab eā am–. Ea numquam Iūlium salūt– cum eum vid–, quamquam ipsa ab eō salūt–. Aemilia epistulās Iūliī nōn leg– nec dōna eius accipi–, sed omnia remitt–.

Iūlius: "Tunc ego tē am– nec ā tē am–, nam tū alium virum am– nec ab eō am–. Ego miser er– et tū misera er–. Tunc apud parentēs nostrōs habit–. Tū et parentēs tuī in parvā domō habit–. Vōs ā mē salūt–, quamquam pauperēs er–."

PENSVM B

Iūlius, quī — Aemiliae est, — suam nec — aliam fēminam amat. Quīntus — quam Mārcus et — quam Iūlia est.

— peristȳlī XVI altīs — sustinētur. Inter columnās III — stant. Iūnō, — [= uxor] Iovis, — mātrōnārum est. Nēmō deōrum — marītus est quam Iuppiter. Inter omnēs deōs Iūp- piter — marītus est.

Ante x annōs Aemilia nōn mātrōna, sed — erat. Tunc Iūlius — XXII annōrum erat. Pater Iūliī vir — [= pecūniōsus] erat. Quī nōn dīves, sed — est, in parvā — habitat. Rōmae multī hominēs habitant, — quam in ūllā aliā urbe. Rōma est urbs — imperiī Rōmānī.

PENSVM C

Quae est coniūnx Iovis?
Num Iuppiter bonus marītus est?
Cuius fīlius est Cupīdō?
Estne Quīntus māior quam Mārcus?
Ubi parentēs Iūliī habitābant?
Cūr Iūlius tunc miser erat?
Cūr Aemilia Iūlium nōn amābat?
Num Iūlius Aemiliam propter pecūniam amābat?
Cūr Aemilia nunc beāta est?
Hodiēne Aemilia minus pulchra est quam tunc?

Vocābula nova:
uxor
marītus
columna
signum
tēctum
dea
coniūnx
mātrōna
amor
pulchritūdō
adulēscēns
virgō
domus
templum
forum
dōnum
flōs
melior
pēior
optimus
pessimus
māior
minor
māximus
minimus
magnificus
plūrēs
plūrimī
dīves
pauper
miser
beātus
dignus
gracilis
convenīre
possidēre
mittere
remittere
ōsculārī
minuere
augēre
opus esse
mī
ūllus
tamen
cotīdiē
minus
plūs
ergā
praesēns
praeteritum

153

vīcēsimus -a -um
= xx (20.)

cūnae

parvulus -a -um = parvus
fārī = loquī
īn-fāns -antis *m/f*
cūnae -ārum *f pl*

somnus -ī *m*

necessārius -a -um
< necesse
carēre + *abl*: cibō c.
= sine cibō esse
postulāre = poscere
vāgīre = 'vā' facere,
plōrāre (ut īnfāns)

lac lactis *n*

alere (īnfantem) = cibum
dare (īnfantī)
sī-ve = vel sī
mulier -eris *f* = fēmina

aliēnus -a -um = nōn
suus, alterīus
nūtrīx -īcis *f*

nōlunt (< ne-volunt)
= nōn volunt

PARENTES

Puerī parvulī quī nōndum fārī possunt īnfantēs dīcun- *1*
tur. Parvulus īnfāns in cūnīs cubāre solet. Cūnae sunt
lectulus īnfantis. Īnfāns multās hōrās dormit nōn sōlum
nocte, sed etiam diē; nam longus somnus īnfantī tam
necessārius est quam cibus. Īnfāns neque somnō neque *5*
cibō carēre potest. Quōmodo īnfāns, quī fārī nōn potest,
cibum postulat? Īnfāns quī cibō caret magnā vōce vāgit.
Ita parvulus īnfāns cibum postulat. Tum māter accurrit
atque īnfantem ad pectus suum appōnit. Īnfāns lac mātris bibit. Parvulus īnfāns, cui dentēs nūllī sunt, nōn *10*
pāne, sed lacte vīvit.

Sī māter īnfantem suum ipsa alere nōn potest sīve
nōn vult, īnfāns ab aliā muliere alitur, quae eī in locō
mātris est. Mulier quae aliēnum īnfantem alit nūtrīx
vocātur. Multī īnfantēs Rōmānī nōn ā mātribus suīs, *15*
sed ā nūtrīcibus aluntur. Multae mātrēs īnfantēs suōs
ipsae alere nōlunt.

154

Ante quīnque annōs Iūlia parvula īnfāns erat. Tunc
īnfantem in cūnīs habēbat Aemilia. Nunc ea parvulō
20 īnfante caret: cūnae vacuae sunt.

Sed post paucōs mēnsēs novus īnfāns in cūnīs erit.
Aemilia rūrsus parvulum īnfantem habēbit neque cūnae
vacuae erunt. Tum Iūlius et Aemilia quattuor līberōs
habēbunt. Aemilia laeta cūnās movēbit et parvā vōce
25 cantābit: "Lalla". Pater īnfantem suum in manibus por-
tābit eumque nōn minus amābit quam māter. Pater et
māter īnfantem suum aequē amābunt.

Annō post pater et māter ab īnfante suō appellābun-
tur. Aemilia autem 'mamma' appellābitur, nōn 'māter',
30 neque Iūlius 'pater', sed 'tata' appellābitur; neque enim
īnfāns ipsa nōmina 'patris' et 'mātris' dīcere poterit.
Īnfāns igitur parentibus suīs dīcet: "Mamma! Tata!"
Neque sōlum prīma verba, sed etiam prīmōs gradūs
faciet īnfāns. Initiō pater eum sustinēbit ac manū dūcet,
35 mox vērō īnfāns sōlus ambulāre incipiet neque ā parentibus sustinēbitur neque manū dūcētur. Īnfāns ambulāns ā parentibus laetīs laudābitur. Simul īnfāns plūra
verba discet et mox rēctē loquī sciet.

Utra īnfantem Aemiliae alet, māterne an nūtrīx? Īn-
40 fāns ā mātre alētur. Aemilia ipsa īnfantem vāgientem ad
pectus suum appōnet. Īnfāns lac mātris bibet, nōn nū-
trīcis. Tum māter īnfantem in cūnās impōnet. Vesperī
duae ancillae cūnās in cubiculum parentum portābunt
atque ante lectum eōrum pōnent. Sī īnfāns bene dor-

pot-erit

gradus -ūs *m*

mox = brevī tempore
post

prīmī gradūs īnfantis

vesperī (*adv*) ↔ māne

miet nec vāgiet, parentēs quoque bene dormient neque 45
ab īnfante vāgiente ē somnō excitābuntur. —

col-loquī (< cum + lo-
quī) = inter sē loquī

Iūlius adhūc in peristȳlō cum uxōre colloquitur. Ae- *II*
milia fessa in sellā cōnsīdit. Marītus et uxor iam nōn dē

futūrus -a -um: (tempus)
futūrum↔praeteritum
sermō -ōnis *m* = id quod
dīcitur, verba

tempore praeteritō colloquuntur, sed dē tempore fu-
tūrō. Sermō eōrum est dē rēbus futūrīs. 50

Iūlius, quī iam intellegit Aemiliam novum īnfantem
exspectāre, "Ō Aemilia!" inquit, "Mox parvulum fīlium
habēbimus."

(ego) volō, (tū) vīs,
(is) vult
nōlō (< ne-volō) = nōn
volō

fīli*ola* -ae *f* = parva
fīlia

Aemilia: "Fīlium? Iam duōs fīliōs habēmus. Ego alteram fīliam habēre volō, plūrēs quam duōs fīliōs nōlō! 55
Cūr tū fīlium habēre vīs, Iūlī? Nōnne laetus eris, sī
fīliolam habēbis? Num parvulam fīliam minus amābis
quam fīlium?"

profectō = certē

nēmō, *acc* nēminem
magis ↔ minus

Iūlius: "Profectō laetus erō, sī alteram fīliam habēbō.
Nēminem magis amābō quam parvulam fīliam." 60

Aemilia: "Iam fīliōs tuōs magis amās quam tuam Iūliam fīliolam: Mārcum et Quīntum saepe laudās, sed Iūliam rārō laudās, quamquam proba est puella. Vōs virī

rārō (*adv*) ↔ saepe
velle: volō volumus
    vīs vultis
    vult volunt
adversus *prp+acc*

manēre (= nōn abīre)

⟶ ⟦ōstium

ad ōstium versus =
adversus ōstium

nōlī abīre! = manē!

fīliōs modo habēre vultis, fīliās nōn amātis!" Aemilia
surgit atque gradum adversus ōstium facit. 65

Iūlius: "Manē hīc apud mē, Aemilia!"

Aemilia alterum gradum ad ōstium versus facit, tum
incerta cōnsistit.

Iūlius: "Nōlī abīre! Tēcum colloquī volō."

pergere (= nōn dēsinere)
colloquium -ī *n*<colloquī

Aemilia nōn abit, sed apud marītum manet. Coniu- 70
gēs colloquī pergunt. Ecce colloquium eōrum:

Iūlius: "Nōs virī nōn fīliōs tantum, sed etiam fīliās habēre volumus, nec fīliās minus amāmus quam fīliōs. Certē mulierēs rārius ā līberīs suīs discēdunt..."

75 Aemilia: "Multae mātrēs īnfantēs suōs apud nūtrīcēs relinquunt, ego vērō manēbō apud īnfantem meum: numquam ab eō discēdam! Sī aeger erit, ipsa eum cūrābō tōtamque noctem apud eum vigilābō; nēmō īnfantem aegrum tam bene cūrāre potest quam māter ipsa."

80 Iūlius: "Nōnne ab īnfante sānō discēdēs?"

Aemilia: "Minimē! Bona māter semper apud īnfantem suum manēre dēbet. Sīve īnfāns valet sīve aegrōtat, māter ipsa eum cūrāre et alere dēbet — hoc est mātris officium!"

85 Iūlius: "Tūne ipsa īnfantem tuum lacte tuō alēs?"

Aemilia: "Profectō īnfantem meum ipsa alam. Ego faciam officium meum! Neque sōlum diē, sed etiam nocte apud īnfantem erō: semper cum eō dormiam."

Iūlius: "Quid? Nōs et īnfāns in eōdem cubiculō dor-
90 miēmus? Vix ūnam hōram dormīre poterimus, sī īnfāns vāgiet. Sī tū et īnfāns tuus in cubiculō nostrō dormiētis, ego profectō in aliō cubiculō dormiam, ubi ab īnfante vāgiente nōn excitābor!"

Aemilia: "Ō Iūlī! Ita loquitur homō quī officium
95 suum nescit!"

Iūlius: "Meum officium est pecūniam facere ac magnam familiam alere, nōn cum īnfante vāgiente cubāre! Somnus virō industriō necessārius est!"

rārō *adv*, *comp* rārius, *sup* rārissimē

minimē = certē nōn (discēdam)
sī-ve ... sī-ve = sī ... vel sī
dēbēre

officium -ī *n*: mātris officium est = māter dēbet

pot-erimus

157

pergere : loquī pergere
plūra : plūra verba

Aemilia īrāta "Nōlī pergere!" inquit, "Plūra ā tē audīre nōlō!" atque iterum ad ōstium versus īre incipit.   100

"Manē, Aemilia!" inquit Iūlius, "Nōlī ita mē relinquere!" sed illa adversus ōstium īre pergit.

Tum vērō Syra, quae eō ipsō tempore peristȳlum in-   *III*

ūnā cum = simul cum
occurrere + *dat*:

trat ūnā cum Iūliā, dominae in ōstiō occurrit.

Syra Aemiliae in ōstiō
occurrit

Aemilia ante Syram et Iūliam cōnsistēns "Quid vul-   105
tis?" inquit, "Cūr nōn manētis in hortō?"

Syra: "Quia mox imbrem habēbimus: ecce caelum
nūbibus ātrīs operītur. Sī in hortō manēbimus, ūmidae
erimus. Vōs quoque ūmidī eritis, dominī, sī hīc in peristȳlō manēbitis."   110

Iūlius caelum spectāns "Rēctē dīcis" inquit, "Illae
nūbēs imbrem afferent. Venīte mēcum in ātrium! Mox
sōl rūrsus lūcēbit."

silēre = tacēre

silentium -ī *n* (< silēns)
↔ sermō

Iūlius ātrium intrat; Aemilia eum sequitur ūnā cum
Iūliā et Syrā. In ātriō Iūlius et Aemilia silentēs imbrem   115
in impluvium cadentem aspiciunt. Iūlia silentium parentum animadvertit, et "Quid silētis?" inquit, "Estisne
trīstēs? Ego vōs cōnsōlābor!"

ad-vehere

domum = ad domum
  suam
re-vertī = red-īre

Aemilia: "Cōgitāmus dē... miserīs nautīs, quōrum officium est nāvigāre, sīve mare tranquillum sīve turbi-   120
dum est. Multī nautae nunc in mare merguntur, dum
rēs necessāriās ex terrīs aliēnīs in Italiam advehere cō-
nantur. Ō, miserōs nautās, quī numquam domum re-
vertentur! Ō, miserōs līberōs nautārum, quī post hanc
tempestātem patrēs suōs nōn vidēbunt!"   125

Iūlia: "Ego laetor quod pater meus nauta nōn est et domī apud nōs manēre potest."

Iūlius, quī crās Rōmam ībit, "Nōn semper" inquit "mihi licet apud vōs manēre, Iūlia. Necesse est mihi

130 crās rūrsus ā vōbīs discēdere, nec vērō in terrās aliēnās ībō, ut nauta."

Iūlia: "Quō ībis, tata? Quandō revertēris? Ego et mamma tē sequēmur!"

Iūlius: "Quārē mē sequēminī? Rōmam proficīscar,

135 unde tertiō quōque diē revertar, sī poterō."

Iūlia: "Nōlī ā nōbīs discēdere! Vel sī necesse erit domō abīre, nōn modo tertiō quōque diē, sed cotīdiē ad nōs revertī dēbēs. Hoc postulō ā tē! Nōlō tē carēre, tata. Cotīdiē tibi occurram."

140 Iūlius: "Audīsne, Aemilia? Iūlia dīcit 'sē patre suō carēre nōlle', ergō mē nōn minus dīligit quam tē. Atque ego profectō fīliam meam aequē dīligō ac fīliōs. Nec alteram fīliam minus dīligam."

Iūlia: "Quam 'alteram fīliam' dīcis? Mihi soror nōn

145 est."

Iūliō silente, Aemilia "Nōnne gaudēbis, Iūliola" inquit, "sī parvulam sorōrem habēbis?"

Iūlia: "Sorōrem habēre nōlō! Nam sī sorōrem habēbō, ea sōla ā vōbīs amābitur, ego nōn amābor!"

150 Aemilia: "Certē tū nōn minus ā nōbīs amāberis: tū et parvula soror aequē amābiminī."

Iūlia: "Sī aequē amābimur, laeta erō. Sed multō ma-

---

domī = in domō suā

crās = diē post hunc diem

vōs, *abl* vōbīs: ā *vōbīs*

īre: ībō ībimus
ībis ībitis
ībit ībunt

pot-erō

nōs, *abl* nōbīs: ā *nōbīs*

domō = ā domō suā

nōlle *inf* (< ne- + velle)
= nōn velle
dīligere = amāre (ut parentēs līberōs suōs)
aequē (ac) = nec magis
nec minus (quam)

Iūliō silente = dum
Iūlius silet
Iūli*ola* = parva Iūlia

159

fīlio*lus* -ī *m* = parvus
fīlius

nōlumus (< ne-volumus)
= nōn volumus

decēre = dignus esse;
  eam decet = eā dignus
  est, eī convenit
nōlī! (*sg*)   nōlīte! (*pl*)

futūrum (*fut*)

[1] computā|*b*|*ō*
  computā|*b*|*is*
  computā|*b*|*it*
    computā|*b*|*imus*
    computā|*b*|*itis*
    computā|*b*|*unt*
[2] pārē|*b*|*ō*
  pārē|*b*|*is*
  pārē|*b*|*it*
    pārē|*b*|*imus*
    pārē|*b*|*itis*
    pārē|*b*|*unt*
[3] scrīb|*a*|*m*
  scrīb|*ē*|*s*
  scrīb|*e*|*t*
    scrīb|*ē*|*mus*
    scrīb|*ē*|*tis*
    scrīb|*e*|*nt*

gis laetābor, sī frātrem habēbō, mamma! Nōnne tū quoque laetāberis, tata, sī fīliolum habēbis?"

Iūlius silet. Aemilia vērō, antequam Iūlia silentium 155
patris animadvertit, "Nōlī dīcere 'tatam' et 'mammam',
Iūliola!" inquit, "Ea nōmina ā tē audīre nōlumus. Ita
loquuntur parvulī īnfantēs, nec sermō īnfantium tē decet. 'Patrem' et 'mātrem' dīcere oportet."

Iūlia: "Sī īnfāns nōn sum, nōlīte mē 'Iūliolam' vo- 160
cāre! Id nōmen mē nōn decet. Mihi nōmen est 'Iūlia'."

Aemilia: "Rēctē dīcis, Iūlia. Tū igitur ā nōbīs 'Iūlia'
vocāberis, et nōs ā tē 'pater' et 'māter' vocābimur."

Iūlia: "Ita semper ā mē vocābiminī, tata et mamma!"

GRAMMATICA LATINA 165
Verbī tempora
Tempus futūrum

Tempus praesēns: Diēs est. Sōl lūcet. Omnēs vigilant.
Nēmō dormit. Avēs canunt.

Tempus futūrum: Mox nox *erit*. Sōl nōn lūcē*bit*, sed stēllae 170
lūcē*bunt*. Omnēs dormi*ent*. Nēmō vigilā*bit*. Nūlla avis can*et*.

Futūrum (pers. III): singulāris -*bit* -*et*, plūrālis -*bunt* -*ent*.
[A] Āctīvum.

Exempla: [1] computā|re: computā|*bit*; [2] pārē|re: pārē-
|*bit*; [3] scrīb|ere: scrīb|*et*; [4] dormī|re: dormi|*et*. 175

Malus discipulus: "Ab hōc diē bonus discipulus *erō*, magister: numquam in lūdō dormi*am*, semper tibi pārē*bō*, bene
computā*bō* et pulchrē scrīb*am*!" Magister: "Quid? Tūne bonus discipulus *eris*? Id fierī nōn potest! Crās rūrsus in lūdō
dormi*ēs*, male computā*bis*, foedē scrīb*ēs*, nec mihi pārē*bis*!" 180
Crās discipulus tam malus *erit* quam hodiē est: in lūdō dormi*et*, male computā*bit*, foedē scrīb*et*, nec magistrō pārē*bit*.

160

Malī discipulī: "Ab hōc diē bonī discipulī *erimus*, magister:
numquam in lūdō dormi*ēmus*, semper tibi pārē*bimus*, bene
185 computā*bimus* et pulchrē scrīb*ēmus!*" Magister: "Quid? Vōsne bonī discipulī *eritis?* Id fierī nōn potest! Crās rūrsus in
lūdō dormi*ētis*, male computā*bitis*, foedē scrīb*ētis*, nec mihi
pārē*bitis!*" Crās discipulī tam improbī *erunt* quam hodiē sunt:
in lūdō dormi*ent*, male computā*bunt*, foedē scrīb*ent*, nec ma-
190 gistrō pārē*bunt*.

	Sing.	Plūr.	Sing.	Plūr.
Persōna prīma	-bō	-bimus	-am	-ēmus
Persōna secunda	-bis	-bitis	-ēs	-ētis
Persōna tertia	-bit	-bunt	-et	-ent

195 [B] Passīvum.

Fīlius: "Ab hōc diē bonus discipulus erō. Ergō ā magistrō
laudā*bor*, nōn reprehend*ar*." Pater: "Tū nōn laudā*beris*, sed
reprehend*ēris* ā magistrō!" Crās discipulus rūrsus ā magistrō
reprehend*ētur*, nōn laudā*bitur*.

200 Fīliī: "Ab hōc diē bonī discipulī erimus. Ergō ā magistrō
laudā*bimur*, nōn reprehend*ēmur*." Pater: "Vōs nōn laudā*bi-
minī*, sed reprehend*ēminī* ā magistrō!" Crās discipulī rūrsus ā
magistrō reprehend*entur*, nōn laudā*buntur*.

	Sing.	Plūr.	Sing.	Plūr.
205 *Persōna prīma*	-bor	-bimur	-ar	-ēmur
Persōna secunda	-beris	-biminī	-ēris	-ēminī
Persōna tertia	-bitur	-buntur	-ētur	-entur

PENSVM A

Mox novus īnfāns in cūnīs Aemiliae er–. Aemilia rūrsus īnfantem hab–. Tum quattuor līberī in familiā er–. Iūlius et
Aemilia quattuor līberōs hab–. Aemilia īnfantem suum am–.
Iūlius et Aemilia īnfantem suum aequē am–. Annō post īnfāns prīma verba disc– et prīmōs gradūs faci–. Īnfāns ambulāns ā parentibus laud–.

Aemilia: "Ego īnfantem meum bene cūr–: semper apud
eum man–, numquam ab eō discēd–." Iūlius: "Certē bona

Marginal notes:

[4] dormi|a|m
dormi|ē|s
dormi|e|t
  dormi|ē|mus
  dormi|ē|tis
  dormi|e|nt
esse erō erimus
  eris eritis
  erit erunt

[1,2] -b|ō -b|imus
  -b|is -b|itis
  -b|it -b|unt
[3,4] -a|m -ē|mus
  -ē|s -ē|tis
  -e|t -e|nt

laudā|b|or
laudā|b|eris
laudā|b|itur
  laudā|b|imur
  laudā|b|iminī
  laudā|b|untur
reprehend|a|r
reprehend|ē|ris
reprehend|ē|tur
  reprehend|ē|mur
  reprehend|ē|minī
  reprehend|e|ntur

[1,2] -b|or -b|imur
  -b|eris -b|iminī
  -b|itur -b|untur
[3,4] -a|r -ē|mur
  -ē|ris -ē|minī
  -ē|tur -e|ntur

māter er–, Aemilia: īnfantem tuum ipsa cūr– nec eum apud nūtrīcem relinqu–." Aemilia: "Etiam nocte apud īnfantem er–, semper cum eō dorm–. Nōs et īnfāns in eōdem cubiculō dorm–." Iūlius: "Nōn dormiēmus, sed vigil–! Nam certē ab īnfante vāgiente excit–!" Aemilia: "Ego excit–, tū bene dormi– nec excit–!"

PENSVM B

Parvulus puer quī in — iacet — appellātur. Īnfāns quī cibō — magnā vōce —. Nōn pānis, sed — cibus īnfantium est. Nūtrīx est — [= fēmina] quae nōn suum, sed — īnfantem —. Multae mātrēs īnfantēs suōs ipsae alere —.

Marītus et uxor iam nōn dē tempore praeteritō —, sed dē tempore —. Aemilia: "Cūr tū fīlium habēre —, Iūlī? Ego alteram fīliam habēre —, plūrēs quam duōs fīliōs — [= nōn volō]. Vōs virī fīliōs tantum —! Fīliōs — dīligitis quam fīliās!" Iūlius — [= tacet]. Aemilia īrāta — adversus ōstium facit, sed Iūlius "— hīc apud mē!" inquit, "— discēdere!" Aemilia manet ac loquī —: "Bona māter apud īnfantem suum manēre —, hoc mātris — est. Nēmō enim īnfantem melius — potest quam māter ipsa."

PENSVM C

Ubi parvulus īnfāns cubat?
Quid facit īnfāns quī cibō caret?
Quid est cibus īnfantium parvulōrum?
Num omnēs īnfantēs ā mātribus suīs aluntur?
Quae sunt prīma verba īnfantis?
Quandō Aemilia novum īnfantem habēbit?
Cūr Aemilia ā marītō suō discēdere vult?
Cūr Iūlius in aliō cubiculō dormīre vult?
Quid Aemilia officium mātris esse dīcit?
Cūr Syra et Iūlia in hortō nōn manent?
Cūr Iūlia sorōrem habēre nōn vult?

PVGNA DISCIPVLORVM

1 Ecce puer quī ē lūdō domum revertitur. Quis est hic puer? Mārcus est, sed difficile est eum cognōscere, nam sordidus est et sanguis dē nāsō eius fluit. Hodiē māne vestīmenta Mārcī munda erant atque tam candida quam

5 nix nova, nunc vērō sordida et ūmida sunt. Cūr vestis Mārcī ūmida est? Vestis ūmida est, quod Mārcus per imbrem ambulāvit. Nec modo Mārcus, sed etiam Titus et Sextus per imbrem ambulāvērunt. Omnēs discipulī vestīmentīs ūmidīs domum revertuntur.

10   Sed cūr sanguis dē nāsō fluit Mārcō? Sanguis eī dē nāsō fluit, quod Mārcus ā Sextō pulsātus est. Nōnne Mārcus Sextum pulsāvit? Prīmum Sextus ōs Mārcī pugnō pulsāvit, deinde Mārcus et Titus Sextum pulsāvērunt. Sextus, quī māior est quam cēterī discipulī,

15 cum Mārcō et Titō pugnāvit et ab iīs pulsātus est. Puerī pugnāvērunt in viā angustā quae Tūsculō ad vīllam Iūliī fert.

mundus -a -um = pūrus
candidus -a -um = albus
(ut nix)
vestis -is *f* = vestīmenta

Mārcus ā Sextō pulsātus est
(*pass*) = Sextus Mārcum
pulsāvit (*āct*)

pugnāre cum = pugnāre
contrā
angustus -a -um ↔ lātus

via fert = via dūcit (ad)

163

genū -ūs *n*, *pl* genua
-uum

humus -ī *f* = terra; humī
(*loc*) = in humō

genū

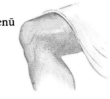

cruor -ōris *m* = sanguis
cōn·spicere -iō = vidēre
meus fīlius, *voc* mī fīlī!

cornua

bōs bovis *m/f*

cornū -ūs *n* (*dēcl IV*):

	sing	*plūr*
nōm	cornū	corn*ua*
acc	cornū	corn*ua*
gen	corn*ūs*	corn*uum*
dat	cornū	corn*ibus*
abl	cornū	corn*ibus*

Nōn modo vestis, sed etiam faciēs et manūs et genua Mārcī sordida sunt. Cūr tam sordidus est puer? Sordidus est quod humī iacuit; humus enim propter imbrem 20 ūmida et sordida est. Et Mārcus et Sextus humī iacuērunt. Prīmum Mārcus iacuit sub Sextō. Titus vērō Mārcum vocāre audīvit ac Sextum oppugnāvit. Mox Sextus ipse humī iacēns ā duōbus puerīs pulsātus est; magnā vōce patrem et mātrem vocāvit, nec vērō parentēs eum 25 audīvērunt: vōx Sextī ā nūllō praeter puerōs audīta est.

Mārcus ātrium intrāns nōn statim ā patre suō cognōs- *II* citur, sed cum prīmum fīlius patrem salūtāvit, Iūlius vōcem fīliī cognōscit. Tum cruōrem in faciē eius cōnspiciēns exclāmat pater: "Ō mī fīlī! Quis tē pulsāvit?" 30

Mārcus: "Bōs īrātus cornū mē pulsāvit!"

Iūlius: "Id vērum nōn est! Is quī tē pulsāvit cornua nōn gerit. Ā quō pulsātus es?"

Mārcus: "Ā Sextō pulsātus sum."

Iūlius: "Intellegēbam tē nōn cornibus, sed pugnīs 35 pulsātum esse. At cūr tū pulsātus es? Certē nōn sine causā Sextus tē pulsāvit. Incipe ab initiō: ille prīmum ā tē pulsātus est!"

Mārcus: "Minimē! Prīmum ille mē pugnō pulsāvit sine causā, deinde ego illum pulsāvī!" 40

Iūlius: "Tūne sōlus Sextum pulsāvistī?"

Mārcus: "Ego et Titus eum pulsāvimus."

Iūlius: "Quid? Vōs duo ūnum pulsāvistis? Duo cum ūnō pugnāvistis?"

45 Mārcus sē et Titum excūsāre cōnātur: "At pugnāvi-
mus cum puerō māiōre. Sōlus Sextum vincere nōn possum, nam is multō māior ac validior est quam ego.
Sextus tam validus est quam bōs!"

Iūlius: "Et tū tam sordidus es quam porcus! Cūr sor-
50 dida est vestis tua nova? Humīne iacuistī?"

Mārcus: "Humī iacuī: Sextus mē tenuit. Sed is quoque humī iacuit: nōs eum tenuimus!"

Iūlius: "Iam satis audīvī dē pugnā vestrā indignā.
Nam certē nōn decet pulsāre puerum minōrem, sed
55 duōs puerōs cum ūnō pugnāre indignissimum est —
hoc nūllō modō excūsārī potest! Nōlī mihi plūs nārrāre
dē hāc rē! Age, ī in cubiculum tuum ac mūtā vestīmenta! Dāvus tibi alia vestīmenta dabit."

Mārcus Dāvum sequitur in cubiculum, ubi cruōrem
60 et sordēs ē faciē, manibus, genibus lavat ac vestīmenta
mūtat. Puer vestem sordidam pōnit aliamque vestem
mundam et candidam induit.

Interim Aemilia ātrium intrat. Māter familiās statim
sordēs et vestīgia Mārcī in solō cōnspicit et "Sordidum
65 est hoc solum!" inquit, "Aliquis pedibus sordidīs in solō
mundō ambulāvit! Quis per ōstium intrāvit? aliquis ē
familiā nostrā?"

"Porcus intrāvit!" ait Iūlius.

Aemilia: "Quid ais?"

70 Iūlius: "'Porcum intrāvisse' āiō."

Aemilia: "Ain' tū? Porcusne ātrium intrāvit?"

ex-cūsāre ↔ accūsāre

porcus -ī *m*

humī-ne

pugna -ae *f* < pugnāre
in-dignus -a -um = nōn
  dignus
nōn decet = indignum
  est

sordēs -ium *f pl*

(vestem) pōnere
  ↔ induere

interim = dum haec
  aguntur
solum -ī *n*

ali-quis (: nesciō quis)
ali-quid (: nesciō quid)

ait = dīcit
āiō —
ais —
ait āiunt

ain'? = ais-ne?

165

Iūlius: "'Porcus' quī intrāvit est tuus Mārcus fīlius!" Iūlius 'Mārcum intrāvisse' dīcit, at nōn dīcit 'eum ā Sextō pulsātum esse et humī iacuisse.'

Aemilia, quae iam intellegit puerum sordidum ā patre 'porcum' appellātum esse, "Ubi est Mārcus?" inquit, "Cūr nōndum mē salūtāvit?" 75

Iūlius: "Mārcus lavātur et vestem mūtat."

post-quam ↔ ante-quam

Mārcus, postquam vestem mūtāvit, mundus redit et mātrem salūtat. *III* 80

"Salvē, mī fīlī!" inquit māter, "Bonus es puer, quod statim vestem mūtāvistī. In lūdōne quoque bonus puer fuistī?"

lūdō-ne

sum	fuī
es	fuistī
est	fuit
esse	fuisse

Mārcus: "Profectō bonus puer fuī, māter. Laudātus sum ā magistrō." Mārcus dīcit 'sē bonum puerum fuisse 85 et laudātum esse', quamquam puer improbus fuit et ā magistrō verberātus est. Quod dīcit nōn vērum, sed falsum est: Mārcus mentītur.

falsus -a -um ↔ vērus
mentīrī = falsum dīcere

Iūlius: "Quid magister vōs docuit hodiē?"

multa (*n pl*) = multae rēs
cētera (*n pl*) = cēterae rēs
nōs, *dat* nōbīs

Mārcus: "Multa nōs docuit: legere et scrībere et com- 90 putāre et cētera. Prīmum magister nōbīs aliquid recitā-vit, nesciō quid: nihil enim audīvī praeter initium!" Mārcus dīcit 'sē nihil audīvisse praeter initium', id quod vērum est.

quā dē causā? = dē quā
causā? = cūr?
omnia (*n pl*) = omnēs rēs
(↔ nihil)

Aemilia: "Quā dē causā nōn omnia audīvistī?" 95

Iūlius: "Hahae! Magistrō recitante, Mārcus dormī-vit!" Iūlius 'Mārcum dormīvisse' dīcit, nec vērō māter id crēdit.

crēdere = vērum esse
putāre

Aemilia: "Audīsne, Mārce? Pater dīcit 'tē in lūdō
100 dormīvisse'! Nōnne falsum est quod dīcit pater? Num
tū vērē in lūdō dormīvistī?"

Mārcus: "Ita est ut dīcit pater. Nec vērō ego sōlus
dormīvī: omnēs dormīvimus!"

Aemilia: "Ain' vērō? In lūdō dormīvistis? Malī disci-
105 pulī fuistis! Nōnne pūnītī estis ā magistrō?"

Mārcus: "Certē malī discipulī fuimus ac pūnītī sumus: omnēs verberātī sumus ā magistrō. Adhūc mihi
dolet tergum. Sed paulō post magister litterās meās
laudāvit. Tabellam vōbīs ostendam. Ecce tabella mea."

110 Mārcus parentibus nōn suam, sed aliēnam tabellam
ostendit. Cuius est ea tabella? Sextī est: Mārcus enim
tabellās eōrum mūtāvit inter pugnam! Nōn Mārcus,
sed Sextus scrīpsit litterās quae in eā tabellā leguntur.
Aemilia vērō, quae tabellam Mārcī esse crēdit, ā fīliō
115 suō improbō fallitur. Nōn difficile est mātrem Mārcī
fallere!

Aemilia: "Tūne ipse hās litterās pulcherrimās scrīp-
sistī?"

Mārcus: "Ipse scrīpsī profectō. Mihi crēde!"

120 Mārcus mentītur; nam id quod Mārcus 'sē ipsum
scrīpsisse' dīcit, ā Sextō scrīptum est. Sed Aemilia,
quae litterās ā Mārcō scrīptās esse crēdit, "Aspice,
Iūlī!" inquit, "Mārcus ipse haec scrīpsit et ā magistrō
laudātus est. Quid dīxit magister, Mārce? Nārrā nōbīs
125 omnia!"

tabella -ae *f* = parva
   tabula
vōs, *dat* vōbīs

scrīps- < scrīb*s*-

crēdere + *dat*: mihi
   crēde! = crēde id
   quod dīcō!

scrīpt- < scrīb*t*-

haec (*n pl*) = hae rēs

dīx- < dīc*s*-

Mārcus iterum mentītur: "Dīxit 'mē pulcherrimē et rēctissimē scrīpsisse'." (Nōs vērō scīmus magistrum aliud dīxisse!)

Iūlius, quī Mārcum discipulum pigerrimum esse scit, iam dē verbīs eius dubitāre incipit. Aemilia vērō nihil 130 dubitat, sed omnia crēdit!

Aemilia: "Cēterī discipulī nōnne rēctē scrīpsērunt?"

Mārcus: "Minimē! Titus et Sextus prāvē scrīpsērunt et malī discipulī fuērunt, nec ā magistrō laudātī sunt. Ego sōlus laudātus sum!" 135

Iūlius: "Vōsne omnēs eadem vocābula scrīpsistis?"

Mārcus: "Omnēs eadem scrīpsimus, sed ego sōlus rēctē scrīpsī — ut iam vōbīs dīxī."

Iam Iūlius, quī Sextum discipulum industrium ac prūdentem esse scit, Mārcō nōn crēdit. Mārcus patrem 140 suum fallere nōn potest. Ergō Iūlius, quī interim tabellam in manūs sūmpsit, "Mentīris, Mārce!" inquit, "Hoc tuā manū scrīptum nōn est. Falsa sunt omnia quae nōbīs nārrāvistī!"

Aemilia vērō "Quā dē causā" inquit "eum falsa dīx- 145 isse putās? Cūr nōn crēdis fīliō tuō?"

Sed antequam Iūlius ad haec respondēre potest, aliquis iānuam pulsat. Quis pulsat? Vidē capitulum quod sequitur!

dubitāre = incertus esse; dubitāre (dē) ↔ crēdere

sūm*ps*- < sūm*s*-

falsa (*n pl*) = rēs falsae

150 GRAMMATICA LATINA

Verbī tempora

Praeteritum perfectum et imperfectum

Nox obscūra erat: nūlla lūna caelum illūstrā*bat;* caelum neque lūnā neque stēllīs illūstrā*bātur.*

155 Tum fulgur caelum illūstrā*vit;* caelum obscūrum fulgure clārissimō illūstrā*tum est.*

'Illūstrā*bat,* illūstrā*bātur*' est praeteritum im**perfectum**.

'Illūstrā*vit,* illūstrā*tum est*' praeteritum **perfectum** est.

Perfectum

160 [A] Āctīvum.

Mārcus dīcit 'sē Sextum pulsā*visse':* "Ego Sextum pulsā-*vī.*" Iūlius: "Tū*ne* sōlus eum pulsā*vistī?*" Mārcus: "Ego et Titus eum pulsā*vimus.*" Iūlius: "Vōs*ne* ūnum pulsā*vistis?*" Prīmum Mārcum pulsā*vit* Sextus, tum Mārcus et Titus eum

165 pulsā*vērunt.*

Īnfīnītīvus perfectī: pulsāv|*isse.*

	Singulāris	*Plūrālis*
Persōna prīma	pulsāv|*ī*	pulsāv|*imus*
Persōna secunda	pulsāv|*istī*	pulsāv|*istis*
170 *Persōna tertia*	pulsāv|*it*	pulsāv|*ērunt*

Exempla: [1] recitā|re: recitāv|isse; [2] pārē|re: pāru|isse; [3] scrīb|ere: scrīps|isse; [4] audī|re: audīv|isse.

Mārcus malus discipulus *fuit:* male recitā*vit,* foedē scrī*psit,* in lūdō dormī*vit,* nec magistrō pār*uit.* Sed Mārcus dīcit 'sē

175 bonum discipulum *fuisse,* bene recitā*visse,* pulchrē scrī*psisse,* magistrō pār*uisse,* nec in lūdō dormī*visse':* "Ego bonus discipulus *fuī,* bene recitā*vī,* pulchrē scrī*psī,* magistrō pār*uī,* nec in lūdō dormī*vī!*" Iūlius: "Mentīris, Mārce! Tū malus discipulus *fuistī,* male recitā*vistī,* foedē scrī*psistī,* in lūdō dormī-

180 *vistī,* nec magistrō pār*uistī!*"

Mārcus et Titus malī discipulī *fuērunt,* male recitā*vērunt,* foedē scrī*psērunt,* in lūdō dormī*vērunt,* nec magistrō pār*uē-runt.* Mārcus et Titus: "Nōs bonī discipulī *fuimus,* bene reci-

---

perfectum (*perf*)
im-perfectum (*imperf*)

pulsā*visse*

pulsā*vī*   pulsā*vimus*
pulsā*vistī* pulsā*vistis*
pulsā*vit*   pulsā*vērunt*

-*isse*

I	-*ī*	-*imus*
II	-*istī*	-*istis*
III	-*it*	-*ērunt*

[1] recitā-: recitāv-
[2] pārē-: pāru-
[3] scrīb-: scrīps-
[4] dormī- dormīv-

[1] recitāv|*isse*
recitāv|*ī*   -*āv*|*imus*
recitāv|*istī* -*āv*|*istis*
recitāv|*it*   -*āv*|*ērunt*
[2] pāru|*isse*
pāru|*ī*   pāru|*imus*
pāru|*istī* pāru|*istis*
pāru|*it*   pāru|*ērunt*
[3] scrīps|*isse*
scrīps|*ī*   scrīps|*imus*
scrīps|*istī* scrīps|*istis*
scrīps|*it*   scrīps|*ērunt*
[4] dormīv|*isse*
dormīv|*ī*   dormīv|*imus*
dormīv|*istī* dormīv|*istis*
dormīv|*it*   dormīv|*ērunt*

fu|*isse*
fu|*ī*   *fu*|*imus*
fu|*istī*   *fu*|*istis*
fu|*it*   *fu*|*ērunt*

laudāt|*us est*
laudāt|*us* = quī laudātus
   est
laudāt|*ī sunt*
laudāt|*ī* = quī laudātī
   sunt

laudāt|*us* -a -um

laudāt|*us sum*
laudāt|*us es*
laudāt|*us est*
   laudāt|*ī sumus*
   laudāt|*ī estis*
   laudāt|*ī sunt*

-*t*|*um esse*

laudāt|*um esse*

-*tus*	*sum*	-*tī*	*sumus*
-*ta*	*es*	-*tae*	*estis*
	est		*sunt*
-*tum est*		-*ta sunt*	

tāvimus, pulchrē scrī*psimus*, magistrō pār*uimus*, nec in lūdō dormī*vimus!*" Iūlius: "Mentīminī, puerī! Vōs malī discipulī 185 *fuistis*, male recitā*vistis*, foedē scrī*psistis*, in lūdō dormī*vistis*, nec magistrō pār*uistis!*"

[B] Passīvum.

Pater fīlium/fīliam laudāvit = fīlius laud*ātus est*/fīlia laud*āta est* ā patre. Fīlius laudā*tus*/fīlia laudā*ta* gaudet.   190

Pater fīliōs/fīliās laudāvit = fīliī laud*ātī sunt*/fīliae laud*ātae sunt* ā patre. Fīliī laudā*tī*/fīliae laudā*tae* gaudent.

'Laudā*t*|*us* -a -*um*' est p a r t i c i p i u m p e r f e c t ī. Participium perfectī est adiectīvum dēclīnātiōnis I/II. Alia participia perfectī: pulsā*t*|*us*, appellā*t*|*us*, verberā*t*|*us*, scrī*pt*|*us*, audī*t*|*us*,   195 pūnī*t*|*us*. Cum participium perfectī cum tempore praesentī verbī 'esse' coniungitur, fit perfectum passīvī.

Discipulus dīcit '*sē laudātum esse*': "Ā magistrō laudā*tus sum*." Pater: "Tūne laudā*tus es?*"

Discipulī dīcunt '*sē laudātōs esse*': "Ā magistrō laudā*tī su-* 200 *mus*." Pater: "Vōsne laudā*tī estis?*"

Īnfīnītīvus: laudā*tum esse*

	Singulāris	*Plūrālis*
Persōna prīma	laudā*tus sum*	laudā*tī sumus*
Persōna secunda	laudā*tus es*	laudā*tī estis* 205
Persōna tertia	laudā*tus est*	laudā*tī sunt*

PENSVM A

Mārcus ūmidus est, quod per imbrem ambul–, ac sordidus, quod humī iac–. Discipulī ūmidī sunt, quod per imbrem ambul–, ac sordidī, quod humī iac–.

Mārcus: "Ā Sextō puls– sum." Iūlius: "Nōnne tū Sextum puls–?" Mārcus: "Prīmum Sextus mē puls–, tum ego illum puls–. Ego et Titus Sextum puls–." Iūlius: "Quid? Vōs duo ūnum puls–? Et cūr sordida est vestis tua? Humīne iac–?" Mārcus: "Humī iac–: Sextus mē ten–."

Aemilia: "Quid magister vōs doc– hodiē?" Mārcus: "Magister aliquid recit–, sed ego initium tantum aud–." Aemilia:

"Cūr nōn omnia aud–?" Iūlius: "Mārcus in lūdō dorm–!" Aemilia: "Audīsne? Pater dīcit 'tē in lūdō dorm–.' Tūne vērē dorm–?" Mārcus: "Certē dorm–, māter. Omnēs dorm–! Sed paulō post magister laud– litterās meās." Mārcus mātrī litterās quās Sextus scrīps– ostendit. Aemilia: "Tūne ipse hoc scrīps–?" Mārcus: "Ipse scrīps–. Cēterī puerī prāvē scrīps–."

PENSVM B

Hodiē māne Mārcus — erat, vestīmenta eius tam — erant quam nix. Nunc nōn modo — [= vestīmenta], sed etiam faciēs et manūs et — sordida sunt, atque — [= sanguis] eī dē nāsō fluit. Nam Sextus, quī tam — est quam bōs, Mārcum pulsāvit sine — (ut ait Mārcus). Mārcus, quī — iacuit, tam sordidus est quam —. Difficile est eum —.

In cubiculō suō Mārcus lavātur et vestem —. — [= dum haec aguntur] Aemilia ātrium intrat et vestīgia puerī —. Aemilia: "Quid hoc est? — pedibus sordidīs in — mundō ambulāvit!" Mārcus, — vestem mūtāvit, in ātrium redit. Puer mātrī — [= parvam tabulam] Sextī ostendit et 'sē ipsum eās litterās —' dīcit. Id quod Mārcus dīcit nōn vērum, sed — est; Mārcus —, sed Aemilia fīliō suō —. Iūlius vērō dē verbīs eius —; Mārcus patrem suum — nōn potest.

PENSVM C

Cūr Mārcus rediēns ūmidus et sordidus est?
Ā quō pulsātus est?
Cūr Mārcus sōlus Sextum vincere nōn potest?
Quōmodo Mārcus sē excūsāre cōnātur?
Quid agit Mārcus in cubiculō suō?
Quid Aemilia in solō cōnspicit?
Quid tum Iūlius dīcit uxōrī?
Quid Mārcus parentibus suīs ostendit?
Quis litterās quae in eā tabulā sunt scrīpsit?
Cūr Iūlius fīlium suum nōn laudat?

Vocābula nova:
vestis
genū
humus
cruor
bōs
cornū
causa
porcus
pugna
sordēs
solum
tabella
mundus
candidus
angustus
validus
indignus
falsus
cognōscere
cōnspicere
excūsāre
vincere
nārrāre
mūtāre
mentīrī
crēdere
fallere
dubitāre
fuisse
āiō ais ait
ain'
aliquis
aliquid
humī
interim
postquam
perfectum
imperfectum

līmen

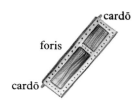

cardō

foris

cardō

foris -is *f*

līmen -inis *n*
cardō -inis *m*

vertī = circum movērī

iānitor -ōris *m* = ōstiārius

sī quis = sī aliquis
extrā *prp+acc*

ad-mittere
intrā *prp+acc* ↔ extrā

ferōx -ōcis = ferus

anteā=ante hoc tempus,
antīquīs temporibus

catēna
-ae *f*

ferreus -a -um = ex ferrō
factus
aurum -ī *n*

CAVE CANEM

Iānua vīllae ē duābus foribus cōnstat. Sub foribus est   *I*
līmen, in quō SALVE scrīptum est. Foris duōs cardinēs
habet, in quibus vertī potest; cum foris in cardinibus
vertitur, iānua aperītur aut clauditur. Servus cuius officium est forēs aperīre et claudere ac vīllam dominī   5
cūstōdīre, ōstiārius vel iānitor appellātur.

Sī quis vīllam intrāre vult, iānuam pulsat et extrā
iānuam exspectat, dum iānitor forēs aperit eumque in
vīllam admittit. Iānitor intrā iānuam sedet cum cane
suō, quī prope tam ferōx est quam lupus; itaque necesse   10
est eum catēnā vincīre. Anteā dominī sevērī nōn sōlum
canēs, sed etiam iānitōrēs suōs catēnīs vinciēbant.

Catēna quā canis vincītur ex ferrō facta est. Catēna
cōnstat ē multīs ānulīs ferreīs quī inter sē coniunguntur.
Ānulī quibus digitī ōrnantur nōn ex ferrō, sed ex aurō   15

172

factī sunt. Aurum est magnī pretiī sīcut gemmae. Ānulus aureus multō pulchrior est quam ānulus ferreus.

Forēs ē lignō factae sunt sīcut tabulae. Lignum est māteria dūra, sed minus dūra quam ferrum. Quī rēs
20 ferreās vel ligneās facit, faber appellātur. Deus fabrōrum est Vulcānus. —

Iānua clausa est. Iānitor, quī forēs clausit postquam Mārcus intrāvit, iam rūrsus dormit! Iānitōre dormiente, canis vigilāns iānuam cūstōdit. Extrā forēs stat tabellā-
25 rius (sīc appellātur servus quī epistulās fert, nam anteā in tabellīs scrībēbantur epistulae). Is baculō ligneō forēs pulsat atque clāmat: "Heus! Aperī hanc iānuam! Num quis hīc est? Num quis hanc aperit iānuam? Heus tū, iānitor! Quīn aperīs? Dormīsne?"

30 Cane lātrante iānitor ē somnō excitātur.

Tabellārius iterum forēs pulsat magnā vōce clāmāns: "Heus, iānitor! Quīn mē admittis? Putāsne mē hostem esse? Ego nōn veniō vīllam oppugnātum sīcut hostis, nec pecūniam postulātum veniō."

35 Tandem surgit iānitor. "Quis forēs nostrās sīc pulsat?" inquit.

Tabellārius (extrā iānuam): "Ego pulsō."

Iānitor (intrā iānuam): "Quis 'ego'? Quid est tibi nōmen? Unde venīs? Quid vīs aut quem quaeris?"

40 Tabellārius: "Multa simul rogitās. Admitte mē! Posteā respondēbō ad omnia."

Iānitor: "Respondē prius! Posteā admittēris."

sīc-ut = ut

aureus -a -um = ex aurō factus

ligneus -a -um = ex lignō factus
faber -brī *m*

claudere clausisse clausum (esse)

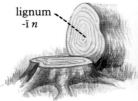
lignum -ī *n*

heus! : audī!

num quis = num aliquis

quīn? = cūr nōn?
quīn aperīs? = cūr nōn aperīs? aperī!

-*tum*: vīllam oppugnā*tum* = quia vīllam oppugnāre volō

tandem = postrēmō (post longum tempus)

rogitāre = interrogāre (multa)
post-eā = deinde

prius *adv* ↔ posteā

-*tū*: nōmen facile dic*tū*
  est = facile est nōmen
  dīcere; vōx difficilis
  audī*tū* est = difficile
  est vōcem audīre

dīcere dīxisse dictum
  (esse)
erus -ī *m* = dominus

dormītum īre = ad
  somnum īre

forīs *adv* = extrā forēs

fremere = 'rrr' facere
  ut canis īrātus
re-tinēre < re- + tenēre

cavēre

re-sistere = cōnsistere
  et manēre
solvere ↔ vincīre

imāgō
-inis *f*

terrēre=timentem facere
propius *comp* < prope
ac-cēdere = ad-īre

monēre -uisse -itum

Tabellārius: "Nōmen meum nōn est facile dictū: Tlē-polemus nōminor."

Iānitor: "Quid dīcis? Cleopolimus? Vōx tua difficilis 45
est audītū, quod forēs intersunt."

Tabellārius: "Mihi nōmen est Tlēpolemus, sīcut iam
dictum est. Tūsculō veniō. Erum tuum quaerō."

Iānitor: "Sī erum salūtātum venīs, melius est aliō
tempore venīre, nam hāc hōrā erus meus dormītum īre 50
solet, post brevem somnum ambulātum exībit, deinde
lavātum ībit."

Tlēpolemus: "Sī quis per hunc imbrem ambulat, nōn
opus est posteā lavātum īre! At nōn veniō salūtātum.
Tabellārius sum." 55

Tandem iānitor forēs aperit et Tlēpolemum forīs in *II*
imbre stantem videt. Canis īrātus dentēs ostendit ac
fremit: "Rrrr...!" nec vērō tabellārium mordēre potest,
quod catēnā retinētur.

Iānitor: "Cavē! Canis tē mordēbit!" Sīc iānitor homi- 60
nem intrantem dē cane ferōcī monet.

Tlēpolemus in līmine resistēns "Retinē canem!" inquit, "Nōlī eum solvere! Nec vērō opus est mē monēre
dē cane, ego enim legere sciō." Tabellārius solum intrā
līmen aspicit, ubi CAVE CANEM scrīptum est īnfrā imāgi- 65
nem canis ferōcis. "Neque haec imāgō neque canis vērus mē terret!" inquit, et propius ad canem accēdit.

"Manē forīs!" inquit iānitor, "Nōlī ad hunc canem
accēdere! Iam tē monuī!"

70   Tabellārius vērō, quamquam sīc ā iānitōre monitus est, alterum gradum ad canem versus facit — sed ecce canis in eum salit catēnam rumpēns! Homō territus ex ōstiō cēdere cōnātur, sed canis īrātus pallium eius dentibus prehendit et tenet.

salīre
rumpere
terrēre -uisse -itum
cēdere = īre
pallium -ī *n*
prehendere

canis saliēns catēnam
   rumpit et pallium
   Tlēpolemī dentibus
   prehendit

75   "Ei! Canis mē mordet!" exclāmat tabellārius, quī iam neque recēdere neque prōcēdere audet: canis fremēns eum locō sē movēre nōn sinit.

     Iānitor rīdēns "Quīn prōcēdis?" inquit, "Nōlī resistere! Ego tē intrāre sinō. Iānuam aperuī. Prōcēde in

80 vīllam!" Sīc iānitor virum territum dērīdet.

     "Id facilius est dictū quam factū" inquit tabellārius, atque alterum gradum facere audet, sed canis statim in pedēs posteriōrēs surgit atque pedēs priōrēs in pectore eius pōnit! Tabellārius, tōtō corpore tremēns, ex ōstiō

85 cēdit: sīc canis eum ē vīllā pellit. "Removē canem!" inquit ille, "Iste canis ferōx mē intrāre nōn sinit."

     Iānitor eum tremere animadvertit iterumque dērīdet: "Quid tremis? Hicine canis tē terruit?"

prō- [→] ↔ re- [←]
prō-cēdere ↔ re-cēdere

sinere

aperīre -uisse -rtum
dē-rīdēre

re-movēre
iste -a -ud: iste canis
   = ille canis apud tē

hicine = hic-ne

175

Tlēpolemus: "Nōlī putāre mē ab istō cane territum esse! Sī tremō, nōn propter canem ferōcem, sed propter 90 imbrem frīgidum tremō. Admitte mē sub tēctum, iānitor — amābō tē! Vincī istum canem ferōcem! Cūr eum solvistī?" Tabellārius enim canem ā iānitōre solūtum esse arbitrātur.

Iānitor catēnam manū prehendit canemque paulum ā 95 tabellāriō removet. "Nōlī arbitrārī" inquit "mē canem solvisse. Canis ipse catēnam suam rūpit. Ecce catēna rupta."

Tlēpolemus: "Num canis catēnam ferream rumpere potest? Id nōn crēdō. At certē vestem scindere potuit: 100 vidēsne pallium meum novum, quod nūper magnō pretiō ēmī, scissum esse ā cane tuō?"

Iānitor: "Istud pallium nōn est magnī pretiī, neque id nūper ēmptum esse crēdō. Sed quid tū vēnistī? Num quid tēcum fers?" 105

Tlēpolemus: "Stultē rogitās, iānitor, nam iam tibi dīxī 'tabellārium mē esse'. Quid tabellāriōs ferre arbitrāris? aureōsne iānitōribus? Profectō nōs aurum nōn ferimus."

Iānitor: "Vōs scīlicet epistulās fertis." 110

Tlēpolemus: "Rēctē dīcis. Epistulam afferō ad Lūcium Iūlium Balbum. Hocine erō tuō nōmen est?"

Iānitor. "Est. Quīn mihi istam epistulam dās?"

Tlēpolemus: "Prius vincī canem et sine mē intrāre! Nōlī iterum mē forās in imbrem pellere!" 115

---

sub + *abl/acc*:
  sub tēctō esse
  sub tēctum īre

solvere -visse solūtum

arbitrārī = putāre

rumpere rūpisse ruptum

posse potuisse

nūper = paulō ante

emere ēmisse ēmptum
scindere scidisse scissum

iste -a -*ud*

venīre vēnisse

num quid = num aliquid

ferre: ferō   ferimus
       fers   fertis
       fert   ferunt

aureus -ī *m* = nummus
  aureus (I aureus = XXV
  dēnāriī = C sēstertiī)

scī-licet = ut sciunt
  omnēs

hic haec hoc + -ne:
  hicine?
  haecine?
  hocine?

forās *adv* = ē foribus,
  ē domō

Iānitor, postquam canem vīnxit, "Nōn ego" inquit, "sed hic canis tē forās pepulit. Nōlī nārrāre 'tē ā iānitōre forās pulsum esse'!"

Cane vīnctō, tabellārius tandem intrat epistulamque
120 ostendit iānitōrī; quī statim epistulam prehendit et in ātrium ad dominum suum fert.

vincīre vīnxisse vīnctum

pellere pepulisse pulsum

can*e* vīnct*ō* = postquam canis vīnctus est

GRAMMATICA LATINA
Supīnum

[I] Amīcī salūtā*tum* veniunt (= quia salūtāre volunt).
125 'Salūtā*tum*' s u p ī n u m vocātur. Supīnum in -*tum* dēsinēns significat id quod aliquis agere vult et pōnitur apud verba 'īre', 'venīre', 'mittere' et alia.

Exempla: Rōmānī cotīdiē lavā*tum* eunt. Mīlitēs oppidum oppugnā*tum* mittuntur. Vesperī omnēs dormī*tum* eunt. Mē-
130 dus et Lȳdia ad tabernam eunt ānulum ēmp*tum*.

[II] Id est facile dic*tū* = facile est id dīcere.

'Dic*tū*' est alterum supīnum in -*tū* dēsinēns, quod apud adiectīva 'facilis' et 'difficilis' et pauca alia reperītur.

Exempla: Multa sunt faciliōra dic*tū* quam fac*tū*. Vōx diffi-
135 cilis audī*tū* est.

salūtā*tum*

-*tum*

dic*tū*

-*tū*

PENSVM A

Hōrā nōnā erus ambulā– īre solet. Tabellāriī nōn mittuntur pecūniam postulā–. Hostēs castra expugnā– veniunt. Multī barbarī Rōmam veniunt habitā–.

Syra: "Verba medicī difficilia sunt audī–." Ea rēs est fac– facilis. Nōmen barbarum difficile dic– est.

Verba: terrēre –isse –um; claudere –isse –um; dīcere –isse –um; solvere –isse –um; emere –isse –um; rumpere –isse –um; aperīre –isse –um; vincīre –isse –um; pellere –isse –um; scindere –isse –um; venīre –isse; posse –isse.

Vocābula nova:
foris
līmen
cardō
iānitor
catēna
aurum
lignum
faber
tabellārius
imāgō
pallium
aureus

177

ferōx
ferreus
aureus
ligneus
cūstōdīre
admittere
vincīre
rogitāre
fremere
mordēre
retinēre
cavēre
monēre
resistere
solvere
terrēre
accēdere
salīre
rumpere
cēdere
prehendere
recēdere
prōcēdere
sinere
dērīdēre
tremere
pellere
removēre
arbitrārī
scindere
iste
scīlicet
anteā
posteā
prius
tandem
nūper
forīs
forās
sīcut
quīn
extrā
intrā
supīnum

PENSVM B

Iānua cōnstat ē duābus —, quae in — vertuntur. Ōstiārius vel
— dīcitur servus quī hominēs in vīllam —. Canis eius prope
tam — quam lupus est; itaque necesse est eum catēnā —
[<ferrum] —. Ānulus Lȳdiae nōn ex ferrō, sed ex — factus
est. Servus quī epistulās fert — dīcitur, nam — epistulae in
tabellīs scrībēbantur.

Tabellārius — ianuam stat. Iānitor, quī — ianuam sedet,
tabellārium dē cane ferōcī —: "Cavē! Canis tē —!" In solō
intrā — scrīptum est '— canem' īnfrā — canis. "Nec haec —
nec canis vērus mē —" inquit tabellārius, ac propius ad canem —. Canis catēnam — et vestem eius dentibus —. Tabellārius neque — neque — audet. Iānitor: "— prōcēdis? Ego tē
intrāre —!" Sīc iānitor hominem territum —. Ille alterum
gradum facit, sed canis eum ex ōstiō —. Tlēpolemus tōtō
corpore — ex ōstiō —. — [= postrēmō] iānitor canem vincit.

PENSVM C

Quid est iānitōris officium?
Cūr necesse est canem eius vincīre?
Ex quā māteriā cōnstat iānua?
Vulcānus quis est?
Quid in solō intrā līmen vidētur?
Quid tabellārius sēcum fert?
Unde venit Tlēpolemus et quem quaerit?
Quōmodo iānitor ē somnō excitātur?
Quid agit Iūlius post merīdiem?
Cūr canis saliēns catēnā nōn retinētur?
Quid facit iānitor antequam tabellārius intrat?

EPISTVLA MAGISTRI

1 Iūlius, quī canem lātrāre audīvit, iānitōrem ātrium intrantem interrogat: "Quis advēnit?"

Iānitor: "Tabellārius advēnit Tūsculō. Ecce epistula quam illinc ad tē tulit." Hoc dīcēns iānitor epistulam 5 dominō suō trādit.

Iūlius: "Quidnam hoc est? Quisnam Tūsculō epistulam ad mē mīsit?"

Iānitor: "Nesciō. Tantum sciō epistulam Tūsculō missam et ā tabellāriō ad tē lātam esse."

10 Iūlius: "Nōn opus est idem bis dīcere. Ego id quod semel dictum est bene intellegō. Recēde hinc ad canem tuum!" Sīc Iūlius iānitōrem dīmittit.

Dominus cēram aspiciēns signum magistrī cognōscit (est enim parva eius imāgō) et "Missa est" inquit "ā 15 magistrō Diodōrō. Nōlō hās litterās legere, nam certē

ad-venīre -vēnisse

illinc = ab illō locō
ferre tulisse lātum
trā-dere = dare (dē manū in manum)
quid-nam? = quid?
quis-nam? = quis?
mittere mīsisse missum

signum magistrī

hinc = ab hōc locō

dī-mittere = ā sē mittere, iubēre discēdere

litterae -ārum *f pl*
= epistula

179

debēre + *dat:* eī dēbeō
: eī dare dēbeō

con-tinēre = in sē habēre
integer -gra -grum: (sig-
num) i.um = nōn
ruptum
signō integrō (*abl*)=dum
signum integrum est
ea (*n pl*) = eae rēs

salūs -ūtis *f:* (eī) salūtem
dīcere = (eum) salūtāre

umquam = ūllō tempore
(neque umquam = et
numquam)

nēmō magister = nūllus
magister

kalendīs Iūniīs = diē
prīmō mēnsis Iūniī

vultus -ūs *m* = faciēs
pallidus -a -um = albus
(dē colōre vultūs
dīcitur)
pallēre = pallidus esse
ob *prp+acc* = propter

legere lēgisse lēctum

magister poscit pecūniam quam eī dēbeō. Duōrum mēnsium mercēdem magistrō dēbeō."

Aemilia: "At fortasse epistula aliās rēs continet. Quis scit? Fortasse magister aliquid scrīpsit dē Mārcō? Signō integrō, nēmō scit." 20

Iūlius signum rumpit et epistulam aperit. Ecce ea quae in epistulā magistrī scrīpta sunt:

Diodōrus Iūliō salūtem dīcit.

Discipulus improbus atque piger est tuus Mārcus fīlius. Male recitat, foedē et prāvē scrībit, computāre nūllō modō 25 *potest, neque umquam rēctē respondet cum eum interrogāvī. Fīlium tuum nihil docēre possum quia ipse nihil discere vult. Nēmō magister pēiōrem discipulum umquam docuit. Valē.*

Scrībēbam Tūsculī kalendīs Iūniīs. Hic diēs mē monet dē 30 *pecūniā quam mihi dēbēs. Quārē Mārcus hodiē mercēdem sēcum nōn tulit? Mercēs numquam mihi trāditur ad diem. Iterum valē.*

Interim Mārcus, cuius vultus ad nōmen magistrī co-lōrem mūtāvit, pallidus et tremēns patrem legentem 35 spectat. Cūr pallet puer? Pallet ob timōrem. (Quī timet pallēre solet.)

Item Aemilia vultum Iūliī sevērum intuētur. Post-quam ille epistulam lēgit ūsque ad fīnem, uxor eum interrogat: "Quid scrīpsit magister?" 40

Iūlius: "Prior epistulae pars dē aliā rē est; in parte pos- *II* teriōre magister mē monet dē pecūniā quam eī dēbeō."

Aemilia: "Cūr nōn solvis pecūniam quae magistrō dēbētur? Certē magister, quī fīliōs nostrōs tam bene
45 scrībere et legere docet, mercēdem suam meret. Sed quidnam scrīptum est in priōre epistulae parte? Nōnne magister Mārcum laudat?"

Iūlius: "Hāc epistulā nūlla laus continētur, nec enim puer piger atque improbus laudem meret! Tūne putās
50 tē hīs litterīs laudārī, Mārce?"

Mārcus vultum ā patre āvertit nec ūllum verbum re-spondet, at genua trementia et vultus pallidus respōn-sum plānum est, quod pater facile intellegit. Saepe si-lentium est respōnsum plānissimum.

55 Tacente Mārcō, Aemilia "Quid fēcit Mārcus?" in-quit, "Dīc mihi omnia!"

Iūlius: "Mārcus prope omnia fēcit quae facere nōn dēbuit! Haec epistula omnem rem plānam facit. — Ō Mārce! Iam plānē intellegō falsa esse omnia quae nōbīs
60 nārrāvistī: magister plānīs verbīs scrībit 'tē discipulum improbissimum fuisse ac foedē et prāvē scrīpsisse'!"

Mārcus: "At tabulam vōbīs ostendī..."

Iūlius: "Aspice hanc tabulam: vidēsne nōmen 'Sextī' litterīs plānīs in parte superiōre īnscrīptum? Tūne solēs
65 nōmina aliēna īnscrībere in tabulā tuā? Haec nōn tua, sed Sextī tabula est. Hocine negāre audēs?"

Mārcus, quī iam nōn audet mentīrī, nihil negat, sed omnia fatētur: "Rēctē dīcis, pater. Tabula Sextī est. Tabulās mūtāvī inter pugnam."

---

solvere pecūniam = dare pecūniam quae dēbētur

merēre -uisse -itum

laus laudis *f* = verba laudantia
rēs epistulā continētur = epistula rem continet

ā-vertere

plānus -a -um = quī facile intellegitur
facil*e adv*

facere -iō fēcisse factum

dēbēre -uisse -itum

omnis -e = tōtus

ostendere -disse
superior -ius *comp*
↔ īnferior
īn-scrībere

negāre = dīcere 'nōn vērum esse'

fatērī ↔ negāre

per-dere ↔ servāre

per-dere -didisse

factum -ī *n* = id quod
  factum est
pudēre: mē pudet=intel-
  legō mē indignē fēcisse
  /indignē factum esse

rubēre = ruber esse

pudor -ōris *m* < pudēre
pudēre + *gen*: factī suī
  : ob factum suum

post-hāc = post hoc
  tempus
futūrus sum = erō
pāritūrus sum = pārēbō
pugnātūrus sum = pug-
  nābō
dormītūrus sum = dor-
  miam
prō-mittere -mīsisse
  -missum

pugnātūrum *esse*

ante-hāc = ante hoc
  tempus; ↔ post-hāc
facere, *imp* fac! facite!

prōmissum -ī *n* = quod
  prōmissum est

Aemilia: "Pugnam? Quam pugnam nārrās?" 70

Iūlius: "Mārcus mihi iam nārrāvit 'sē cum Sextō pug-
nāvisse.' — Nōnne tibi satis fuit vestem tuam novam
perdere? Etiamne tabulam aliēnam...?"

Mārcus: "Tabulam Sextī nōn perdidī, pater. Vidē:
integra est tabula." 75

Iūlius: "At certē pater Sextī putābit eum perdidisse
tabulam suam. Fortasse Sextus ā patre suō pūniētur ob
hanc rem. Intellegisne factum tuum indignum esse?
Nōnne tē pudet hoc fēcisse? Profectō mē pudet hoc ā
meō fīliō factum esse!" 80

Mārcus, quī paulō ante ob timōrem pallēbat, iam rubet propter pudōrem. Puerum pudet factī suī. (Is quem
factōrum suōrum pudet rubēre solet.)

Mārcus: "Certē malus puer fuī, sed posthāc bonus *III*
puer futūrus sum: semper vōbīs pāritūrus sum, num- 85
quam pugnātūrus sum in viā nec umquam in lūdō dormītūrus sum. Hoc vōbīs prōmittō, pater et māter! Mihi
crēdite!"

Mārcus 'sē malum puerum fuisse' fatētur ac simul
prōmittit 'sē posthāc bonum puerum futūrum esse, 90
semper sē parentibus pāritūrum esse nec umquam in
viā pugnātūrum nec in lūdō dormītūrum esse' — id
quod saepe antehāc prōmīsit!

Iūlius: "Prīmum fac quod prōmīsistī, tum tibi crēdē-
mus!" Iūlius nōn crēdit Mārcum prōmissum factūrum 95
esse.

Mārcus: "Omnia quae prōmīsī factūrus sum. Nōlī mē verberāre! Iam bis verberātus sum ā magistrō."

"Ergō verbera magistrī nōn satis fuērunt!" inquit Iū-
100 lius, "Profectō verbera meruistī!" Tum oculōs ā fīliō āvertēns: "Abī hinc ab oculīs meīs! Dūc eum in cubiculum eius, Dāve, atque inclūde eum! Posteā fer mihi clāvem cubiculī!"

Postquam Dāvus puerum ex ātriō dūxit, dominus
105 "Haec omnia" inquit "facta sunt, quod Mēdus herī domō fūgit nec hodiē Mārcum in lūdum euntem et illinc redeuntem comitārī potuit. Posthāc Mārcum sine comite ambulāre nōn sinam. Crās Dāvus eum comitābitur; is certē bonus comes erit."

110 Mārcō in cubiculum ductō atque inclūsō, Dāvus redit et "Mārcus" inquit "inclūsus est. Ecce clāvis cubiculī."

Iūlius clāvem sūmit ac surgit. Aemilia, quae putat eum ad Mārcum īre, "Quō īs, Iūlī?" inquit, "Mārcumne verberātum īs?" Aemilia Mārcum ā patre verberātum īrī
115 putat. "Nōlī eum verberāre! Nōn putō eum posthāc in viā pugnātūrum neque in lūdō dormītūrum esse."

Iūlius: "Putāsne iam mūtātum esse istum puerum? Ego eum nec mūtātum esse nec posthāc mūtātum īrī crēdō! Quamquam herī ā mē semel verberātus est atque
120 hodiē bis ā magistrō, nec verbera patris nec magistrī eum meliōrem fēcērunt."

Aemilia: "Ergō nōn opus est iterum eum verberāre. Nec laudibus nec verberibus melior fierī potest."

factūrus sum = faciam

verbera -um *n pl*

in-clūdere < in + claudere
clāvis -is *f*

dūcere dūxisse ductum

herī = diē ante hunc diem (↔ crās)
fugere -iō fūgisse
īre, *part* iēns *eu*ntis
comitārī: eum c. = cum eō īre
comes -itis *m* = is quī comitātur

in-clūdere -sisse -sum
Mārcō...ductō/inclūsō = postquam Mārcus ... ductus/inclūsus est

māter putat fīlium ā patre verberā*tum īrī* = māter putat patrem fīlium verberātūrum esse

scrīptūrus sum =
  scrībam

cui-nam? = cui?

trā-dere -didisse -ditum

'respōnsum ā Mārcō trā-
  ditum īrī' = 'Mārcum
  respōnsum trāditūrum
  esse'

dēbitus -a -um = quī
  dēbētur

"mercēdem solvere nōlō"

negāre + dat = dare nōlle
quam ob rem? = ob
  quam rem? quārē?

af-ferre at-tulisse al-lātum
  (< ad-)
quō-nam? = quō?
quae-nam? = quae?

epistulā lēctā = postquam
  epistula lēcta est (ab eā)

Iūlius: "Nōlī timēre, Aemilia! Mārcum in cubiculō relinquam. Iam epistulam scrīptūrus sum." Iūlius dīcit 125
'sē epistulam scrīptūrum esse.'

Aemilia: "Cuinam scrīptūrus es?"

Iūlius: "Magistrō scīlicet. Crās Dāvus, Mārcī comes, epistulam meam sēcum feret, quae ā Mārcō ipsō trādētur magistrō. Tabellārius, quī epistulam magistrī trādi- 130
dit, tempus perdit, sī forīs respōnsum meum opperītur. Dīmitte eum, Dāve! Dīc eī 'respōnsum meum crās ā Mārcō trāditum īrī'."

Aemilia: "Nōnne Mārcus simul cum epistulā tuā mercēdem dēbitam trādet magistrō?" 135

Iūlius: "Minimē! Ego enim plānē respondēbō 'mē mercēdem solvere nōlle'!"

Aemilia: "Quid ais? Nōnne tē pudet pauperī magistrō mercēdem negāre? Quam ob rem mercēdem dēbitam solvere nōn vīs? Causam afferre oportet." 140

Iūlius: "Magister ipse mihi causam attulit."

Aemilia: "Quōnam modō? Quaenam causa allāta est ā magistrō?"

Iūlius: "In hīs litterīs magister ipse fatētur 'sē fīlium meum nihil docēre posse': ergō mercēdem nōn meruit. 145
Pecūniam quae merita nōn est nōn solvam. Nōlō pecūniam meam perdere!"

Epistulam sūmēns Aemilia "Itane scrībit magister?" inquit; tum, epistulā lēctā, "Hoc tē nōn excūsat, nam plānē scrībit 'Mārcum ipsum nihil discere velle', et quī 150 nihil discere vult, nihil discere potest. Nōn modo posse, sed etiam velle opus est: quod nōn vīs, nōn potes."

Iūlius rīdēns "Rēctē dīcis" inquit, "Ego enim pecūniam solvere nōlō: ergō solvere nōn possum!"

155 Hoc dīcēns Iūlius epistulam magistrī scindit.

Iūlius epistulam scindit

GRAMMATICA LATINA

Participium et īnfīnītīvus futūrī

[A] Āctīvum.

Mīles: "Fortiter pugnā*tūrus* sum." Mīles dīcit 'sē fortiter
160 pugnā*tūrum esse.*'

'Pugnā*tūrus -a -um*' est p a r t i c i p i u m f u t ū r ī. Participium futūrī est adiectīvum dēclīnātiōnis I/II. 'Pugnā*tūrum esse*' est īnfīnītīvus futūrī, quī cōnstat ex participiō futūrī et 'esse'.

Exempla: pāritūrus, dormītūrus, factūrus, scrīptūrus, fu
165 tūrus.

Mārcus: "Posthāc bonus discipulus *futūrus* sum…" Mārcus dīcit 'sē posthāc bonum discipulum *futūrum esse*, semper magistrō pāri*tūrum esse* nec umquam in lūdō dormī*tūrum esse*.' Magister nōn crēdit eum prōmissum fac*tūrum esse*.

170 Puerī: "Posthāc bonī discipulī *futūrī* sumus…" Puerī dīcunt 'sē posthāc bonōs discipulōs *futūrōs esse*, semper magistrō pāri*tūrōs esse* nec umquam in lūdō dormī*tūrōs esse*.' Magister nōn crēdit eōs prōmissum fac*tūrōs esse*.

[B] Passīvum.

175 Iūlius: "Sextus ā magistrō laudābitur." Iūlius dīcit 'Sextum ā magistrō laudā*tum īrī*.'

'Laudā*tum īrī*' est īnfīnītīvus futūrī passīvī, quī ex supīnō et 'īrī' cōnstat.

PENSVM A

Mārcus: "Posthāc bonus puer fu– sum et vōbīs pāri– sum."
Mārcus prōmittit 'sē bonum puerum fu– esse et sē parentibus

pugnā*tūr*|*us sum* = pugnābō
pugnā*tūr*|*um esse*

-*tūr*|*us* -a -um
-*tūr*|*um esse*

[1] pugnā*tūr*|*um esse*

[2] pāri*tūr*|*um esse*

[3] fac*tūr*|*um esse*

[4] dormī*tūr*|*um esse*

futūr|*um esse*

laudā*tum īrī*

-*tum īrī*

185

Vocābula nova:
signum
litterae
vultus
laus
factum
pudor
prōmissum
verbera
clāvis
comes
integer
pallidus
plānus
superior
trādere
dīmittere
dēbēre
continēre
salūtem dīcere
pallēre
solvere
merēre
āvertere
īnscrībere
negāre
fatērī
perdere
pudēre
rubēre
prōmittere
inclūdere
comitārī
illinc
hinc
quidnam?
quisnam?
fortasse
umquam
posthāc
antehāc
herī
ob

pāri– esse.' Aemilia putat Mārcum ā Iūliō verberā– īrī, sed Iūlius 'sē epistulam scrīp– esse' dīcit.

Verba: dūcere –isse –um; legere –isse –um; mittere –isse –um; inclūdere –isse –um; facere –isse –um; ferre –isse –um; afferre –isse –um; trādere –isse –um; perdere –isse; ostendere –isse; fugere –isse.

PENSVM B

Iānitor dominō epistulam — [= dat]. Iūlius — rumpit; iam signum — nōn est. Mārcus — et tremēns — patris legentis aspicit. Epistula magistrī omnem rem — facit. Iūlius: "Sextī est haec tabula; num hoc — audēs?" Puer nihil negat, sed omnia —. Iūlius: "Indignum est — tuum. Nōnne tē — factī tuī?" Mārcus, quī paulō ante — timōrem pallēbat, iam — ob —. Mārcus: "— semper bonus puer erō, hoc vōbīs —!"

Hodiē Mēdus Mārcum ad lūdum — nōn potuit, nam — domō fūgit; itaque Mārcus sine — ambulāvit. Magister pecūniam quam Iūlius eī — postulat. Iūlius: "Magistrō pecūniam — nōlō, neque enim is mercēdem —. Pecūniam meam — nōlō."

PENSVM C

Ā quō epistula missa est?
Quōmodo Iūlius epistulam aperit?
Quid magister scrīpsit dē Mārcō?
Cuius nōmen in tabulā īnscrīptum est?
Quam ob rem rubet Mārcus?
Negatne Mārcus sē malum discipulum fuisse?
Quid Mārcus parentibus suīs prōmittit?
Quō Dāvus puerum dūcit?
Quārē Iūlius surgit?
Quid Iūlius magistrō respondēbit?
Cūr mercēdem solvere nōn vult?

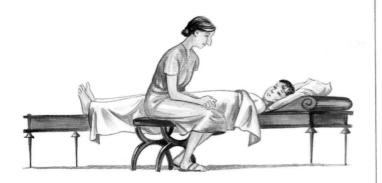

PVER AEGROTVS

1 Interim Quīntus lectō tenētur. Puer aegrōtus iterum iterumque super lectum sē convertit nec dormīre potest sīve in latere dextrō cubat sīve in latere sinistrō. Itaque ē lectō surgere cōnātur, sed pēs dēnuō dolēre incipit. 5 Puer territus pedēs nūdōs aspicit et "Quid hoc est?" inquit, "Pēs dexter multō māior est quam pēs laevus!" Quīntus mīrātur quod pedēs, quī herī parēs erant, hodiē tam imparēs sunt. Tum puer aegrōtus in lectō recumbit. Vīlla quiēta est: nūllus sonus audītur ab ūllā 10 parte; etiam avēs, tempestāte subitā territae, in hortō silent.

At subitō silentium clāmōre et strepitū māximō rumpitur, nam Mārcus in cubiculō suō, quod iūxtā cubiculum Quīntī est, magnā vōce clāmat et forem manibus 15 pedibusque percutit. Quīntus, quī tantum strepitum mīrātur, Syram vocat; quae continuō accurrit.

Syra: "Quid est, Quīnte? Putāvī tē dormīre."

Quīntus: "Mēne dormīre per tantum strepitum?

aegrōtus -a -um = aeger

con-vertere = vertere

latus -eris n

dē-nuō (< dē novō)
    = rūrsus

laevus -a -um = sinister

pār paris = aequus

im-pār ↔ pār
re-cumbere ↔ surgere
    (ē lectō)

subitus -a -um = nōn
    exspectātus

subitō adv
strepitus -ūs m = sonus
    magnus
iūxtā prp+acc = apud

per-cutere -iō = pulsāre

continuō = statim

mē-ne dormīre putāvistī?

187

quid agitur? = quid fit?

valdē < validē

frangere = rumpere
(rem dūram)
aliter = aliō modō

sē, *dat* sibi

dolor -ōris *m* < dolēre

cōnārī -ātum esse

dolēre -uisse
intuērī, *imp* -re:
  intuē*re!* = aspice!
cadere cecidisse

māior ped*e* laevō=māior
  quam pēs laevus

frangere frēgisse frāctum

os ossis *n*

flēre = lacrimāre

patī -ior: dolōrem p.
  = dolōrem ferre
et-sī = quamquam
dolor gravis=d. magnus
intus ↔ forīs

cōnsōlārī, loquī, *imp* -re:
  Q. imperat: "Cōnsōlā*re*
  mē! loque*re* mēcum!"

laetārī, *imp* -re:
  laetā*re!* = gaudē!

Quid agitur, Syra? Quam ob rem Mārcus sīc clāmat ac forem tam valdē percutit?" 20

Syra: "Nōlī hoc mīrārī: Mārcus forem frangere cōnātur, quod aliter exīre nōn potest. Sed tū quid agis? Doletne tibi pēs adhūc?"

Puer 'pedem sibi dolēre' ait: "Valdē mihi dolet pēs, ob dolōrem ē lectō surgere nōn possum." 25

Syra: "Tūne ē lectō surgere cōnātus es?"

Quīntus: "Certē surgere cōnātus sum, at necesse fuit mē continuō recumbere, ita pēs doluit. Intuēre pedēs meōs, Syra! Comparā eōs! Antequam dē arbore cecidī, parēs erant, nunc pēs dexter māior est pede laevō." 30

Syra: "Ego nōn mīror pedem tuum aegrum esse, quod dē tam altā arbore cecidistī; at mīror tē crūs nōn frēgisse. Facile os frangere potuistī."

Quīntus: "Quis scit? Fortasse os frāctum est, nam pedem vix movēre possum sine dolōribus." 35

Syra: "Ossa tua integra sunt omnia. Nōlī flēre! Puerum Rōmānum sine lacrimīs dolōrem patī decet."

Quīntus: "Nōn fleō, etsī dolōrem gravem patior. Trīstis sum, quod mihi necesse est intus cubāre, dum aliī puerī forīs lūdunt. Cōnsōlāre mē, Syra! Cōnsīde hīc 40
iūxtā lectum et loquere mēcum!"

Syra iūxtā lectum ad latus puerī laevum cōnsīdit eumque sīc cōnsōlātur: "Nōlī trīstis esse quod hīc intus cubās: immō laetāre tē nōn inclūsum esse in cubiculō ut frātrem tuum! Nec Mārcō licet cum aliīs puerīs lūdere." 45

Quīntus: "Is nōn aegrōtat nec dolōrēs patitur."

Syra: "Etsī valet, certē tergī dolōrēs passus est."

Quīntus: "Estne verberātus Mārcus? Cūr eī nōn licet

exīre? Quid factum est postquam frāter meus domum

50 rediit? Omnia ignōrō. Dum hīc sōlus cubō, nihil nōs-

cere possum, etsī omnia scīre cupiō."

II   Syra: "Iam nārrābō tibi omnia quae facta sunt: Frāter

tuus hodiē sine comite in lūdum iit..."

Quīntus: "Nōnne Mēdus eum comitātus est?"

55 Syra: "Mēdus herī domō fūgit — putō quia amīcam

suam, quae Rōmae habitat, vidēre cupīvit."

Quīntus: "Quōmodo Mēdus, quī vix umquam Rō-

mae fuit, puellam Rōmānam nōscere potuit?"

Syra: "Nesciō quōmodo, sed certō sciō eum aliquam

60 fēminam nōvisse, nam saepe dē eā locūtus est. Nihil

difficile est amantī, ut āiunt.

"Mēdus igitur hodiē Mārcum comitārī nōn potuit.

Nūper Mārcus sōlus rediit, sed pater fīlium suum red-

euntem vix cognōvit neque eum ōsculātus est ut solet,

65 nam Mārcus nōn modo ūmidus erat quod per imbrem

ambulāverat, sed etiam sordidus atque cruentus quod

humī iacuerat et ā Sextō pulsātus erat. Puerī enim in viā

pugnāverant: prīmum Mārcum pulsāverat Sextus, tum

Mārcus et Titus Sextum pulsāverant. Hōc audītō, do-

70 minus Mārcum sevērē reprehendit."

Quīntus: "Māter quid dīxit?"

Syra: "Māter tua nōn aderat, sed paulō post intrāvit.

---

patī passum esse

fierī factum esse
red-īre -iisse
ignōrāre = nescīre

cupere -iō = velle

iam (+ *fut*) = continuō

īre iisse (< īvisse)

comitārī -ātum esse

cupere -īvisse

vix umquam = prope
  numquam

certō *adv*
ali-qua fēmina, *acc* aliquam fēminam
nōscere nōvisse
loquī locūtum esse
ut *hominēs* āiunt

cognōscere cognōvisse
  cognitum

cruentus -a -um < cruor

reprehendere -disse
  -ēnsum

ad-erat

189

lavāre lāvisse lautum
(= lavātum)
vidēre vīdisse vīsum

cēterum = praetereā, sed

pēior cēterīs (*abl*) =
pēior *quam* cēterī

mentīrī mentītum esse

ali-quis, *acc* ali-quem

tumultus -ūs *m* = clāmor
et strepitus
verērī veritum esse

mordēre momordisse
morsum
lupō ferōcior = ferōcior
quam lupus

saepe, *comp* saepius,
sup saepissimē
nōvisse ↔ ignōrāre

dare dedisse datum
lūdere lūsisse

Tunc Mārcus iam lautus erat et vestem mūtāverat, domina eum sordidum atque cruentum nōn vīdit. Mārcus
vērō 'sē bonum discipulum fuisse' dīxit, etsī in lūdō   75
dormīverat nec magistrum recitantem audīverat — cēterum in hāc rē is nōn pēior fuerat cēterīs, nam omnēs
dormīverant! Postrēmō litterās pulchrās quās Sextus
scrīpserat mātrī ostendit atque dīxit 'sē ipsum eās litterās scrīpsisse.' Tam turpiter frāter tuus mentītus est!"   80

Quīntus: "Quōmodo scīs Mārcum mentītum esse et
eās litterās ā Sextō scrīptās esse?"

Syra: "Quia nōmen 'Sextī' in tabellā scrīptum erat. Et
paulō post tabellārius advēnit..."

Quīntus: "Nūper aliquem iānuam pulsāre et canem   85
valdē lātrāre audīvī. Tum subitō magnā vōce clāmāvit
aliquis. Quidnam tantus ille tumultus significāvit?"

Syra: "Tabellārius clāmāvit quod canem veritus est,
nec sine causā, nam canis eum momordit et vestem eius
scidit. Is canis lupō ferōcior est!"   90

Quīntus: "Ego canem iānitōris nōn vereor neque umquam ab eō morsus sum."

Syra: "Id nōn mīror, nam canis saepissimē tē vīdit.
Canis tē nōvit, ignōrat illum."

Quīntus: "Canis mē nōn modo nōvit, sed etiam dīli-   95
git, nam multa eī ossa dedī et saepe cum eō lūsī. Cēterum quid attulit tabellārius?"

Syra: "Epistulam attulit in quā magister scrīpserat
'Mārcum discipulum pigerrimum fuisse atque foedē et

100 prāvē scrīpsisse.' Tum Mārcus, quī prīmō omnia negā-
verat, 'sē mentītum esse' fassus est."

Quīntus: "Profectō verbera meruit!"

Syra: "Magister eum iam bis verberāverat, nec igitur
pater eum dēnuō verberāre voluit, sed in cubiculum
105 inclūsit. Cēterum facile tibi est frātrem tuum reprehendere, dum ipse hīc in mollī lectulō cubās. Tūne ipse
semper bonus discipulus es?"

Quīntus: "Melior sum frātre meō! Herī laudātus
sum, quia pulchrē scrīpseram et recitāveram."

110 Syra: "Tūne sōlus pulchrē scrīpserās et recitāverās?"

Quīntus: "Immō omnēs praeter Mārcum laudātī sumus, quod pulchrē scrīpserāmus et recitāverāmus."

Syra: "Sī vōs laudātī estis, quod pulchrius scrīpserātis
et recitāverātis quam Mārcus, nōnne ille tam rēctē
115 scrīpserat quam vōs? Ego Mārcum bene nōvī, nec putō
eum vōbīs stultiōrem esse."

Quīntus: "At certē pigrior est nōbīs!"

GRAMMATICA LATINA
Verbī tempora
120 *Plūsquamperfectum*
[A] Āctīvum.

Puer ūmidus est quod per imbrem ambulā*vit*.
Puer ūmidus erat quod per imbrem ambulā*verat*
'Ambulāvit' praeteritum perfectum est. 'Ambulā*verat*' est
125 tempus praeteritum plūsquamperfectum. Plūsquamperfectum dēsinit in *-erat* (pers. III sing.), quod ad īnfīnītīvum
perfectī sine *-isse* additur.

---

prīmō *adv* = initiō

fatērī fassum esse

velle voluisse

melior frātr*e* meō = m.
quam frāter meus

stultior *vōbīs* (*abl*) =
stultior quam vōs

ambulā*verat*

plūs-quam-perfectum
-erat

191

[1] recitāv|era|m
   recitāv|erā|s
   recitāv|era|t
     recitāv|erā|mus
     recitāv|erā|tis
     recitāv|era|nt
[2] pāru|era|m
   pāru|erā|s
   pāru|era|t
     pāru|erā|mus
     pāru|erā|tis
     pāru|era|nt
[3] scrīps|era|m
   scrīps|erā|s
   scrīps|era|t
     scrīps|erā|mus
     scrīps|erā|tis
     scrīps|era|nt
[4] dormīv|era|m
   dormīv|erā|s
   dormīv|era|t
     dormīv|erā|mus
     dormīv|erā|tis
     dormīv|era|nt
fu|era|m   fu|erā|mus
fu|erā|s   fu|erā|tis
fu|era|t   fu|era|nt

-era|m   -erā|mus
-erā|s   -erā|tis
-era|t   -era|nt

verberāt|us erat

verberāt|ī erant

verberāt|us eram
verberāt|us erās
verberāt|us erat
  verberāt|ī erāmus
  verberāt|ī erātis
  verberāt|ī erant

-tus|eram   -tī |erāmus
-ta |erās   -tae|erātis
   |erat |erant
-tum erat   -ta erant

Exempla: [1] recitāv|erat; [2] pāru|erat; [3] scrīps|erat; [4] dormīv|erat.

Herī magister puerum laudāvit, quia bonus discipulus *fuerat:* bene recit*āverat* et scrīp*serat,* magistrō pār*uerat,* nec in lūdō dorm*īverat.* 130

Bonus discipulus malō: "Herī magister mē laudāvit, quia bonus discipulus *fueram:* bene recit*āveram* et scrīp*seram,* magistrō pār*ueram,* nec in lūdō dorm*īveram.* At tē verberāvit 135 magister, quia malus discipulus *fuerās:* male recit*āverās* et scrīp*serās,* in lūdō dorm*īverās,* nec magistrō pār*uerās.*"

Herī magister puerōs laudāvit, quia bonī discipulī *fuerant:* bene recit*āverant* et scrīp*serant,* magistrō pār*uerant,* nec in lūdō dorm*īverant.* 140

Bonī discipulī malīs: "Herī magister nōs laudāvit, quia bonī discipulī *fuerāmus:* bene recit*āverāmus* et scrīp*serāmus,* magistrō pār*uerāmus,* nec in lūdō dorm*īverāmus.* At vōs verberāvit magister, quia malī discipulī *fuerātis:* male recit*āverātis* et scrīp*serātis,* in lūdō dorm*īverātis,* nec magistrō pār*ue-* 145 *rātis.*"

	Singulāris	*Plūrālis*	
Persōna prīma	-eram	-erāmus	
Persōna secunda	-erās	-erātis	
Persōna tertia	-erat	-erant	150

[B] Passīvum.

Magister Mārcum verberāverat = Mārcus verberā*tus erat* ā magistrō. Magister puerōs verberāverat = puerī verberā*tī erant* ā magistrō.

Fīlius: "Pater mē verberāvit, etsī iam ā magistrō verberā*tus* 155 *eram.*" Māter: "Cūr verberā*tus erās?*"

Fīliī: "Pater nōs verberāvit, etsī iam ā magistrō verberā*tī erāmus.*" Māter: "Cūr verberā*tī erātis?*"

	Singulāris	*Plūrālis*	
Persōna prīma	verberā*tus eram*	verberā*tī erāmus*	160
Persōna secunda	verberā*tus erās*	verberā*tī erātis*	
Persōna tertia	verberā*tus erat*	verberā*tī erant*	

PENSVM A

Mārcus rediēns sordidus erat quod humī iac– et cruentus quod Sextus eum puls–. Puerī in viā pugn–. Tergum Mārcō dolēbat quod magister eum verber–. Mārcus ā magistrō verber– — quod in lūdō dorm– nec magistrum recitantem aud–. Mārcus: "Magister mē verberāvit quod in lūdō dorm– nec eum recitantem aud–, sed mē laudāvit quod bene comput– et scrīps–."

Verba: lavāre –isse –um; vidēre –isse –um; mordēre –isse –um; dare –isse –um; reprehendere –isse –um; frangere –isse –um; cognōscere –isse –um; nōscere –isse; lūdere –isse; cadere –isse; īre –isse; cupere –isse; velle –isse; patī –um esse; loquī –um esse; fatērī –um esse.

PENSVM B

Puer — [= aeger] dormīre nōn potest sīve in — dextrō iacet sīve in — [= sinistrō]. Itaque surgere cōnātur, sed in lectō —, nam pēs — [= rūrsus] dolēre incipit. Mārcus clāmat et forem valdē —[=pulsat], ita puer inclūsus forem — cōnātur. Quīntus clāmōrem et — audit et Syram vocat; quae — accurrit. Puer dīcit 'pedem — dolēre': "Pēs mihi dolet, ob — dormīre nōn possum. Fortasse — crūris frāctum est." Syra: "Nōlī —!" Quīntus: "Nōn fleō, — [= quamquam] dolōrem gravem —."

PENSVM C

Cūr Quīntus mīrātur pedēs suōs aspiciēns?
Quam ob rem pēs eius aegrōtat?
Estne frāctum os crūris?
Quārē Mārcus forem frangere cōnātur?
Quid Syra Quīntō nārrat dē Mārcō?
Cūr Mārcus rediēns cruentus erat?
Quārē Mēdus ē vīllā fūgit?
Quid Syra dē cane iānitōris putat?
Cūr canis Quīntum dīligit?
Cūr Iūlius Mārcum nōn verberāvit?

Vocābula nova:
latus
sonus
strepitus
dolor
os
tumultus
aegrōtus
laevus
pār
impār
subitus
cruentus
convertere
mīrārī
recumbere
percutere
frangere
flēre
patī
ignōrāre
nōscere
cupere
iūxtā
dēnuō
subitō
continuō
certō
prīmō
valdē
aliter
intus
etsī
cēterum
plūsquamperfectum

GRAECIA

Lemnos

Troia

Lesbos

ASIA

Delphi

Euboea

Mare
Aegaeum

Chios

Corinthus

Athenae

Peloponnesus

Samos

Icaria

Sparta

Naxus

Melos

Rhodus

Creta

194

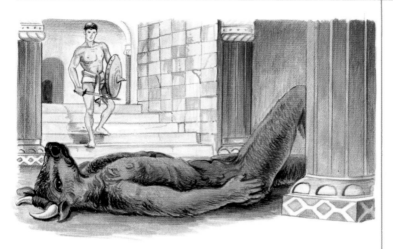

THESEVS ET MINOTAVRVS

1 Syra, postquam facta Mārcī nārrāvit, abīre vult, sed Quīntus "Nōlī" inquit "mē relinquere! Tē hīc manēre volō. Nārrā mihi aliquam fābulam!"

Syra: "Quam fābulam mē tibi nārrāre vīs? Fābulam-
5 ne dē lupō et agnō quī forte ad eundem rīvum vēnē-runt? an fābulam dē puerō quī cupīvit regere equōs quī currum Sōlis per caelum trahunt?"

Tacente Quīntō, Syra pergit: "An cupis audīre fābu-lam dē Achille, duce Graecōrum, quī Hectorem, ducem
10 Trōiānum, interfēcit atque corpus eius mortuum post currum suum trāxit circum moenia urbis Trōiae? an fābulam dē Rōmulō, quī prīma moenia Rōmāna aedifi-cāvit..."

Quīntus: "...et Remum frātrem interfēcit quia moe-
15 nia humilia dērīdēbat! Omnēs istās fābulās antīquās saepe audīvī. Iam vērō nec dē hominibus nec dē bēstiīs

currus
-ūs *m*

fābula -ae *f* (< fārī)

agnus -ī *m* = parvula ovis
forte = nesciō cūr, sine
  causā
regere = gubernāre
Sōl : deus sōlis
trahere trāxisse tractum

Achillēs -is *m*
Hector -oris *m*
Trōiānus -a -um < Trōia
  -ae *f*, urbs Asiae
inter-ficere -iō -fēcisse
  -fectum = mortuum fa-
  cere
moenia -ium *n pl* = mūrī

Rōmulus -ī *m*

Remus -ī *m*

humilis -e ↔ altus

195

mōnstrum -ī *n*

vorāre = tōtum ēsse

timidus -a -um = quī
  timet

Thēseus -ī *m*
Mīnōtaurus -ī *m*

ōlim = aliquō tempore,
  tempore antīquō
terribilis -e < terrēre
taurus -ī *m* = bōs
  masculus
labyrinthus -ī *m*

taurus

aedificium -ī *n* < aedi-
  ficāre

patēre = apertus esse
Daedalus -ī *m*
Athēniēnsis -e < Athē-
  nae -ārum *f pl*,urbs
  Graeciae
quī : Daedalus
com-plūrēs -a = plūrēs
  quam duo
mīrābilis -e < mīrārī

quot-annīs = omnī annō,
  quōque annō

audīre cupiō. Nārrā mihi fābulam dē aliquō ferōcī
mōnstrō, cui caput bēstiae et corpus hominis est et quod
hominēs vīvōs vorat! Tālem fābulam audīre cupiō.”

Syra: “At tāle mōnstrum tē terrēbit, Quīnte.”   20

Quīntus: “Nōlī putāre mē puerum timidum esse! Timor mōnstrōrum puerum Rōmānum nōn decet!”

“Nārrābō tibi fābulam dē Thēseō et Mīnōtaurō” inquit Syra, et sīc nārrāre incipit:

“In īnsulā Crētā ōlim vīvēbat mōnstrum terribile,   25
nōmine Mīnōtaurus, cui caput taurī, corpus virī erat.
Mīnōtaurus in magnō labyrinthō habitābat.”

Quīntus: “Quid est labyrinthus?”

Syra: “Est magnum aedificium quod frequentibus
mūrīs in plūrimās partēs dīviditur. Nēmō quī tāle aedi-   30
ficium semel intrāvit rūrsus illinc exīre potest, etsī iānua
patet. Labyrinthus ille in quō Mīnōtaurus inclūsus te-
nēbātur, ā Daedalō, virō Athēniēnsī, aedificātus erat.
Quī iam antequam ex urbe Athēnīs in Crētam vēnit,
complūrēs rēs mīrābilēs fēcerat.   35

“Mīnōtaurus nihil praeter hominēs vīvōs edēbat. Itaque complūrēs adulēscentēs virginēsque quotannīs

Athēnīs in Crētam mittēbantur, quī omnēs in labyrinthō ā mōnstrō illō saevō vorābantur. Nāvis quā Athēni-
40 ēnsēs illūc vehēbantur vēla ātra gerēbat, nam eō colōre
significātur mors."

II   Quīntus: "Quam ob rem tot Athēniēnsēs ad mortem
certam mittēbantur?"

Syra: "Rēx Mīnōs, quī tunc Crētam regēbat, paucīs
45 annīs ante urbem Athēnās bellō expugnāverat. Post ex-
pugnātiōnem urbis Mīnōs, cupidus aurī atque sanguinis, nōn modo magnam pecūniam, sed etiam hominēs
vīvōs ab Athēniēnsibus postulāverat. Rēx enim Athēniēnsibus male volēbat, quod fīlius eius paulō ante ab iīs
50 necātus erat.

"Eō tempore Thēseus, vir patriae amāns atque glōriae
cupidus, Athēnīs vīvēbat. Quī nūper Athēnās vēnerat
neque ibi fuerat cum urbs ā rēge Mīnōe expugnāta est.
Thēseus, quī patrem Mīnōtaurī, taurum album, iam
55 necāverat, novam glōriam quaerēns Mīnōtaurum ipsum
quoque interficere cōnstituit. Itaque ūnā cum cēterīs
Athēniēnsibus nāvem vēlīs ātrīs ōrnātam cōnscendit et
in Crētam profectus est. Ibi continuō rēgem Mīnōem
adiit, quī eum ā mīlitibus in labyrinthum dūcī iussit.

60   "Mīnōs autem fīliam virginem habēbat, cui nōmen
erat Ariadna. Quae cum prīmum Thēseum cōnspexit,
eum amāre coepit cōnstituitque eum servāre.

"Ariadna igitur, antequam Thēseus labyrinthum intrāvit, ad eum accessit et sīc loquī coepit: "Contrā Mī-

---

Athēnīs (*abl*) = *ab/ex*
   urbe Athēnīs
saevus -a -um = ferōcis-
   simus
illūc = ad illum locum

mors mortis *f*

rēx rēgis *m*: vir quī
   terram/urbem regit
Mīnōs -ōis *m*: rēx Crētae
expugnātiō -ōnis *f*
   < expugnāre
cupidus -a -um < cu-
   pere; aurī cupidus =
   quī aur*um* cupit

velle: volēbat (*imperf*)
bene/male velle + *dat* =
   amīcus/inimīcus esse
necāre = interficere
patri*ae* amāns = quī
   patri*am* amat
glōria -ae *f* = magna laus
Athēnīs=*in* urbe Athēnīs
Athēn*ās* = *ad/in* urbem
   Athēnās
ibi = illīc

cōn-stituere -uisse -ūtum
vēlīs ōrnātus = vēla ge-
   rēns
cōnscendere -disse
proficīscī -fectum esse

iubēre iussisse iussum
eum ā mīlitibus dūcī ius-
   sit = mīlitēs eum dūc*ere*
   iussit

cōn-spicere -iō -spexisse
   -spectum
incipere -iō coepisse
   coeptum

ac-cēdere -cessisse

197

auxilium -ī *n*

occīdere -disse -sum =
  interficere (gladiō)
cīvis -is *m/f* = quī/quae
  in eādem urbe habitat

parātus -a -um

exitus -ūs *m* < exīre

reperīre repperisse
  repertum
fīlum -ī *n* = līnea tenuis

hūc = ad hunc locum
haec locūta = postquam
  haec locūta est
opperīre! = exspectā!

brevī *adv* = brevī tem-
  pore, mox

pollicērī = prōmittere

mora -ae *f*: sine morā
  = continuō
petere -īvisse -ītum

Mīnōtaurō occīsō = post-
  quam M.us occīsus est
sequī secūtum esse
fīlum secūtus : postquam
  fīlum secūtus est, fīlum
  sequēns

nex necis *f* < necāre

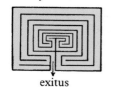

exitus

nōtaurum ego tibi auxilium ferre nōn possum…" "Deī" 65
inquit Thēseus "mihi auxilium ferent contrā illum. Hodiē certē Mīnōtaurum occīdam atque cīvēs meōs ā
mōnstrō illō terribilī servābō. Bonum gladium gerō. Ad
pugnam parātus sum." Tum Ariadna "Hoc nōn dubitō"
inquit, "sed quōmodo exitum labyrinthī posteā repe- 70
riēs? Nēmō adhūc per sē viam ē labyrinthō ferentem
repperit. Ego vērō tibi auxilium feram: ecce fīlum ā
Daedalō factum quod tibi viam mōnstrābit. Auxiliō
huius fīlī hūc ad mē redībis." Haec locūta, Ariadna
Thēseō fīlum longum dedit; atque ille "Opperīre mē" 75
inquit "hīc ad iānuam! Nōlī timēre! Ego mortem nōn
timeō. Sine timōre mortis contrā hostem eō. Brevī hūc
redībō, neque sine tē, Ariadna, in patriam revertar.
Illūc tē mēcum dūcam neque umquam tē relinquam.
Hoc tibi polliceor." 80

"Tum Thēseus, fīlum Ariadnae post sē trahēns, labyrinthum intrāvit ac sine morā Mīnōtaurum in mediō
labyrinthō exspectantem petīvit, quem post brevem
pugnam gladiō occīdit. Mīnōtaurō occīsō, Thēseus fīlum Ariadnae secūtus exitum labyrinthī facile repperit. 85
Ita Thēseus ob amōrem patriae cīvēs suōs ā mōnstrō
saevissimō servāvit.

"Haec sunt quae nārrantur dē nece Mīnōtaurī."

Hīc Quīntus "Perge" inquit "nārrāre dē Thēseō et *III*
Ariadnā! Nōnne illa Thēseum secūta est?" 90

Syra: "Thēseus ē labyrinthō exiēns "Mīnōtaurus ne-

cātus est" inquit, "Laetāminī, cīvēs meī! Intuēminī gladium meum cruentum! Sequiminī mē ad portum! Ibi
nāvis mea parāta est ad nāvigandum." Tum Ariadnam
95 cōnspiciēns "Et tū" inquit "sequere mē! Proficīscere
mēcum Athēnās!" Ariadna, quae nihil magis cupiēbat,
"Parāta sum ad fugiendum" inquit, atque sine morā
nāvem Thēseī cōnscendit. Thēseus nāvem solvit et cum
fīliā rēgis nāvigāvit Naxum; ibi vērō nocte silentī Ariad-
100 nam dormientem relīquit atque ipse Naxō profectus est.
Māne Ariadna ē somnō excitāta amīcum in lītore quaesīvit neque eum repperit. Puella misera ab humilī lītore

lītus   saxum

in altum saxum ascendit, unde prōspiciēns nāvem Thēseī procul in marī vīdit. Tum, etsī vōx eius ā nūllō au-
105 dīrī poterat, Ariadna amīcum suum fugientem vocāvit:
"Thēseu! Thēseu! Revertere ad mē!" neque ūllum respōnsum eī redditum est praeter vōcem ipsīus quam
dūra saxa reddidērunt. Brevī nāvis ē cōnspectū eius
abiit neque iam ūllum vēlum in marī cernēbātur. Ari-
110 adna igitur in lītus dēscendit atque hūc et illūc currēns

laetāminī! = gaudēte!
intuēminī! = spectāte!
sequiminī mē! = venīte mēcum!
nāvigāre: ad nāvigandum

et = etiam; et tū = etiam tū

fugere: ad fugiendum

Naxus -ī f
Naxum = ad īnsulam Naxum
Naxō = ab īnsulā Naxō
relinquere -līquisse -lictum
lītus -oris n
quaerere -sīvisse -sītum

saxum -ī n
prō-spicere -iō = ante sē aspicere
ascendere -disse

Thēseus, voc Thēseu!
revertere! = redī!

red-dere -didisse -ditum

cōnspectus -ūs m < cōnspicere; ē cōnspectū = ab oculīs

dē-scendere -disse [↓]
↔ ascendere [↑]

multīs cum lacrimīs capillum et vestem scindēbat, ut hominēs quī maerent agere solent — ita maerēbat virgō miserrima, quae ā virō quem ante omnēs amābat sōla relicta erat inter ferās īnsulae sīcut agnus timidus inter saevōs lupōs." 115

Quīntus: "Cūr Thēseus amīcam suam ita dēseruit?"

Syra: "Tālēs sunt virī, mī puer. Montēs aurī fēminīs pollicentur, tum prōmissa oblīvīscuntur ac fēminās sine nummō dēserunt! Quis tam facile prōmissum oblīvīsci- tur quam vir quī fēminam amāvit? Ego quoque ōlim 120 dēserta sum ab amīcō pecūniōsō quī mihi magnās rēs pollicitus erat. Nōlī vērō putāre mē ob cupiditātem pe- cūniae amāvisse eum, ego eum amābam quia eum pro- bum virum esse crēdēbam. Etiam nunc maereō ob amō- rem illīus virī." 125

Quīntus: "Oblīvīscere illīus virī improbī quī tē tam turpiter dēseruit!"

Syra: "Nōn facile est amōris antīquī oblīvīscī. Sed hoc tū nōndum intellegis, mī Quīnte. Redeō ad nārrā- tiōnem fābulae, quam prope oblīta sum, dum dē aliīs 130 rēbus loquor.

"Ariadnā Naxī relictā, Thēseus ad patriam suam nā- vigābat. Interim pater eius Aegeus, rēx Athēniēnsium, ab altō saxō in mare prōspiciēbat. Brevī nāvis fīliī in cōnspectum vēnit, sed nāvis rediēns eadem vēla ātra 135 gerēbat quae abiēns gesserat: Thēseus enim post necem Mīnōtaurī vēla mūtāre oblītus erat! Itaque Aegeus, arbitrātus mortem fīliī eō colōre significārī, sine morā dē saxō sē iēcit in mare, quod ā nōmine eius etiam nunc

140 'mare Aegaeum' vocātur.

iacere -iō iēcisse iactum

"Post mortem rēgis Aegeī fīlius eius Thēseus rēx Athēniēnsium factus est. Quī multōs annōs Athēnās magnā cum glōriā rēxit."

regere rēxisse rēctum

Hīs verbīs Syra fīnem nārrātiōnis facit.

fīnem nārrātiōnis facit
= nārrāre dēsinit

145 GRAMMATICA LATINA

Verba dēpōnentia

Imperātīvus.

Laetā|*re!* = gaudē!	Laetā|*minī!* = gaudēte!	
Intuē|*re!* = spectā!	Intuē|*minī!* = spectāte!	
150 Revert|*ere!* = redī!	Revert|*iminī!* = redīte!	
Partī|*re!* = dīvide!	Partī|*minī!* = dīvidite!	

[1] laetā\|rī
lāetā\|*re* laetā\|*minī*
[2] intuē\|rī
intu*ē*\|*re* intuē\|*minī*
[3] revert\|ī
revert\|*ere* revert\|*iminī*
[4] partī\|rī
part*ī*\|*re* partī\|*minī*

-re   -minī

'Laetā*re* laetā*minī*' et cētera sunt imperātīvī verbōrum dēpōnentium. Imperātīvus verbī dēpōnentis: singulāris *-re*, plūrālis *-minī*.

PENSVM A

Mēdus (ad Lȳdiam): "In Graeciam ībō. Comit– mē! Proficīsc– mēcum! Hoc mihi pollic–! Oblīvīsc– Rōmae! Ōscul– mē!"

Mēdus (ad nautās): "Iam proficīsc–, nautae! Ventus secundus est: intu– caelum! Laet–!"

Verba: trahere –isse –um; petere –isse –um; quaerere –isse –um; occīdere –isse –um; relinquere –isse –um; interficere –isse –um; cōnstituere –isse –um; dēserere –isse –um; cōnspicere –isse –um; incipere –isse –um; reddere –isse –um; reperīre –isse –um; iubēre –isse –um; gerere –isse –um; iacere –isse –um; regere –isse –um; accēdere –isse; ascendere –isse; proficīscī –um esse; sequī –um esse; oblīvīscī –um esse.

Vocābula nova:
fābula
agnus
currus
moenia
mōnstrum
taurus
labyrinthus
aedificium
mors

rēx
expugnātiō
glōria
auxilium
cīvis
exitus
fīlum
mora
nex
lītus
saxum
cōnspectus
cupiditās
nārrātiō
humilis
timidus
terribilis
mīrābilis
saevus
cupidus
parātus
regere
trahere
interficere
aedificāre
vorāre
patēre
necāre
cōnstituere
occīdere
pollicērī
prōspicere
dēscendere
maerēre
dēserere
oblīvīscī
coepisse
complūrēs
forte
quotannīs
ōlim
ibi
illūc
hūc
brevī

PENSVM B

Quīntus — dē lupō et — audīre nōn vult nec fābulam dē
Achille, quī Hectorem — et corpus eius mortuum post —
suum circum — [= mūrōs] Trōiae —.

Labyrinthus est magnum — unde nēmō exīre potest, etsī
iānua —. Thēseus, quī patrem Mīnōtaurī, — album, iam
necāverat, Mīnōtaurum ipsum quoque — [= interficere] —.
Antequam Thēseus, ad pugnam —, labyrinthum intrāvit,
Ariadna, fīlia —, eī — longum dedit. Ita Ariadna Thēseō —
tulit, nam ille fīlum sequēns — labyrinthī repperit. Post —
Mīnōtaurī Thēseus cum Ariadnā Naxum nāvigāvit atque —
[= illīc] eam — [= relīquit]. Ariadna ab altō — prōspiciēbat,
sed — [= mox] nāvis Thēseī ē — eius abiit. Puella misera in
— dēscendit, ubi — et — currēns capillum scindēbat, ut
faciunt eae quae —. Thēseus post — patris multōs annōs
Athēnās —.

PENSVM C

Quid fēcit Achillēs?
Quid fēcit Rōmulus?
Quālem fābulam Quīntus audīre cupit?
Ubi habitābat Mīnōtaurus?
Quid est labyrinthus?
Quid Mīnōtaurus edēbat?
Cūr tot Athēniēnsēs ad eum mittēbantur?
Quis Athēniēnsēs ā Mīnōtaurō servāvit?
Quōmodo Thēseus exitum labyrinthī repperit?
Sōlusne Thēseus ē Crētā profectus est?
Ubi Thēseus Ariadnam relīquit?
Ā quō mare Aegaeum nōmen habet?

DAEDALVS ET ICARVS

1 Quīntus: "Nōnne rēx Mīnōs Thēseum cum Ariadnā fugientem persecūtus est?"

Syra: "Certē rēx eōs persequī coepit, sed nāvis Thēseī
nimis celeris fuit. Mīnōs, quamquam celeriter nāvigā-
5 vit, nōn tam celer fuit quam Thēseus neque eum cōnsequī potuit. Tum rēx īrātus cēpit Daedalum, quī fīlum
cōnfēcerat et Ariadnae dederat, eumque in labyrinthum
inclūdī iussit ūnā cum eius Īcarō fīliō; vērum pater et
fīlius mīrābilī modō ē labyrinthō fūgērunt. Crās tibi
10 nārrābō dē fugā eōrum, hodiē plūs temporis ad nārran-
dum nōn habeō: iam hōram cōnsūmpsī in nārrandō."

Quīntus: "Neque tempus melius cōnsūmere potuistī!
Nōn oportet in mediā fābulā fīnem nārrandī facere.
Quoniam māiōrem fābulae partem iam nārrāvistī, par-
15 tem reliquam quoque nārrāre dēbēs. Ego parātus sum
ad audiendum."

Ad hoc Syra "Ergō" inquit, "quoniam tam cupidus es
audiendī, reliquam fābulam tibi nārrābō:

per-sequī = (fugientem)
sequī

celer -eris -ere:
equus celer (*m*)
nāvis celer*is* (*f*)
pīlum celere (*n*)
capere-iō cēpisse captum

cōn-ficere -iō -fēcisse
-fectum = facere
vērum = sed
Īcarus -ī *m*

fuga -ae *f* < fugere
ad nārra*ndum* = ad nār-
rātiōnem
cōn-sūmere
in nārra*ndō* = in nārrā-
tiōne

fīnis nārra*ndī* = fīnis
nārrātiōnis
quoniam = quia

reliquus -a -um = cēterus

cupidus audi*endī* = quī
audīre cupit
reliqua fābula = reliqua
fābulae pars

203

in-venīre = reperīre

audāx -ācis = audēns
āer*a acc* (= āerem)
ef-fugere < ex + fugere
cōnsilium -ī *n*: c. eius =
  quod facere cōnstituit
cōnsīdere -sēdisse

carcer -eris *m*
per nōs : sine auxiliō
quis-quam = ūllus homō
  (neque q. = et nēmō)
iuvāre iūvisse: eum i.
  = eī auxilium ferre
haud = nōn

paene = prope
diī = deī

carcer

ex-cōgitāre

orbis
-is *m*

līber -era -erum
trāns *prp* + *acc*:

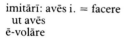

trāns
montem

imitārī: avēs i. = facere
  ut avēs
ē-volāre

quidem = certē
studiōsus -a -um =
  cupidus discendī

"Daedalus in labyrinthō inclūsus cum fīliō suō intrā mūrōs errābat nec exitum invenīre poterat, etsī ipse 20 labyrinthum aedificāverat. Quoniam igitur aliae viae clausae erant, ille vir audāx per āera effugere cōnstituit. Īcarus autem, quī cōnsilium patris ignōrābat, humī cōnsēdit et "Fessus sum" inquit "ambulandō in hōc carcere, quem ipse nōbīs aedificāvistī, pater. Ipsī per 25 nōs hinc effugere nōn possumus, neque quisquam nōs in fugiendō iuvāre poterit, ut Thēseum iūvit Ariadna. Haud longum tempus nōbīs reliquum est ad vīvendum, nam cibus noster paene cōnsūmptus est. Ego iam paene mortuus sum. Nisi diī nōs iuvābunt, numquam vīvī 30 hinc ēgrediēmur. Ō diī bonī, auxilium ferte nōbīs!"

"Daedalus vērō "Quid iuvat deōs invocāre" inquit, *II* "dum hīc quiētus sedēs? Quī ipse sē iuvāre nōn vult, auxilium deōrum nōn meret. At nōlī timēre! Ego cōnsilium fugae iam excōgitāvī. Etsī clausae sunt aliae viae, 35 ūna via nōbīs patet ad fugiendum. Intuēre illam aquilam quae in magnum orbem circum carcerem nostrum volat! Quis est tam līber quam avis quae trāns montēs, vallēs, flūmina, maria volāre potest. Quīn avēs caelī imitāmur? Mīnōs, quī terrae marīque imperat, dominus 40 āeris nōn est: per āera hinc ēvolābimus! Hoc est cōnsilium meum. Nēmō nōs volantēs persequī poterit." "Ego quidem studiōsus sum volandī" inquit Īcarus, "sed ālae necessāriae sunt ad volandum. Quoniam diī nōbīs ālās nōn dedērunt, volāre nōn possumus. Hominēs sumus, 45

nōn avēs. Nēmō nisi deus nātūram suam mūtāre potest.
Avēs nātūrā volāre possunt, hominēs nōn item." Tum
Daedalus "Quid ego facere nōn possum?" inquit, "Profectō arte meā ipsa nātūra mūtārī potest. Multās rēs
50 mīrābilēs iam cōnfēcī, quae artem meam omnibus dēmōnstrant, nōn sōlum aedificia magnifica, ut hunc labyrinthum, vērum etiam signa quae sē ipsa movēre possunt tamquam hominēs vīvī. Ālās quoque cōnficere
possum, quamquam opus haud facile est." "Audāx qui-
55 dem est cōnsilium tuum" inquit Īcarus, "sed omne cōnsilium fugiendī mē dēlectat, ac tū id quod semel excōgi-
tāvistī perficere solēs." "Certē cōnsilium meum perfi-
ciam" inquit pater, "Ecce omnia habeō quae necessāria
sunt ad hoc opus: pennās, cēram, ignem. Igne cēram
60 molliam, cērā mollī pennās iungam et in lacertīs fīgam."

"Daedalus igitur arte mīrābilī sibi et fīliō suō ālās
ingentēs cōnfēcit ex pennīs, quās cērā iūnxit et in lacertīs fīxit. Postquam fīnem operis fēcit, "Opus iam perfectum est" inquit, "ecce exemplum artis meae novissi-
65 mum. Avēs quidem nōn sumus, sed avēs imitābimur in
volandō. Ventō celerius trāns mare volābimus, nūlla
avis nōs cōnsequī poterit."

"Īcarus studiōsus volandī ālās hūc illūc mōvit, nec sē
suprā humum levāre potuit. "Ālae mē sustinēre nōn
70 possunt" inquit, "Tū docē mē volāre!" Statim Daedalus
sē ālīs levāvit et "Nisi ālās rēctē movēs" inquit, "volāre
nōn potes. Imitāre mē! Haud difficilis est ars volandī.

nisi deus : praeter deum

nōn item : nōn possunt

ars artis *f*: ars mea = id
quod facere possum

ignis
-is *m*

tam-quam = sīcut

opus -eris *n*

cōnsilium fugiendī
= cōnsilium fugae
per-ficere -iō -fēcisse
-fectum < per + facere

penna -ae *f*

mollīre = mollem facere
lacertus -ī *m* = bracchium
  superius
ingēns -entis = valdē
  magnus
iungere iūnxisse iūnctum
fīgere fīxisse fīxum

movēre mōvisse mōtum

levāre (< levis)
= tollere

sūrsum[↑]↔deorsum[↓]

puerum ōsculātus = post-
quam puerum ōsculātus
est

īnfimus -a -um *sup* < īnferus, *comp* īnferior
sīn = sī autem

summus -a -um *sup* ↔
īnfimus; *comp* superior
ūrere ussisse ustum
= igne cōnsūmere
cautus -a -um ↔ audāx
estō! estōte! = es! este!
(*imp*)

ali*quis* : ali*quī* vir
su-spicere -iō = sūrsum
aspicere

lībertās -ātis *f* < līber

dē-spicere (↔ suspicere)
= deorsum aspicere
multitūdō -inis *f* (<multī)
= magnus numerus

tibi vidētur : tū putās

rēs magna esse mihi vi-
dētur = rem magnam
esse putō

paen-īnsula -ae *f* < paene
īnsula
Isthmus -ī *m*

Movē ālās sūrsum deorsum hōc modō!" Ita pater fīlium
suum artem volandī docuit tamquam avis pullōs suōs.
Tum puerum ōsculātus "Parātī sumus ad volandum" 75
inquit, "sed prius hoc tē moneō: volā post mē in mediō
āere inter caelum et terram, nam sī in īnfimō āere prope
mare volābis, pennae ūmidae fīent, sīn volābis in
summō āere prope caelum, ignis sōlis cēram molliet
atque pennās ūret. Nōlī nimis audāx esse in volandō! 80
Cautus estō, mī fīlī! Iam sequere mē! Carcerem nostrum
effūgimus — līberī sumus!"

"Haec verba locūtus Daedalus cum fīliō sūrsum ē *III*
labyrinthō ēvolāvit, neque quisquam fugam eōrum animadvertit nisi aliquī pāstor, quī forte suspiciēns eōs 85
tamquam magnās avēs volantēs vīdit ac deōs esse arbitrātus est. Mox pater et fīlius Crētam relīquērunt, neque vērō rēctā viā Athēnās in patriam suam volāvērunt,
sed novā lībertāte dēlectātī in magnum orbem suprā
mare Aegaeum volāre coepērunt. Īcarus dēspiciēns 90
multitūdinem īnsulārum mīrātus est: "Ō, quot parvae
īnsulae in marī ingentī sunt!" Daedalus vērō "Illae īnsulae" inquit "haud parvae sunt, quamquam parvae esse
videntur. Certē Mēlos īnsula, quae īnfrā nōs est, nōn
tam parva est quam tibi vidētur." Īcarus: "Sed illa īn- 95
sula quae nōbīs ā sinistrā est multō māior esse mihi
vidētur. Quae est illa īnsula?" Daedalus: "Peloponnēsus
est, Graeciae pars, nec vērō īnsula est, sed paenīnsula,
nam Peloponnēsus terrā angustā, quae Isthmus vocā-

100 tur, cum reliquā Graeciā coniungitur. Prope Isthmum
sita est Corinthus, urbs pulcherrima, nec procul absunt
Athēnae, patria nostra." "Sī altius volābimus, nōn sōlum Graeciam, sed paene tōtum orbem terrārum spectā-
bimus" inquit puer temerārius atque etiam altius sē le-
105 vāvit. Illinc nōn sōlum magnās Eurōpae et Asiae partēs
dēspiciēbat mīrāns, vērum etiam ōram Āfricae procul
cernēbat, deinde suprā sē sōlem in caelō serēnō lūcen-
tem suspexit. Statim puer, cupidus sōlem propius aspi-
ciendī, quamquam pater eum monuerat, in summum
110 caelum ascendit..."

Hīc Quīntus, quī exitum fābulae studiōsē exspectat,
interrogat: "Quid tum accidit?"

Corinthus -ī f

orbis terrārum = omnēs
terrae (Eurōpa, Asia,
Āfrica)
temerārius -a -um =
nimis audāx

-spicere -iō -spexisse
-spectum

exitus = fīnis

accidere -disse = fierī:
accidit = fit/factum est

orbis terrārum

Syra: "Tum factum est id quod necesse erat accidere:
ignis sōlis propinquī cēram, quā pennae iūnctae et fīxae
115 erant, mollīvit et pennās ussit. Puer territus, lacertōs
nūdōs quatiēns, in mare cecidit ac mersus est, neque
pater eī auxilium ferre potuit. Ea maris Aegaeī pars in
quā Īcarus mersus est ā nōmine eius 'mare Īcarium'

propinquus -a -um = quī
prope est

quatere -iō = celeriter
hūc illūc movēre
mergere mersisse
mersum

Īcarius -a -um < Īcarus

207

appellātur. Item īnsula propinqua, in cuius lītore corpus puerī inventum est, etiam nunc 'Īcaria' vocātur." 120

"Ecce omnem fābulam habēs dē puerō temerāriō quī
lībertātem quaerēns mortem invēnit. Iam tempus dormiendī est. Nōnne fessus es longās fābulās audiendō?"

Quīntus caput quatit et "Nōn sum fessus, nec illa
fābula longa esse mihi vidētur. Ex omnibus fābulīs haec 125
dē cāsū Īcarī mē māximē dēlectat, etiam magis quam
illa dē fīliō Sōlis, quī currum patris regere cōnātus item
dē summō caelō cecidit, quod ab orbe sōlis stultē aberrāverat. Semper valdē dēlector tālēs fābulās audiendō."

Syra: "Ego nōn minus dēlector nārrandō illās fābulās, 130
nōn modo quod ipsae per sē pulcherrimae esse mihi
videntur, sed etiam quia exitūs fābulārum hominēs teme-
rāriōs optimē monent. Tālis enim est hominum nātūra,
et quidem māximē puerōrum. Nōn sōlum dēlectandī
causā, vērum etiam monendī causā nārrātur fābula dē 135
fīliō Daedalī, nam quod illī puerō accidit, idem omnī
puerō accidere poterit, nisi patrī suō pāret. Nōlī Īcarum
imitārī, mī Quīnte! Semper cautus estō! Vērum haud
necesse est tē ā mē monērī post id quod herī tibi accidit.
Certē ille cāsus tuus melius tē monet quam ūlla fābula!" 140

Hīs verbīs puerō monitō, Syra tandem nārrandī fīnem facit. Neque Quīntus eam abeuntem revocat, sed
in lectō recumbit oculōsque claudit. Mox puer in som-
nīs sibi vidētur ālīs ōrnātus trāns montēs et flūmina
volāre. 145

---

invenīre -vēnisse
  -ventum

omnis -e = tōtus

tempus dormiendī est =
  tempus est dormīre

cāsus -ūs *m* < cadere
valdē, *comp* magis,
  sup māximē

ab-errāre

quārē nārrātur fābula?
  mon*endī causā* nārrātur

re-vocāre

volāre sibi vidētur = sē
  volāre videt/putat

GRAMMATICA LATINA

Gerundium

Hōrā in nārrandō cōnsūmptā, Syra plūs temporis ad nār-
randum nōn habet et fīnem facit nārrandī.

150 'Nārra*ndum*' est ge run di u m; quod pōnitur in locō īnfīnī-
tīvī et sīc dēclīnātur: accūsātīvus *-ndum*, genetīvus *-ndī*, ablātīvus (et datīvus) *-ndō*.

Exempla:

Ovidius, semper parātus ad am*andō*, librum dē am*andō*
155 scrīpsit, quī appellātur 'Ars am*andī*.'

Magister, quī artem doc*endī* scit, parātus est ad doc*endum*.
Magister ipse discit aliōs doc*endō*.

Industriī estōte in scrīb*endō*, discipulī! Tempus scrīb*endī*
est. Estisne parātī ad scrīb*endum?*

160 Iam tempus dorm*iendī* est, sed Quīntus nōn est fessus
aud*iendō* neque parātus ad dorm*iendum*.

Scrībere scrīb*endō*, dīc*endō* dīcere discēs.

PENSVM A

Nāvēs necessāriae sunt ad nāvig–. Iūlia dēlectātur in hortō
ambul– et flōrēs carp–. Mēdus cōnsilium fugi– excōgitāvit;
Lȳdia eum iūvit in fugi–. Paulum satis est ad beātē vīv–.

Verba: iungere –isse –um; fīgere –isse –um; mergere –isse
–um; ūrere –isse –um; movēre –isse –um; capere –isse –um;
invenīre –isse –um; cōnsīdere –isse; iuvāre –isse; accidere
–isse.

PENSVM B

Daedalus exitum labyrinthī — [= reperīre] nōn poterat nec
— [= ūllus homō] eum in fugiendō — poterat. — igitur aliae
viae clausae erant, vir — [= audēns] per āera — cōnstituit. —
patris fīlium dēlectāvit. Tum Daedalus ālās cōnfēcit ex —
quās cērā iūnxit et in lacertīs —. Postquam hoc — perfēcit,
Daedalus fīlium suum — volandī docuit: "— mē! Movē ālās
— — hōc modō! Ars volandī — [= nōn] difficilis est. Sed
antequam hinc —, hoc tē moneō: nōlī volāre in — āere prope

---

nārra*ndum*
nārra*ndī*
nārra*ndō*

-ndum -ndī -ndō

[1] amā|re
ama|*nd*|um
ama|*nd*|ī
ama|*nd*|ō
[2] docē|re
doce|*nd*|um
doce|*nd*|ī
doce|*nd*|ō
[3] scrīb|ere
scrīb|*end*|um
scrīb|*end*|ī
scrīb|*end*|ō
[4] dormi|re
dormi|*end*|um
dormi|*end*|ī
dormi|*end*|ō

dīcere = loquī

Vocābula nova:
fuga
cōnsilium
carcer
orbis
nātūra
ars
opus
penna
ignis
lacertus
lībertās
multitūdō
paenīnsula
cāsus
celer
reliquus
audāx
līber
studiōsus
ingēns
īnfimus
summus
cautus

209

temerārius
propinquus
persequī
cōnsequī
cōnficere
cōnsūmere
invenīre
effugere
iuvāre
excōgitāre
imitārī
ēvolāre
perficere
mollīre
fīgere
levāre
ūrere
suspicere
dēspicere
accidere
quatere
aberrāre
revocāre
vidērī
estō
quisquam
sūrsum
deorsum
haud
paene
quidem
tamquam
quoniam
vērum
sīn
trāns
gerundium

mare nec in — āere prope sōlem. Iam sequere mē! — nostrum relinquimus, — sumus!"

Īcarus in summum caelum ascendēns nōn sōlum Graeciam, — [= sed] etiam Asiam ac — [= prope] tōtum — terrārum dēspiciēbat. Tum vērō id quod pater timuerat — [= factum est]: — sōlis propinquī cēram — atque pennās —.

Ecce fābula mīrābilis dē puerō — quī — quaerēns mortem invēnit.

PENSVM C

Quis Daedalum in labyrinthum inclūdī iussit?
Quōmodo Daedalus effugere cōnstituit?
Cūr hominēs volāre nōn possunt?
Ex quibus rēbus Daedalus ālās cōnfēcit?
Cūr ālae Īcarum sustinēre nōn poterant?
Quid pater et fīlius volantēs vīdērunt?
Estne Peloponnēsus magna īnsula?
Quārē Īcarus in summum caelum ascendit?
Quid tum puerō accidit?
Ubi corpus puerī inventum est?
Num haec fābula dēlectandī causā modo nārrātur?

RES RVSTICAE

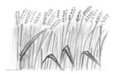

arātrum -ī *n*

frūmentum -ī *n*

sēmen
-inis *n*

1 Quid agit pater familiās post merīdiem? Prīmum quiēscit, tum ambulat, dēnique lavātur. Iūlius igitur, postquam paulum quiēvit, ambulātum exit. Iam dēsiit imber, avēs rūrsus in hortō canunt. Dominus hūc illūc in
5 hortō suō amoenō ambulat, deinde exit in agrōs, quī
hortum cingunt.

quiēscere -ēvisse = nihil
agere, quiētus esse,
dormīre
dēnique = postrēmō

dēsinere -siisse

In agrīs frūmentum crēscit vēre et aestāte. Mēnse
Augustō frūmentum metitur et ex agrīs vehitur. Deinde
agrī arantur et novum frūmentum seritur. Quī agrōs
10 arant ac frūmentum serunt et metunt, agricolae appel-
lantur. Agricola est vir cuius negōtium est agrōs colere.

amoenus -a -um = pul-
cher
ager -grī *m*
cingere: locum cingere
= circum locum esse
crēscere crēvisse
= māior fierī

Agricola arāns post arātrum ambulat. Arātrum est
īnstrūmentum quō agrī arantur. Arātor duōs validōs
bovēs quī arātrum trahunt prae sē agit. Quōmodo frū-
15 mentum seritur? Agricola sēmen manū spargit. Ex parvīs sēminibus quae in agrōs sparsa sunt frūmentum
crēscit. Mēnse Augustō frūmentum mātūrum est. Quō-

serere ↔ metere

agricola -ae *m*

negōtium -ī *n* = officium,
opus
īnstrūmentum -ī *n*

arātor -ōris *m* = quī arat
prae *prp*+*abl* = ante
agere = euntem facere
spargere -sisse -sum

mātūrus -a -um

211

falx -cis *f*

ūtī ūsum esse (+ *abl*)

regiō -ōnis *f* = pars
   terrae
Latīnī -ōrum *m* = quī
   Latium incolunt
rudis -e = indoctus

-ve = vel: aliās-ve
   = vel aliās
frūgēs -um *f pl*
fertilis -e (< ferre)
   = quī frūgēs fert
loca -ōrum *n pl* = regiō

pāscere = herbā alere
pecus -oris *n* = ovēs,
   porcī, bovēs
pābulum -ī *n* = cibus
   pecoris et equōrum
lāna -ae *f*

cōpia -ae *f*: magna
   cōpia = multum
in-vehere
solum = terra, humus
parum = nōn satis

bis ter-ve = bis vel ter

Aegyptus -ī *f*

modo metitur frūmentum? Falce metitur. Falx est īnstrūmentum quō agricola metit. Quō īnstrūmentō serit
agricola? Quī serit nūllō īnstrūmentō ūtitur praeter ma- 20
num. Quī arat arātrō ūtitur; quī metit falce ūtitur; quī
serit manū suā ūtitur.

Deus agricolārum est Sāturnus, quī ōlim rēx caelī
fuit, sed ā fīliō suō Iove ē caelō pulsus in Italiam vēnit,
ubi eam regiōnem quae Latium appellātur optimē rēxit 25
Latīnōsque, hominēs ut tunc erant rudēs ac barbarōs,
agrōs colere docuit. In forō Rōmānō est templum Sā-
turnī.

Ager quī multum frūmentī aliāsve frūgēs ferre potest,
fertilis esse dīcitur. Italia est terra fertilis, sed multa loca 30
Italiae nōn arantur nec ūllās frūgēs ferunt praeter herbam. Iīs locīs ovēs, porcī, bovēs pāscuntur, nam herba
est pecoris pābulum, et facilius est pecus pāscere quam
agrōs colere. Praetereā lānā ovium ūtuntur hominēs,
nam ē lānā vestēs efficiuntur. Itaque pecus māiōris pre- 35
tiī est quam frūmentum, et quī pecus pāscit plūs pecūniae facit quam quī agrōs colit.

Frūmentum minōris pretiī est, quia magna cōpia frūmentī ex Āfricā in Italiam invehitur. Solum Āfricae fer-
tile est, nisi aquā caret, sed multīs locīs Āfricae parum 40
aquae est. Ergō necesse est agrōs aquā flūminum rigāre.
Agricolae quī agrōs prope Nīlum flūmen colunt bis ter-
ve in annō metere possunt, Aegyptus enim terra fertilissima est, quia solum eius aquā Nīlī rigātur.

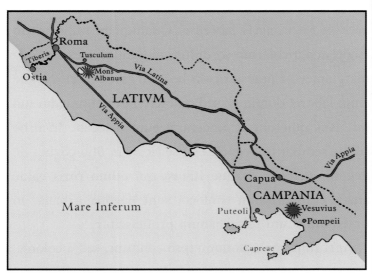

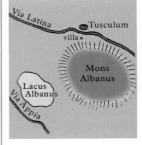

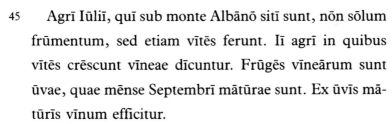

üva
-ae *f*

vītis
-is *f*

45   Agrī Iūliī, quī sub monte Albānō sitī sunt, nōn sōlum
frūmentum, sed etiam vītēs ferunt. Iī agrī in quibus
vītēs crēscunt vīneae dīcuntur. Frūgēs vīneārum sunt
ūvae, quae mēnse Septembrī mātūrae sunt. Ex ūvīs mā-
tūrīs vīnum efficitur.

II   Iūlius, quī nūper ex urbe in praedium suum Albānum vēnit, circā agrōs et vīneās suās ambulat. Suprā
eum est mōns Albānus, post montem lacus Albānus,
quī vīllīs magnificīs cingitur. Nūllā in parte Italiae tot et
tantae vīllae sitae sunt quam in Latiō et māximē circā
55 lacum illum amoenum. Nē in Campāniā quidem plūrēs
vīllae sunt, quamquam multī Rōmānī in ōrā maritimā
eius regiōnis vīllās possident; nam plūrimī Rōmānī sub
urbe Rōmā habitāre volunt in vīllīs suburbānīs.

   Iūlius aspicit agricolās quī in agrīs et in vīneīs opus
60 faciunt, gaudēns quod ipsī, ut dominō dīvitī, nōn

praedium -ī *n* = vīlla
  cum agrīs
circā *prp+acc* = circum

nē = nōn; nē... quidem
  = etiam nōn

sub urbe = prope urbem

sub-urbānus -a -um =
  sub urbe situs

ipse -a -um, *dat* -ī

213

laborāre = opus facere;
↔ quiēscere
labor -ōris *m* = opus
exīstimāre = cēnsēre
= putāre
prae agricolīs beātus =
beātior quam agricolae

rūs rūris *n* (↔ urbs) =
agrī, silvae, campī...
rūrī (*loc*) ↔ in urbe
ōtium -ī *n* ↔ negōtium
(neg-ōtium < nec +
ōtium)
urbānus -a -um < urbs

colōnus -ī *m* < colere

prō *prp*+*abl*: prō dominō
= in locō dominī

quī- quae- quod-dam:
quī-dam colōnus =
ūnus ex colōnīs

dominus imperat *ut* colōnus accēd*at* = dominus
colōnum accēdere iubet

abs = ā: abs tē = ā tē
poscere poposcisse

prae metū =
ob metum

necesse est in agrīs labōrāre. Quamquam nūllō modō labōrem agricolārum sordidum indignumve esse exīstimat, tamen sē prae agricolīs beātum esse cēnset. Neque enim labōrat dominus, sed quiēscit, cum in praediō suō est. Rūs quiētum et amoenum eum dēlectat. In urbe 65 Iūlius semper in negōtiō est, sed rūrī in ōtiō cōgitat dē negōtiīs urbānīs. Itaque Iūlius, quī ōtium rūris valdē amat, cum prīmum cōnfecta sunt negōtia urbāna, in praedium suum suburbānum proficīscitur.

Agrī Iūliī nōn ā dominō ipsō coluntur, sed ā colōnīs. 70 Colōnus est agricola quī nōn suōs, sed aliēnōs agrōs prō dominō absentī colit et mercēdem dominō solvit prō frūgibus agrōrum.

Colōnī Iūliī sunt agricolae validī quī industriē labōrant omnēsque mercēdem ad diem solvere solent. At 75 hōc annō quīdam colōnus mercēdem nōndum solvit. Iūlius eum colōnum in agrō cōnspicit et "Hūc accēde, colōne!" inquit. Dominus imperat ut colōnus accēdat, tum interrogat: "Cūr nōndum solvistī mercēdem quam ter quaterve iam abs tē poposcī? Octingentōs sēstertiōs 80 mihi dēbēs. Solve eōs!" Iūlius colōnō imperat ut mercēdem solvat.

Colōnus pallidus prae metū loquī nōn potest.

Iūlius: "Audīsne? Imperō tibi ut mercēdem solvās. Quīn respondēs?" 85

Colōnus: "Nūlla est mihi pecūnia. Nē assem quidem ḷabeō."

Iūlius: "Nisi hīc et nunc solvis mercēdem dēbitam, servīs meīs imperābō ut tē agrīs meīs pellant. Iam trēs
90 mēnsēs exspectō ut ea pecūnia mihi solvātur. Etsī vir patiēns sum, hic fīnis est patientiae meae!"

Colōnus ad pedēs dominī sē prōicit eumque ōrat ut patientiam habeat: "Patientiam habē, domine! Nōlī ā mē postulāre ut tantum pecūniae statim solvam! Intrā
95 duōs trēsve mēnsēs omnia accipiēs. Nōlī mē ē domō meā rapere! Octō līberī mihi sunt, quōs ipse cūrāre dēbeō. Cūra īnfantium multum temporis magnamque patientiam postulat, itaque parum temporis habeō ad opus rūsticum."

100 Iūlius: "Quid? Num uxor abs tē postulat ut tū prō mātre īnfantēs cūrēs? Itane īnfantēs suōs neglegit? Mātris officium est īnfantēs cūrāre. Tū vērō cūrā ut agrī bene colantur et mercēs ad diem solvātur!"

Colōnus: "Uxor mea officium suum nōn neglegit nec
105 postulat ut ego īnfantēs cūrem; sed nunc nec īnfantēs cūrāre nec quidquam aliud agere potest, quia aegrōtat: intrā paucōs diēs novum īnfantem exspectat. Nōlī mē ab uxōre gravidā rapere! Per omnēs deōs tē ōrō!"

Hīs precibus dominus sevērus tandem movētur. Co-
110 lōnō imperat ut taceat atque surgat, tum "Quoniam" inquit "uxor tua gravida est, abī domum! Prīmum cūrā ut uxor et līberī valeant, tum vērō labōrā ut pecūniam omnem solvās intrā fīnem huius mēnsis, id est intrā trīcēsimum diem!"

---

agrīs : ex agrīs

patiēns -entis < patī
patientia -ae f < patiēns

prō-icere (-iicere) -iō
< prō- + iacere

tantum -ī n = tam multum

rapere -iō -uisse raptum

cūra -ae f

rūsticus -a -um < rūs

neglegere -ēxisse -ēctum
↔ cūrāre

quid-quam = ūlla rēs
(neque q. = et nihil)

gravidus -a -um: (fēmina) gravida = quae īnfantem exspectat
precēs -um f pl = verba ōrantia, quod ōrātur

trīcēsimus -a -um
= xxx (30.)

dī-mittere -mīsisse
-missum

Colōnō dīmissō, Iūlius alium agricolam vocat eum- *III*
que dē rēbus rūsticīs rogitat, ac prīmum dē vīneīs:
"Quōmodo vīneae sē habent hōc annō?"

"Optimē" inquit agricola, "Aspice hanc vītem: tot et
tantae ūvae magnam vīnī cōpiam prōmittunt, ac vīnum
bonum futūrum esse exīstimō, nam sōl duōs iam mēn- 120
sēs prope cotīdiē lūcet ūsque ā māne ad vesperum. Nihil enim vīneīs magis prōdest quam sōl et calor, nec
quidquam iīs magis nocet quam imber et frīgus."

prōd-esse prō-fuisse
(+ *dat*) = bonum esse
calor -ōris *m* = āēr calidus, tempus calidum
nocēre -uisse ↔ prōdesse
frīgus -oris *n* ↔ calor

vīnum bonum *est*: calor
efficit ut v. bonum *sit*
satis dē vīneīs *dictum est*

Iūlius: "Calor sōlis nōn ipse per sē efficit ut vīnum
bonum sit. Vītēs probē cūrāre oportet. Itaque vōs mo- 125
neō ut industriē in vīneīs labōrētis. Sed satis dē vīneīs.
Frūmentum quāle erit?"

"Nōn ita bonum" inquit alter agricola, "Solum nimis

siccus -a -um ↔ ūmidus

siccum est nec rigārī possunt agrī quod procul absunt ā
rīvō. Imber brevis quem hodiē habuimus frūmentō prō- 130
fuit quidem, sed parum fuit. Item sicca est herba, pecus
parum pābulī invenit. Sed scīsne ovem herī paene rap-
tam esse ā lupō?"

grex gregis *m*
= multitūdō bēstiārum

Iūlius: "Quid? Lupusne ovem ē grege rapuit?"

Agricola: "Ovis ipsa ē grege aberrāverat. Nec vērō 135
lupus ovī nocuit, nam pāstor eam in silvā repperit atque
ē dentibus lupī servāvit!"

Iūlius: "Ō, pāstōrem pigerrimum, quī officium suum

nē = ut nē

nē-ve = vel nē, et nē

ita neglēxit! Pāstōris officium est cūrāre nē ovēs aberrent nēve silvam petant. Ego vērō cūrābō nē ille pāstor 140
posthāc officium neglegat!"

Agricola: "Nōlī nimis sevērus esse! Nōn cēnseō illum pāstōrem prae cēterīs pigrum esse."

Iūlius: "Rēctē dīcis: nam pigrī ac neglegentēs sunt
145 omnēs! At ego faciam ut industriī sint!"

Agricola: "Certē pāstōrēs minus labōrant quam agricolae. Nōbīs nūllum est ōtium, nec opus est nōs monēre ut industriī sīmus nēve quiēscāmus."

Iūlius: "Nōlī cēnsēre opus pāstōrum facilius esse.
150 Cūra pecoris magnum est negōtium, nōn ōtium, ut pāstōrēs nēquam in mollī herbā dormientēs putant. Ego vērō cūrābō nē ille pāstor neglegēns sit nēve dormiat! Faciam ut tergum eī doleat! Arcesse eum!"

Sed eō ipsō tempore pāstor gregem prae sē agēns ē
155 campīs revertitur. Cum prīmum is prope vēnit, "Optimē advenīs" inquit dominus īrātus baculum prae sē tenēns, "nam verbera meruistī!"

Pāstor humī sē prōiciēns dominum ōrat nē sē verberet: "Nōlī mē verberāre, ere! Nihil fēcī!"

160 "At propter hoc ipsum" inquit Iūlius "tē verberābō, homō nēquam, quod nihil fēcistī! Officium tuum est cūrāre nē ovēs aberrent nēve ā lupō rapiantur. Precēs tibi nōn prōsunt. Prehendite eum, agricolae, et tenēte!" Iūlius duōbus agricolīs imperat ut pāstōrem prehendant
165 et teneant.

Tum vērō, dum pāstor territus verbera exspectat, ovēs sine pāstōre relictae dē viā in agrōs aberrant ac frūmentum immātūrum carpere incipiunt. Agricolae

prae cēterīs piger = cēterīs pigrior
neglegēns -entis = quī officium neglegit

nē-quam *indēcl* = improbus

optimē: optimō tempore

prōd-est prō-sunt

im-mātūrus -a -um < in-mātūrus

217

pro-hibēre = retinēre

mittere ↔ prehendere

modo = nūper

officiō (*abl*) prohibēre = ab officiō prohibēre

quam celerrimē potest = tam celeriter quam māximē fierī potest

sevērus *esse* in-hūmānus -a -um

coniūnctīvus -ī *m (coni)*

[1] intr*et*
[2] tace*at*
[3] claud*at*
[4] audi*at*

-et
-at

[1] cōgit|*e*|*m*
    cōgit|*ē*|*s*
    cōgit|*e*|*t*
    cōgit|*ē*|*mus*
    cōgit|*ē*|*tis*
    cōgit|*e*|*nt*

hoc videntēs clāmant: "Prohibē ovēs tuās ab agrīs nostrīs, pāstor!" — tum pāstōrem mittunt atque celeriter 170 ovēs in agrīs sparsās persequuntur.

Pāstor sōlus cum dominō relictus "Modo dīxistī" inquit "meum officium esse cavēre nē ovēs aberrent. Nōlī mē officiō meō prohibēre!"

Iūlius: "Ego tē nōn prohibēbō officium facere. Fac ut 175 ovēs ex agrīs agantur! Age, curre, pāstor!"

Vix haec dīxerat Iūlius, cum pāstor quam celerrimē potest ad ovēs suās currit. Dominus rīdēns eum currentem aspicit, tum ad vīllam revertitur. Etsī dominus sevērus exīstimātur, tamen inhūmānus nōn est. 180

GRAMMATICA LATINA
Coniūnctīvus
Tempus praesēns.
[A] Āctīvum.

Dominus: "Intrā, serve! Claude forem! Tacē et audī!" Do- 185 minus servō imperat ut intr*et*, forem claud*at*, tace*at* et audi*at*. Servus intrat, forem claudit, tacet et audit.

'Intrat', 'tacet', 'claudit', 'audit' est indicātīvus. 'Intr*et*', 'tace*at*', 'claud*at*', 'audi*at*' coniūnctīvus est. Coniūnctīvus praesentis (pers. III sing.) [1] *-et*, [2, 3, 4] *-at*. 190

Exempla: [1] cōgitā|re: cōgit|*et;* [2] respondē|re: respondē|*at;* [3] scrīb|ere: scrīb|*at;* [4] audī|re: audi|*at*.

Magister: "Studiōsus estō, discipule! Prīmum audī quod interrogō, tum cōgitā, dēnique surge et respondē!" Magister discipulum monet ut studiōsus *sit:* prīmum audi*at*, tum cōgi- 195 t*et*, dēnique surg*at* et responde*at*. Discipulus silet. Magister:

"Audīsne, puer? Moneō tē ut studiōsus *sīs:* prīmum audi*ās,*
tum cōgit*ēs,* dēnique surg*ās* et responde*ās.*" Discipulus:
"Nōn opus est mē monēre ut audi*am* et cōgit*em* atque ut
200 studiōsus *sim.* Sed respondēre nesciō. Nōlī igitur ā mē postulāre ut surg*am* et responde*am!*"

Magister: "Studiōsī estōte, discipulī! Prīmum audīte quod
interrogō, tum cōgitāte, dēnique surgite et respondēte!" Magister discipulōs monet ut studiōsī *sint:* prīmum audi*ant,* tum
205 cōgit*ent,* dēnique surg*ant* et responde*ant.* Discipulī silent.
Magister: "Audītisne, puerī? Moneō vōs ut studiōsī *sītis:* prīmum audi*ātis,* tum cōgit*ētis,* dēnique surg*ātis* et responde*ā-
tis.*" Discipulī: "Nōn opus est nōs monēre ut audi*āmus* et
cōgit*ēmus* atque ut studiōsī *sīmus.* Sed respondēre nescīmus.
210 Nōlī igitur ā nōbīs postulāre ut surg*āmus* et responde*āmus!*"

	Sing.	Plūr.	Sing.	Plūr.
Persōna prīma	-em	-ēmus	-am	-āmus
Persōna secunda	-ēs	-ētis	-ās	-ātis
Persōna tertia	-et	-ent	-at	-ant

215 [B] Passīvum.

Dominus imperat ut servus improbus tene*ātur* et verberē-
tur, deinde ut vinci*ātur* et inclūd*ātur.*

Dominus imperat ut servī improbī tene*antur* et verberen-
tur, deinde ut vinci*antur* et inclūd*antur.*

220 Iānitor tabellārium monet ut caveat nē ā cane morde*ātur:*
"Cavē nē ā cane morde*āris!*" Tabellārius: "Tuum negōtium
est cūrāre nē ego morde*ar.* Vincī canem! Ego cūrābō ut tū
vinci*āris* et inclūd*āris* et verber*ēris* ab erō tuō!" Iānitor: "Num
tuum negōtium est cūrāre ut ego vinci*ar* et inclūd*ar* et ver-
225 ber*er?*"

Iānitōrēs tabellāriōs monent ut caveant nē ā cane morde*antur:* "Cavēte nē ā cane morde*āminī!*" Tabellāriī: "Vestrum
negōtium est cūrāre nē nōs morde*āmur.* Vincīte canem! Nōs
cūrābimus ut vōs vinci*āminī* et inclūd*āminī* et verber*ēminī* ab
230 erō vestrō!" Iānitōrēs: "Num vestrum negōtium est cūrāre ut
nōs vinci*āmur* et inclūd*āmur* et verber*ēmur?*"

[2] responde|*a*|m
responde|*ā*|s
responde|*a*|t
responde|*ā*|mus
responde|*ā*|tis
responde|*a*|nt
[3] surg|*a*|m
surg|*ā*|s
surg|*a*|t
surg|*ā*|mus
surg|*ā*|tis
surg|*a*|nt
[4] audi|*a*|m
audi|*ā*|s
audi|*a*|t
audi|*ā*|mus
audi|*ā*|tis
audi|*a*|nt
esse si|m sī|mus
sī|s sī|tis
si|t si|nt

[1] -*e*|m -*ē*|mus
-*ē*|s -*ē*|tis
-*e*|t -*e*|nt
[2,3,4] -*a*|m -*ā*|mus
-*ā*|s -*ā*|tis
-*a*|t -*a*|nt

[1] verber|*e*|r
verber|*ē*|ris
verber|*ē*|tur
verber|*ē*|mur
verber|*ē*|minī
verber|*e*|ntur
[2] morde|*a*|r
morde|*ā*|ris
morde|*ā*|tur
morde|*ā*|mur
morde|*ā*|minī
morde|*a*|ntur
[3] inclūd|*a*|r
inclūd|*ā*|ris
inclūd|*ā*|tur
inclūd|*ā*|mur
inclūd|*ā*|minī
inclūd|*a*|ntur
[4] vinci|*a*|r
vinci|*ā*|ris
vinci|*ā*|tur
vinci|*ā*|mur
vinci|*ā*|minī
vinci|*a*|ntur

[1] -e|r   -ē|mur
    -ē|ris -ē|minī
    -ē|tur -e|ntur
[2,3,4] -a|r   -ā|mur
        -ā|ris -ā|minī
        -ā|tur -a|ntur

	Sing.	Plūr.	Sing.	Plūr.
Persōna prīma	-er	-ēmur	-ar	-āmur
Persōna secunda	-ēris	-ēminī	-āris	-āminī
Persōna tertia	-ētur	-entur	-ātur	-antur

235

PENSVM A

Iūlius colōnō imperat ut mercēdem solv–. Ille dominum ōrat ut patientiam habe–: "Nōlī postulāre ut tantam pecūniam statim solv–!" Dominus colōnō imperat ut tace– et surg–, tum "Prīmum cūrā" inquit "ut uxor et līberī vale–, tum vērō cūrā ut agrōs bene col– et mercēdem solv–!"

Dominus colōnōs monet ut labōr– nēve quiēsc–: "Moneō vōs ut labōr– nēve quiēsc–!"

Māter fīliam monet ut cauta s–: "Moneō tē ut cauta s–!" Fābula nōs monet nē temerāriī s–.

Verba: spargere –isse –um; rapere –isse –um; neglegere –isse –um; dēsinere –isse; quiēscere –isse; crēscere –isse; poscere –isse; prōdesse –isse.

PENSVM B

Mēnse Augustō — metitur, deinde — arantur et novum frūmentum —. Agricola quī — post arātrum ambulat duōs bovēs — [= ante] sē agēns; arātrum est — quō agrī arantur. Agricola quī serit nūllō īnstrūmentō — et sēmen manū —. Quī — falce ūtitur. Agricola est vir cuius — est agrōs —. Ex Aegyptō, quae terra — est, magna — frūmentī in Italiam —. Frūgēs vīneārum sunt —, ex quibus — efficitur. — sōlis vīneīs —, — [↔ calor] vīneīs —.

Iūlius in — suō Albānō nōn labōrat, sed —. — quiētum et — [= pulchrum] eum dēlectat. Colōnus aliēnōs agrōs — dominō absentī colit.

Pāstor est vir quī pecus — et cūrat. — pecoris magnum negōtium est, nōn —, ut pigrī pāstōrēs — [= cēnsent]. Pāstōrēs nōn tam industriē — quam agricolae. Pāstōris officium est cūrāre — ovēs aberrent — [= et nē] ā lupō rapiantur.

Vocābula nova:
ager
frūmentum
agricola
negōtium
arātrum
īnstrūmentum
sēmen
falx
regiō
frūgēs
pecus
pābulum
lāna
cōpia
vītis
vīnea
ūva
vīnum
praedium
labor
rūs
ōtium
colōnus
patientia
cūra
precēs
calor
frīgus
grex
amoenus
mātūrus
rudis
fertilis
suburbānus
urbānus
patiēns
rūsticus
gravidus
siccus
neglegēns
nēquam
immātūrus
inhūmānus

PENSVM C

Quid est negōtium agricolae?
Quandō frūmentum metitur?
Num arātor ipse arātrum trahit?
Quid est pābulum pecoris?
Unde frūmentum in Italiam invehitur?
Quae regiō Āfricae fertilissima est?
Cūr necesse est agrōs rigāre?
Quae sunt frūgēs vīneārum?
Num Iūlius ipse in agrīs labōrat?
Omnēsne colōnī mercēdem solvērunt?
Quot sēstertiōs colōnus Iūliō dēbet?
Num uxor colōnī officium suum neglegit?
Quid est officium pāstōris?
Estne Iūlius dominus inhūmānus?

trīcēsimus
quiēscere
cingere
crēscere
metere
arāre
serere
colere
spargere
ūtī
pāscere
invehere
rigāre
labōrāre
exīstimāre
cēnsēre
prōicere
ōrāre
rapere
neglegere
prōdesse
nocēre
prohibēre
quīdam
parum
tantum
dēnique
circā
prae
prō
abs
-ve
nē
coniūnctīvus

221

PERICVLA MARIS

Interim Mēdus et Lȳdia ventō secundō per mare Īnfe-   *1*
rum nāvigāre pergunt ad fretum Siculum (id est fretum
angustum quō Sicilia ab Italiā disiungitur). Gaudent
omnēs quī eā nāve vehuntur praeter mercātōrem cuius
mercēs necesse fuit ē nāve ēicere.   5

Mēdus vērō multum cōgitat dē verbīs Lȳdiae et dē
tempestāte quae tam subitō cessāvit, postquam Lȳdia
dominum suum invocāvit. Ut tempestās mare tranquillum turbāvit, ita verba Lȳdiae animum Mēdī turbāvē-
runt.   10

Lȳdia amīcum suum colōrem mūtāvisse animadvertit
et "Quid pallēs?" inquit, "Utrum aegrōtās an territus
es?"

"Nōn aegrōtō" inquit Mēdus, "Corpus quidem sānum est mihi, animus vērō turbātus. Quis est ille domi- 15
nus tuus cui mare et ventī oboedīre videntur?"

fretum -ī *n*
Siculus -a -um = Siciliae
dis-iungere (↔ con-
iungere) = dīvidere

ē-icere (-iicere) -iō
-iēcisse -iectum
< ē + iacere

cessāre = opus neglegere,
minus agere; ventus
cessat : v. minuitur

animus -ī *m* ↔ corpus

utrum… an = -ne… an

ob-oedīre (< -audīre)
(+ *dat*) = pārēre

222

Lȳdia: "Nōn meus tantum, sed omnium hominum est dominus, et Rōmānōrum et Graecōrum et barbarōrum."

20 Mēdus: "Utrum homō an deus est?"

Lȳdia: "Chrīstus est Deī fīlius quī homō factus est. In oppidō Bethlehem nātus est in Iūdaeā, patriā Iūdaeōrum, quae inter Syriam et Aegyptum sita est. Eō vēnērunt rēgēs, quī stēllam eius vīderant in oriente, et invē-
25 nērunt puerum cum Marīā, mātre eius, et adōrāvērunt eum velut deum. Posteā Chrīstus ipse plānē dēmōnstrāvit sē esse fīlium Deī, nam discipulōs docēbat, quōrum magna turba eum sequēbātur, aegrōs sānābat..."

Mēdus: "Omnis medicus id facit."

30 Lȳdia: "Quī medicus verbīs sōlīs potest facere ut hominēs caecī videant, surdī audiant, mūtī loquantur, claudī ambulent?"

Mēdus: "Potestne dominus tuus haec facere?"

Lȳdia: "Profectō potest. In Iūdaeā Iēsūs nōn sōlum
35 faciēbat ut caecī vidērent, surdī audīrent, mūtī loquerentur, vērum etiam verbīs efficiēbat ut mortuī surgerent et ambulārent. Ex ūniversā Iūdaeā hominēs aegrī, quī fāmam dē factīs eius mīrābilibus audīverant, ad eum conveniēbant. Postrēmō tamen Iēsūs Chrīstus ab
40 improbīs hominibus necātus est."

Mēdus: "Quid? Nōn vīvit dominus tuus?"

Lȳdia: "Immō vērō vīvit, nam tertiō diē Iēsūs surrēxit ā mortuīs et quadrāgēsimō diē post in caelum

---

Marginal glosses:

Bethlehem *n indēcl*
Iūdaea -ae *f*
Iūdaeī -ōrum *m pl*
eō *adv* = illūc

ad-ōrāre

vel-ut = tamquam, sīcut

turba -ae *f* = multitūdō hominum

caecus -a -um = quī vidēre nōn potest
surdus -a -um = quī audīre nōn potest
mūtus -a -um = quī loquī nōn potest
claudus -a -um = quī ambulāre nōn potest
Iēsūs -ū *m* (*acc* -um)

ūniversus -a -um = tōtus

fāma -ae *f* = quod nārrātur dē aliquō

surgere surrēxisse

quadrāgēsimus -a -um = XL (40.)

223

im-mortālis -e ↔ mor-
tālis -e (< mors)
nāscī nātum esse ↔ morī
-ior mortuum esse

libellus -ī *m* = parvus
liber

ex-tendere

ap-prehendere = pre-
hendere (manū)
quī-dam, *abl* quō-dam
Matthaeus -ī *m*
vīvere vīxisse

dictum -ī *n* = quod
dictum est, verbum
memorāre = nārrāre,
dīcere
discere didicisse

rogāre = ōrāre

ē-volvere: librum ē.
= librum aperīre
tollere = sūmere et
sēcum ferre

prīnceps -ipis *m* = vir
inter aliōs prīmus (quī
aliīs imperat)

sus-citāre = excitāre
[*Matth. 9.18–19,23–26*]
ūnus = quīdam

ascendit. Immortālis est fīlius Deī sīcut pater eius,
Deus vīvus. Hominēs mortālēs nāscuntur ac moriuntur, 45
Deus immortālis semper vīvit. Sed ipsa male nārrō: ex
hōc libellō recitābō tibi aliquid."

Lȳdia libellum, quem adhūc intrā vestem occultāvit,
prōmit et Mēdō ostendit. Quī manum extendēns libellum apprehendit et "Quī liber est iste?" inquit. 50

Lȳdia: "Scrīptus est ā quōdam Iūdaeō, nōmine Mat-
thaeō, quī simul cum Chrīstō vīxit et discipulus eius
fuit. In hōc librō Matthaeus, quī suīs oculīs auribusque
dominum nostrum vīderat et audīverat, dicta et facta
eius memorat." 55

Mēdus, quī legere nōn didicit, Lȳdiae librum reddit *II*
eamque rogat ut aliquid sibi legat; quae continuō librum ēvolvit et "Legam tibi" inquit "dē virō claudō cui
Iēsūs imperāvit ut surgeret et tolleret lectum suum et
domum ambulāret." 60

Mēdus: "Modo dīxistī 'Chrīstum etiam mortuīs im-
perāvisse ut surgerent et ambulārent.' Plūra dē eā rē
audīre cupiō."

Lȳdia: "Audī igitur quod scrīptum est dē Iaīrō, prīn-
cipe quōdam Iūdaeōrum, quī Iēsum rogāvit ut fīliam 65
suam mortuam suscitāret:

*Ecce prīnceps ūnus accessit, nōmine Iaīrus, et adōrābat
eum dīcēns: "Fīlia mea modo mortua est, sed venī, impōne
manum tuam super illam, et vīvet." Et surgēns Iēsūs sequēbātur eum cum discipulīs suīs. — Et veniēns Iēsūs in do-* 70

mum prīncipis, vidēns tībīcinēs et turbam tumultuantem,
dīcēbat: "Discēdite! Nōn enim mortua est puella, sed dor-
mit." Et dērīdēbant eum. Et, ēiectā turbā, intrāvit et tenuit
manum eius et dīxit: "Puella, surge!" Et surrēxit puella. Et
75 *exiit fāma haec in ūniversam terram illam.*

Mēdus: "Per deōs immortālēs! Sī hoc vērum est,
prīnceps omnium deōrum est deus tuus; neque enim
ūllus deus Rōmānus hominem mortālem ab Īnferīs sus-
citāre potest — nē Iuppiter quidem tantam potestātem
80 habet, etsī ille deus māximus habētur."

Lȳdia: "Est ut dīcis; nec sōlum deus prīnceps, sed
Deus ūnus et sōlus est ille. Tōtus mundus in potestāte
Deī est, et caelum et terra et mare."

Hīc gubernātor, quī sermōnem eōrum exaudīvit,
85 "Tanta" inquit, "ūnīus deī potestās nōn est. Nam trēs
diī, Neptūnus, Iuppiter, Plūtō, mundum ūniversum ita
inter sē dīvīsērunt, ut Iuppiter rēx caelī esset, rēx maris
esset Neptūnus, Plūtō autem rēgnāret apud Īnferōs, ubi
animae mortuōrum velut umbrae versārī dīcuntur."

90 Mēdus: "Num quis tam stultus est ut ista vēra esse
crēdat? Perge legere ē libellō tuō, Lȳdia!"

Lȳdia iterum librum ēvolvit et "Ecce" inquit "quod
nārrātur dē Chrīstō super mare ambulante:

Nāvicula autem in mediō marī iactābātur flūctibus, erat
95 *enim ventus contrārius. Quārtā autem vigiliā noctis vēnit*
ad eōs Iēsūs ambulāns super mare. Discipulī autem vidēntēs
eum super mare ambulantem turbātī sunt dīcentēs: "Phan-

---

tumultuārī = tumultum
facere

tībiae
-ārum
f pl

tībīcen -cinis *m*

Īnferī -ōrum *m* = mortuī,
quī loca īnfera (sub
terrā) incolere dīcuntur
potestās -ātis *f*

habērī = exīstimārī

mundus -ī *m* = caelum et
terra et mare

Plūtō -ōnis *m*: deus, rēx
Īnferōrum
dīvidere -vīsisse -vīsum

rēgnāre = rēx esse
anima: fōrma hominis
mortuī ut ex animā
facta
versārī = hūc et illūc
movērī, errāre

[*Matth.* 14.24–33]
nāvicula -ae *f* = parva
nāvis
(ventus) contrārius
↔ secundus
vigilia -ae *f*: quārta v. =
nōna hōra noctis (nox in
IV vigiliās dīviditur)

225

phantasma -atis *n* = anima
  quae ambulāre vidētur
eīs = iīs
cōnstāns -antis
  ↔ turbātus
Petrus -ī *m*: Chrīstī discipulus
ipse : ille

ut venīret = quia venīre
  volēbat
salvus -a -um = servātus;
  salvum facere = servāre

-āstī = -āvistī
ascendentibus eīs = dum
  ascendunt

attentus -a -um = quī
  studiōsē audit
per-suādēre -suāsisse
  (+ *dat*): p. hominī =
  facere ut homō crēdat

[*Matth.* 28.18]

[*Matth.* 8.23–27]

= et eum in nāviculam
  ascendentem secūtī
  sunt discipulī eius

salvāre = salvum facere
per-īre -eō -iisse = per-
  dī, morī (↔ servārī)
tunc = tum
tranquillitās -ātis *f*
  (< tranquillus)
  ↔ tempestās

---

tasma est!" et prae timōre clāmāvērunt. Statimque Iēsūs
locūtus est eīs dīcēns: "Cōnstantēs estōte! Ego sum. Nōlīte
timēre!" Respondēns autem eī Petrus dīxit: "Domine, sī tū 100
es, iubē mē ad tē venīre super aquam!" At ipse ait: "Venī!"
Et dēscendēns Petrus dē nāviculā ambulābat super aquam,
ut venīret ad Iēsum. Vidēns vērō ventum validum timuit, et
incipiēns mergī clāmāvit dīcēns: "Domine! Salvum mē
fac!" Et continuō Iēsūs extendēns manum apprehendit eum, 105
et ait illī: "Quārē dubitāstī?" Et ascendentibus eīs in nāvi-
culam, cessāvit ventus. Quī autem in nāviculā erant vēnē-
runt et adōrāvērunt eum dīcentēs: "Vērē fīlius Deī es."

Gubernātor, quī Mēdum attentum videt, "Num tū" *III*
inquit "tam stultus es ut haec crēdās? Mihi nēmō per- 110
suādēbit hominem super mare ambulāre posse!"

Lȳdia: "Chrīstus nōn est homō, sed fīlius Deī, quī
omnia facere potest. Ipse dīxit: *"Data est mihi omnis*
potestās in caelō et in terrā." Modo nōs ē tempestāte
servāvit, nōnne id tibi persuāsit eum habēre potestātem 115
maris et ventōrum? Audī igitur quod in eōdem librō
nārrātur dē potestāte Chrīstī:

Et ascendente eō in nāviculam, secūtī sunt eum discipulī
eius. Et ecce tempestās magna facta est in marī, ita ut
nāvicula operīrētur flūctibus — ipse vērō dormiēbat! Et 120
accessērunt ad eum discipulī eius et suscitāvērunt eum dīcen-
tēs: "Domine, salvā nōs! Perīmus!" Ait illīs Iēsūs: "Quid
timidī estis?" Tunc surgēns imperāvit ventīs et marī, et
facta est tranquillitās magna. Hominēs autem mīrātī sunt

125 *dīcentēs: "Quālis est hic, quod ventī et mare oboediunt eī?"*

Gubernātor: "Mare et ventī nēminī oboediunt nisi
Neptūnō. Ille cūrāvit ut nōs ē tempestāte servārēmur
nēve mergerēmur—vel potius nōs ipsī quī mercēs ēiēci-
mus. Nōlīte vērō cēnsēre nōs iam extrā perīculum esse.

130 Tempestās quidem dēsiit, sed multa alia perīcula nōbīs
impendent, ut saxa quibus nāvēs franguntur, vorāginēs
in quās nāvēs merguntur, praedōnēs maritimī quī nāvēs
persequuntur, ut mercēs et pecūniam rapiant nautāsque
occīdant. Semper in perīculō versāmur."

135 Mēdus: "Sed hīc tūtī sumus ā praedōnibus."

Gubernātor: "Nūllum mare tūtum est ā praedōnibus,
nē mare Īnferum quidem, quamquam rārī hūc perveni-
unt. Nec tūtī sumus ā cēterīs perīculīs quae modo me-
morāvī. Brevī nāvigābimus per fretum Siculum, ubi ab

140 utrāque parte magnum perīculum impendet nautīs: ab
ōrā Italiae saxa perīculōsa quibus Scylla nōmen est, ab
ōrā Siciliae vorāgō terribilis quae Charybdis vocātur.
Multae nāvēs quae Scyllam iam vītāverant, deinde in
Charybdim mersae sunt. At bonum animum habēte!

145 Ego, ut gubernātor cōnstāns, cūrābō ut omnia perīcula
vītēmus ac salvī in Graeciam eāmus."

Mēdus: "Omnēs id futūrum esse spērāmus. Quandō
eō perveniēmus?"

Gubernātor: "Intrā sex diēs, ut spērō, vel potius octō.

150 Sed cūr tam cupidus es in Graeciam eundī? Ego Rōmae
vīvere mālō quam in Graeciā."

nēmō, *dat* nēminī

perīculum -ī *n*

impendēre (+*dat*)
vorāgō -inis *f* = locus
quō nāvēs flūctibus
vorantur (: merguntur)
praedō -ōnis *m*
ut ... rapiant = quia ...
rapere volunt

tūtus -a -um = sine
perīculō

per-venīre

perīculōsus -a -um
< perīculum
Scylla -ae *f*
Charybdis -is *f* (*acc* -im)
(perīculum) vītāre = nōn
adīre, effugere
(bonus) animus ↔ timor

īre, *coni praes:*
eam   eāmus
eās   eātis
eat   eant

spērāre = rem bonam
futūram esse putāre
eō : in Graeciam

īre: *eundī* (*gerundium*);
cupidus es eundī = īre
cupis
mālō = magis volō

mā-vīs = magis vīs
servīre (+ *dat*) = servus
esse

mālumus = magis vo-
lumus

mālle = magis velle:
 mālō   mālumus
 māvīs   māvultis
 māvult   mālunt

pecūlium -ī *n* = pecūnia
dominī quae servō datur
sī quid = sī aliquid

persuādēre ut = verbīs
efficere ut
mā-vult = magis vult

in caelīs = in caelō

Mēdus: "Num Rōmae māvīs servīre quam līber esse in Graeciā?"

Gubernātor: "Nōs cīvēs Rōmānī morī mālumus quam servīre!"   155

Mēdus: "Nōlī putāre mē servīre mālle, nam ego quoque līber nātus sum, nec quisquam quī līber fuit lībertātem spērāre dēsinit. In Italiā dominō sevērō serviēbam, quī ā mē postulābat ut opus sordidum facerem nec mihi pecūlium dabat. Sī quid prāvē fēceram, dominus imperābat ut ego ab aliīs servīs tenērer et verberārer. Sed   160 herī ē vīllā fūgī, ut verbera vītārem, atque ut amīcam meam vidērem ac semper cum eā essem. Multīs prōmissīs eī persuāsī ut mēcum ex Italiā proficīscerētur, Lȳdia enim Rōmae vīvere māvult quam in Graeciā. Ōstiā igi-   165 tur hanc nāvem cōnscendimus, ut in Graeciam nāvigārēmus."

Gubernātor Lȳdiam interrogat: "Tūne quoque dominō Rōmānō serviēbās?"

Lȳdia: "Minimē vērō. Ego nēminī serviō nisi dominō   170 nostrō quī est in caelīs. Nēmō potest duōbus dominīs servīre. Certē nōn laetō animō Rōma profecta sum, et difficile fuit mihi persuādēre ut amīcās meās Rōmānās dēsererem. Nec prōmissīs sōlīs Mēdus mihi persuāsit ut sēcum venīrem, sed etiam dōnō pulcherrimō. Ecce ānu-   175 lus aureus gemmātus quem amīcus meus prope centum sēstertiīs ēmit mihi." Lȳdia manum extendēns digitum ānulō aureō ōrnātum gubernātōrī ostendit.

228

Gubernātor ānulum tam pulchrum admīrātur, tum
180 conversus ad Mēdum "Profectō" inquit "dīves esse vi-
dēris, ut servus! Num dominus ille sevērus, quī tibi
imperābat ut opus sordidum facerēs, tantum pecūlium
tibi dabat prō opere sordidō?"

Mēdus rubēns nescit quid respondeat, et velut homō
185 surdus mūtusque ante eōs stat.

Lȳdia: "Quīn respondēs? Sacculum prōmpsistī pecūniae plēnum — nōnne tua erat ista pecūnia?"

Mēdus turbātus, dum oculōs Lȳdiae vītāre cōnātur,
mercātōrem celeriter accēdere videt.

190 GRAMMATICA LATINA
Coniūnctīvus
Tempus imperfectum
[A] Āctīvum.
Dominus servum monet ut sibi pāre*at*.
195 Dominus servum monēbat/monuit ut sibi pārē*ret*.
'Pāre*at*' est coniūnctīvus praesentis. 'Pārē*ret*' coniūnctīvus
imperfectī est. Coniūnctīvus imperfectī (pers. III sing.) -*ret*.
Exempla: [1] recitā|re: recitā|*ret;* [2] tacē|re: tacē|*ret;* [3]
scrīb|ere: scrīb|*eret;* [4] audī|re: audī|*ret*.
200 Magister discipulum monuit ut tacē*ret* et audī*ret* et studiōsus *esset*. Tum eī imperāvit ut scrībe*ret* et recitā*ret*.
Pater: "Nōnne magister tibi imperāvit, fīlī, ut scrīberē*s* et
recitārē*s?*" Fīlius: "Prīmum mē monuit ut tacē*rem* et audī*rem*
et studiōsus *essem*, tum mihi imperāvit ut scrībe*rem* et recitā-
205 *rem*." Pater: "Num necesse erat tē monēre ut tacērē*s* et audīrē*s*
et studiōsus *essēs?*"
Magister discipulōs monuit ut tacē*rent* et audī*rent* et studiōsī *essent*. Tum imperāvit ut scrībe*rent* et recitā*rent*.

---

ad-mīrārī = mīrārī (rem
magnificam)

prōmere -mpsisse
-mptum

pārēret

[1] recitā|re|m
recitā|rē|s
recitā|re|t
recitā|rē|mus
recitā|rē|tis
recitā|re|nt
[2] tacē|re|m
tacē|rē|s
tacē|re|t
tacē|rē|mus
tacē|rē|tis
tacē|re|nt
[3] scrīb|ere|m
scrīb|erē|s
scrīb|ere|t
scrīb|erē|mus
scrīb|erē|tis
scrīb|ere|nt

229

[4] audī|re|m
 audī|rē|s
 audī|re|t
  audī|rē|mus
  audī|rē|tis
  audī|re|nt
esse esse|m essē|mus
 essē|s essē|tis
 esse|t esse|nt

-re|m -rē|mus

-rē|s -rē|tis

-re|t -re|nt

[1] servā|re|r
 servā|rē|ris
 servā|rē|tur
  servā|rē|mur
  servā|rē|minī
  servā|re|ntur
[3] merg|ere|r
 merg|erē|ris
 merg|erē|tur
  merg|erē|mur
  merg|erē|minī
  merg|ere|ntur

-re|r -rē|mur

-rē|ris -rē|minī

-rē|tur -re|ntur

Vocābula nova:
fretum
animus
turba
fāma
libellus
dictum
prīnceps
tībīcen
potestās
mundus
nāvicula
vigilia

Pater: "Nōnne magister vōbīs imperāvit, fīliī, ut scrīberētis et recitārētis?" Fīliī: "Prīmum nōs monuit ut tacērēmus et 210 audīrēmus et studiōsī essēmus, tum nōbīs imperāvit ut scrīberēmus et recitārēmus." Pater: "Num necesse erat vōs monēre ut tacērētis et audīrētis et studiōsī essētis?"

	Singulāris	Plūrālis	
Persōna prīma	-rem	-rēmus	215
Persōna secunda	-rēs	-rētis	
Persōna tertia	-ret	-rent	

[B] Passīvum.

Dominus imperāvit ut servus tenērētur et verberārētur, deinde ut vincīrētur et inclūderētur. 220

Dominus imperāvit ut servī tenērentur et verberārentur, deinde ut vincīrentur et inclūderentur.

Mēdus: "Salvus sum. Neptūnus cūrāvit ut ego ē perīculō servārer nēve in mare mergerer." Lȳdia: "Nōlī putāre Neptūnum cūrāvisse ut tū servārēris nēve mergerēris. Nēmō nisi 225 Chrīstus cūrāvit ut nōs ē perīculō servārēmur nēve in mare mergerēmur." Gubernātor: "Ego bene gubernandō cūrāvī ut vōs servārēminī nēve mergerēminī!"

	Singulāris	Plūrālis	
Persōna prīma	-rer	-rēmur	230
Persōna secunda	-rēris	-rēminī	
Persōna tertia	-rētur	-rentur	

PENSVM A

Servus dominum ōrābat nē sē verberā–, sed dominus imperāvit ut tacē– et surg–, tum aliīs servīs imperāvit ut eum prehend– et tenē–.

Mēdus ā dominō fūgit, ut amīcam suam vidē– et semper cum eā es–. Mēdus: "Ā dominō fūgī, ut amīcam meam vidē– et semper cum eā es–."

Mīnōs imperāvit ut Daedalus et Īcarus in labyrinthum inclūd–. Īcarus: "Quis imperāvit ut nōs inclūd–?" Daedalus: "Mīnōs imperāvit ut ego inclūd– et ut tū mēcum inclūd–."

Verba: dīvidere –isse –um; ēicere –isse –um; prōmere –isse –um; vīvere –isse; discere –isse; persuādēre –isse; surgere –isse.

PENSVM B

Lȳdia Rōmae vīvere — quam in Graeciā, sed Mēdus multīs prōmissīs eī — ut sēcum proficīscerētur. In Italiā Mēdus dominō sevērō —.

Nāvis nōndum extrā — est. Multa perīcula nautīs —. — maritimī nāvēs persequuntur; nūllum mare — est ā praedōnibus.

Hominēs mortālēs nāscuntur et —, diī vērō — sunt. Nūllus deus Rōmānus hominem mortuum ab Īnferīs — [= excitāre] potest, nē Iuppiter quidem tantam — habet, etsī ille deus māximus — [= exīstimātur]. Trēs diī ūniversum — inter sē dīvīsērunt.

Chrīstus in oppidō Bethlehem — est. Ille verbīs sōlīs efficiēbat ut hominēs — vidērent, — audīrent, — loquerentur, — ambulārent.

PENSVM C

Fretum Siculum quid est?
Ubi nātus est Chrīstus?
Quid Iaīrus Chrīstum rogāvit?
Quae perīcula nautīs impendent?
Cūr nautae praedōnēs maritimōs metuunt?
Quālī dominō Mēdus in Italiā serviēbat?
Quārē Mēdus ā dominō suō fūgit?
Num Lȳdia laetō animō Rōmā profecta est?
Quōmodo Mēdus eī persuāsit ut sēcum venīret?
Cūr Mēdus nescit quid respondeat?
Quem Mēdus accēdere videt?
Tūne in Graeciā vīvere māvīs quam in patriā tuā?

phantasma
tranquillitās
vorāgō
perīculum
praedō
pecūlium
caecus
surdus
mūtus
claudus
ūniversus
mortālis
immortālis
cōnstāns
salvus
attentus
tūtus
perīculōsus
quadrāgēsimus
disiungere
ēicere
cessāre
oboedīre
adōrāre
nāscī
morī
extendere
apprehendere
memorāre
rogāre
ēvolvere
suscitāre
tumultuārī
habērī
rēgnāre
versārī
persuādēre
salvāre
perīre
impendēre
pervenīre
vītāre
spērāre
servīre
mālle
admīrārī
potius
utrum
velut

fundus -ī *m*

de-terrēre

ad-icere (-iicere) -iō
  = addere
aestimāre: magnī ae. =
  magnī pretiī esse cēn-
  sēre
vīta -ae *f* < vīvere

re-manēre = manēre

nōn-nūllī -ae -a = haud
  paucī, complūrēs
pretiōsus -a -um =
  magnī pretiī

lucrum -ī *n*: l. facere =
  pecūniam suam augēre
spēs -eī *f* = id quod
  spērātur

NAVIGARE NECESSE EST

Multae nāvēs multīque nautae quotannīs in marī per- *1*
eunt. In fundō maris plūrimae nāvēs mersae iacent. Nec
tamen ūllīs perīculīs ā nāvigandō dēterrentur nautae.
"Nāvigāre necesse est" āiunt, et mercātōrēs, quī ipsī
perīcula maris adīre nōn audent, haec adiciunt: "Vīvere 5
nōn est necesse!" Mercātōrēs mercēs suās magnī aestimant, vītam nautārum parvī aestimant!

Nec vērō omnēs mercātōrēs domī remanent, cum
mercēs eōrum nāvibus vehuntur. Nōnnūllī in terrās aliēnās nāvigant, quod mercēs pretiōsās nautīs crēdere nō- 10
lunt, sīcut mercātor ille Rōmānus quī eādem nāve vehitur quā Mēdus et Lȳdia. Is laetus Ōstiā profectus est
cum mercibus pretiōsīs quās omnī pecūniā suā in Italiā
ēmerat eō cōnsiliō ut eās māiōre pretiō in Graeciā vēnderet. Ita spērābat sē magnum lucrum factūrum esse. 15
Iam vērō ea spēs omnis periit, nam flūctibus mersae

232

sunt mercēs in quibus omnem spem posuerat. Subitō mercātor ē dīvitissimō pauperrimus factus est. Nōn mīrum est eum maestum esse.

20 Mercātor ad gubernātōrem accēdēns multīs cum lacrimīs queritur: "Heu, mē miserum! Omnia quae possidēbam in fundō maris sunt. Quid faciam? Quid spērem? Quōmodo uxōrem et līberōs alam? Nē as quidem mihi reliquus est: omnia āmīsī. Heu!"

25 "Dēsine querī!" inquit gubernātor, "Nōn enim omnia āmīsistī sī uxor et līberī tuī salvī sunt. Nōnne līberōs plūris aestimās quam mercēs istās? Dīvitiās āmittere miserum est, at multō miserius līberōs āmittere."

Tālibus verbīs nauta mercātōrem maestum cōnsōlārī 30 cōnātur, sed frūstrā, nam ille prōtinus "Nōlī tū mē cōnsōlārī" inquit, "quī ipse imperāvistī ut mercēs meae iacerentur!"

Gubernātor: "Iactūrā mercium nāvis servāta est."

Mercātor: "Rēctē dīcis: meae mercēs ēiectae sunt, ut 35 nāvis tua salva esset!"

Gubernātor: "Mercēs iēcimus ut nōs omnēs salvī essēmus. Iactūrā mercium nōn modo nāvis, sed etiam vīta omnium nostrum servāta est. Mercēs quidem periērunt, sed nēmō nostrum periit. Ergō bonum animum 40 habē! Laetāre ūnā nōbīscum tē vītam nōn āmīsisse simul cum mercibus! Hominēs fēlīcēs sumus."

Mercātor: "Vōs quidem fēlīcēs estis, nēmō enim vestrum assem āmīsit. Mīrum nōn est vōs laetārī. At

---

pōnere posuisse positum

mīrus -a -um: mīrum = quod mīrantem facit
maestus -a -um = maerēns, trīstis

heu! (dolōrem animī significat)

ā-mittere -mīsisse -missum ↔ accipere

plūris aestimāre = māiōris pretiī esse cēnsēre
dīvitiae -ārum f (<dīves) = magna pecūnia

prōtinus = statim

iactūra -ae f < iacere

omnēs nōs, gen omnium nostrum
nēmō nostrum = nēmō ex nōbīs
nōbīs-cum = cum nōbīs

fēlīx -īcis = cui rēs bona accidit
nēmō vestrum = nēmō ex vōbīs

233

ē-ripere -iō -ripuisse
  -reptum < ē + rapere
laetitia -ae f < laetus
af-ficere -iō -fēcisse
  -fectum
trīstitia -ae f < trīstis;
  t.ā afficere = trīstem
  facere; t.ā afficī =
  trīstis fierī
nāvigātiō -ōnis f < nāvi-
  gāre

dolor (animī) ↔ laetitia
dolōre afficere = dolen-
  tem (: maestum) facere

dī = diī

precārī (< precēs)
  = ōrāre

vōbīs-cum = cum vōbīs
per-turbāre = valdē
  turbāre

delphīnus
  -ī m

Arīōn -onis m

fidēs
  -ium
  f pl

nōtus -a -um: is mihi
  nōtus est = eum nōvī
ignārus -a -um = ignō-
  rāns, rudis
nōbilis -e = multīs nōtus
Lesbos -ī f
Orpheus -ī m
an = num
ignōtus -a -um ↔ nōtus

fidicen -inis m = quī
  fidibus canit

nōlīte mē monēre ut laetus sim, postquam omnia mihi
ēripuistis! Laetitia vestra mē nōn afficit." 45

Gubernātor: "Nec quisquam nostrum trīstitiā tuā afficitur. Semper gaudeō cum dē līberīs meīs cōgitō, quī
māximā laetitiā afficiuntur cum patrem suum ē nāvigā-
tiōne perīculōsā salvum redīre vident."

Mercātor: "Ego quoque līberōs meōs amō nec eōs 50
dolōre afficere volō. Sed quōmodo vīvāmus sine pecūniā? Quōmodo cibum et vestem emam īnfantibus meīs?
Ō dī immortālēs! Reddite mihi mercēs!"

Gubernātor: "Quid iuvat deōs precārī ut rēs āmissae
tibi reddantur? Frūstrā hoc precāris." 55

Mercātor: "Quid ergō faciam? Ipse dē nāve saliam,
an in eādem nāve maneam vōbīscum?" Vir ita perturbā-
tus est ut sē interroget, utrum in mare saliat an in nāve
remaneat.

"Salī modo!" inquit gubernātor, "Nēmō nostrum tē *II*
prohibēbit. At certē nōn tam fēlīx eris quam Arīōn, quī
delphīnō servātus est."

Mercātor, quī Arīonem ignōrat, "Quisnam est Arīōn?" inquit, "Nē nōmen quidem mihi nōtum est."

Gubernātor: "Ignārus quidem es sī illum ignōrās. 65
Arīōn, vir nōbilis Lesbī nātus, tam pulchrē fidibus canēbat ut alter Orpheus appellārētur. An tam ignārus es
ut etiam Orpheus tibi ignōtus sit?"

Mercātor: "Minimē vērō. Orpheus quidem omnibus
nōtus est. Is fidicen nōbilissimus fuit quī tam pulchrē 70

canēbat ut bēstiae ferae, nātūram suam oblītae, accēderent, ut eum canentem audīrent, ac rapidī fluviī cōnsisterent, nē strepitū cantum eius turbārent. Orpheus etiam ad Īnferōs dēscendit ut uxōrem suam mortuam

75 inde redūceret... Sed perge nārrāre dē Arīone."

Gubernātor, cum omnēs attentōs videat, hanc fābulam nārrat:

"Cum Arīōn, nōbilissimus suī temporis fidicen, ex Italiā in Graeciam nāvigāret magnāsque dīvitiās sēcum

80 habēret, nautae pauperēs, quī hominī dīvitī invidēbant, eum necāre cōnstituērunt. Ille vērō, cōnsiliō eōrum cognitō, pecūniam cēteraque sua nautīs dedit, hoc sōlum ōrāns ut sibi ipsī parcerent. "Ecce" inquit "omnia quae possideō iam vestra sunt. Dīvitiās meās habēte, parcite

85 vītae! Permittite mihi in patriam revertī! Hoc sōlum precor." Nautae precibus eius ita permōtī sunt ut manūs quidem ab eō abstinērent; sed tamen imperāvērunt ut statim in mare dēsilīret! Ibi homō territus, cum iam vītam dēspērāret, id ūnum ōrāvit ut sibi licēret vestem

90 ōrnātam induere et fidēs capere et ante mortem carmen canere. Id nautae, studiōsī cantum eius audiendī, eī permīsērunt. Ille igitur, pulchrē vestītus et ōrnātus, in celsā puppī stāns carmen clārā vōce ad fidēs cecinit. Ut Orpheus cantū suō ferās ad sē alliciēbat, ita tunc Arīōn

95 canendō piscēs allēxit ad nāvem. Postrēmō autem cum fidibus ōrnāmentīsque, sīcut stābat canēbatque, in mare dēsiluit.

---

oblītae : cum oblīvīscerentur
rapidus -a -um (< rapere) = celerrimus
nē = ut nē (: quia... turbāre nōlēbant)
cantus -ūs *m* < canere

inde = illinc
re-dūcere
cum videat = vidēns, quia videt

cum... nāvigāret = dum nāvigat

in-vidēre (+ *dat*) = inimīcus esse ob bonum aliēnum

parcere (+ *dat*) = nōn necāre, salvum esse sinere

per-mittere (eī) = sinere (eum)
per-movēre: permōtī sunt : animī eōrum p. sunt
abs-tinēre < abs + tenēre
dē-silīre -uisse < dē + salīre
dē-spērāre ↔ spērāre

carmen -inis *n* = verba quae canuntur

celsus -a -um = altus
canere cecinisse
al-licere -iō -lēxisse -lectum

repente = subitō
sub-īre eum = sub eum
  īre
dorsum -ī *n* = tergum
  bēstiae
vehere vēxisse vectum
ex-pōnere
Periander -drī *m*

parum : haud
crēdere -didisse
quasi = tamquam
fallāx -ācis = quī fallit

inde : ex Italiā

appārēre -uisse = in cōn-
  spectum venīre
stupēre = valdē mīrārī

maleficium -ī *n* = malum
  factum
cōn-fitērī -fessum esse
  = fatērī

dubitō num fābula vēra
  sit = nōn crēdō fābulam
  vēram esse

sī-ve... sī-ve

salūs -ūtis *f* < salvus
  in modum = modō (*abl*)
dē salūte dēspērāre
  = salūtem d.
nōn-numquam = haud
  rārō, satis saepe

bonō animō (*abl*) esse =
  bonum animum habēre

anima : vīta

"Tum vērō nova et mīra rēs accidit: delphīnus, cantū allectus, repente hominem natantem subiit eumque in dorsō suō sedentem vēxit et in lītore Graeciae salvum 100 exposuit. Inde Arīōn prōtinus Corinthum petīvit, ubi rēgem Periandrum, amīcum suum, adiit eīque rem sīcut acciderat nārrāvit. Rēx haec parum crēdidit, et Arīōnem quasi virum fallācem cūstōdīrī iussit. Sed postquam nautae Corinthum vēnērunt, rēx eōs interrogāvit 105 'num scīrent ubi esset Arīōn et quid faceret?' Respondērunt 'hominem, cum inde abīrent, in terrā Italiā fuisse eumque illīc bene vīvere, aurēs animōsque hominum cantū suō dēlectāre atque magnum lucrum facere.' Cum haec falsa nārrārent, Arīōn repente cum fidibus 110 ōrnāmentīsque cum quibus sē in mare iēcerat appāruit. Nautae stupentēs, cum eum quem mersum esse putābant ita vīvum appārēre vidērent, prōtinus maleficium suum cōnfessī sunt."

Hīc Mēdus "Etsī nōtum est" inquit "nōnnūllōs homi- 115 nēs delphīnīs vectōs esse, tamen dubitō num haec fābula vēra sit."

Gubernātor: "Sīve vēra sīve falsa est, valdē mē dēlectat fābula dē fēlīcī salūte Arīonis, nam sīcut ille mīrum in modum servātus est, cum iam dē salūte dēspērāret, 120 ita hominēs nōnnumquam contrā spem ē māximīs perīculīs ēripiuntur. Hāc fābulā monēmur ut semper bonō animō sīmus nēve umquam dē salūte dēspērēmus. Dum anima est, spēs est."

125 Haec verba tandem mercātōrem perturbātum aliquid cōnsōlārī videntur.

III Tum vērō Lȳdia ad Mēdum versa "Modo tē interrogāvī" inquit "tuane esset pecūnia quā hunc ānulum ēmistī. Cūr nōndum mihi respondistī?"

130 Ita repente interrogātus Mēdus 'sē pecūniam ē sacculō dominī surripuisse' cōnfitētur.

"Ō Mēde!" exclāmat Lȳdia, "Fūr es! Iam mē pudet tē, fūrem nēquissimum, amāvisse!"

At Mēdus "Nōlī" inquit "mē fūrem appellāre, mea
135 Lȳdia! Dominus enim aliquid pecūliī mihi dēbēbat. Pecūlium dēbitum sūmere fūrtum nōn est."

Sed Lȳdia pergit eum fūrtī accūsāre: "Fūrtum fēcistī, Mēde! Frūstrā tē excūsāre cōnāris."

Mēdus: "Sī fūrtum fēcī, tuā causā id fēcī. Eō enim
140 cōnsiliō nummōs surripuī ut dōnum pretiōsum tibi emerem. Nōnne hoc beneficium potius quam maleficium esse tibi vidētur?"

Lȳdia: "Facile est aliēnā pecūniā dōna pretiōsa emere. Tāle dōnum mē nōn dēlectat. Hunc ānulum iam
145 gerere nōlō: in mare eum abiciam!" Hoc dīcēns Lȳdia ānulum dē digitō dētrahit, sed gubernātor prōtinus bracchium eius prehendit. Simul Mēdus ānulum ē manū Lȳdiae lāpsum capit.

Lȳdia īrāta exclāmat: "Abstinē manum, nauta!" at ille
150 "Nōlī stultē agere!" inquit, "Nēmō tibi ānulum ita abiectum reddet — nisi forte tam fēlīx eris quam Poly-

sur-ripere -iō -ripuisse -reptum < sub + rapere
fūr fūris *m*

nēquam, *comp* nēquior, *sup* nēquissimus

fūrtum -ī *n* = maleficium
fūris
accūsāre + *gen*: fūrtī accūsāre = dē fūrtō a.

bene-ficium -ī *n* ↔ maleficium

ab-icere (-iicere) -iō -iēcisse -iectum < ab + iacere
dē-trahere

lābī lāpsum esse

Polycratēs -is *m*

237

tyrannus -ī *m* = rēx
  sevērissimus
Samius -a -um
  < Samos -ī *f*

sē-sē = sē

fēlīcitās -ātis *f* < fēlīx

suādēre -sisse (+ *dat*) =
  persuādēre cōnārī
iactūram facere reī = rem
  abicere/āmittere
invidia -ae *f* < invidēre
ā-vertere : prohibēre

piscātor -ōris *m* = quī
  piscēs capit

dōnāre (<dōnum)=dare

secāre -uisse sectum
  = cultrō dīvidere

re-cognōscere

quis-quam, *acc* quem-
  quam = ūllum hominem
fortūna -ae *f*: f. hominis
  = quod forte hominī ac-
  cidit

---

cratēs, tyrannus Samius, cuius ānulus, quem ipse in
mare abiēcerat, mīrum in modum inventus est nōn in
fundō maris, sed in ventre piscis!"

Lȳdia: "Cūr ille tyrannus ānulum suum abiēcit?" 155

Gubernātor: "Ānulum abiēcit, cum sēsē nimis fēlī-
cem esse cēnsēret. Nihil malī umquam eī acciderat ac
tanta erat potestās eius, tanta glōria tantaeque dīvitiae,
ut nōn sōlum aliī tyrannī, sed etiam dī immortālēs eī
invidērent. Tum amīcus eius, rēx Aegyptī, cum fēlīcitā- 160
tem atque glōriam eius ingentem vidēret, tyrannō suāsit, ut iactūram faceret eius reī quā māximē omnium
dēlectābātur: ita deōrum invidiam āvertī posse spērābat. Polycratēs igitur nāvem cōnscendit et ānulum
quem pretiōsissimum habēbat in mare abiēcit. 165

"Paucīs post diēbus aliquī piscātor in eōdem marī
piscem cēpit quī tam fōrmōsus erat ut piscātor eum nōn
vēnderet, sed tyrannō dōnāret. Vērum antequam piscis
ad mēnsam tyrannī allātus est, servus quī piscem secā-
bat eī ānulum attulit 'quem in ventre piscis inventum 170
esse' dīxit. Polycratēs, cum ānulum suum recognōsce-
ret, māximā laetitiā affectus est."

Mēdus: "Nēmō umquam eō tyrannō beātior fuit!"

Gubernātor: "Nōlī quemquam ante mortem beātum
dīcere! Hoc nōs docet fortūna illīus tyrannī. Polycratēs 175
enim paulō post ā quōdam virō fallācī, quī eum falsīs
prōmissīs Samō in Asiam allēxerat, terribilem in modum necātus est. Ita nōnnumquam vīta beāta morte

miserrimā fīnītur. Varia quidem est hominum fortūna,
180 sed homō prūdēns bonam et malam fortūnam aequō
animō fert nec alterīus fortūnae invidet."

Dum gubernātor loquitur, altera nāvis procul in marī
appāret. Mēdus eum apprehendit et "Dēsine loquī!"
inquit, "Cūrā negōtium tuum! Quīn prōspicis? Vidēsne
185 nāvem illam vēlōcem quae ā septentriōnibus nōbīs appropinquat?"

"Per deōs immortālēs!" inquit gubernātor, cum prīmum nāvem appropinquantem prōspexit, "Illa nāvis
vēlōx nōs persequitur. Certē nāvis praedōnum est. Om-
190 nia vēla date, nautae!"

Nāvis autem vēlīs sōlīs nōn tam vēlōciter vehitur
quam ante tempestātem, nam vēla ventō rapidō scissa
sunt. Itaque gubernātor imperat ut nāvis rēmīs agātur.
Mox rēmīs vēlīsque vehitur nāvis quam vēlōcissimē po-
195 test, sed tamen altera nāvis, cuius rēmī quasi ālae ingentēs sūrsum deorsum moventur, magis magisque appropinquat.

Gubernātor perterritus exclāmat: "Ō dī bonī! Quid
faciāmus? Brevī praedōnēs hīc erunt."
200 Tum mercātor, cum gubernātōrem pallidum videat,
"Bonō animō es!" inquit, "Nōlī dēspērāre! Spēs est,
dum anima est."

finīre (< fīnis): rem f.
= fīnem facere reī
varius = quī mūtātur
aequus animus = animus
cōnstāns
ferre = patī

vēlōx -ōcis = celer
ap-propinquāre (+ *dat*)
= prope venīre

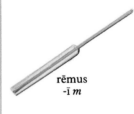

rēmus
-ī *m*

GRAMMATICA LATINA

'Ut', *'nē'* cum coniūnctīvō

[A] Tempus praesēns.   205

Iūlius Dāvō imperat *ut* puerum excit*et*. Aemilia Syram monet *nē* puellam excit*et*.

= D. clāmat quia pue-
rum excitāre vult

= S. tacet quia puellam
excitāre nōn vult

Dāvus clāmat, *ut* puerum excit*et*. Syra tacet, *nē* puellam
excit*et*.

Dāvus *ita* (*tam* clārē, *tantā* vōce) clāmat *ut* puerum excit*et*. 210
Syra *tam* quiēta est *ut* puellam *nōn* excit*et*.

[B] Tempus praeteritum.

Iūlius Dāvō imperāvit *ut* puerum excit*āret*. Aemilia Syram
monuit *nē* puellam excit*āret*.

Dāvus clāmāvit, *ut* puerum excit*āret*. Syra tacēbat, *nē* puel- 215
lam excit*āret*.

Dāvus *ita* clāmāvit *ut* puerum excit*āret*. Syra *tam* quiēta
erat *ut* puellam *nōn* excit*āret*.

PENSVM A

Vocābula nova:
fundus
vīta
lucrum
spēs
dīvitiae
iactūra
laetitia
trīstitia
nāvigātiō
delphīnus
fidēs
fidicen
cantus
carmen
dorsum
maleficium
salūs
fūr
fūrtum
beneficium
tyrannus
fēlīcitās
invidia
piscātor
fortūna
rēmus

Magister puerōs monet — pulchrē scrīb–. Sextus tam pulchrē
scrībit — magister eum laud–. Magister ipse calamum sūmit,
— litterās scrīb–.

Daedalus ālās cōnfēcit — ē labyrinthō ēvol–. Īcarus tam
altē volāvit — sōlī appropinqu–, quamquam pater eum monuerat — temerārius es–.

Herī Quīntus arborem ascendit, — nīdum quaer–, etsī pater eum monuerat — cautus es–. Medicus Quīntō imperāvit
— oculōs claud–, — cultrum medicī vid–. Quīntus tam pallidus erat — Syra eum mortuum esse put–.

Sōl ita lūcēbat — pāstor umbram pet–, — in sōle ambul–.

Tantus atque tālis deus est Iuppiter — Optimus Māximus
appell—.

Verba: vehere –isse –um; pōnere –isse –um; āmittere –isse
–um; allicere –isse –um; ēripere –isse –um; secāre –isse –um;
suādēre –isse; dēsilīre –isse; canere –isse; crēdere –isse;
cōnfitērī –um esse; lābī –um esse.

PENSVM B

Orpheus, fidicen —, tam pulchrē canēbat ut ferae — [= prope venīrent] ac fluviī — cōnsisterent. Etiam ad — dēscendit, ut — [= illinc] uxōrem suam —. Nēmō tam — est ut Orpheum ignōret.

Arīōn quoque omnibus — est. Cum ille magnās — sēcum in nāve habēret, nautae pauperēs hominī dīvitī — eumque necāre cōnstituērunt. Arīōn, cum — suam in perīculō esse sentīret, pecūniam nautīs — [= dedit] eōsque ōrāvit ut sibi —. Precibus — nautae eī permīsērunt ut ante mortem — caneret. Hōc factō, Arīōn in mare —; sed delphīnus eum in — sedentem ad lītus vēxit. Ita ille servātus est, cum iam salūtem —. Nautae, cum Arīonem — [= in cōnspectum venīre] vidērent, — [= statim] — suum cōnfessī sunt.

PENSVM C

Quōmodo mercātōrēs lucrum faciunt?
Cūr mercātor Rōmānus trīstis est?
Quārē mercēs ēiectae sunt?
Quid mercātor deōs precātur?
Quārē ad Īnferōs dēscendit Orpheus?
Num nautae Arīonem gladiīs interfēcērunt?
Quōmodo Arīōn servātus est?
Quid nōs monet haec fābula?
Cūr Polycratēs ānulum suum abiēcit?
Ubi ānulus eius inventus est?

pretiōsus
mīrus
maestus
fēlīx
nōtus
ignārus
nōbilis
ignōtus
rapidus
celsus
fallāx
vēlōx
dēterrēre
adicere
aestimāre
remanēre
querī
āmittere
ēripere
afficere
precārī
perturbāre
redūcere
invidēre
parcere
permittere
permovēre
abstinēre
dēsilīre
dēspērāre
allicere
subīre
expōnere
appārēre
stupēre
cōnfitērī
surripere
abicere
dētrahere
suādēre
dōnāre
secāre
recognōscere
fīnīre
appropinquāre
nōnnūllī
sēsē
frūstrā
inde
prōtinus
repente
quasi
nōnnumquam

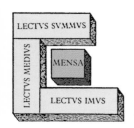

triclīnium
-ī *n*

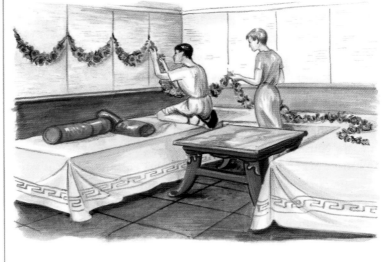

CONVIVIVM

revertī -tisse/-sum esse
balneum -ī *n* = locus ubi
  corpus lavātur

Ex agrīs reversus Iūlius continuō balneum petit, atque *I*
prīmum aquā calidā, tum frīgidā lavātur. Dum ille post
balneum vestem novam induit, Cornēlius et Orontēs,

hospes -itis *m*

amīcī et hospitēs eius, cum uxōribus Fabiā et Paulā
adveniunt. (Hospitēs sunt amīcī quōrum alter alterum 5

re-cipere -iō = accipere,
  admittere
in-exspectātus -a -um
  = nōn exspectātus

semper bene recipit domum suam, etiam sī inexspectā-
tus venit.)

Hodiē autem hospitēs Iūliī exspectātī veniunt, nam
Iūlius eōs vocāvit ad cēnam. (Cēna est cibus quem Rō-

cēna -ae *f*

circiter *adv* < circum:
  c. IX = plūs minus IX
  [±9]

mānī circiter hōrā nōnā vel decimā sūmunt.) 10

Aemilia ātrium intrāns hospitēs salūtat et marītum

tardus -a -um = quī ad
  tempus nōn venit
diū = per longum
  tempus

suum tardum excūsat: "Iūlius tardē ex agrīs revertit
hodiē, quod nimis diū ambulāvit. Ergō nōndum exiit ē
balneō. Sed brevī lautus erit."

induere -uisse -ūtum;
  indūtus = vestītus

Tum Iūlius lautus et novā veste indūtus intrat et amī- 15

242

cōs salvēre iubet: "Salvēte, amīcī! Gaudeō vōs omnēs
iam adesse. Quam ob rem tam rārō tē videō, mī Cor-
nēlī?"

Cornēlius: "Nōnnumquam tē vīsere voluī, nec prius
20 urbem relinquere potuī prae multīs et magnīs negōtiīs
meīs. Nunc dēmum, postquam herī ad vīllam Tūsculā-
nam rediī, paulum requiēscere possum et amīcōs vīsere.
Post tanta negōtia magis quam umquam ōtiō fruor."

Iūlius: "Tūne quoque Rōmā venīs, Orontēs?"

25 Orontēs: "Nūper longum iter fēcī in Graeciam. Īdi-
bus Māiīs dēmum ex itinere Rōmam revertī, unde hodiē veniō."

Iūlius: "Ergō vōs mihi aliquid dē rēbus urbānīs novissimīs nūntiābitis."

30 Cornēlius: "Et tū nōs docēbis dē rēbus rūsticīs, ut
agricola studiōsus et dīligēns."

Iūlius frontem contrahit et "Agricola" inquit "ipse
nōn sum, sed multīs agricolīs praesum ac dīligenter
cūrō ut colōnī agrōs meōs bene colant."

35 Orontēs, quī vītā rūsticā nōn fruitur, "Prūdenter facis" inquit "quod agrōs ipse nōn colis. Sī necesse est in
agrīs labōrāre, vīta rūstica nōn iūcunda, sed molesta
est. Ego numquam īnstrūmentō rūsticō ūsus sum."

II Iūlius: "Dē rēbus rūsticīs et urbānīs colloquēmur in-
40 ter cēnam. Prīmum omnium cēnābimus. Sex hōrae iam
sunt cum cibum nōn sūmpsī. Venter mihi contrahitur
propter famem."

---

salvēre iubēre = salūtāre

vīsere = vīsum īre

dēmum = dēnique,
tandem
Tūsculānus -a -um
< Tūsculum
re-quiēscere
fruī (+ *abl*) = dēlectārī

iter itineris *n* < īre

Iūlius
frontem
contrahit

nūntiāre (< nūntius)
= (verba) afferre

dīligēns -entis
↔ neglegēns
con-trahere
prae-esse (+ *dat*) = do-
minus esse, imperāre
-ēns -entis, *adv* -enter
(< -ent|iter): dīligēns,
adv dīlig*enter*; prūdēns,
adv prūd*enter*

iūcundus -a -um = quī
dēlectat
molestus -a -um
↔ iūcundus
ūtī ūsum esse

cēnāre = cēnam sūmere

famēs -is *f*

243

pos-sim

carēre -uisse

sitis -is *f*, *acc* -im,
 abl -ī
paulis-per ↔ diū

equidem = ego quidem

bonum -ī *n* (↔ malum)
 = bona rēs

per-ferre = ferre (ūsque
 ad fīnem), diū patī
ē-ligere -lēgisse -lēctum

cocus
 -ī *m*

coquere coxisse coctum
ex-ōrnāre = ōrnāre

parāre = parātum facere
culīna -ae *f* = locus ubi
 cibus coquitur
minister -trī *m*

Cornēlius: "Sex hōrae nihil est. Homō sex diēs cibō carēre potest, nec tamen fame moritur."

Iūlius: "Dubitō num ego tam diū famem ferre pos- 45 sim. Sex hōrās cibō caruisse iam molestum est. Magnum malum est famēs."

Cornēlius: "Id nōn negō, sed multō molestior est sitis. Sine cibō diū vīvere possumus, sine aquā paulisper tantum." 50

Orontēs rīdēns "Equidem" inquit "sine aquā iūcundē vīvere possum, sine vīnō nōn item! Magnum bonum est vīnum."

Cornēlius: "Nēmō negat vīnum aquā iūcundius esse, sed tamen aquam bibere mālō quam sitim patī. Num tū 55 sitim perferre māvīs quam aquam bibere?"

Orontēs: "Melius quidem est aquam bibere quam sitī perīre. Ex malīs minimum ēligere oportet. Nec vērō iūcundē vīvō nisi cotīdiē bonō vīnō fruor. Vīnum vīta est." 60

Cornēlius: "Nōn vīvimus, ut bibāmus, sed bibimus, ut vīvāmus."

Hīc Aemilia "Necesse est" inquit "paulisper famem et sitim ferre, dum cibus coquitur et triclīnium exōrnātur." 65

(Servus cuius negōtium est cibum coquere atque cēnam parāre in culīnā, cocus appellātur. Aliī servī, ministrī quī vocantur, cibum parātum ē cūlīnā in triclīnium portant. In triclīniō sunt trēs lectī, lectus summus, me-

70 dius, īmus, et mēnsa in mediō. Ante convīvium triclīnium flōribus exōrnātur et vestis pretiōsa super lectōs
sternitur. Neque enim sedentēs cēnant Rōmānī, sed in
lectīs cubantēs. Quot convīvae in singulīs lectīs accubant? In singulīs lectīs aut singulī aut bīnī aut ternī
75 convīvae accubāre solent. Cum igitur paucissimī sunt
convīvae, nōn pauciōrēs sunt quam trēs, cum plūrimī,
nōn plūrēs quam novem — nam ter ternī sunt novem.)

    Iūlius: "Hōra decima est. Cēnam iam prīdem parā-
tam esse oportuit! Nimis tardus est iste cocus!"

80   Aemilia: "Tuumne hoc negōtium est an meum? Uter
nostrum in culīnā praeest? Nōndum hōra decima est.
Patienter exspectā, dum servī lectōs sternunt. Cēnābimus cum prīmum cocus cēnam parāverit et servī triclīnium ōrnāverint. Brevī cēna parāta et triclīnium ōrnā-
85 tum erit."

III   Tandem puer 'cēnam parātam esse' nūntiat. "Triclīnium intrēmus!" inquit Iūlius, atque convīvae laetī triclīnium flōribus exōrnātum et veste pulcherrimā strātum intrant. Rosae et līlia et alia multa flōrum genera in
90 mēnsā sparsa sunt inter vāsa et pōcula argentea; nec
enim quidquam nisi argentum mēnsam decet virī nōbilis. (Argentum quidem minōris pretiī est quam aurum,
nec vērō quisquam ex vāsīs aureīs cēnat nisi hominēs
dīvitissimī atque glōriōsī, ut rēgēs Orientis.)

95   Iūlius, dominus convīviī, cum Aemiliā in lectō mediō
accumbit; in aliīs duōbus lectīs bīnī convīvae accum-

īmus -a -um = īnfimus
medium -ī *n* = medius
  locus
convīvium -ī *n* = cēna
  quae amīcīs datur
sternere strāvisse strātum
convīva -ae *m/f* = quī/
  quae in convīviō adest
ac-cubāre = ad mēnsam
  cubāre
singulī -ae -a = I et I...
bīnī -ae -a = II et II...
ternī -ae -a = III et III...

ter ternī = 3×3

prīdem = multō ante

tardus ↔ celer

lectum sternere = vestem
super lectum sternere

vāsa
argentea

puer = servus
intrēmus! = quīn
  intrāmus?

genus -eris *n*
vās vāsis *n*; *pl* vāsa -ōrum
argenteus -a -um = ex
  argentō factus
argentum -ī *n*: ex argentō
  fīunt dēnāriī

glōriōsus -a -um = nimis
  glōriae cupidus

ac-cumbere = accuban-
  tem sē pōnere

245

bunt: Cornēlius et Fabia in lectō summō ad sinistram Iūliī, Orontēs et Paula ad dextram Aemiliae in lectō īmō. Tum dēmum incipit cēna.

Prīmum ōva convīvīs appōnuntur; deinde piscēs cum holeribus; sequitur caput cēnae: porcus quem Iūlius ipse ē grege ēlēgit; postrēmō mēnsa secunda: nucēs, ūvae, varia genera mālōrum. Cibus optimus est atque convīvīs placet, māximē vērō laudātur carō porcī, quam minister cultrō acūtō secat convīvīs spectantibus. 105

"Haec carō valdē mihi placet" inquit Fabia cum prīmum carnem gustāvit, "Cocus iste sānē negōtium suum scit."

"Ego cocum nōn laudō" inquit Orontēs et salem carnī aspergit, "quī sale nōn ūtitur! Optima quidem est carō, 110 sed sale caret." Orontēs cibum sale aspergere solet, ut sitim augeat! (Sāl est māteria alba quae in marī et sub terrā invenītur.)

Iam ministrī vīnum et calidam in pōcula fundunt. Rōmānī vīnum cum aquā miscent neque vīnum merum 115 bibere solent. Sōlus Orontēs, cui nōn placet vīnum mixtum, merum pōtat, sed is Graecus est atque lībertīnus. (Lībertīnus est quī servus fuit et līberātus est; in lectō īmō accubant lībertīnī.)

Iūlius pōculum tollēns "Ergō bibāmus!" inquit, "Hoc 120 vīnum factum est ex optimīs ūvīs meārum vīneārum. Nec vīnum meum pēius esse mihi vidētur quam vīnum illud Falernum quod vīnum Italiae optimum habētur."

100

holus -eris *n* = herba quam edunt hominēs

nux
nucis *f*

placēre (+ *dat*) = iūcundus esse
carō carnis *f*
acūtus -a -um: (culter) a. = quī bene secat

sānē = certē

sāl salis *m*
carnī : in carnem
a-spergere < ad + spargere
cibum sale aspergere = cibō salem aspergere

calida -ae *f* = aqua calida
fundere fūdisse fūsum
merus -a -um: (vīnum) merum = vīnum sine aquā
miscēre -uisse mixtum

pōtāre = bibere

līberāre = līberum facere

bibāmus! = quīn bibimus?

Falernus -a -um

246

(Falernum est vīnum ex agrō Falernō, regiōne Campā-
125 niae.)

Statim Cornēlius "Sānē optimum" inquit "vīnum est
tuum, etiam melius quam Falernum", itemque Fabia
"Sānē ita est" inquit, nam ea omnibus dē rēbus idem
sentit quod marītus.

130 At Paula vīnum gustāns "Hoc vīnum" inquit "nimis
acerbum est: ōs mihi contrahitur. Ego vīnum dulce
amō; semper mel vīnō misceō." Statim minister mel
apportat, quod Paula in pōculum suum fundit. (Mel est
quod apēs ex flōribus quaerunt; nihil melle dulcius est.)

135 Iūlius: "Idem nōn omnibus placet. Sed quidnam tū
sentīs, Orontēs? Utrum vīnī genus melius esse tibi vidētur, Falernum an Albānum?"

"Equidem" inquit Orontēs "sententiam meam nōn
ante dīcam quam utrumque gustāverō."

140 Ad hoc Iūlius "Rēctē mē monēs" inquit "ūnum vīnī
genus parum esse in bonā mēnsā. Profectō utrumque
gustābis. Age, puer, prōfer Falernum quod optimum
habeō! Tum dēmum hoc vīnum cum illō comparāre
poterimus, cum utrumque gustāverimus. Ergō pōcula
145 exhaurīte, amīcī! Cum prīmum meum vīnum pōtāveri-
tis, Falernum pōtābitis!"

Pōculum Orontis prīmum Falernō complētur, nam is
iam prīdem pōculum suum exhausit. Deinde ministrī
Falernum in cētera pōcula fundunt. Omnēs, postquam
150 vīnum gustāvērunt, idem sentiunt: vīnum Falernum

Falernum -ī *n* = vīnum
F.
ager = terra, regiō

acerbus -a -um
↔ dulcis -e
mel mellis *n*
vīnō (*dat*) : in vīnum
ap-portāre < ad-portāre

sententia mea = id quod
sentiō
ante … quam = ante-
quam

prō-ferre = prōmere

ex-haurīre -sisse -stum
↔ implēre

com-plēre = implēre

247

inter sē aspiciunt = alter
  alterum aspicit

multō melius esse vīnō Albānō! Cornēlius et Orontēs inter sē aspiciunt. Neuter eōrum sententiam suam apertē dīcere audet.

Tum Orontēs sīc incipit: "Nesciō equidem utrum melius sit. Dulcius quidem est Falernum, nec vērō 155 tuum vīnum nimis acerbum esse cēnseō..."

At Cornēlius prūdenter "Utrumque" inquit "aequē bonum est. Neutrum melius esse mihi vidētur."

GRAMMATICA LATINA
Verbī tempora   160
Futūrum perfectum
[A] Āctīvum.

pugnāv*erit*

-erit

[1] recitāv|er|ō
    recitāv|eri|s
    recitāv|eri|t
      recitāv|eri|mus
      recitāv|eri|tis
      recitāv|eri|nt
[2] pāru|er|ō
    pāru|eri|s
    pāru|eri|t
      pāru|eri|mus
      pāru|eri|tis
      pāru|eri|nt
[3] scrīps|er|ō
    scrīps|eri|s
    scrīps|eri|t
      scrīps|eri|mus
      scrīps|eri|tis
      scrīps|eri|nt
[4] audīv|eri|ō
    audīv|eri|s
    audīv|eri|t
      audīv|eri|mus
      audīv|eri|tis
      audīv|eri|nt

Dux mīlitem laudābit, sī fortiter pugnāv*erit*.

'Laudābit' tempus futūrum est. 'Pugnāv*erit*' est tempus futūrum perfectum. Futūrum perfectum dēsinit in *-erit* 165 (pers. III sing.), quod ad īnfīnītīvum perfectī sine *-isse* adicitur.

Exempla: [1] recitāv|*erit;* [2] pāru|*erit;* [3] scrīps|*erit;* [4] audīv|*erit.*

Discipulus laudābitur sī magistrō pār*uerit* et industrius *fue-* 170 *rit:* sī rēctē scrīp*serit,* bene recitā*verit* et attentē audī*verit.*

Magister: "Tē laudābō sī mihi pār*ueris* et industrius *fueris.*" Discipulus: "Quid mihi faciēs sī piger *fuerō* nec tibi pār*uerō?*" Magister: "Sī prāvē scrīp*seris* et male recitā*veris* nec attentē audī*veris,* tē verberābō!" Discipulus: "Ergō mē laudābis sī 175 rēctē scrīp*serō,* bene recitā*verō* et attentē audī*verō.*"

Discipulī laudābuntur sī magistrō pār*uerint* et industriī *fue-rint:* sī rēctē scrīp*serint,* bene recitā*verint* et attentē audī*verint.*

Magister: "Vōs laudābō sī mihi pār*ueritis* et industriī *fueri-tis.*" Discipulī: "Quid nōbīs faciēs sī pigrī *fuerimus* nec tibi 180 pār*uerimus?*" Magister: "Sī prāvē scrīp*seritis* et male recitā*ve-*

ritis nec attentē aud*īveritis,* vōs verberābō!" Discipulī: "Ergō nōs laudābis sī rēctē scr*īpserimus,* bene recit*āverimus* et attentē aud*īverimus."*

	fu|*er*|*ō*	*fu*|*eri*||*mus*	
	fu|*eri*|*s*	*fu*|*eri*|*tis*	
	fu|*eri*|*t*	*fu*|*eri*|*nt*	

185

	Singulāris	*Plūrālis*
Persōna prīma	-erō	-erimus
Persōna secunda	-eris	-eritis
Persōna tertia	-erit	-erint

-er|ō	-eri||mus
-eri|s	-eri|tis
-eri|t	-eri|nt

[B] Passīvum.

190   Pater gaudēbit sī fīlius ā magistrō laud*ātus erit* (= sī magister fīlium laudāverit).

laud*āt*\|*us erit*

    Pater gaudēbit sī fīliī ā magistrō laud*ātī erunt* (= sī magister fīliōs laudāverit).

laud*āt*\|*ī erunt*

    Pater: "Gaudēbō, fīlī mī, sī laud*ātus eris."* Fīlius: "Quid

195 mihi dabis sī laud*ātus erō?"*

-tus	erō	-tī	erimus
-ta	eris	-tae	eritis
	erit		erunt
-tum erit		-ta erunt	

    Pater: "Gaudēbō, fīliī meī, sī laud*ātī eritis."* Fīliī: "Quid nōbīs dabis sī laud*ātī erimus?"*

laud*āt*\|*us erō*
laud*āt*\|*us eris*
laud*āt*\|*us erit*
   laud*āt*\|*ī erimus*
   laud*āt*\|*ī eritis*
   laud*āt*\|*ī erunt*

	Singulāris	*Plūrālis*
Persōna prīma	laud*ātus erō*	laud*ātī erimus*
Persōna secunda	laud*ātus eris*	laud*ātī eritis*
Persōna tertia	laud*ātus erit*	laud*ātī erunt*

200

PENSVM A

Syra: "Iam dormī, Quīnte! Cum bene dormīv–, valēbis." Quīntus: "Nōn dormiam antequam tū mihi fābulam nārrāv–. Cum fābulam audīv–, bene dormiam. Cum bene dormīv–, brevī sānus erō, nisi medicus mē necāv–!"

    Patria salva erit sī mīlitēs nostrī fortiter pugnāv–. Dux: "Nisi vōs fortiter pugnāv–, mīlitēs, hostēs castra nostra expugnābunt." Mīlitēs: "Num quid nōbīs dabitur, sī fortiter pugnāv–?"

    Verba: induere –isse –um; ēligere –isse –um; coquere –isse –um; sternere –isse –um; fundere –isse –um; miscēre –isse –um; exhaurīre –isse –um; revertī –isse/–um esse; ūtī –um esse.

Vocābula nova:
balneum
hospes
cēna
iter
famēs
sitis
bonum
triclīnium
culīna
cocus
minister
medium
convīvium
convīva
genus
vās
argentum
holus
nux
carō
sāl
calida

merum
lībertīnus
mel
inexpectātus
tardus
dīligēns
iūcundus
molestus
īmus
argenteus
glōriōsus
acūtus
merus
acerbus
dulcis
recipere
salvēre iubēre
vīsere
requiēscere
fruī
nūntiāre
contrahere
praeesse
cēnāre
perferre
ēligere
coquere
exōrnāre
parāre
sternere
accubāre
accumbere
placēre
gustāre
aspergere
fundere
miscēre
pōtāre
līberāre
apportāre
prōferre
exhaurīre
complēre
singulī
bīnī
ternī
circiter
diū
paulisper
dēmum
prīdem
equidem
sānē

PENSVM B

Iūlius Cornēlium et Orontem, amīcōs et — suōs, cum uxōribus ad — vocāvit. Cum hospitēs veniunt, Iūlius in — lavātur.
Aemilia eōs — iubet [= salūtat] et marītum suum — excūsat.
Cornēlius ad vīllam suam reversus ōtiō —. Orontēs, quī ex
longō — revertit, vītam rūsticam nōn —, sed — esse cēnset.
Hospitēs in ātriō exspectant, dum cibus —. Servus quī in —
cibum coquit, — appellātur. In — sunt trēs lectī: lectus summus, medius, —; in singulīs lectīs — aut — aut ternī —
accubant. Rōmānī in lectīs cubantēs —.

Tandem puer 'cēnam parātam esse' —. In mēnsā sunt — et
pōcula ex — facta. Cibus omnibus —, māximē autem —
laudātur. — [= servī] vīnum in pōcula —. Orontēs vīnum
merum — [=bibit], cēterī convīvae aquam vīnō —.

Sine cibō homō — vīvere potest, sine aquā — tantum. —
mala rēs est, sed multō pēior est —. Ex malīs minimum —
oportet.

PENSVM C

Quī sunt Cornēlius et Orontēs?
Ubi est Iūlius cum hospitēs adveniunt?
Quid est balneum?
Nōnne iūcunda est vīta rūstica?
Quid est cocī negōtium?
Num Rōmānī in sellīs sedentēs cēnant?
Quot lectī sunt in triclīniō?
Quot convīvae in singulīs lectīs accubant?
Ex quā māteriā pōcula et vāsa facta sunt?
Tūne vīnum aquā calidā mixtum bibis?

INTER POCVLA

1 Nōn sōlum dē cibō et pōtiōne est sermō convīvārum.
Iūlius hospitēs suōs dē rēbus urbānīs interrogat: "Quid
novī ex urbe? Octō diēs iam sunt cum Rōmae nōn fuī,
nec quisquam interim mihi litterās inde mīsit. Quam ob
5 rem nec ipse praesēns nec absēns per litterās quidquam
cognōvī dē eō quod nūper Rōmae factum est."

    Aemilia: "Nēmō tibi quidquam scrībet dē rēbus ur-
bānīs, nisi prius ipse epistulam scrīpseris."

    Orontēs: "Opus nōn est epistulās exspectāre, nam
10 facile aliquid novī per nūntiōs cognōscere potes. Cūr
nōn servum aliquem Rōmam mittis?"

    Iūlius: "Servī sunt malī nūntiī: saepe falsōs rūmōrēs
nūntiant. Numquam servōs meōs Rōmam mittō."

    Cornēlius: "Quid? Herī quendam servum tuum vīdī
15 in viā Latīnā. Faciem recognōvī, saepe eum hīc vīdī."

---

pōtiō -ōnis *f* = quod
  pōtātur

praesēns -entis
  ↔ absēns

nūntius -ī *m* = is quī
  nūntiat

rūmor -ōris *m* = rēs ex
  aliīs audīta quae nār-
  rātur

quī-dam, *acc* quen-dam
  (< que*m*-dam)

251

Iūlius ā Cornēliō quaerit 'quod nōmen eī sit?'

Cornēlius: "Aliquod nōmen Graecum, putō. 'Midās' fortasse, nec vērō certus sum. Semper nōmina oblīvīscor, nam mala memoria mihi est."

Orontēs: "Midās est nōmen rēgis, dē quō haec fābula 20 nārrātur: In quādam urbe Asiae ōlim vīvēbat rēx quīdam avārus, nōmine Midās, quī nihil magis optābat quam dīvitiās..."

Iūlius, quī fābulam audīre nōn vult, Orontem interpellat: "Nōn Midās" inquit, "sed Mēdus est nōmen 25 cuiusdam servī meī, quī herī..."

Orontēs vērō, minimē turbātus, nārrāre pergit: "Tum Bacchus deus, quī ob quoddam beneficium rēgī bene volēbat, "Dabō tibi" inquit "quidquid optāveris." Statim Midās "Ergō dā mihi" inquit "potestātem quid- 30 quid tetigerō in aurum mūtandī. Hoc sōlum mihi optō." Bacchus, etsī rēgem avārum mūnus pessimum optāvisse cēnsēbat, tamen prōmissum solvit."

Iūlius impatiēns "Tacē, Orontēs!" inquit, "Omnēs illam fābulam nōvimus." 35

At Aemilia, quae fābulam ignōrat, ab Oronte quaerit 'quamobrem id mūnus pessimum sit?'

Cui Orontēs "Stultē id quaeris" inquit, "Midās enim, quamquam terram, lignum, ferrum manū tangendō in aurum mūtāre poterat, fame et sitī moriēbātur, cum 40 cibus quoque et pōtiō, simul atque ā rēge tācta erat, aurum fieret. Postrēmō rēx miser deum ōrāvit ut mūnus

---

ab aliquō quaerere = aliquem interrogāre
ali-quī -qua -quod

Midās -ae m
quī- quae- quod-dam,
  abl quō- quā- quō-dam,
  gen cuius-dam
avārus -a -um = cupidus pecūniae
optāre = cupere

minimē = nūllō modō

Bacchus -ī m: deus vīnī

quid-quid = omnis rēs quae

tangere tetigisse tāctum

mūnus -eris n = dōnum

im-patiēns -entis < in-patiēns

quam-ob-rem = cūr

cui·: Aemiliae

simul atque = eōdem tempore quō, cum prīmum

illud īnfēlīx revocāret. Bacchus igitur eī suāsit ut in quōdam flūmine lavārētur; cuius flūminis aqua, simul
45 atque corpore rēgis tācta est, colōrem aureum accēpit."

Iūlius: "Hicine fīnis fābulae est?"

Orontēs: "Huius quidem fābulae fīnis est, sed aliam fābulam dē eōdem rēge nōvī. Deus Apollō effēcerat ut Midās aurēs asinīnās habēret..."

50 Iūlius: "Satis est! Fābulās tuās Graecās audīre nōlumus. Redeāmus ad meum Mēdum servum, quī herī aufūgit aliquantum pecūniae sēcum auferēns."

Cornēlius: "Quantum pecūniae abstulit?"

Iūlius: "Centum circiter sēstertiōs. Atque ego illī
55 servō praeter cēterōs fīdēbam! Posthāc servō Graecō nūllī cōnfīdam, neque enim fidē meā dignī sunt: īnfīdī et nēquam sunt omnēs! In familiā meā ūnum sōlum servum fīdum esse crēdō."

II Hīc Aemilia marītum interpellat et "St, Iūlī!" inquit,
60 "Nōlī servum praesentem laudāre!"

Iūlius Dāvum cōnspiciēns "Sed is servus adest" inquit, "Nōlō eum laudāre praesentem. Mēdus vērō plānē īnfīdissimus omnium est. Profectō eum verberābō atque omnibus modīs cruciābō, sī eum invēnerō prius-
65 quam Italiam relīquerit. Nisi pecūniam mihi reddiderit, in cruce fīgētur!"

Cornēlius: "Etiam sī adhūc Rōmae latet, difficile erit servum fugitīvum in tantā urbe reperīre. Rōmae enim tot servī sunt quot hominēs līberī."

in-fēlīx -īcis ↔ fēlīx

ac-cipere -iō -cēpisse -ceptum

Apollō -inis *m*

asinīnus -a -um < asinus

au- < ab-: au-fugere, au-ferre
ali-quantum = haud paulum (nesciō quantum)
quantum = quam multum
au-ferre abs-tulisse ablātum

fīdere (+ *dat/abl*) = crēdere
cōn-fīdere = fīdere
fidēs -eī *f* = animus
fīdēns
fīdus -a -um ↔ īn-fīdus

crux

cruciāre = dolōribus afficere
prius-quam = antequam

crux -ucis *f*

latēre = sē occultāre, occultārī
fugitīvus -a -um = quī aufūgit
tot... quot = tam multī ... quam

253

iuvenis -is *m* = vir circiter XXX annōrum
crēdere = putāre

Ovidius -ī *m*
[*I.59*]
tot puellās... quot

praemium -ī *n* = mūnus
quod datur prō bene-
ficiō
re-trahere

statuere -uisse -ūtum

tantum quantum = tam
multum quam
nimius -a -um = nimis
magnum

clēmēns -entis ↔ sevērus

ignōscere (+ *dat*): alicui
i. = maleficia alicuius
oblīvīscī/nōn pūnīre

ōdisse (*perf*) ↔ amāre

nec enim umquam =
numquam enim

Aemilia: "Fortasse Rōmam abiit ob amōrem alicuius 70
mulieris. Iuvenis est Mēdus: quid nōn faciunt iuvenēs
amōris causā? Crēdō eum apud puellam Rōmānam latēre."

Orontēs: "Ergō numquam reperiētur, nam vērum est
quod scrīpsit Ovidius in librō quī vocātur 'Ars amandī': 75
Quot caelum stēllās, tot habet tua Rōma puellās."

Iūlius: "Profectō magnum praemium dabō eī quī servum meum fugitīvum hūc retrāxerit."

Cornēlius: "Quantum pecūniae dabis? Certum praemium statuere oportet." 80

Iūlius: "Tantum quantum ille surripuit."

Orontēs: "Centum tantum sēstertiōs? Sānē nōn nimium praemium prōmittis!"

Aemilia autem marītō suō suādet ut clēmēns sit:
"Nōlī Mēdum cruciāre, sī eum invēneris. Clēmēns estō, 85
mī Iūlī! Centum sēstertiī haud magna pecūnia est, ut ait
Orontēs, nec aliud quidquam surripuit Mēdus."

Iūlius: "An cēnsēs eum praemium meruisse quod
manūs abstinuit ā gemmīs tuīs? Nimis clēmentēs sunt
mulierēs: quam facile virīs nēquissimīs ignōscunt! At 90
nostra melior est memoria!"

Aemilia: "Nōvistīne hoc dictum: 'Dominō sevērō tot
esse hostēs quot servōs'? Servī enim dominum clēmen-
tem amant, sevērum ōdērunt."

Iūlius: "Servī mē metuunt quidem, nec vērō ōdērunt. 95
Nec enim umquam sine causā servum pūnīvī. Sum do-

minus iūstus. Servus dominum iniūstum ōdit, iūstum et sevērum metuit, nōn ōdit. Nē servō quidem iniūriam facere oportet, sed necesse est servōs īnfīdōs aut fugitī-
100 vōs sevērē pūnīre, nec enim quidquam nisi poena sevēra eius generis servōs ā maleficiīs dēterrēre atque in officiō tenēre potest. Neque quisquam mē accūsābit sī servum meum cruciāverō aut interfēcerō, id enim est iūs dominī Rōmānī. Servum aliēnum necāre nōn licet,
105 ut scrīptum est in lēgibus, nec vērō ūlla lēx dominum vetat servum suum improbum interficere."

Cornēlius: "Nec ūlla lēx id permittit. Nōn idem est permittere ac nōn vetāre. Solō, vir sapiēns et iūstus, quī Athēniēnsibus lēgēs scrīpsit, nūllam poenam statuit in
110 parricīdās. Num ideō cēnsēs cīvī Athēniēnsī licuisse patrem suum necāre?"

Iūlius: "Ita sānē nōn cēnseō. At quamobrem Solō nūllam poenam in parricīdās statuit? Quia nēmō Athēniēnsis umquam post hominum memoriam patrem
115 suum occīderat, nec ille vir sapientissimus arbitrābātur quemquam posteā tam inhūmānum scelus factūrum esse. At profectō aliud est patrem suum necāre, longē aliud servum scelestum capite pūnīre, illud enim turpissimum scelus, hoc supplicium iūstum est. Ōlim iūs erat
120 patrī familiās nōn modo servōs, sed etiam līberōs suōs interficere. Eius reī exemplum memorātur Titus Mānlius Torquātus, quī fīlium suum cōram exercitū necārī iussit quia contrā imperium patris cum hoste pugnāve-

iūstus -a -um ↔ in-iūstus

in-iūria -ae f = factum iniūstum

nec enim quidquam = nihil enim
pūnīre < poena -ae f
eius generis servī = tālēs servī

iūs iūris n (↔ iniūria) = quod licet et iūstum est
lēx lēgis f

vetāre ↔ permittere

Solō -ōnis m
sapiēns -entis = prūdēns et doctus

parricīda -ae m = quī patrem suum occīdit
id-eō = ob eam rem

scelus -eris n = grave maleficium
scelestus -a -um < scelus

capite pūnīre = pūniendī causā interficere
supplicium -ī n = poena sevērissima, poena capitis (: vītae)

cōram prp + abl: c. aliquō = ante oculōs alicuius

255

crūdēlis -e = saevus
atque inhūmānus

vetus -eris = antīquus

in-validus -a -um

necandus/pūniendus -a
-um: vir necandus/pūni-
endus est = virum necā-
rī/pūnīrī oportet

nam-que = nam
mōs mōris *m* = id quod
fierī solet

crucī : in cruce

dēbilis -e ↔ validus

Chrīstiānus -a -um
< Chrīstús; *m pl* quī
Chrīstum adōrant

super + *abl* = dē

ēducāre=(līberōs) alere,
cūrāre, docēre

rat! Sānē pater crūdēlis fuit Mānlius, sed illō suppliciō sevērissimō cēterī mīlitēs dēterrēbantur nē officium dē- 125 sererent."

Aemilia: "Nōtum est veterēs Rōmānōs etiam ergā līberōs suōs crūdēlēs fuisse, nec vērō quisquam hodiē exemplum sūmit ab illō patre crūdēlissimō."

Orontēs: "At etiam nunc patrī licet īnfantem suum 130 invalidum in montibus expōnere."

Aemilia: "Pater quī īnfantem exposuit ipse necandus *III* est! Nōnne tālis pater tibi vidētur cruce dignus esse?"

Iūlius: "Certē pater tam inhūmānus sevērē pūnien- dus est, namque īnfantēs invalidōs expōnere est mōs 135 antīquus atque crūdēlis. Aliī nunc sunt mōrēs. Vērum hominem līberum crucī fīgere nōn est mōs Rōmānō- rum; id supplicium in servōs statūtum est."

Aemilia: "Ergō quī īnfantem suum dēbilem ad ferās expōnī iussit, ipse ad bēstiās mittendus est cum aliīs 140 hominibus scelestīs!"

Orontēs: "...et cum Chrīstiānīs istīs quī quendam ho- minem Iūdaeum tamquam novum deum adōrant, deōs veterēs Rōmānōs dērīdent. In convīviīs suīs sanguinem hūmānum bibere solent, ut rūmor est." 145

Aemilia: "Nōn omnēs vērī sunt rūmōrēs quī afferun- tur super Chrīstiānīs."

Fabia: "Nec omnēs īnfantēs expositī pereunt. Aliī in silvīs ab ipsīs ferīs aluntur, aliī inveniuntur ā pāstōri- bus, quī eōs cum līberīs suīs ēducant." 150

Orontēs: "Sīcut Paris, rēgis Priamī fīlius dēbilis, quī ā servō rēgis fīdō in quōdam monte prope urbem Trōiam expositus..."

At Cornēlius "Opus nōn est" inquit "vetus exemplum
155 Graecum afferre, cum complūrēs fābulae nārrentur dē Rōmānīs puerīs quī ita servātī sunt. Cēterum fābulam male intellēxistī, nec enim dēbilis fuit Paris nec fīdus servus Priamī, nam rēx eī imperāverat ut Paridem interficeret, et quidquid dominus imperāvit, servō facien-
160 dum est."

Orontēs: "Ille servus nōn pūniendus, sed potius laudandus fuit: namque ita Paridem servāvit — eum quī posteā Helenam, fēminam omnium pulcherrimam, ā marītō Menelāō abdūxit."

165 Paula: "Num tantam iniūriam laudandam esse cēnsēs?"

Orontēs: "Quod Venus suādet iniūria nōn est! Sānē laudandus est ille iuvenis quī nōn modo fēminam illam pulcherrimam abdūcere ausus est, sed etiam mīles for-
170 tissimus fuit quī et multōs aliōs hostēs et ipsum Achillem occīdit." Hīc pōculum tollit Orontēs et exclāmat: "Vīvat fortissimus quisque! Vīvant omnēs fēminae amandae! Gaudeāmus atque amēmus! Iuvenēs sumus ut Paris, nōn senēs ut Priamus, rēx Trōiānōrum, aut
175 Nestor, dux Graecōrum senex, quī ad nōnāgēsimum annum vīxit. Quisquis fēminās amat, pōculum tollat et bibat mēcum! Nunc merum bibendum est!"

Paris -idis m
Priamus -ī m: rēx Trōiae

vetus m/f/n (nōm sg):
 liber vetus
 fābula vetus
 vīnum vetus

intellegere -lēxisse
 -lēctum

servō (dat) : ā servō

Menelāus -ī m: rēx
 Spartae
ab-dūcere

senex

audēre ausum esse

fortissimus quisque =
 omnēs virī fortēs

senex senis m = vir annōrum plūs quam LX
Nestor -oris m
nōnāgēsimus -a -um
 = XC (90.)
quis-quis = omnis homō
 quī

nimium = nimis multum

bibere bibisse

alterum tantum = bis
tantum

funditus (*adv*) = ā fundō
ab ōvō ūsque ad māla =
ab initiō cēnae ūsque
ad fīnem
fābulārī = loquī

ēbrius -a -um = quī ni-
mium vīnī pōtāvit

per-īre, *coni* -eat

bis tantō = bis tantō
magis
nūgae -ārum *f pl* = rēs
stultae
negat 'sē esse' = dīcit
'sē nōn esse'
falsus = quī fallit,
fallāx

Cornēlius: "Tacendum est, nōn bibendum! Iam nimium bibistī. Cēnseō tē ūnum tantum vīnī bibisse
quantum nōs omnēs, vel potius alterum tantum!"   180

Orontēs: "Vōs igitur parum bibistis. Numquam nimium huius vīnī bibere possum. Valeat quisquis vīnum
bonum amat! Vīvat Bacchus, deus vīnī! Vīvāmus omnēs et bibāmus! Pōcula funditus exhauriāmus!"

Paula: "Iam tacē! Satis est. Nōnne tē pudet ita ab ōvō 185
ūsque ad māla fābulārī? Sānē pudendum est!"

Orontēs autem, simul atque pōculum suum funditus
exhausit, ā Paulā ad Aemiliam versus "Omnēs m-mē
interpellant" inquit, "praeter t-tē Aemilia. Tū t-tam p-
pulchra es quam Helena..."   190

Aemilia: "...et tū tam rūsticus quam Paris, quī inter
rudēs pāstōrēs ēducātus erat! Numquam mōrēs urbānōs
didicistī, rūstice! Nimium pōtāvistī, ēbrius es. Abstinē
manum ā mē!"

Orontēs iterum pōculum tollēns haec cantat: 195
"Quisquis amat valeat! Pereat quī nescit amāre!
Bis tantō pereat quisquis amāre vetat!"
Aemilia: "Nōlumus istās nūgās audīre. Ēbrius es!"

Orontēs negat 'sē esse ēbrium' atque in lectō surgēns
aliud carmen super fēminā falsā et īnfīdā cantāre incipit, 200
sed priusquam fīnem facit, sub mēnsam lābitur!

Duo servī eum ē triclīniō auferunt atque in cubiculō
pōnunt. Tum vestem super eum iam dormientem sternunt.

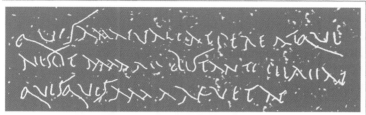

[QVIS]QVIS AMAT VALEAT PEREAT QVI
NESCIT AMARE BIS TANTO PEREAT
QVISQVIS AMARE VETAT

Haec īnscrīptiō inventa
est Pompēiīs in oppidō
Campāniae (item imāgō
canis in pāg. 172 et la-
byrinthī in pāg. 196 et
palmae in pāg. 285)

īnscrīptiō -ōnis *f* = quod
īnscrīptum est

205 GRAMMATICA LATINA

Gerundīvum

Vir lauda*ndus*. Fēmina lauda*nda*. Factum lauda*ndum*.
'Lauda*ndus -a -um*' g e r u n d ī v u m appellātur. Gerundīvum est adiectīvum dēclīnātiōnis ɪ/ɪɪ. Cum verbō *esse* con-
210 iūnctum gerundīvum significat id quod fierī oportet; is ā quō
aliquid fierī oportet apud gerundīvum significātur *datīvō*.

Exempla:

Discipulus industrius magistrō lauda*ndus* est. Discipulus
piger reprehend*endus* et pūni*endus* est. Tac*endum* est.
215 Lingua Latīna *vōbīs* disc*enda* est. Vocābula dīligenter scrī-
b*enda* sunt. Omnia menda corrig*enda* sunt: add*endae* sunt
litterae quae dēsunt, quae supersunt stilō versō dēl*endae*
sunt. Quidquid magister imperāvit discipulō faci*endum* est.

Dominus dīcit 'ovēs bene cūra*ndās* esse.'

lauda*nd|us -a -um*

magistrō (*dat*)
= ā magistrō

[1] lauda|*nd*|*us*

[2] dēle|*nd*|*us*

[3] scrīb|*end*|*us*

[4] pūni|*end*|*us*

PENSVM A

In hīs exemplīs syllabae quae dēsunt add– sunt:

Mercēs ad diem solv– est. Quī fūrtum fēcit pūn– est. Quidquid dux imperāvit mīlitibus faci– est. Quid magis opt– est
quam vīta beāta? Ē malīs minimum ēlig– est. In perīculīs
dēspēr– nōn est. Pater dīcit 'fīlium pūn– esse, nōn laud–.'

Verba: tangere –isse –um; accipere –isse –um; auferre
–isse –um; statuere –isse –um; intellegere –isse –um; bibere
–isse; audēre –um esse.

In exemplīs quae sequuntur vocābula add– sunt.

Vocābula nova:
pōtiō
rūmor
memoria
mūnus
fidēs
crux
iuvenis
praemium
poena
iūs
lēx
parricīda
scelus
supplicium
mōs

iniūria
senex
nūgae
praesēns
avārus
impatiēns
īnfēlīx
asinīnus
fīdus
īnfīdus
fugitīvus
nimius
clēmēns
iūstus
iniūstus
sapiēns
scelestus
crūdēlis
vetus
invalidus
dēbilis
ēbrius
nōnāgēsimus
optāre
interpellāre
aufugere
auferre
fīdere
cōnfīdere
cruciāre
latēre
retrahere
statuere
ignōscere
ōdisse
vetāre
ēducāre
abdūcere
fābulārī
quidquid
quisquis
quantum
aliquantum
nimium
quamobrem
ideō
funditus
priusquam
namque
cōram

PENSVM B

Herī Mēdus ā dominō — aliquantum pecūniae sēcum —.
Mēdus dominum suum nōn amat, sed —. Iūlius, quī eum
Rōmae — [= occultārī] putat, magnum praemium dabit eī
quī eum invēnerit — [= antequam] Italiam relīquerit. Iūlius
dīcit 'mulierēs nimis — esse ac facile virīs nēquissimīs —.' —
dominus imperāvit servō faciendum est. Solō, vir —, Athēniēnsibus — optimās scrīpsit. Patrem suum necāre — inhūmānum est. Iūlius nōndum — est ut Nestor, sed adhūc — ut
Paris ille quī Helenam ā marītō —. "— amat valeat!" cantat
Orontēs, quī — est quod — [= nimis multum] vīnī pōtāvit.

PENSVM C

Quis fuit Midās?
Quamobrem Midās fame et sitī cruciābātur?
Cūr Iūlius illam fābulam audīre nōn vult?
Ubi Cornēlius servum Iūliī vīdit?
Quantum pecūniae Mēdus sēcum abstulit?
Estne Mēdus adhūc Rōmae?
Quid faciet Iūlius sī Mēdum invēnerit?
Quōmodo hominēs ā maleficiīs dēterrentur?
Quam fēminam Paris abdūxit?
Quī hominēs ad bēstiās mittuntur?
Cūr Orontēs pedibus stāre nōn potest?

nāvēs longae

CLASSIS ROMANA

I Ōlim cūncta maria tam īnfēsta erant praedōnibus ut nēmō nāvigāret sine māximō perīculō mortis aut servitūtis. Multī nautae et mercātōrēs, mercibus ēreptīs nāvibusque submersīs, ā praedōnibus aut interficiēbantur

5 aut in servitūtem abdūcēbantur. Iī sōlī quī magnam pecūniam solvere potuerant servitūte līberābantur. Ipse Gāius Iūlius Caesar, cum adulēscēns ex Italiā Rhodum nāvigāret, ā praedōnibus captus est nec prius līberātus quam ingēns pretium solvit.

10   Nec sōlum nautae, sed etiam incolae ōrae maritimae īnsulārumque in metū erant. Nōnnūllae īnsulae ab incolīs dēsertae erant, multa oppida maritima ā praedōnibus capta. Tanta enim erat vīs et audācia eōrum, ut vim Rōmānōrum contemnentēs etiam portūs Italiae oppug-

15 nārent.

cūnctus -a -um = omnis, tōtus; *pl* = omnēs
īnfēstus -a -um: (locus)
īnfēstus ↔ tūtus
servitūs -ūtis *f* (<servus)
↔ lībertās

sub-mergere = mergere (sub aquam)

līberāre + *abl* = l. ab/ex

incola -ae *m/f* = quī/quae incolit

(oppidum) capere = expugnāre
vīs *f*, *acc* vim, *abl* vī = potestās
audācia -ae *f* < audāx
contemnere = parvī aestimāre, nōn timēre

261

mare Tūscum = mare
Īnferum

in-opia -ae *f* ↔ cōpia

crēscere = augērī

cārus -a -um = magnī
 pretiī
populus -ī *m* = cūnctī
 cīvēs
classis -is *f* = nāvium
 numerus
adversus = contrā
ēgregius -a -um = melior
 cēterīs, optimus
prae-pōnere (+ *dat*)
proximus -a -um *sup*
 (*comp* propior -ius)
 < prope; + *dat:* p.
 Rōmae

ali-quot *indēcl* = com-
 plūrēs (nesciō quot)

vincere vīcisse victum
victōria -ae *f* < vincere
gēns gentis *f*
Aegyptiī -ōrum *m pl*
commūnis -e = nōn
 ūnīus sed omnium
grātus -a -um = quī
 placet, optātus
nūntius = quod nūntiātur
minuī coeptum est = mi-
 nuī coepit

summus : māximus

vīlis -e ↔ cārus

victor -ōris *m* = quī vīcit

fit = accidit

Quoniam igitur propter vim atque multitūdinem
praedōnum nē mare Tūscum quidem tūtum erat, parum frūmentī ex Siciliā et ex Āfricā Rōmam advehēbā-
tur. Ita māxima inopia frūmentī facta est, quam ob rem
pretium frūmentī semper crēscēbat. Postrēmō, cum 20
iam tam cārum esset frūmentum ac pānis ut multī
pauperēs inopiā cibī necessāriī perīrent, populus Rōmānus ūnō ōre postulāvit ut ūniversa classis Rōmāna adversus hostēs illōs audācissimōs mitterētur. Ergō
Gnaeus Pompēius, dux ēgregius, classī praepositus est. 25
Quī prīmum ē marī Tūscō, quod mare proximum Rōmae est, et ex Siciliā, īnsulā Italiae proximā, praedōnēs
pepulit, tum eōs in Āfricam persecūtus est. Dēnique,
aliquot nāvibus in Hispāniam missīs, ipse cum classe in
Asiam profectus praedōnēs quōs ibi invēnit brevī tem- 30
pore omnēs vīcit. Hāc victōriā ēgregiā omnēs gentēs, ab
Hispānīs ūsque ad Aegyptiōs Iūdaeōsque, commūnī perīculō līberātae sunt. Simul atque grātus nūntius dē eā
victōriā grātissimā Rōmam pervēnit, pretium frūmentī
minuī coeptum est; victīs enim praedōnibus, nautae 35
sine metū per maria, quae omnium gentium commūnia
sunt, nāvigābant. Rōmae igitur ex summā inopiā repente māxima frūmentī cōpia facta est ac pānis tam vīlis
fuit quam anteā fuerat — id quod populō Rōmānō grā-
tissimum fuit. Pompēium victōrem cūnctus populus 40
Rōmānus summīs laudibus affēcit.

Ex eō tempore rārō fit ut nāvis praedōnum in marī

Internō appāreat, nam classēs Rōmānae, quae cūncta maria percurrunt, nāvēs mercātōriās atque ōram mariti-
45 mam dīligenter tuentur. Mare Internum iterum 'nostrum mare' iūre appellātur ā Rōmānīs. Neque tamen classis Rōmāna omnēs nautās quī ubīque nāvigant tuērī potest. Adhūc supersunt aliquot praedōnēs maritimī, quī tantā audāciā sunt ut nē armīs quidem Rōmānōrum
50 dēterreantur.

Amīcī nostrī in marī Tūscō nāvigantēs tālēs praedōnēs audācissimōs nāvem suam persequī arbitrantur. Cūnctī perturbātī sunt. Etsī nautae omnibus vīribus rēmigant, tamen illa nāvis, ventō secundō adiuvante,
55 magis magisque appropinquat.

Caelum nūbilum suspiciēns gubernātor optat ut ventus in adversum vertātur. Is enim nautās suōs tam validōs esse crēdit ut nūlla alia nāvis rēmīs sōlīs ācta nāvem suam cōnsequī possit.

II Intereā Lȳdia genua flectit et Deum precātur ut sē adiuvet: "Pater noster quī es in caelīs! Fīat voluntās tua! Sed līberā nōs ā malō!"

Mēdus autem gladium brevem, quem adhūc sub veste occultāvit, ēdūcit et "Equidem" inquit "nōn iner-
65 mis occīdar. Sī praedōnēs mē armīs petīverint, omnibus vīribus repugnābō! Fortēs fortūna adiuvat, ut āiunt."

Tum vērō Lȳdia "Converte gladium tuum" inquit "in locum suum! Omnēs enim quī cēperint gladium, gladiō perībunt, ut ait Chrīstus."

internus -a -um < intrā;
mare I.um (intrā fretum
ōceanī)=mare nostrum
per-currere
mercātōrius -a -um
< mercātor
tuērī = tūtum facere,
cūstōdīre
iūre : rēctē, vērē
ubī-que = omnī locō

super-esse = reliquus
esse
tantā audāciā esse = tam
audāx esse

vīrēs -ium *f pl* < vīs
rēmigāre = nāvem rēmīs
agere
ad-iuvāre = iuvāre

nūbilus -a -um ↔ serēnus
adversus -a -um: (ventus) a. ↔ secundus
agere ēgisse āctum

inter-eā = interim
flectere -xisse -xum
voluntās -ātis *f* < velle;
v. tua = quod tū vīs
[*Matth. 6.9,10,13*]

ē-dūcere
in-ermis -e ↔ armātus

re-pugnāre = contrā
pugnāre

[*Matth. 26.52*]

"Sed tē quoque" inquit Mēdus "gladiō meō dēfen- 70
dam. Nōlō tē ā praedōnibus occīdī spectāre inermis.
Dōnec ego vīvam, nēmō tibi nocēbit!"

Sed Lȳdia, quae Mēdum ut fūrem contemnit, "Nōn ā
tē" inquit, "sed ā Deō auxilium petō. Is sōlus nōs tuērī
potest."
75

Item gubernātor multīs verbīs Mēdō dissuādēre cōnātur nē gladium ēdūcat neu praedōnibus vī et armīs resis-
tat: "Quid opus est armīs? Tanta est vīs praedōnum ut
nūllō modō iīs resistere possīmus. Neque praedōnēs
nautās inermēs occīdunt, cum eōs magnō pretiō servōs 80
vēndere possint."

Mēdus: "Iamne oblītus es quid modo dīxeris? Dīxistī
enim 'tē mortem servitūtī praeferre'."

Gubernātor: "Haud sciō an ego ita dīxerim, sed profectō lībertās mihi vītā cārior est. Nihil lībertātī prae- 85
ferō. Quam ob rem omnem pecūniam meam praedōnibus dabō, sī lībertātem mihi reddent. Hanc grātiam
sōlam ab iīs petam."

Mēdus: "Certē praedōnēs pecūniam tibi ēripient, sed
fēlīx eris sī pecūniae grātiā vītae tuae parcent."
90

Gubernātor: "Sī necesse erit, decem mīlia sēstertium
praedōnibus offerre possum. Quod ipse nōn possideō
amīcī meī prō mē solvent."

Mēdus: "Ergō nūlla spēs est mihi, quī nec ipse pecūniam habeō nec amīcum tam pecūniōsum, ut mē ē ser- 95
vitūte redimere possit aut velit."

Tum mercātor "Mihi quidem" inquit "multī sunt amīcī pecūniōsī, sed valdē dubitō num pecūniā suā mē redimere velint. Fortūnā adversā amīcīs fīdendum nōn

100 est! Namque amīcī, quōs in rēbus secundīs multōs habēre vidēmur, temporibus adversīs nōbīs dēsunt. Duōs versūs reminīscor ē carmine quod dē hāc rē scrīpsit poēta quīdam:

Dōnec eris fēlīx, multōs numerābis amīcōs.

105 *Tempora sī fuerint nūbila, sōlus eris!"*

Gubernātor: "Nesciō quī poēta ista scrīpserit. Tūne nōmen eius meministī?"

Mercātor: "Illōs versūs scrīpsit Ovidius, poēta ēgregius, nisi memoria mē fallit. Quī ipse, cum fortūnā ad-

110 versā premerētur, ab amīcīs suīs dēsertus erat."

Gubernātor: "Nōn vērum est quod dīxit Ovidius. Nam etsī rāra est vēra amīcitia ac fidēs, nōn omnēs amīcī sunt falsī seu īnfīdī. Multō melius Ennius poēta:

Amīcus certus in rē incertā cernitur.

115 Certus ac vērus amīcus est quī numquam amīcō suō deest seu secunda seu adversa fortūna est. Mihi vērō multī sunt tālēs amīcī, quī semper mihi aderunt in rēbus adversīs, seu pecūniā seu aliā rē mihi opus erit. Ipse enim saepe amīcīs meīs affuī, nēmō amīcus umquam

120 frūstrā auxilium ā mē petīvit. Ergō omnēs mihi grātī sunt prō beneficiīs."

Mercātor: "Aliud est grātiam habēre, aliud grātiam referre. Nōn omnēs quī tibi prō beneficiīs grātiās agunt,

---

velle, *coni praes*:
velim velīmus
velīs velītis
velit velint
adversa fortūna = mala fortuna

de-esse (+*dat*) = auxilium nōn ferre
re-minīscī ↔ oblīvīscī

poēta -ae *m* = quī carmina scrībit
(multōs) numerāre: habēre
nūbila : adversa
[*Ovidius: Trīstia I.9.5-6*]

meminisse (*perf*) = memoriā tenēre (↔ oblītus esse)

premere : malā rē afficere

amīcitia -ae *f* < amīcus
fidēs = animus fīdus
seu = sīve

(amīcus) certus : fīdus

ad-esse (+ *dat*) = auxilium ferre (↔ deesse)

ad-esse af-fuisse (< adfuisse)
mihi grātus = quī mihi bene vult prō beneficiō;
g. esse = grātiam (: animum grātum) habēre
grātiam re-ferre = g.am prō grātiā reddere
grātiās agere = dīcere 'sē grātiam habēre'

265

ipsī posteā, sī opus fuerit, grātiam tibi referent. Facile
est grātiās agere prō beneficiīs, nec vērō quidquam dif- 125
ficilius esse vidētur quam beneficiōrum meminisse."

Gubernātor: "Sed ego ipse soleō amīcīs meīs grātiam
referre. Numquam beneficiī oblītus sum, semper pecūniam acceptam reddidī."

Hīc Mēdus "Ergō" inquit "melior es amīcus quam ille *III*
quem ego aliquandō ē servitūte redēmī."

Gubernātor: "Mīror unde pecūniam sūmpseris ut
aliōs redimerēs, cum tē ipse redimere nōn possīs."

Lȳdia: "Ego mīror cūr id mihi nōn nārrāveris."

Mēdus: "Nihil cuiquam nārrāvī dē eā rē, nē quis mē 135
glōriōsum exīstimāret. Sed quoniam omnēs mē quasi
servum scelestum contemnitis, nārrābō vōbīs breviter
quōmodo amīcum ē servitūte redēmerim atque ipse ob
eam grātiam servus factus sim:

"Cum homō līber Athēnīs vīverem, ā quōdam amīcō 140
epistulam accēpī quā ille mihi nūntiāvit 'sē ā pīrātīs captum esse' ac mē per amīcitiam nostram ōrāvit ut sē ē
servitūte redimerem magnum pretium solvendō. Cum
autem tantum pecūniae nōn habērem, necesse fuit pecūniam mūtuam sūmere. Ergō virum dīvitem adiī, quī 145
mihi omnem pecūniam mūtuam dedit hāc condiciōne,
ut annō post ad certam diem omnia sibi redderentur.
Pecūniā solūtā, amīcus meus ā pīrātīs līberātus grātiās
mihi ēgit prō beneficiō, ac simul mihi prōmīsit 'sē intrā
annum omnem pecūniam redditūrum esse' — sed annō 150

meminisse + *gen/acc:* m.
hom*inis,* m. r*eī/rem*

ali-quandō = aliquō tem-
pore (nesciō quandō)

nē quis = nē aliquis,
nē quisquam

pīrāta -ae *m* = praedō
maritimus

mūtuus -a -um: pecūnia
mūtua = pecūnia quae
reddenda est
condiciō -ōnis *f* = lēx
inter duōs statūta
diēs *f* = tempus statūtum

266

post nē assem quidem ab eō accēperam! Diē ad solven-
dum cōnstitūtā, cum pecūniam dēbitam solvere nōn
possem, homō ille dīves mē in carcerem mīsit et aliquot
diēbus post servum vēndidit. — Sed nesciō cūr hoc
155 vōbīs nārrāverim, nec enim sine māximō dolōre eius
temporis reminīscor cum in patriā līber inter cīvēs līberōs versārer. Utinam aliquandō līber patriam videam!
Sed frūstrā hoc optō, nam iam illī pīrātae eam spem
mihi ēripient, idque eōdem diē quō ab amīcā meā dēser-
160 tus sum!" Hoc dīcēns Mēdus ānulum quem Lȳdia ab-
icere voluit prae sē fert.

Gubernātor: "Nē dēspērāveris! Fortasse ānulō istō
aureō tē redimere poteris. Namque avārī atque aurī cu-
pidī sunt omnēs pīrātae. Magna est vīs aurī."

165 Mēdus ānulum parvum aspiciēns "Putāsne" inquit
"mē tam parvī aestimārī ā pīrātīs?"

Gubernātor: "Nōn omnēs hominēs parī pretiō aesti-
mantur. Scīsne quantum pīrātae ā Iūliō Caesare captō
postulāverint? Vīgintī talenta postulāvērunt, id est
170 prope quīngenta mīlia sēstertium. At Caesar, vir superbus, cum id parum esse cēnsēret, quīnquāgintā talenta
pīrātīs obtulit, simul vērō supplicium iīs minātus est!
Tum praedōnibus quasi servīs suīs imperāvit ut tacē-
rent neu somnum suum turbārent — ita Caesar praedō-
175 nēs contemnēbat, cum in eōrum potestāte esset. Ubi
prīmum redēmptus est, ipse nāvēs armāvit et captōs
praedōnēs in crucem tollī iussit."

utinam nē = optō nē

Mēdus: "Nōn sum tam superbus ut mē cum Caesare comparandum esse putem. Utinam nē pīrātae mē ut servum fugitīvum occīdant! Vērum hōc ānulō sī quis 180 servārī potest, nōn ego, sed amīca mea servanda est.

nē abiēceris! = nōlī abicere!

Ecce ānulum reddō tibi, Lȳdia. Nē eum abiēceris! Utinam ille ānulus vītam tuam servet!"

Lȳdia ānulum oblātum accipit et "Grātiās tibi agō" inquit, "sed quōmodo tua vīta servābitur?" 185

"Id nōn cūrō" inquit Mēdus, "nec enim mortem metuō, sī tē salvam esse sciō."

Tum Lȳdia "Ō Mēde!" inquit, "Nunc dēmum intellegō mē tibi vītā cāriōrem esse. Ignōsce mihi quod tē

meā grātiā = meā causā

accūsāvī! Omnia meā grātiā fēcistī. Quōmodo tibi grā- 190 tiam referam?"

Mēdus: "Nihil rogō, nisi ut mē amēs ita ut mē amā-

hōc nihil grātius = nihil grātius quam hoc

bās. Hōc nihil grātius mihi fierī potest."

Lȳdia nihil respondet, sed Mēdum complectitur atque ōsculātur. Quid verbīs opus est? 195

Intereā gubernātor in mare prōspicit et "Quid hoc?" inquit, "Aliae nāvēs illam sequuntur. Tot nāvēs praedō-

nāvis longa = nāvis armāta (ē classe Rōmānā)
nē timueritis! = nōlīte timēre!

nēs nōn habent. Nāvēs longae sunt, quae mare percurrunt, ut nōs ā pīrātīs tueantur. Nē timueritis, amīcī!"

Mercātor: "Sed cūr illae nōs persequuntur?" 200

Gubernātor: "Quia tamquam praedōnēs ab iīs fugimus. Rēmōs tollite, nautae!"

dē-sistere = dēsinere
tollere sus-tulisse
sub-lātum

Nautae statim rēmigāre dēsistunt ac rēmīs sublātīs nāvēs longās salūtant. Classis celeriter appropinquat.

205 Iam mīlitēs armātī in nāve proximā cernuntur. Lȳdia
magnā cum laetitiā classem appropinquantem spectat,
sed Mēdus etiamnunc perterritus esse vidētur.

    "Nōnne laetāris, Mēde" inquit Lȳdia, "quod nōs om-
nēs ē commūnī perīculō servātī sumus?"

210 Mēdus: "Laetor sānē quod vōs servātī estis; sed ego
mīlitēs aequē timeō atque pīrātās. Nē oblīta sīs mē servum fugitīvum esse. Timeō nē mīlitēs mē captum Rōmam abdūcant, ut cōram populō ad bēstiās mittar in
amphitheātrō. Hoc dominus mihi minārī solēbat."

215   "Nē timueris!" inquit Lȳdia, "Mīlitēs ignōrant quī
homō sīs et quid anteā fēceris. Iam nēmō nōs prohibēbit
simul in patriam nostram commūnem redīre."

    Intereā nāvēs longae tam prope vēnērunt ut mīlitēs
cognōscant nāvem mercātōriam esse. Itaque persequī
220 dēsistunt atque cursum ad orientem flectunt. Brevī
cūncta classis ē cōnspectū abit.

    — Hīc amīcōs nostrōs in mediō cursū relinquimus.
Utinam salvī in Graeciam perveniant! Omnia bona iīs
optāmus.

---

etiam-nunc = adhūc

nē oblīta sīs! = nōlī
  oblīvīscī!

amphitheātrum -ī *n*

nē timueris! = nōlī
  timēre!

cursus -ūs *m* < currere

amphitheātrum

laudā*verit*

-*erit*

[1] recitāv|eri|m
  recitāv|eri|s
  recitāv|eri|t
    recitāv|eri|mus
    recitāv|eri|tis
    recitāv|eri|nt
[2] pāru|eri|m
  pāru|eri|s
  pāru|eri|t
    pāru|eri|mus
    pāru|eri|tis
    pāru|eri|nt
[3] scrīps|eri|m
  scrīps|eri|s
  scrīps|eri|t
    scrīps|eri|mus
    scrīps|eri|tis
    scrīps|eri|nt
[4] audīv|eri|m
  audīv|eri|s
  audīv|eri|t
    audīv|eri|mus
    audīv|eri|tis
    audīv|eri|nt
fu|eri|m   fu|eri|mus
fu|eri|s   fu|eri|tis
fu|eri|t   fu|eri|nt

nē dubitā*veris!* = nōlī
  dubitāre!
nē dubitā*veritis!* =
  nōlīte dubitāre!

-*eri*|m   -*eri*|mus
-*eri*|s   -*eri*|tis
-*eri*|t   -*eri*|nt

GRAMMATICA LATINA   225
Coniūnctīvus
Tempus perfectum
[A] Āctīvum.

Iūlius dubitat num magister Mārcum laudā*verit*.

'Laudā*verit*' est coniūnctīvus temporis praeteritī perfectī. 230
Coniūnctīvus perfectī dēsinit in -*erit* (pers. III sing.), quod ad
īnfīnītīvum perfectī sine -*isse* adicitur.

Exempla: [1] recitāv|*erit;* [2] pāru|*erit;* [3] scrīps|*erit;* [4]
audīv|*erit*.

Pater fīlium interrogat 'num bonus discipulus *fuerit:* num 235
magistrō pār*uerit*, attentē audī*verit*, rēctē scrīp*serit* et pulchrē
recitā*verit*.'

Pater: "Audīsne? Interrogō tē 'num bonus discipulus *fue-*
ris, num magistrō pār*ueris*, attentē audī*veris*, rēctē scrīp*seris* et
pulchrē recitā*veris*'." Fīlius: "Iam tibi dīxī 'mē industrium 240
fuisse.' Quārē igitur mē interrogās 'num bonus discipulus
fuerim, num magistrō pār*uerim*, attentē audī*verim*, rēctē scrīp-
serim et pulchrē recitā*verim*'? Crēde mihi! Nē dubitā*veris* dē
verbīs meīs!"

Parentēs fīliōs interrogant 'num bonī discipulī *fuerint:* num 245
magistrō pār*uerint*, attentē audī*verint*, rēctē scrīp*serint* et pulchrē recitā*verint*.'

Parentēs: "Audītisne? Interrogāmus vōs 'num bonī discipulī *fueritis*, num magistrō pār*ueritis*, attentē audī*veritis*, rēctē
scrīp*seritis* et pulchrē recitā*veritis*'." Fīliī: "Iam vōbīs dīximus 250
'nōs industriōs fuisse.' Quārē igitur nōs interrogātis 'num
bonī discipulī *fuerimus*, num magistrō pār*uerimus*, attentē
audī*verimus*, rēctē scrīp*serimus* et pulchrē recitā*verimus*'? Crēdite nōbīs! Nē dubitā*veritis* dē verbīs nostrīs!"

	Singulāris	*Plūrālis*	255
Persōna prīma	-erim	-erimus	
Persōna secunda	-eris	-eritis	
Persōna tertia	-erit	-erint	

[B] Passīvum.

260 Pater dubitat num fīlius ā magistrō laud*ātus sit.*

Pater: "Tūne ā magistrō laudātus es?" Fīlius: "Nesciō num laud*ātus sim!*" Pater: "Quōmodo nescīs num laud*ātus sīs* ā magistrō?" Fīlius: "Nesciō quid ab eō dic*tum sit,* nam in lūdō dormīvī!"

265 Pater dubitat num fīliī ā magistrō laud*ātī sint.*

Pater: "Vōsne ā magistrō laudātī estis?" Fīliī: "Nescīmus num laud*ātī sīmus!*" Pater: "Quōmodo nescītis num laud*ātī sītis?*" Fīliī: "Nescīmus quid magister dīxerit, nam in lūdō dormīvimus!"

	Singulāris	*Plūrālis*
270 *Persōna prīma*	laud*ātus sim*	laud*ātī sīmus*
Persōna secunda	laud*ātus sīs*	laud*ātī sītis*
Persōna tertia	laud*ātus sit*	laud*ātī sint*

PENSVM A

Dominus dubitat num pāstor ovēs bene cūrāv–. Dominus: "Dīc mihi, pāstor, utrum in campō dormīv– an vigilāv–." Pāstor: "Mīror cūr mē interrogēs utrum dormīv– an vigilāv–. Semper officium meum faciō." Dominus: "Ergō dīc mihi cūr herī ovis ē grege aberrāv– ac paene ā lupō capta s–." Pāstor mīrātur unde dominus hoc audīv–.

Iūlius servōs interrogat num Mēdum vīd–. Servī: "Nescīmus quō fūg–, ut tibi dīximus. Cūr nōs interrogās num eum vīd–?" Iūlius: "Id interrogō, quia dubitō vērumne dīx–!"

Verba: vincere –isse –um; agere –isse –um; flectere –isse –um; offerre –isse –um; redimere –isse –um; tollere –isse –um; adesse –isse.

PENSVM B

Priusquam Pompēius, dux — [= optimus], — Rōmānae praepositus est, — [= omnia] maria — erant praedōnibus, quī Rōmānōs ita — ut etiam portūs Italiae oppugnārent. Tanta erat — praedōnum ut nēmō iīs — posset. Nēmō sine metū

laudāt|us sim
laudāt|us sīs
laudāt|us sit
laudāt|ī sīmus
laudāt|ī sītis
laudāt|ī sint

-tus	sim	-tī	sīmus
-ta	sīs	-tae	sītis
	sit		sint
-tum sit		-ta sint	

Vocābula nova:
servitūs
incola
vīs
vīrēs
audācia
inopia
populus
classis
victōria
gēns
victor
vīrēs
voluntās
grātia
poēta
amīcitia
pīrāta
condiciō
talentum
amphitheātrum
cursus
cūnctus
īnfēstus
cārus
ēgregius
proximus
commūnis

gratus
vīlis
internus
mercātōrius
nūbilus
adversus
inermis
mūtuus
superbus
submergere
contemnere
praepōnere
percurrere
tuērī
rēmigāre
adiuvāre
flectere
ēdūcere
repugnāre
dissuādēre
praeferre
offerre
redimere
reminīscī
meminisse
referre
minārī
armāre
dēsistere
aliquot
ubīque
aliquandō
intereā
etiamnunc
dōnec
neu
seu
utinam

mortis aut — nāvigābat. — [= complūrēs] īnsulae ab — relinquēbantur. Rōmae frūmentum tam — erat ut multī pauperēs fame (= — cibī) perīrent.

Pīrātae, quī — [= aliquō tempore] Caesarem cēperant, xx talenta — [= sīve] D mīlia sēstertium ab eō postulāvērunt, sed Caesar, vir —, L talenta iīs —. Tantō pretiō Caesar — est.

Omnēs amīcī prō beneficiīs — agunt, sed paucī posteā — referre volunt. Vēra — rāra est. Difficile est beneficiōrum —. Fortēs fortūna —.

PENSVM C

Cūr Pompēius classī Rōmānae praepositus est?
Cūr amīcī nostrī ab alterā nāve fugiunt?
Utrum ventus secundus an adversus est?
Quantum gubernātor pīrātīs offerre potest?
Num ipse tantum pecūniae possidet?
Quandō vērus amīcus cognōscitur?
Quōmodo Mēdus servus factus est?
Cūr Mēdus adhūc nihil nārrāvit de eā rē?
Suntne praedōnēs quī eōs persequuntur?
Cūr Mēdus etiamnunc perterritus est?
Quō nāvēs longae cursum flectunt?

agmen -inis *n*

EXERCITVS ROMANVS

I Exercitus Rōmānus ūniversus cōnstat ex legiōnibus duodētrīgintā, quae in dēnās cohortēs dīviduntur. In singulīs legiōnibus sunt sēna vel quīna vel quaterna mīlia mīlitum, quī omnēs cīvēs Rōmānī sunt. Praetereā

5 magna auxilia exercituī adiunguntur. Auxilia sunt peditēs equitēsque ex prōvinciīs, quī arma leviōra, sīcut arcūs sagittāsque, ferunt. Legiōnāriī sunt peditēs scūtīs, gladiīs pīlīsque armātī.

Signum legiōnis est aquila argentea, quae in itinere

10 ante agmen fertur. In itinere cohortēs alia post aliam in longō ōrdine prōgrediuntur. Tālis ōrdō mīlitum prōgredientium dīcitur agmen. Cum agmen ad hostēs pervēnit, sī tempus et locus idōneus est ad pugnandum, cohortēs in trēs ōrdinēs īnstruuntur. Exercitus ita īnstrūc-

15 tus aciēs appellātur. Ante proelium dux exercitūs mīlitēs suōs hortātur ut fortiter pugnent. Tum peditēs prō-

legiō -ōnis *f*

cohors -rtis *f*
dēnī -ae -a = X et X…
sēnī -ae -a = VI et VI…
quīnī -ae -a = V et V…
quaternī -ae -a = IV et IV…
auxilia -ōrum *n pl*
ad-iungere = addere

legiōnārius -a -um < legiō; *m* = mīles l.

aquila

ōrdō -inis *m*
prō-gredī -ior = prōcēdere
idōneus -a -um = conveniēns
īnstruere -ūxisse -ūctum
aciēs -ēī *f*
proelium -ī *n* = pugna exercituum
hortārī = monēre
prō-currere -currisse

273

mittere = iacere

caedere = pulsāre; (gla-
diō) c. = occīdere
imperātor -ōris *m* = quī
imperat (titulus ducis)
circum-dare = cingere
(locum) mūnīre = vāllō
/mūrō circumdare
suprā (*adv*): in cap. XII
com-memorāre = me-
morāre
aetās -ātis *f* = annī quōs
aliquis vīxit
mīlitāris -e < mīles
puer VII annōs nātus
= puer VII annōrum

velle, *coni imperf:*
vellem vellēmus
vellēs vellētis
vellet vellent

studēre (+ *dat*): litterīs
s. = studiōsus esse lit-
terārum (: legendī)
studium -ī *n* < studēre

cōgere co-ēgisse -āctum
(< co- + agere) = vī
persuādēre

stipendium -ī *n* = mercēs
mīlitis; s. merēre = mī-
litāre
prō ↔ contrā

virtūs -ūtis *f* < vir;
(mīlitis) v. = animus
fortis

pūblicus -a -um (< popu-
lus) ↔ prīvātus -a -um

(epistulam) dare = mit-
tere
praecipuē = prae cēterīs
rēbus, māximē

currunt et prīmum pīla in hostēs mittunt, deinde eōs gladiīs caedunt. Hostibus proeliō victīs, dux ā mīlitibus 'imperātor' salūtātur. Vesperī exercitus locō ad dēfendendum idōneō castra pōnit, quae vāllō et fossā circum- 20 dantur. Ita mūniuntur castra Rōmāna.

Aemilius, frāter Aemiliae minor, quem suprā commemorāvimus, ā prīmā aetāte studiōsus fuit reī mīlitāris. Iam puer septem annōs nātus gladiōs ligneōs et arcūs sagittāsque sibi faciēbat, ut cum aliīs puerīs eius- 25 dem aetātis proelia lūderet. Septendecim annōs nātus ā patre interrogātus 'quid tum discere vellet?' fīlius statim respondit 'sē nihil nisi rem mīlitārem discere velle.' Voluntās fīliī patrī haud placēbat, cum ipse litterīs studēret neque ūllum aliud studium fīliō suō dignum esse arbi- 30 trārētur. Cum vērō fīlius nūllō modō contrā voluntātem ad studium litterārum cōgī posset, pater eum ūnā cum Pūbliō Valeriō, adulēscente eiusdem aetātis, in Germāniam ad exercitum Rōmānum mīsit, ut apud ducem quendam ēgregium stipendia merēret. Ibi Aemilius prō 35 patriā pugnāns iam magnam glōriam mīlitārem sibi quaesīvit. Virtūs eius ēgregia ab omnibus laudātur.

Et pater et soror Aemiliī frequentēs epistulās ad fīlium et frātrem suum mittunt. Pater māximē dē rēbus pūblicīs scrībit, sed Aemilia dē rēbus prīvātīs, ut dē 40 līberīs suīs et dē convīviīs, scrībere solet. Epistulae quās Aemilius ad patrem dat praecipuē dē glōriā et virtūte mīlitārī sunt, sed ex iīs litterīs prīvātīs quās Aemilia

nūper ā frātre suō accēpit plānē appāret eum iam vītā
45 mīlitārī fatīgātum esse. Ecce litterae novissimae, quās
Aemilia prīdiē kalendās Iūniās ā frātre accēpit et posterō
diē in convīviō recitāvit:

II "Aemilius sorōrī suae cārissimae s. d.

Hodiē dēmum mihi allāta est epistula tua quae a. d.
50 VII kal. Māi. scrīpta est, id est ante vīgintī diēs. Quam
tardus est iste tabellārius! Celsī sānē et arduī montēs
Germāniam ab Italiā disiungunt, ac difficillimae sunt
viae quae trāns Alpēs ferunt, sed tamen celer tabellārius
idem iter quīndecim ferē diēbus cōnficere potest, ut
55 tabellāriī pūblicī quibus ūtitur dux noster. Ego vērō
istum tabellārium properāre docēbō, cum meās litterās
ad tē referet.

Sed quamquam tardē advēnit, grātissima mihi fuit
tua epistula magnōque cum gaudiō ex eā cognōvī tē et
60 Iūlium et līberōs vestrōs, quōs valdē dīligō, bonā valētūdine fruī. Cum epistulās tuās legō, apud vōs in Albānō esse mihi videor, neque in hāc terrā frīgidā inter
hominēs barbarōs. Tum, nesciō quōmodo, ita permo-
veor ut lacrimās vix teneam — ita patriam et amīcōs
65 meōs dēsīderō.

Ō, quam longē absum ab Italiā et ab iīs omnibus quōs
praecipuē dīligō! Utinam ego Rōmae essem aut tū apud
mē essēs! Cum Dānuvium flūmen aspiciō, quod praeter
castra nostra fluit, dē Tiberī cōgitō atque dē Rōmā.
70 Quandō tē aspiciam, urbs pulcherrima? Utinam hic am-

appāret = plānum est, intellegitur
fatīgāre = fessum facere

prī-diē = diē ante
posterus -a -um (< post) = sequēns

s. d. = salūtem dīcit
a. d. VII kal. Māi. = ante diem septimum kalendās Māiās
arduus -a -um:

mōns arduus

Alpēs -ium *f pl*: montēs Eurōpae altissimī
ferē = circiter

properāre = celeriter īre/agere
re-ferre

gaudium -ī *n* (< gaudēre) = laetitia
valētūdō -inis *f* < valēre

Albānum -ī *n* = prae-dium Albānum

dēsīderāre: amīcōs d. = dolēre sē abesse ab amīcīs

castra ▨
⟶
praeter castra

amnis -is *m* = flūmen

275

nis Tiberis esset et haec castra essent Rōma!

Sed frūstrā haec optō, cum nēmō nisi deus ita subitō in alium locum trānsferrī possit. Sī Mercurius essem ālāsque habērem, ventō celerius trāns montēs amnēsque in Italiam volārem, ubi Venus, soror mea pulcherrima, 75 frātrem rīdēns reciperet.

Rīdēbis certē, mea soror, nec sine causā, nam rīdiculum est tālēs rēs optāre, nec lacrimās effundere mīlitem decet, cuius officium est sanguinem effundere prō patriā. Ego vērō, etsī cupidus sum patriae videndae, offi- 80 cium meum praestābō sīcut cēterī mīlitēs Rōmānī, quōrum magnus numerus in Germāniā est. Nisi nōs hīc essēmus fīnēsque imperiī dēfenderēmus, hostēs celeriter Dānuvium et Alpēs trānsīrent atque ūsque in Italiam pervenīrent, nec vōs in Latiō tūtī essētis. Nē hoc fīat, 85 legiōnēs Rōmānae hīc sunt ac tamdiū remanēbunt quamdiū hostis armātus seu citrā seu ultrā Dānuvium flūmen reliquus erit.

Quoniam igitur ipse ad tē properāre nōn possum, litterās ad tē scrībere properō. Quaeris ā mē cūr tibi 90 ūnās tantum litterās scrīpserim, cum interim trīnās quaternāsve litterās ā tē accēperim. Haud difficile est mē excūsāre, quod neglegēns fuerim in scrībendō. Sī mihi tantum esset ōtiī quantum est tibi, in epistulīs scrībendīs nōn minus dīligēns essem quam tū. Sed cum per 95 complūrēs mēnsēs vix tempus habuerim ad dormiendum, facile intellegēs nūllum mihi ōtium fuisse ad epistulam scrībendam. Prope cotīdiē aut Germānī castra nostra oppugnāvērunt aut nōs impetūs fēcimus in illōs.

100 Hodiē vērō nūllum hostem armātum citrā flūmen vidēmus. Magnus numerus eōrum aut caesus aut captus est ā nostrīs, reliquī ultrā flūmen in magnīs silvīs latent. Herī enim exercitum Germānōrum proeliō vīcimus. Quod sīc factum est:

III Mediā nocte in castra nūntiātum est 'magnum hostium numerum nāviculīs ratibusque cōpulātīs flūmen trānsiisse celeriterque secundum flūmen adversus castra nostra prōgredī.' Hōc nūntiō allātō, mīlitēs statim convocātī sunt. Quī cum arma cēpissent et vāllum as-
110 cendissent, prīmō mīrābantur quamobrem mediā nocte ē somnō excitātī essent, cum extrā vāllum omnia tranquilla esse vidērentur. Ego quoque dubitāre coeperam num nūntius vērum dīxisset, cum subitō paulō ante lūcem magnus numerus Germānōrum ē silvīs proximīs
115 excurrēns castra nostra oppugnāvit. Nostrī, cum parātī essent ad castra dēfendenda, illum prīmum impetum facile sustinuērunt. Nec tamen hostēs castra oppugnāre dēstitērunt, sed aliī ex aliīs partibus etiam atque etiam sub vāllum prōcurrērunt. Cum complūrēs hōrās ita for-
120 tissimē ā nostrīs, ab hostibus cōnstanter ac nōn timidē pugnātum esset, equitātus noster repente portā dextrā ērumpēns impetum in latus hostium apertum fēcit. Paulō post, cum plērīque hostēs sē ad equitēs convertissent, peditēs nostrī portā sinistrā ērūpērunt. Hostēs hāc

caedere cecīdisse caesum

ratis
-is *f*

cōpulāre = coniungere

secundum *prp*+*acc:* s. flūmen = flūmen sequēns
con-vocāre = in eundem locum vocāre
cum... cēp*issent* = postquam cēpērunt

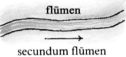

flūmen

secundum flūmen

ante lūcem = ante diem

ex-currere

ad dēfendend*um*
ad castr*a* dēfendend*a*

dē-sistere -stitisse
etiam atque etiam = iterum atque iterum

cōnstāns, *adv* cōnstanter

pugnātur ā nostrīs = nostrī pugnant
ē-rumpere = subitō excurrere
plērī- plērae- plēra-que = prope omnēs
convertere -tisse -sum

277

diū, *comp* diūtius,
sup diūtissimē

tergum vertere : fugere
rīpa -ae *f* = lītus
flūminis

ulterior -ius *comp*
< ultrā; *sup* ultimus
citerior -ius *comp*
< citrā; *sup* citimus
caedēs -is *f* < caedere

dēsīderantur : āmissī
sunt
vulnerāre < vulnus
-eris *n*

incolumis -e = salvus,
integer

numerō superiōrēs
: plūrēs

pāx pācis *f* ↔ bellum

lēgātus -ī *m* = nūntius
pūblicus

rē perturbātī, cum iam longā pugnā fatīgātī essent, im- 125
petum Rōmānōrum ab utrāque parte venientium diūtius sustinēre nōn potuērunt, ac post brevem pugnam
terga vertērunt. Cum ad rīpam flūminis fugientēs per-
vēnissent, aliī nāviculīs ratibusque sē servāvērunt, aliī
armīs abiectīs in flūmen sē prōiēcērunt, ut natandō ad 130
rīpam ulteriōrem pervenīrent, reliquī omnēs ab equitibus, quī ad eōs persequendōs missī erant, in rīpā cite-
riōre caesī aut captī sunt. Tanta ibi caedēs hostium facta
est ut meminisse horream.

Duo ferē mīlia hominum magnamque armōrum cō- 135
piam hostēs eō proeliō āmīsērunt. Ē nostrīs haud multī
dēsīderantur. Ipse sagittā in bracchiō laevō vulnerātus
sum, sed vulnus meum leve est, multī graviōra vulnera
accēpērunt. Nec vērō ūllus mīles legiōnārius ā tergō
vulnerātus est. Plērīque autem mīlitēs nostrī ex tantō 140
proeliō incolumēs sunt.

Hōc proeliō factō, dux victor, cum ā mīlitibus imperātor salūtātus esset, virtūtem nostram laudāvit 'quod
contrā hostēs numerō superiōrēs fortissimē pugnāvissē-
mus'; 'tot hominibus ūnō proeliō āmissīs, hostēs brevī 145
arma positūrōs esse' dīxit. Hīs verbīs māximō gaudiō
affectī sumus, nam post longum bellum omnēs pācem
dēsīderāmus. Hodiē lēgātī ā Germānīs missī ad castra
vēnērunt, ut cum imperātōre colloquerentur. Nesciō
an lēgātī pācem petītum vēnerint, sed certō sciō im- 150
perātōrem nostrum cum hoste armātō colloquī nōlle.

Ego cum cēterīs hāc victōriā glōriōsā gaudeō quidem,
sed multō magis gaudērem sī amīcus meus Pūblius Va-
lerius, quōcum prīmum stipendium meruī, incolumis
155 esset et mēcum gaudēre posset. Quī cum mihi in hostēs
prōgressō auxilium ferre vellet, ipse ex aciē excurrēns
pīlō percussus cecidit. Graviter vulnerātus in castra por-
tātus est, ubi in manibus meīs ex vulnere mortuus est,
postquam mē ōrāvit ut per litterās parentēs suōs dē
160 morte fīliī cōnsōlārer. Sed quōmodo aliōs cōnsōler, cum
ipse mē cōnsōlārī nōn possim? Fateor mē lacrimās effū-
disse cum oculōs eius clausissem, sed illae lacrimae et
mīlitem et amīcum decēbant, etenim malus amīcus fuissem, nisi lacrimās effūdissem super corpus amīcī mor-
165 tuī, cum ille sanguinem suum prō mē effūdisset.

Utinam patrem audīvissem, cum mē ad studium litterārum hortārētur! Sed tum litterās et studiōsōs litterārum dēspiciēbam. Poētās ut hominēs ōtiōsōs ōderam,
praecipuē Tibullum, quī vītam rūsticam atque ōtiōsam
170 laudābat, vītam mīlitārem dēspiciēbat. Mīrābar cūr ille
poēta mortem glōriōsam prō patriā 'dīram' vocāret et
ēnsēs quibus patria dēfenditur 'horrendōs', ut in hīs
versibus, quōs senex magister etiam atque etiam nōbīs
recitābat:

175 *Quis fuit horrendōs prīmus quī prōtulit ēnsēs?*
    Quam ferus et vērē ferreus ille fuit!
    Tum caedēs hominum generī, tum proelia nāta,
    tum brevior dīrae mortis aperta via est!

---

glōriōsus: (rēs) glōriōsa
= quae glōriam affert

quō-cum = cum quō

prō-gredī -ior -gressum
esse
percutere -iō -cussisse
-cussum
ex vulnere = propter
vulnus

ef-fundere -fūdisse
-fūsum

et-enim = namque

tum = tunc

dēspicere = contemnere
ōtiōsus -a -um < ōtium
ōderam ↔ amābam
Tibullus -ī *m*

dīrus -a -um = terribilis

ēnsis -is *m* = gladius
horrendus -a -um =
dīrus

[*Tibullus I.10.1-4*]
prō-ferre = in lūcem p.,
prīmum facere

genus hominum =
cūnctī hominēs
proelia nāta *sunt*
: brevior via ad dīram
mortem aperta est

279

Rīdiculī mihi puerō vidēbantur iī versūs, cum nōn- dum caedem vīdissem. At hodiē Tibullum vērum dīx- 180 isse intellegō. Sī iam tum hoc intellēxissem, certē pa- trem audīvissem nec ad bellum profectus essem, ut tot caedēs et tot vulnera vidērem.

At iam satis dē caede scrīpsī. Nōlō tē fatīgāre nār- randō dē bellō cruentō, cum brevī pācem fore spērē- 185 mus. Nisi ea spēs mē fallit, posthāc plūrēs epistulās ā mē exspectātō, atque plūrēs etiam ipsa scrībitō! Etiam aliōs monētō ut ad mē litterās dent. Et dē rē pūblicā et dē rē prīvātā nārrātōte mihi! Scītōte mē omnia quae apud vōs fiunt cognōscere velle. 190

Valētūdinem tuam cūrā dīligenter! Datum prīdiē īdūs Māiās ex castrīs."

GRAMMATICA LATINA
Coniūnctīvus
Tempus plūsquamperfectum 195
[A] Āctīvum.

Iūlius dubitābat num magister Mārcum laudāvisset.

'Laudāvisset' coniūnctīvus est temporis praeteritī plūs- quamperfectī. Coniūnctīvus plūsquamperfectī dēsinit in -isset (pers. III sing.), quod ad īnfīnītīvum perfectī sine -isse ad- 200 icitur.

Exempla: [1] recitāv|isset; [2] pāru|isset; [3] scrīps|isset; [4] audīv|isset.

Pater fīlium interrogāvit 'num bonus discipulus fuisset: num magistrō pāruisset, attentē audīvisset, rēctē scrīpsisset et 205 pulchrē recitāvisset.' Fīlius nōn respondit. Tum pater ab eō quaesīvit 'num ā magistrō laudātus esset.' Cum fīlius id negā-

Margin notes:

fore (*inf fut*) = futūrum /-am... esse

exspectātō! = exspectā (posthāc)! scrībitō! = scrībe! monētō! = monē!

nārrātōte! = nārrāte!

īdūs Māiae: diēs xv mēnsis Māiī

laudāvisset

-isset

[1] recitāv|isset
[2] pāru|isset
[3] scrīps|isset
[4] audīv|isset

[1] recitāv|isse|m
    recitāv|issē|s
    recitāv|isse|t
    recitāv|issē|mus
    recitāv|issē|tis
    recitāv|isse|nt

visset, "Ergō" inquit pater "malus discipulus fuistī; nam sī
bonus discipulus *fuissēs,* magister tē laud*āvisset.* Sī magistrō
210 pār*uissēs,* attentē aud*īvissēs,* rēctē scr*īpsissēs* et pulchrē recit*ā-*
vissēs, ā magistrō laud*ātus essēs.*" Fīlius: "Etiam sī industrius
fuissem, magister mē nōn laud*āvisset.*" Pater: "Quid?" Fīlius:
"Etiam sī magistrō pār*uissem,* attentē aud*īvissem,* rēctē scr*īp-*
sissem et pulchrē recit*āvissem,* laud*ātus* nōn *essem* ab illō ma-
215 gistrō iniūstō!"

Pater fīliōs interrogāvit 'num bonī discipulī *fuissent:* num
magistrō pār*uissent,* attentē aud*īvissent,* rēctē scr*īpsissent* et
pulchrē recit*āvissent.*' Fīliī nōn respondērunt. Tum pater ab
iīs quaesīvit 'num ā magistrō laud*ātī essent.*' Cum fīliī id neg*ā-*
220 *vissent,* "Ergō" inquit pater "malī discipulī fuistis; nam sī
bonī discipulī *fuissētis,* magister vōs laud*āvisset.* Sī magistrō
pār*uissētis,* attentē aud*īvissētis,* rēctē scr*īpsissētis* et pulchrē
recit*āvissētis,* ā magistrō laud*ātī essētis.*" Fīliī: "Etiam sī magistrō pār*uissēmus,* attentē aud*īvissēmus,* rēctē scr*īpsissēmus* et
225 pulchrē recit*āvissēmus,* laud*ātī* nōn *essēmus* ab illō magistrō
iniūstō!"

	Singulāris	*Plūrālis*
Persōna prīma	-issem	-issēmus
Persōna secunda	-issēs	-issētis
230 *Persōna tertia*	-isset	-issent

[B] Passīvum.
Exempla: vidē suprā!

	Singulāris	*Plūrālis*
Persōna prīma	laud*ātus essem*	laud*ātī essēmus*
235 *Persōna secunda*	laud*ātus essēs*	laud*ātī essētis*
Persōna tertia	laud*ātus esset*	laud*ātī essent*

Imperātīvus futūrī
Pugnā*tō,* mīles! Pugnā*tōte,* mīlitēs!
'Pugnā*tō,* pugnā*tōte*' imperātīvus futūrī est. Imperātīvus
240 futūrī dēsinit in *-tō* (sing.) et *-tōte* (plūr.); idem ferē significat
atque imperātīvus praesentis ('pugnā, pugnāte').

[2] pāru|isse|m
pāru|issē|s
pāru|isse|t
pāru|issē|mus
pāru|issē|tis
pāru|isse|nt
[3] scrīps|isse|m
scrīps|issē|s
scrīps|isse|t
scrīps|issē|mus
scrīps|issē|tis
scrīps|isse|nt
[4] audīv|isse|m
audīv|isse|s
audīv|isse|t
audīv|isse|mus
audīv|issē|tis
audīv|isse|nt

fu|isse|m   fu|issē|mus
fu|issē|s   fu|issē|tis
fu|isse|t   fu|isse|nt

-isse|m   -issē|mus
-issē|s   -issē|tis
-isse|t   -isse|nt

-tus	essem	-tī	essēmus
-ta	essēs	-tae	essētis
	esset		essent
-tum esset		-ta essent	

pugnā*tō* pugnā*tōte*

-*tō* -*tōte*

[1] pugnā|tō   pugnā|tōte
[2] pārē|tō   pārē|tōte
[3] scrīb|itō   scrīb|itōte
[4] audī|tō   audī|tōte

    es|tō   es|tōte

Vocābula nova:
legiō
cohors
agmen
ōrdō
aciēs
proelium
imperātor
aetās
studium
stipendium
virtūs
gaudium
valētūdō
amnis
ratis
rīpa
caedēs
vulnus
pāx
lēgātus
ēnsis
legiōnārius
idōneus
mīlitāris
pūblicus
prīvātus
posterus
arduus
rīdiculus
ulterior
citerior
incolumis
ōtiōsus
dīrus
horrendus
dēnī
sēnī
quīnī
quaternī

Exempla:

Magister: "Posthāc bonus discipulus *estō*, puer! Semper mihi pār*ētō!* Dīligenter aud*ītō!* Pulchrē recit*ātō* et rēctē scrī-b*itō!*"

Magister: "Posthāc bonī discipulī *estōte*, puerī! Semper mihi pār*ētōte!* Dīligenter aud*ītōte!* Pulchrē recit*ātōte* et rēctē scrīb*itōte!*"

245

PENSVM A

Magister epistulam ad Iūlium scrīpsit, cum Mārcus in lūdō dormīv– nec magistrō pāru–. Sī Mārcus bonus discipulus fu–, magister eum laudāv– nec epistulam scrīps–.

Mārcus: "Herī in cubiculō inclūsus sum, cum pater epistulam tuam lēg–. Nisi tū eam epistulam scrīps–, ā patre laudātus es–." Magister: "Epistulam scrīpsī cum in lūdō dormīv– nec mihi pāru–. Sī industrius fu–, tē laudāv– nec epistulam scrīps–." Mārcus: "Etiam sī industrius fu– et tibi pāru–, mē nōn laudāv–!"

Clēmēns es–, domine! Patientiam habē–! Servōs probōs laudā–, sed improbōs pūnī–!

Industriī es–, servī! Cum dominus loquitur, tacē– et audī–! Semper officium faci–!

Verba: īnstruere –isse –um; cōgere –isse –um; caedere –isse –um; convertere –isse –um; percutere –isse –um; prōcurrere –isse; dēsistere –isse; prōgredī –um esse.

PENSVM B

Ūna — cōnstat ex v vel vi mīlibus hominum, quī in x — dīviduntur. Exercitus prōcēdēns — dīcitur. Exercitus ad — [= pugnam] īnstrūctus — appellātur. Post victōriam dux ā mīlitibus — nōminātur. Sī mīlitēs fortiter pugnāvērunt, — eōrum ab imperātōre laudātur. Officium mīlitis est sanguinem — prō patriā.

Aemilius, quī in capitulō xii — est, ūnā cum Valeriō, adulēscente eiusdem —, in Germāniā — meruit. Tabellārius pūblicus xv — [= circiter] diēbus Rōmā in Germāniam — [= celeriter īre] potest. Difficile est Alpēs —. Mīlitēs Rōmānī — Dānuvium sunt, hostēs sunt — Dānuvium.

PENSVM C

Quae arma gerunt auxilia?
Quid est signum legiōnis?
Quōmodo mīlitēs in aciem īnstruuntur?
Ad quod studium pater Aemilium hortābātur?
Quō Aemilius adulēscēns missus est?
Cūr Aemilius epistulās legēns permovētur?
Quamobrem ipse paucās epistulās scrīpsit?
Quī nūntius nocte in castra allātus est?
Cūr hostēs castra Rōmāna nōn expugnāvērunt?
Num Tibullus vītam mīlitārem laudat?

ūnī
trīnī
adiungere
prōgredī
īnstruere
hortārī
caedere
circumdare
mūnīre
commemorāre
studēre
cōgere
fatīgāre
properāre
dēsīderāre
trānsferre
effundere
praestāre
trānsīre
cōpulāre
convocāre
excurrere
prōcurrere
ērumpere
vulnerāre
fore
plērīque
prīdiē
praecipuē
tamdiū
quamdiū
diūtius
ferē
etenim
citrā
ultrā
secundum

283

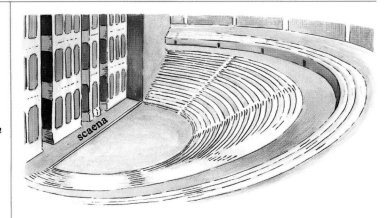

theātrum -ī *n*

pēs turgidus

scalpellum -ī *n* = parvus
  culter medicī

turgidus -a -um
misellus -a -um = miser
sanguinem mittere = vē-
  nam aperīre
opera -ae *f*: o. alicuius
  = quod aliquis agit
diīs = deīs (*abl/dat*)

certāre = pugnāre

laedere -sisse -sum =
  pulsandō vulnerāre,
  nocēre (eī)
inter-esse
lūdus -ī *m* < lūdere
certāmen -inis *n* (< certāre) = pugna

dum-modo (+ *coni*)
  = sī modo

DE ARTE POETICA

Epistulā Aemiliī convīvīs recitātā, "Ergō" inquit Aemi- *1*
lia "nōn modo fīliō, sed etiam frātrī meō bracchium
vulnerātum est."

Fabia: "Quisnam vulnerāvit fīlium tuum?"

Aemilia: "Medicus bracchium eius scalpellō suō 5
acūtō secuit! Quī, cum Quīntus herī dē altā arbore ceci-
disset, pedem eius turgidum vix tetigit, sed misellō
puerō sanguinem mīsit! Profectō fīlius meus nōn operā
medicī sānābitur, sed diīs iuvantibus spērō eum brevī
sānum fore. Līberīne tuī bonā valētūdine ūtuntur?" 10

Fabia: "Sextus quidem hodiē nāsō turgidō atque cruentō ē lūdō rediit, cum certāvisset cum quibusdam puerīs quī eum laeserant."

Aemilia: "Cum puerī lūdunt, haud multum interest
inter lūdum et certāmen. Mārcus vērō, sī quis eum lae- 15
dere vult, ipse sē dēfendere potest."

Fabia: "Item Sextus scit sē dēfendere, dummodo

284

cum singulīs certet. Nēmō sōlus eum vincere potest.
Sed fīlius meus studiōsior est legendī quam pugnandī."

20 Aemilia: "Id dē Mārcō dīcī nōn potest. Is nōn tam
litterīs studet quam lūdīs et certāminibus!"

Hīc Cornēlius mulierēs interpellat: "Ego quoque lūdīs et certāminibus studeō, dummodo aliōs certantēs
spectem! Modo in amphitheātrō certāmen magnificum
25 spectāvī: plūs trecentī gladiātōrēs certābant. Plērīque
gladiīs et scūtīs armātī erant, aliī rētia gerēbant."

Aemilia, quae certāmen gladiātōrium nōn spectāvit, ā
Cornēliō quaerit 'quōmodo gladiātōrēs rētibus certent?'

Cornēlius: "Alter alterum in rēte implicāre cōnātur,
30 nam quī rētī implicitus est nōn potest sē dēfendere et
sine morā interficitur, nisi tam fortiter pugnāvit ut spectātōrēs eum vīvere velint. Sed plērumque is quī victus
est occīditur, victor vērō palmam accipit, dum spectātōrēs dēlectātī clāmant ac manibus plaudunt."

gladiātōrēs

rēte -is *n*

plūs c = plūs quam c
gladiātor -ōris *m* = vir
quī populō spectante
cum alterō pugnat
gladiātōrius -a -um
< gladiātor

im-plicāre -āvisse/-uisse
-ātum/-itum

spectātor -ōris *m* = quī
spectat
plērum-que = prope
semper

plaudere -sisse -sum
palma -ae *f*

circus -ī *m*

35 Iūlius: "Mihi nōn libet spectāre lūdōs istōs ferōcēs.
Mālō cursūs equōrum spectāre in circō."

libēre: libet = grātum
est, placet

circēnsis -e < circus;
  m pl = lūdī circēnsēs
iuvāre = dēlectāre
modo... modo = tum...
  tum

aurīga -ae *m* = quī
  currum regit
favēre (+ *dat*) = bene
  velle

lūgēre = maerēre (ob ali-
  cuius mortem)

scaenicus -a -um < scaena
cōmoedia -ae *f* = fābula
  scaenica dē rēbus levi-
  bus et rīdiculīs
Plautus -ī *m*: poēta quī
  cōmoediās scrīpsit
Amphitryōn -ōnis *m*
ācer ācris ācre = cupidus
  agendī, impiger
gerere = agere

geminus -a -um: (fīliī)
  geminī = duo eōdem
  diē nātī
parere peperisse partum
Herculēs -is *m*

ingenium -ī *n* = nātūra
  animī
ratiō -ōnis *f* = causa
  quae rem plānam facit
reddere : dare
[*Ovidius: Ars am. I.99*]

ut ipsae spectentur

bellus -a -um = pulcher

poēticus -a -um < poēta

prīncipium -ī *n* = prīma
  pars, initium
[*Ovidius: Amōrēs III.2*]

nōbilium equōrum
tamen precor ut vincat
  ille *aurīga* cui *tū* ipsa
  favēs

Cornēlius: "Lūdī circēnsēs mē nōn minus iuvant quam gladiātōriī: modo in amphitheātrum, modo in circum eō. Sed ex novissimīs circēnsibus maestus abiī, cum ille aurīga cui plērīque spectātōrēs favēbant ex currū lāpsus equīs prōcurrentibus occīsus esset. Illō occīsō spectātōrēs plaudere dēsiērunt ac lūgēre coepērunt." 40

Fabia: "Ego lūdōs scaenicōs praeferō: mālō fābulās spectāre in theātrō. Nūper spectāvī cōmoediam Plautī 45 dē Amphitryōne, duce Graecōrum, cuius uxor Alcmēna ab ipsō Iove amābātur. Dum dux ille ācer et fortis procul ā domō bellum gerit, Iuppiter sē in fōrmam eius mūtāvit, ut Alcmēnam vīseret; quae, cum putāret coniugem suum esse, eum in cubiculum recēpit..." 50

Cornēlius: "...et decimō post mēnse fīliōs geminōs peperit, quōrum alter fuit Herculēs. Illa fābula omnibus nōta est. Sed scītisne cūr fēminīs libeat in theātrum īre? Ovidius poēta, quī ingenium mulierum tam bene nōverat quam ipsae mulierēs, ratiōnem reddit hōc 55 versū:

Spectātum veniunt, veniunt spectentur ut ipsae!"

Fabia: "Et virī veniunt ut bellās fēminās spectent!"

Tum Iūlius, quī artis poēticae studiōsus est, "Ovidius *11* ipse" inquit "id dīcit. Ecce prīncipium carminis quod 60 scrīpsit ad amīcam sēcum in circō sedentem:

Nōn ego nōbilium sedeō studiōsus equōrum;
  cui tamen ipsa favēs vincat ut ille precor.

Ut loquerer tēcum vēnī tēcumque sedērem,

65 *nē tibi nōn nōtus quem facis esset amor.*

Tū cursūs spectās, ego tē — spectēmus uterque

quod iuvat, atque oculōs pāscat uterque suōs!"

Cornēlius: "Ego memoriā teneō versūs Ovidiī dē puellā quae poētam industrium prohibēbat bellum Trōiā-
70 num canere et fātum rēgis Priamī:

Saepe meae "Tandem" dīxī "discēde!" puellae

— in gremiō sēdit prōtinus illa meō!

Saepe "Pudet" dīxī. Lacrimīs vix illa retentīs

"Mē miseram! Iam tē" dīxit "amāre pudet?"

75 *Implicuitque suōs circum mea colla lacertōs*

et, quae mē perdunt, ōscula mīlle dedit!

Vincor, et ingenium sūmptīs revocātur ab armīs,

rēsque domī gestās et mea bella canō."

Fabia: "Iste poēta virīs sōlīs placet. Mē vērō magis
80 iuvant carmina bella quae Catullus scrīpsit ad Lesbiam
amīcam. Sī tibi libet, Iūlī, recitā nōbīs ē librō Catullī."

"Libenter faciam" inquit Iūlius, "sed iam nimis obscūrum est hoc triclīnium; in tenebrīs legere nōn possum. Lucernās accendite, servī!"

85 Lucernīs accēnsīs, Iūlius librum Catullī prōferrī iubet, tum "Incipiam" inquit "ā carmine dē morte passe-
ris quem Lesbia in dēliciīs habuerat:

Lūgēte, ō Venerēs Cupīdinēsque

et quantum est hominum venustiōrum!

90 *Passer mortuus est meae puellae,*

nōn nōtus : ignōtus
amor quem facis (: exci-
tās)

pāscere : dēlectāre

[*Ovidius: Amōrēs II.18.*]
bellum canere = dē bellō
c. (: carmen scrībere)
fātum -ī n = quod necesse
est accidere, mors
meae puellae dīxī
tandem (+ *imp*) = age!
gremium -ī n = genua se-
dentis; in gremiō meō
sedēre sēdisse
mē pudet
retinēre -uisse -tentum

suōs lacertōs
me*a* colla : me*um* coll*um*
mihi dedit

ingenium me*um*
ab sūmptīs armīs
mea bella : meōs amōrēs

lucerna
-ae *f*

libenter (*adv* < libēns)
= cum gaudiō
tenebrae -ārum *f* ↔ lūx
accendere -disse -ēnsum

passer
-eris *m*

dēliciae -ārum *f* = id
quod dēlectat
Venerēs, Cupīdinēs *pl*
: Venus, Cupīdō
quantum est hominum
= quot sunt hominēs
venustus -a -um = bel-
lus, amandus

287

[*Catullus 3*]

mellītus -a -um (< mel)
= dulcis (ut mel)
nōrat = nōverat
ipse *m* = dominus; ipsa *f*
= domina: suam ipsam

circum-silīre < -salīre
ūsque = semper
pīpiāre = 'pīpī' facere
(ut avis)
tenebricōsus -a -um (<te-
nebrae) = obscūrus
negant redīre quemquam
= dīcunt 'nēminem
redīre'

Orcus -ī *m* = Plūtō : Īnferī
dē-vorāre = vorāre

male factum = malefi-
cium
tuā operā = tuā causā
turgidulus = turgidus
ocellus -ī *m* = (parvus)
oculus
ultimus -a -um (*sup*
< ultrā) = postrēmus

perpetuus -a -um = quī
numquam fīniētur, sine
fīne
mēns mentis *f* = animus
(cōgitāns)
[*Catullus 5*]

ūnīus assis aestimāre :
minimī aestimāre, nihil
cūrāre

lūx : diēs (: vīta)
: nōbīs dormiendum est
ūnam noctem perpe-
tuam

passer, dēliciae meae puellae,

quem plūs illa oculīs suīs amābat;

nam mellītus erat suamque nōrat

ipsam tam bene quam puella mātrem,

nec sēsē ā gremiō illīus movēbat,   95

sed circumsiliēns modo hūc modo illūc

ad sōlam dominam ūsque pīpiābat.

Quī nunc it per iter tenebricōsum

illūc unde negant redīre quemquam.

At vōbīs male sit, malae tenebrae   100

Orcī, quae omnia bella dēvorātis:

tam bellum mihi passerem abstulistis.

Ō factum male! Ō miselle passer!

Tuā nunc operā meae puellae

flendō turgidulī rubent ocellī!   105

"Hīs versibus ultimīs poēta vēram ratiōnem dolōris suī reddit: quod oculī Lesbiae lacrimīs turgidī erant ac rubentēs! Tunc enim Catullus Lesbiam sōlam amābat atque amōrem suum perpetuum fore crēdēbat. Ecce aliud carmen quō mēns poētae amōre accēnsa dēmōns- 110 trātur:

Vīvāmus, mea Lesbia, atque amēmus,

rūmōrēsque senum sevēriōrum

omnēs ūnīus aestimēmus assis!

Sōlēs occidere et redīre possunt —   115

nōbīs, cum semel occidit brevis lūx,

nox est perpetua ūna dormienda.

Dā mī bāsia mīlle, dĕinde centum,

dĕin mīlle altera, dĕin secunda centum,

120 *dĕinde ūsque altera mīlle, dĕinde centum!*

Dĕin, cum mīlia multa fēcerĭmus,

conturbābimus illa, nē sciāmus,

aut nē quis malus invidēre possit,

cum tantum sciat esse bāsiōrum.

125 "Catullus Lesbiam uxōrem dūcere cupiēbat, nec vērō

illa Catullō nūpsit, etsī affīrmābat 'sē nūllī aliī virō nū-

bere mālle.' Mox vērō poēta dē verbīs eius dubitāre

coepit:

'Nūllī sē' dīcit mulier mea 'nūbere mālle

130 *quam mihi, nōn sī sē Iuppiter ipse petat!'*

Dīcit. Sed mulier cupidō quod dīcit amantī

in ventō et rapidā scrībere oportet aquā!

"Postrēmō poēta intellēxit Lesbiam īnfīdam et amōre

suō indignam esse, neque tamen dēsiit eam amāre. Ecce

135 duo versūs quī mentem poētae dolentem ac dubiam in-

ter amōrem et odium dēmōnstrant:

Ōdī et amō! Quārē id faciam, fortasse requīris?

Nesciō; sed fierī sentiō — et excrucior!"

Hīs versibus recitātīs convīvae diū plaudunt.

140 Tum Paula "Iam satis" inquit "audīvimus dē amandō

et dē dolendō. Ego rīdēre mālō, neque iste poēta rīsum

excitat. Quīn versūs iocōsōs recitās nōbīs?"

Cui Iūlius "At Catullus" inquit "nōn tantum carmina

sēria, sed etiam iocōsa scrīpsit. Ecce versūs quibus po-

Margin notes:

mī = mihi
bāsium -ī *n* = ōsculum
dein = deinde

ūsque = sine fīne

= fēcerimus
con-turbāre = turbāre
(↔ numerāre)
nē *numerum* sciāmus
nōbīs invidēre

tantum bāsiōrum = tot
bāsia
uxōrem dūcere = uxō-
rem suam facere
affīrmāre = certō dīcere
nūbere -psisse (+ *dat*):
alicui n. = alicuius
uxor fierī

[*Catullus 70*]

uxōrem petat

id quod mulier dīcit
amantī cupidō

dolēre (animō)↔gaudēre
dubius -a -um = in-
certus, dubitāns
odium -ī *n* ↔ amor

[*Catullus 85*]
re-quīrere = quaerere
ex-cruciāre = valdē
cruciāre

rīsus -ūs *m* < rīdēre

iocōsus -a -um = quī rī-
sum excitat, rīdiculus

sērius -a -um ↔ iocōsus

289

[*Catullus* 13.1–8]

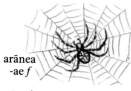

aránea
-ae *f*

nōn sine : cum
candidā : pulchrā
sāl : sermō iocōsus et
  urbānus
cachinnus -ī *m* = rīsus
inquam (*pers I*) = dīcō
venuste noster : mī amīce

(rīsum) movēre : excitāre

epigramma -atis *n*
  (*pl abl* -atīs)
Mārtiālis -is *m*: poēta
  Rōmānus quī XII librōs
  epigrammatum scrīpsit

sinus
-ūs *m*
[VI.61]
nostrōs (: meōs) libellōs

ōscitāre = ōs aperīre (ob
  dormiendī cupiditātem)
nōbīs, nostra : mihi, mea

[VII.3; III.9; II.88]

poētās: Pontiliānum,
  Cinnam, Māmercum

ēta pauper quendam amīcum dīvitem, nōmine Fabul- 145
lum, ad cēnam vocāvit:

> *Cēnābis bene, mī Fabulle, apud mē*
>
> *paucīs, sī tibi dī favent, diēbus*
>
> *— sī tēcum attuleris bonam atque magnam*
>
> *cēnam, nōn sine candidā puellā* 150
>
> *et vīnō et sale et omnibus cachinnīs.*
>
> *Haec sī, inquam, attuleris, venuste noster,*
>
> *cēnābis bene — nam tuī Catullī*
>
> *plēnus sacculus est arānēarum!"*

Hī versūs magnum rīsum movent. Tum vērō Cornē- *III*
lius "Bene quidem" inquit "et iocōsē scrīpsit Catullus,
nec tamen versūs eius comparandī sunt cum epigrammatīs sale plēnīs quae Mārtiālis in inimīcōs scrīpsit.
Semper librōs Mārtiālis mēcum in sinū ferō."

Ab omnibus rogātus ut epigrammata recitet, Cornē- 160
lius libellum ēvolvit et "Incipiam" inquit "ā versibus
quōs poēta dē suīs libellīs scrīpsit:

> *Laudat, amat, cantat nostrōs mea Rōma libellōs,*
>
> *mēque sinūs omnēs, mē manus omnis habet.*
>
> *Ecce rubet quīdam, pallet, stupet, ōscitat, ōdit.* 165
>
> *Hoc volŏ: nunc nōbīs carmina nostra placent."*

Post hoc prīncipium Cornēlius aliquot epigrammata
Mārtiālis recitat, in iīs haec quae scrīpta sunt in aliōs
poētās:

> *Cūr nōn mittŏ meōs tibi, Pontiliāne, libellōs?* 170
>
> *Nē mihi tū mittās, Pontiliāne, tuōs! —*

Versiculōs in mē nārrātur scrībere Cinna.

    Nōn scrībit, cuius carmina nēmŏ legit! —

Nīl recitās — et vīs, Māmerce, poēta vidērī.

175   *Quidquid vīs, estō — dummodo nīl recitēs!*

Ecce alia epigrammata Mārtiālis quae Cornēlius convīvīs attentīs atque dēlectātīs recitat:

Nōn amŏ tē, Sabidī, nec possum dīcere quārē.

    Hoc tantum possum dīcere: nōn amŏ tē! —

180 *Nīl mihi dās vīvus, dīcis 'post fāta datūrum.'*

    Sī nōn es stultus, scīs, Marŏ, quid cupiam! —

'Esse nihil' dīcis, quidquid petis, improbe Cinna.

    Sī nīl, Cinna, petis, nīl tibi, Cinna, negō! —

Nesciŏ tam multīs quid scrībās, Fauste, puellīs.

185   *Hoc sciŏ: quod scrībit nūlla puella tibī!*

Sequuntur epigrammata quibus dērīdentur fēminae,
praecipuē anūs, ut Laecānia et Paula:

Thāis habet nigrōs, niveōs Laecānia dentēs.

    Quae ratiō est? Ēmptōs haec habet, illa suōs! —

190 *Nūbere vīs Prīscō; nōn mīror, Paula, sapīstī.*

    Dūcere tē nōn vult Prīscus: et ille sapit! —

Nūbere Paula cupit nōbīs, ego dūcere Paulam

    nōlō: anus est; vellem sī magis esset anus!

Cēterīs rīdentibus "Quid rīdētis?" inquit Paula,

195 "Num haec in mē, uxōrem fōrmōsam atque puellam,
scrīpta esse putātis?"

Cornēlius: "Minimē, Paula. Nec scīlicet in tē, sed in
Bassam scrīptum est hoc:

---

versiculus -ī *m* = versus
(parvus)
nōn scrībit *is*

nīl = nihil

[*I.32; XI.67; III.61;
XI.64*]

Sabidius -ī *m*

tē datūrum *esse*
fāt*a* : fāt*um* (: mortem)
Marŏ -ōnis *m*

ā mē petis (= mē rogās)
Cinna -ae *m*

Faustus -ī *m*
tam multīs puellīs (= tot
   puellīs)
: "tē amŏ"!

[*V.43; IX.5; X.8*]

anus -ūs *f* = fēmina vetus
Thāis -idis *f*
niveus -a -um (< nix)
   = candidus ut nix
haec : Laecānia
illa : Thāis
sapere -iŏ -iisse = sapi-
   ēns esse; -īstī = -iistī
dūcere = uxōrem dūcere

nōbīs : mihi

magis anus (: brevī
   moritūra!)

puella ↔ anus

[*V.45*]

dīcis '*tē esse* fōrmōsam'

ea quae *fōrmōsa* nōn est

ē-rubēscere = rubēre in-
cipere, rubēns fierī

[*V.81; I.33*]

testis -is *m* = quī adest
et videt

opēs -um *f pl* = dīvitiae

G. patrem āmissum (: dē
patre āmissō/mortuō)
nōn flet
prō-silīre < -salīre
quisquis : is quī
quaerit : cupit

[*I.118*]

nīl malī

plaudere + *dat*

Dīcis 'fōrmōsam', dīcis tē, Bassa, 'puellam'.

Istud quae nōn est, dīcere, Bassa, solet!"   200

Hoc audiēns ērubēscit Paula atque cēterī convīvae
rīsum vix tenent. Cornēlius vērō prūdenter "Nōn omnia" inquit "iocōsa sunt carmina Mārtiālis. Ecce duo
versūs dē fātō virī pauperis, et quattuor in Gelliam,
quae cōram testibus lacrimās effundit super patrem   205
mortuum:

Semper pauper eris, sī pauper es, Aemiliāne.

Dantur opēs nūllīs nunc nisi dīvitibus. —

Āmissum nōn flet, cum sōla est, Gellia patrem;

sī quis adest, iussae prōsiliunt lacrimae!   210

Nōn lūget quisquis laudārī, Gellia, quaerit:

ille dolet vērē quī sine teste dolet."

Centum ferē epigrammatīs recitātīs, Cornēlius cum
hōc fīnem facit recitandī:

Cui lēgisse satis nōn est epigrammata centum,   215

nīl illī satis est, Caediciāne, malī!

Rīdent omnēs et Cornēliō valdē et diū plaudunt.

GRAMMATICA LATINA

Dē versibus

[I] Syllabae brevēs et longae.   220

Nōn ego nōbilium sedeō studiōsus equōrum.

Hic versus cōnstat ex hīs syllabīs: *nō-n̆e-go- nō-bi-li-um- se-
de-ō- stu-di-ō-su- s̆e-quō-rum.*

Syllaba brevis est quae in vōcālem brevem (*a, e, i, o, u, y*)
dēsinit; quae dēsinit in vōcālem longam (*ā, ē, ī, ō, ū, ȳ*) aut in 225

diphthongum (*ae, oe, au, eu, ei, ui*) aut in cōnsonantem (*b, c, d, f, g, l, m, n, p, r, s, t, x*) syllaba longa est.

Syllabae brevēs: *ne, go, bi, li, se, de, stu, di, su, se;* syllabae longae: *nō, um, ō, quō, rum.*

230 Haec nota [˘] syllabam brevem significat, haec [—] syllabam longam: *nōn͡egŏ nōbilium sĕdĕō...*

Cōnsonantēs *br, gr, cr, tr,* quae initium syllabae facere solent (ut *li-brī*), interdum dīviduntur: *nig-rōs, pat-rem.*

Vōcālis *-ō* ultima interdum fit brevis: *vo-lŏ, nĕ-mŏ.*

235 [II] Syllabae coniūnctae.

Litterae vocābulōrum ultimae cum vōcālibus sequentibus coniunguntur hīs modīs:

[A] Cōnsonāns ultima cum vōcālī prīmā (vel *h-*) vocābulī sequentis ita coniungitur ut initium syllabae faciat: *a-nu-s͡est;*
240 *vin-ca-t͡il-t͡il-le.*

[B] Vōcālis ultima (item *-am, -em, -um, -im*) ante vōcālem prīmam (vel *h-*) vocābulī sequentis ēlīditur:
Vīvāmus, mea Lesbia, atque amēmus: Lesbi'atqu'amēmus
Ōdī et amō. Quārē id faciam: Ōd'et... Quār'id...

245 In *est* et *es* ēlīditur *e*: *sōla est: sōla'st, vērum est: vērum'st, bella es: bella's.*

[III] Pedēs.

Singulī versūs dīviduntur in pedēs, quī bīnās aut ternās syllabās continent. Pedēs frequentissimī sunt trochaeī, iambī,
250 dactylī, spondēī. Trochaeus cōnstat ex syllabā longā et brevī, ut *lū-na*, iambus ex brevī et longā, ut *vi-rī*, dactylus ex longā et duābus brevibus, ut *fē-mi-na*, spondēus ex duābus longīs, ut *nē-mō*.

[IV] Versus hexameter.

255 *Nōn͡ego| nōbili|um sede|ō studi|ōsus͡e|quōrum.*

Hic versus hexameter vocātur ā numerō pedum, nam *sex* Graecē dīcitur *hex*. Hexameter cōnstat ex quīnque pedibus dactylīs et ūnō spondēō (vel trochaeō); prō dactylīs saepe spondēī inveniuntur, sed pēs quīntus semper dactylus est:

260 — ˘˘ | — ˘˘ | — ˘˘ | — ˘˘ | — ˘˘ | — ˘̄

Marginal notes:

diphthongus -ī *f* = duae vōcālēs in ūnā syllabā coniūnctae

notae:
˘ syllaba brevis
— syllaba longa

inter-dum = nōnnumquam

haec nota [⌒] significat litterās in syllabā coniungendās

ē-līdere -sisse -sum (< ē + laedere) = ēicere (↔ addere)

trochaeus — ˘

iambus ˘ —

dactylus — ˘ ˘

spondēus — —

haec nota [|] inter pedēs pōnitur

[*Horātius: Ars poētica 333, Epistulae I.11.27*]

2½ + 2½ = 5

Vocābula nova:
scalpellum
opera
lūdus
certāmen
gladiātor
rēte
spectātor
palma
circus
aurīga
theātrum
cōmoedia
ingenium
ratiō
prīncipium
fātum
gremium
tenebrae
lucerna
passer
dēliciae
ocellus
mēns
bāsium
odium
rīsus
cachinnus
arānea
epigramma
sinus
versiculus
anus
testis
opēs
diphthongus

Dōnec̑ e|ris fē|līx mul|tōs nume|rābis̑ a|mīcōs.
Aut prō|desse vo|lunt aut| dēlec|tāre po|ētae.
Caelum,| nōn̑ ani|mum mū|tant quī| trāns mare| currunt.
[V] Versus pentameter.
   cui tame|n̑ ipsa fa|vēs ‖ vincat̑ u|t̑ ille pre|cor.   265

Hic versus dīviditur in duās partēs, quārum utraque bīnōs pedēs et dīmidium continet. Ita versus tōtus ex quīnque pedibus cōnstat et vocātur pentameter: *quīnque* enim Graecē dīcitur *pente.* Utraque pars est ut initium hexametrī, sed pars posterior spondēōs nōn admittit: 270

    — ⌣⌣ | — ⌣⌣ | — ‖ — ⌣⌣ | — ⌣⌣ | —

Tempora| sī fue|rint ‖ nūbila| sōlus̑ e|ris.
In gremi|ō sē|dit ‖ prōtinu|s̑ illa me|ō.

Versus pentameter semper hexametrum sequitur:
Nōn̑ amō| tē, Sabi|dī, nec| possum| dīcere| quārē.   275
   Hoc tan|tum pos|sum ‖ dīcere| nōn̑ amō| tē.
[VI] Versus hendecasyllabus.
   Passer mortuus̑ est meae puellae.

Hic versus, quī ūndecim syllabās habet, vocātur hendecasyllabus, nam *ūndecim* Graecē *hendeca* dīcitur. Versus hende- 280 casyllabus in quīnque pedēs dīvidī potest: spondēum, dactylum, duōs trochaeōs, spondēum aut trochaeum (pēs prīmus rārius iambus aut trochaeus est).

    — — | — ⌣⌣ | — ⌣ | — ⌣ | — ⌣̄

Vīvā|mus mea| Lesbi'|atqu'a|mēmus.   285
Cēnā|bis bene| mī Fa|bull'a|pud mē
paucīs| sī tibi| dī fa|vent di|ēbus.

PENSVM A

Hī versūs in syllabās brevēs et longās et in pedēs dīvidendī sunt notīs appositīs:
Scrībere mē quereris, Vēlōx, epigrammata longa.
   Ipse nihil scrībis: tū breviōra facis! [*Mārtiālis I.110*]
Dās numquam, semper prōmittis, Galla, rogantī.
   Sī semper fallis, iam rogŏ, Galla, negā! [*II.25*]

Quem recitās meus est, ō Fīdentīne, libellus.
  Sed male cum recitās, incipit esse tuus! [*I.38*]
Bella es, nōvimus, et puella, vērum est,
  et dīves, quis enim potest negāre?
Sed cum tē nimium, Fabulla, laudās,
  nec dīves neque bella nec puella es! [*I.64*]

PENSVM B

Dum gladiātōrēs — [= pugnant], — dēlectātī manibus —.
Fēminīs nōn — gladiātōrēs spectāre.

  Ovidius in — sedēns ōrābat ut vinceret ille cui amica eius
—. Hoc nārrātur in — [=initiō] carminis. Cum poēta — [=
fortūnam] Priamī canere vellet, puella in — eius sēdit eīque
mīlle — dedit. Ovidius — mulierum bene nōverat.

  Lucernīs —, Iūlius recitat carmen — [= pulchrum] dē —
Lesbiae mortuō: "—, ō Venerēs...!" Versibus — [= postrē-
mīs] dēmōnstrātur — [= causa] dolōris. Catullus Lesbiam
uxōrem — cupiēbat, at illa Catullō — nōluit. — poētae inter
amōrem et — dīvidēbātur.

PENSVM C

Quid Rōmānī in amphitheātrō spectant?
Quid Fabia in theātrō spectāvit?
Quis fuit Ovidius?
Quārē Ovidius in circum vēnerat?
Quae carmina recitat Iūlius?
Cūr ocellī Lesbiae turgidī rubēbant?
Cūr poēta Lesbiam et amābat et ōderat?
Num sacculus Catullī plēnus erat nummōrum?
Quid scrīpsit Mārtiālis?
Cūr librōs suōs nōn mīsit Pontiliānō?
Tūne Cinnam bonum poētam fuisse putās?
Cūr Laecāniae dentēs niveī erant?
Ex quibus syllabīs cōnstat pēs dactylus?
Ex quibus pedibus cōnstat hexameter?

nota
turgidus
misellus
gladiātōrius
circēnsis
scaenicus
ācer
geminus
bellus
poēticus
venustus
mellītus
tenebricōsus
ultimus
perpetuus
dubius
iocōsus
sērius
niveus
certāre
laedere
implicāre
plaudere
lībēre
favēre
lūgēre
accendere
circumsilīre
pīpiāre
dēvorāre
conturbāre
nūbere
affirmāre
requīrere
excruciāre
ōscitāre
sapere
ērubēscere
prōsilīre
ēlīdere
libenter
plērumque
interdum
dummodo
dein
nīl
trochaeus
iambus
dactylus
spondēus
hexameter
pentameter
hendecasyllabus

ARS GRAMMATICA

[Ex Dōnātī 'Arte grammaticā minōre']

grammaticus -a -um: ars
g.a = grammatica
Dōnātus (-ī *m*) vīxit sae-
culō IV post Chrīstum
nātum
ōrātiō -ōnis *f* = sermō

coniūnctiō, interiectiō:
v. īnfrā

cāsus (nōminis): *v. īnfrā*
proprius -a -um
↔ commūnis
nōmina propria, ut
Rōma, Tiberis
appellātīvus -a -um < ap-
pellāre; nōmina appel-
lātīva, ut *urbs, flūmen*

Mūsa -ae *f*; Mūsae: no-
vem deae quae singulīs
artibus praesunt
scamnum -ī *n* = sella
sacerdōs -ōtis *m/f* = vir
/fēmina cuius negōtium
est diīs servīre

Dē partibus ōrātiōnis   *I*

[*Magister:*] Partēs ōrātiōnis quot sunt?

[*Discipulus:*] Octō.

[*M.:*] Quae?

[*D.:*] Nōmen, prōnōmen, verbum, adverbium, partici- 5
pium, coniūnctiō, praepositiō, interiectiō.

Dē nōmine

[*M.:*] Nōmen quid est?

[*D.:*] Pars ōrātiōnis cum cāsū, corpus aut rem propriē
commūniterve significāns...; aut enim ūnīus nōmen est 10
et 'proprium' dīcitur, aut multōrum et 'appellātīvum'.
...

[*M.:*] Genera nōminum quot sunt?

[*D.:*] Quattuor.

[*M.:*] Quae?   15

[*D.:*] Masculīnum, ut *hic magister*, fēminīnum, ut *haec
Mūsa*, neutrum, ut *hoc scamnum*, commūne, ut *hic* et
haec sacerdōs.

[*M.:*] Numerī nōminum quot sunt?

20 [*D.*:] Duo.

[*M.*:] Quī?

[*D.*:] Singulāris, ut *hic magister*, plūrālis, ut *hī magistrī*.

...

[*M.*:] Cāsūs nōminum quot sunt?

25 [*D.*:] Sex.

[*M.*:] Quī?

[*D.*:] Nōminātīvus, genetīvus, datīvus, accūsātīvus, vocātīvus, ablātīvus. Per hōs omnium generum nōmina,
prōnōmina, participia dēclīnantur...

30 [*M.*:] Comparātiōnis gradūs quot sunt?

[*D.*:] Trēs.

[*M.*:] Quī?

[*D.*:] Positīvus, ut *doctus*, comparātīvus, ut *doctior*, superlātīvus, ut *doctissimus*.

35 [*M.*:] Quae nōmina comparantur?

[*D.*:] Appellātīva dumtaxat quālitātem aut quantitātem
significantia. ...

Dē prōnōmine

[*M.*:] Prōnōmen quid est?

40 [*D.*:] Pars ōrātiōnis quae prō nōmine posita tantundem
paene significat persōnamque interdum recipit. ...

[*M.*:] Genera prōnōminum quae sunt?

[*D.*:] Eadem ferē quae et nōminum: masculīnum, ut
quis, fēminīnum, ut *quae*, neutrum, ut *quod*, commūne,

45 ut *quālis, tālis*, trium generum, ut *ego, tū*.

comparātiō -ōnis *f*
< comparāre

appellātīva: scīlicet
adiectīva
dumtaxat = tantum
quālitās -ātis *f* < quālis
quantitās -ātis *f* < quantus

tantun-dem (< tantum-
dem) = idem

et = etiam

297

Prōnōmina sunt
[1] persōnālia: *ego, tū, nōs, vōs, sē*
[2] possessīva: *meus, tuus, suus, noster, vester*
[3] dēmōnstrātīva: *hic, iste, ille, is, īdem, ipse*
[4] relātīvum: *...quī*
[5] interrogātīva: *quis/ quī, uter*
[6] indēfīnīta: *aliquis/ -quī, quis, quisquam, quisque, uterque, quī- dam, nēmō, nihil, neuter*

quem ad modum = sīcut

īn-flectere = dēclīnāre

neutrum : nec agere nec patī

optātīvus -a -um < op- tāre

acceptā : additā
faciunt ex sē passīva : fīunt p.

[*M*.:] Numerī prōnōminum quot sunt?

[*D*.:] Duo.

[*M*.:] Quī?

[*D*.:] Singulāris, ut *hic*, plūrālis, ut *hī*.

[*M*.:] Persōnae prōnōminum quot sunt? 50

[*D*.:] Trēs.

[*M*.:] Quae?

[*D*.:] Prīma, ut *ego*, secunda, ut *tū*, tertia, ut *ille*.

[*M*.:] Cāsūs item prōnōminum quot sunt?

[*D*.:] Sex, quem ad modum et nōminum, per quōs om- 55
nium generum prōnōmina īnflectuntur...

Dē verbō II

[*M*.:] Verbum quid est?

[*D*.:] Pars ōrātiōnis cum tempore et persōnā, sine cāsū,
aut agere aliquid aut patī aut neutrum significāns. ... 60

[*M*.:] Modī verbōrum quī sunt?

[*D*.:] Indicātīvus, ut *legō*, imperātīvus, ut *lege*, optātīvus, ut *utinam legerem*, coniūnctīvus, ut *cum legam*, īnfīnītīvus, ut *legere*.

[*M*.:] Genera verbōrum quot sunt? 65

[*D*.:] Quattuor.

[*M*.:] Quae?

[*D*.:] Āctīva, passīva, neutra, dēpōnentia.

[*M*.:] Āctīva quae sunt?

[*D*.:] Quae in -*ō* dēsinunt et acceptā -*r* litterā faciunt ex 70
sē passīva, ut *legō: legor*.

298

[*M.:*] Passīva quae sunt?

[*D.:*] Quae in *-r* dēsinunt et eā dēmptā redeunt in āctīva, ut *legor: legō.*

dēmere -mpsisse -mptum ↔addere

75 [*M.:*] Neutra quae sunt?

[*D.:*] Quae in *-ō* dēsinunt ut āctīva, sed acceptā *-r* litterā Latīna nōn sunt, ut *stō, currō* (*"stor, curror"* nōn dīcimus!).

Latīna : rēcta

[*M.:*] Dēpōnentia quae sunt?

80 [*D.:*] Quae in *-r* dēsinunt ut passīva, sed eā dēmptā Latīna nōn sunt, ut *luctor, loquor.*

luctārī = certāre complectendīs corporibus

[*M.:*] Numerī verbōrum quot sunt?

[*D.:*] Duo.

[*M.:*] Quī?

85 [*D.:*] Singulāris, ut *legō*, plūrālis, ut *legimus.*

[*M.:*] Tempora verbōrum quot sunt?

[*D.:*] Tria.

[*M.:*] Quae?

[*D.:*] Praesēns, ut *legō*, praeteritum, ut *lēgī*, futūrum, ut

90 *legam.*

certāmen luctantium

[*M.:*] Quot sunt tempora in dēclīnātiōne verbōrum?

[*D.:*] Quīnque.

[*M.:*] Quae?

[*D.:*] Praesēns, ut *legō*, praeteritum imperfectum, ut

95 *legēbam*, praeteritum perfectum, ut *lēgī*, praeteritum plūsquamperfectum, ut *lēgeram*, futūrum, ut *legam.*

[*M.:*] Persōnae verbōrum quot sunt?

[*D.:*] Trēs.

[*M.*:] Quae?

[*D.*:] Prīma, ut *legō*, secunda, ut *legis*, tertia, ut *legit*.   100

[*M.*:] Dā dēclīnātiōnem verbī āctīvī! ...

Dē adverbiō

[*M.*:] Adverbium quid est?

ad-icere -iēcisse -iectum
significātiō -ōnis *f*
< significāre
ex-plānāre = plānum
facere

[*D.*:] Pars ōrātiōnis quae adiecta verbō significātiōnem
eius explānat atque implet. ...   105

[*M.*:] Significātiō adverbiōrum in quō est?

[*D.*:] Sunt aut locī adverbia aut temporis aut numerī aut
negandī aut affirmandī aut dēmōnstrandī aut optandī
aut hortandī aut ōrdinis aut interrogandī aut quālitātis
aut quantitātis aut dubitandī...   110

[*M.*:] Dā adverbia locī!

[*D.*:] Ut *hīc* vel *ibi, intus* vel *forīs, illūc* vel *inde.*

[*M.*:] Dā temporis!

[*D.*:] Ut *hodiē, nunc, nūper, crās, aliquandō;* numerī, ut
semel, bis, ter; negandī, ut *nōn;* affirmandī, ut *etiam,*   115

quid-nī = quīn, certē
ēn = ecce
eia! = age!

quidnī; dēmōnstrandī, ut *ēn, ecce;* optandī, ut *utinam;*
hortandī, ut *eia;* ōrdinis, ut *deinde;* interrogandī, ut *cūr,*
quārē, quamobrem; quālitātis, ut *doctē, pulchrē, fortiter;*

forsitan = fortasse

quantitātis, ut *multum, parum;* dubitandī, ut *forsitan,*
fortasse...   120

[*M.*:] Comparātiō adverbiōrum in quō est?

[*D.*:] In tribus gradibus comparātiōnis: positīvō, com-
parātīvō, superlātīvō.

[*M.*:] Dā adverbium positīvī gradūs!

125 [*D.:*] Ut *doctē;* comparātīvī, ut *doctius;* superlātīvī, ut
doctissimē. ...

Dē participiō

[*M.:*] Participium quid est?

[*D.:*] Pars ōrātiōnis partem capiēns nōminis, partem
130 verbī: nōminis genera et cāsūs, verbī tempora et significātiōnēs, utrīusque numerum...

[*M.:*] Genera participiōrum quot sunt?

[*D.:*] Quattuor.

[*M.:*] Quae?

135 [*D.:*] Masculīnum, ut *hic lēctus,* fēminīnum, ut *haec
lēcta,* neutrum, ut *hoc lēctum,* commūne tribus generibus, ut *hic* et *haec* et *hoc legēns.*

[*M.:*] Cāsūs participiōrum quot sunt?

[*D.:*] Sex.

140 [*M.:*] Quī?

[*D.:*] Nōminātīvus, ut *hic legēns,* genetīvus, ut *huius
legentis,* datīvus, ut *huic legentī,* accūsātīvus, ut *hunc legentem,* vocātīvus, ut *ō legēns,* ablātīvus, ut *ab hōc legente.*

145 [*M.:*] Tempora participiōrum quot sunt?

[*D.:*] Tria.

[*M.:*] Quae?

[*D.:*] Praesēns, ut *legēns,* praeteritum, ut *lēctus,* futūrum, ut *lēctūrus* et *legendus.* ...

150 [*M.:*] Numerī participiōrum quot sunt?

parti-cipium < pars
+ capere

lēctus -a -um *part perf*
< legere

legendus dīcitur 'gerundīvum' vel 'participium
futūrī passīvī'

[*D.:*] Duo.

[*M.:*] Quī?

[*D.:*] Singulāris, ut *hic legēns*, plūrālis, ut *hī legentēs*. ...

[*M.:*] Dā dēclīnātiōnem participiī! ...

con-iūnctiō -ōnis *f*
  < coniungere

ad-nectere = adiungere,
  coniungere
ōrdināre = in ōrdine
  pōnere

potestās = significātiō
speciēs -ēī *f* = fōrma,
  genus

cōpulātīvās, cēt.,
  v. īnfrā

cōpulātīvus -a -um
  < cōpulāre

disiūnctīvus -a -um
  < disiungere

explētīvus -a -um < *ex-
plēre* = vacuum implēre

causālis -e < causa

sī-quidem = quoniam
quandō = quoniam

ratiōnālis -e < ratiō

quā-propter = quam-
  obrem
propter-eā = ideō

Dē coniūnctiōne　　　　155

[*M.:*] Coniūnctiō quid est?

[*D.:*] Pars ōrātiōnis adnectēns ōrdinānsque sententiam.

...

[*M.:*] Potestās coniūnctiōnum quot speciēs habet?

[*D.:*] Quīnque.　　　　160

[*M.:*] Quās?

[*D.:*] Cōpulātīvās, disiūnctīvās, explētīvās, causālēs, ratiōnālēs.

[*M.:*] Dā cōpulātīvās!

[*D.:*] *Et, -que, atque, ac.*　　　　165

[*M.:*] Dā disiūnctīvās!

[*D.:*] *Aut, -ve, vel, nec, neque.*

[*M.:*] Dā explētīvās!

[*D.:*] *Quidem, equidem, quoque, autem, tamen.*

[*M.:*] Dā causālēs!　　　　170

[*D.:*] *Sī, etsī, sīquidem, quandō, nam, namque, etenim,
quamobrem...*

[*M.:*] Dā ratiōnālēs!

[*D.:*] *Itaque, enim, quia, quāpropter, quoniam, ergō, ideō,
igitur, scīlicet, proptereā.* ...　　　　175

Dē praepositiōne

[*M*.:] Praepositiō quid est?

[*D*.:] Pars ōrātiōnis quae praeposita aliīs partibus ōrātiōnis significātiōnem eārum aut complet aut mūtat aut
180 minuit. ...

[*M*.:] Dā praepositiōnēs cāsūs accūsātīvī!

[*D*.:] *Ad, apud, ante, adversum, cis, citrā, circum, circā,*
contrā, ergā, extrā, inter, intrā, īnfrā, iūxtā, ob, per,
prope, secundum, post, trāns, ultrā, praeter, propter,
185 *suprā...*

[*M*.:] Quō modō?

[*D*.:] Dīcimus enim *ad patrem, apud vīllam, ante do-*
mum, adversum inimīcōs, cis Rhēnum, citrā forum, circum
oppidum, circā templum, contrā hostem, ergā parentēs, ex-
190 *trā vāllum, inter nāvēs, intrā moenia, īnfrā tēctum, iūxtā*
viam, ob īram, per portam, prope fenestram, secundum
rīpam, post tergum, trāns flūmen, ultrā fīnēs, praeter offi-
cium, propter rem, suprā caelum. ...

[*M*.:] Dā praepositiōnēs cāsūs ablātīvī!

195 [*D*.:] *Ā, ab, cum, cōram, dē, ē, ex, prō, prae, sine...*

[*M*.:] Quō modō?

[*D*.:] Dīcimus enim *ā domō, ab homine, cum exercitū,*
cōram testibus, dē forō, ē iūre, ex prōvinciā, prō patriā,
prae timōre, sine labōre...

200 [*M*.:] Dā utrīusque cāsūs praepositiōnēs!

[*D*.:] *In, sub, super.*

[*M*.:] *In* et *sub* quandō accūsātīvō cāsuī iunguntur?

praepositiō -ōnis *f*
  < prae-pōnere

adversum = adversus
cis = citrā

īra -ae *f* = animus īrātus

iūs = locus ubi iūs
  dīcitur

quandō = cum
significāre = verbīs
ostendere

[*D.*:] Quandō 'nōs in locum īre/iisse/itūrōs esse' significāmus.

[*M.*:] Quandō ablātīvō?   205

[*D.*:] Quandō 'nōs in locō esse/fuisse/futurōs esse' significāmus. ...

vīs = potestās, significātiō
magis A quam B = nōn
   B sed A
mentiō -ōnis *f*: mentiōnem facere alicuius =
loquī dē aliquō

[*M.*:] *Super* quam vim habet?

[*D.*:] Ubi locum significat, magis accūsātīvō cāsuī servit quam ablātīvō; ubi mentiōnem alicuius facimus, ablā- 210 tīvō tantum, ut

[*Vergilius: Aenēis I.750*]

   *multa super Priamō rogitāns, super Hectore multa**

hoc est *dē Priamō, dē Hectore.* ...

inter-iectiō -ōnis *f*

Dē interiectiōne

[*M.*:] Interiectiō quid est?   215

affectus -ūs *m* = id quō afficitur animus (ut laetitia, īra, timor, cēt.)
inconditus -a -um = nōn
ōrdinātus, rudis, sine
arte

[*D.*:] Pars ōrātiōnis significāns mentis affectum vōce inconditā. ...

[*M.*:] Significātiō interiectiōnis in quō est?

admīrātiō -ōnis *f*
 < admīrārī
sī (ali)qua (*n pl*) sunt
similis -e = quī īdem esse
vidētur, eiusdem generis
similia: ut *ō! ei! heus!*

[*D.*:] Aut laetitiam significāmus, ut *euax!* aut dolōrem, ut *heu!* aut admīrātiōnem, ut *papae!* aut metum, ut *at-* 220 *tat!* et sī qua sunt similia.

Aenēis -idis *f*
Aenēās -ae *m*
Carthāgō -inis *f*: urbs
  Āfricae
Dīdō -ōnis *f*
rēgīna -ae *f* = fēmina
rēgnāns

*Versus sūmptus ē librō prīmō illīus carminis cui titulus est *Aenēis*. In hōc carmine Vergilius poēta nārrat dē Aenēā Trōiānō, quī ē patriā fugiēns Carthāginem vēnit, ubi ā Dīdōne rēgīnā receptus est. Ā rēgīnā interrogātus Aenēās nārrat dē bellō Trōiānō et dē fugā suā (v. cap. XXXVII et XXXVIII in alterā *LINGVAE LATINAE* parte).

GRAMMATICA LATINA

Dē dēclīnātiōne

Nōmina, prōnōmina, verba dēclīnantur. Cēterae partēs ōrāti-
225 ōnis sunt indēclīnābilēs.

Dēclīnātiōnēs nōminum sunt quīnque:

Dēclīnātiō prīma: gen. sing. *-ae*, ut *terr|a -ae.*

Dēclīnātiō secunda: gen. sing. *-ī*, ut *ann|us -ī, verb|um -ī.*

Dēclīnātiō tertia: gen. sing. *-is*, ut *sōl -is, urb|s -is.*

230 Dēclīnātiō quārta: gen. sing. *-ūs*, ut *port|us -ūs, gen|ū -ūs.*

Dēclīnātiō quīnta: gen. sing. *-ēī/-eī*, ut *di|ēs -ēī, rēs reī.*

Dēclīnātiōnēs verbōrum sunt quattuor, 'coniugātiōnēs'
quae vocantur:

Coniugātiō prīma: īnf. *-āre/-ārī*, ut *amā|re, -rī.*

235 Coniugātiō secunda: īnf. *-ēre/-ērī*, ut *monē|re, -rī.*

Coniugātiō tertia: īnf. *-ere/-ī*, ut *leg|ere, -ī.*

Coniugātiō quārta: īnf. *-īre/-īrī*, ut *audī|re, -rī.*

Dēclīnātiōnēs:
1. gen. *-ae*
2. gen. *-ī*
3. gen. *-is*
4. gen. *-ūs*
5. gen. *-ēī*

con-iugātiō -ōnis *f*

Coniugātiōnēs:
1. *-āre*
2. *-ēre*
3. *-ere*
4. *-īre*

PENSVM A

Dēclīnā haec vocābula:

[1] *āla,* nōmen fēminīnum I dēclīnātiōnis:

Singulāris: nōm. *haec āl–,* acc. *h– āl–,* gen. *h– āl–,* dat. *h–
āl–,* abl. *h– āl–.* Plūrālis: nōm. *h– āl–,* acc. *h– āl–,* gen. *h–
āl–,* dat. *h– āl–,* abl. *h– āl–.*

[2] *pēs,* nōmen masculīnum III dēclīnātiōnis:

Singulāris: nōm. *h– pēs,* acc. *h– ped–,* gen. *h– ped–,* dat. *h–
ped–,* abl. *h– ped–.* Plūrālis: nōm. *h– ped–,* acc. *h– ped–,* gen.
h– ped–, dat. *h– ped–,* abl. *h– ped–.*

[3] *ōrāre,* verbum āctīvum I coniugātiōnis (pers. I sing.):

Indicātīvus: praes. *ōr–,* imperf. *ōr–,* fut. *ōr–,* perf. *ōrāv–,*
plūsquamperf. *ōrāv–,* fut. perf. *ōrāv–.* Coniūnctīvus: praes.
ōr–, imperf. *ōr–,* perf. *ōrāv–,* plūsquamperf. *ōrāv–.*

[4] *dīcere,* verbum āctīvum III coniugātiōnis (pers. I sing.):

Indicātīvus: praes. *dīc–,* imperf. *dīc–,* fut. *dīc–,* perf. *dīx–,*
plūsquamperf. *dīx–,* fut. perf. *dīx–.* Coniūnctīvus: praes.
dīc–, imperf. *dīc–,* perf. *dīx–,* plūsquamperf. *dīx–.*

Verba: laedere –isse –um; implicāre –isse –um; plaudere –isse –um; parere –isse –um; retinēre –isse –um; accendere –isse –um; sedēre –isse; nūbere –isse; sapere –isse; dēmere –isse –um; adicere –isse –um.

PENSVM B

Nōmen est pars — quae corpus aut rem significat. *Aemilia* et *Iūlia* nōmina — sunt, *māter* et *fīlia* sunt nōmina —. — nōminum sunt nōminātīvus, genetīvus, cēt. Gradūs — sunt trēs: —, comparātīvus, superlātīvus. Adiectīva quae comparantur — aut quantitātem significant. *Amāre* est verbum prīmae —. Interiectiō mentis —, ut laetitiam vel dolōrem, significat. — est affectus eius quī īrātus est.

Frātrēs geminī tam — sunt quam ōva.

Synōnyma (vocābula quae idem ferē significant): plānum facere et —, fortasse et —, ideō et —, citrā et —, ecce et —.

Contrāria (vocābula quae rēs contrāriās significant): commūnis et —, addere et —.

PENSVM C

Quae sunt partēs ōrātiōnis?
Estne *discipulus* nōmen proprium?
Cāsūs nōminum quī sunt?
Quī sunt gradūs comparātiōnis?
Prōnōmen quid est?
Quot sunt coniugātiōnēs verbōrum?
Num *intus* et *forīs* adverbia temporis sunt?
Cui cāsuī iungitur *inter* praepositiō?
Quae praepositiōnēs ablātīvō iunguntur?
Quibus cāsibus iungitur *in* praepositiō?
Interiectiō quid significat?

NOMINA

Dēclīnātiō I

	sing	plūr
nōm	hōr|a	hōr|ae
acc	hōr|am	hōr|ās
gen	hōr|ae	hōr|ārum
dat	hōr|ae	hōr|īs
abl	hōr|ā	hōr|īs

Dēclīnātiō II

	sing	plūr	sing	plūr	sing	plūr
nōm	serv|us	serv|ī	liber	libr|ī	verb|um	verb|a
acc	serv|um	serv|ōs	libr|um	libr|ōs	verb|um	verb|a
gen	serv|ī	serv|ōrum	libr|ī	libr|ōrum	verb|ī	verb|ōrum
dat	serv|ō	serv|īs	libr|ō	libr|īs	verb|ō	verb|īs
abl	serv|ō	serv|īs	libr|ō	libr|īs	verb|ō	verb|īs

Dēclīnātiō III

nōm	sōl	sōl|ēs	leō	leōn|ēs	vōx	vōc|ēs	nōmen	nōmin|a
acc	sōl|em	sōl|ēs	leōn|em	leōn|ēs	vōc|em	vōc|ēs	nōmen	nōmin|a
gen	sōl|is	sōl|um	leōn|is	leōn|um	vōc|is	vōc|um	nōmin|is	nōmin|um
dat	sōl|ī	sōl|ibus	leōn|ī	leōn|ibus	vōc|ī	vōc|ibus	nōmin|ī	nōmin|ibus
abl	sōl|e	sōl|ibus	leōn|e	leōn|ibus	vōc|e	vōc|ibus	nōmin|e	nōmin|ibus

nōm	nāv|is	nāv|ēs	urb|s	urb|ēs	mōns	mont|ēs	mar|e	mar|ia
acc	nāv|em	nāv|ēs	urb|em	urb|ēs	mont|em	mont|ēs	mar|e	mar|ia
gen	nāv|is	nāv|ium	urb|is	urb|ium	mont|is	mont|ium	mar|is	mar|ium
dat	nāv|ī	nāv|ibus	urb|ī	urb|ibus	mont|ī	mont|ibus	mar|ī	mar|ibus
abl	nāv|e	nāv|ibus	urb|e	urb|ibus	mont|e	mont|ibus	mar|ī	mar|ibus

Dēclīnātiō IV / Dēclīnātiō V

	sing	plūr			sing	plūr	sing	plūr
nōm	cās|us	cās|ūs	corn|ū	corn|ua	di|ēs	di|ēs	r|ēs	r|ēs
acc	cās|um	cās|ūs	corn|ū	corn|ua	di|em	di|ēs	r|em	r|ēs
gen	cās|ūs	cās|uum	corn|ūs	corn|uum	di|ēī	di|ērum	r|eī	r|ērum
dat	cās|uī	cās|ibus	corn|ū	corn|ibus	di|ēī	di|ēbus	r|eī	r|ēbus
abl	cās|ū	cās|ibus	corn|ū	corn|ibus	di|ē	di|ēbus	r|ē	r|ēbus

Dēclīnātiō I et II: adiectīva

		m	f	n	m	f	n
sing	nōm	magn|us	magn|a	magn|um	nūll|us	nūll|a	nūll|um
	acc	magn|um	magn|am	magn|um	nūll|um	nūll|am	nūll|um
	gen	magn|ī	magn|ae	magn|ī	nūll|īus	nūll|īus	nūll|īus
	dat	magn|ō	magn|ae	magn|ō	nūll|ī	nūll|ī	nūll|ī
	abl	magn|ō	magn|ā	magn|ō	nūll|ō	nūll|ā	nūll|ō
plūr	nōm	magn|ī	magn|ae	magn|a	nūll|ī	nūll|ae	nūll|a
	acc	magn|ōs	magn|ās	magn|a	nūll|ōs	nūll|ās	nūll|a
	gen	magn|ōrum	magn|ārum	magn|ōrum	nūll|ōrum	nūll|ārum	nūll|ōrum
	dat	magn|īs	magn|īs	magn|īs	nūll|īs	nūll|īs	nūll|īs
	abl	magn|īs	magn|īs	magn|īs	nūll|īs	nūll|īs	nūll|īs

Dēclīnātiō III: adiectīva

		m/f	n	m/f	n	m/f	n
sing	nōm	grav|is	grav|e	ingēns	ingēns	melior	melius
	acc	grav|em	grav|e	ingent|em	ingēns	meliōr|em	melius
	gen	grav|is	grav|is	ingent|is	ingent|is	meliōr|is	meliōr|is
	dat	grav|ī	grav|ī	ingent|ī	ingent|ī	meliōr|ī	meliōr|ī
	abl	grav|ī	grav|ī	ingent|ī	ingent|ī	meliōr|e	meliōr|e
plūr	nōm	grav|ēs	grav|ia	ingent|ēs	ingent|ia	meliōr|ēs	meliōr|a
	acc	grav|ēs	grav|ia	ingent|ēs	ingent|ia	meliōr|ēs	meliōr|a
	gen	grav|ium	grav|ium	ingent|ium	ingent|ium	meliōr|um	meliōr|um
	dat	grav|ibus	grav|ibus	ingent|ibus	ingent|ibus	meliōr|ibus	meliōr|ibus
	abl	grav|ibus	grav|ibus	ingent|ibus	ingent|ibus	meliōr|ibus	meliōr|ibus

Comparātiō

positīvus	long|us	brev|is	audāx -āc|is	aeger -gr|a -gr|um
comparātīvus	long|ior -ius	brev|ior -ius	audāc|ior -ius	aegr|ior -ius
superlātīvus	long|issim|us	brev|issim|us	audāc|issim|us	aeger|rim|us

NVMERI

1 ūn|us	10 decem	100 centum	1000 mīlle	11 ūndecim
2 du|o -ae -o	20 vīgintī	200 ducent|ī	2000 du|o mīl|ia	12 duodecim
3 tr|ēs -ia	30 trīgintā	300 trecent|ī	3000 tr|ia mīl|ia	13 trēdecim
4 quattuor	40 quadrāgintā	400 quadringent|ī	cēt.	14 quattuordecim
5 quīnque	50 quīnquāgintā	500 quīngent|ī		15 quīndecim
6 sex	60 sexāgintā	600 sescent|ī	9745 novem mīlia	16 sēdecim
7 septem	70 septuāgintā	700 septingent|ī	septingentī	17 septendecim
8 octō	80 octōgintā	800 octingent|ī	quadrāgintā	18 duodēvīgintī
9 novem	90 nōnāgintā	900 nōngent|ī	quīnque	19 ūndēvīgintī

1 prīm|us	10 decim|us	100 centēsim|us	1000 mīllēsim|us	
2 secund|us	20 vīcēsim|us	200 ducentēsim|us	2000 bis mīllēsim|us	
3 terti|us	30 trīcēsim|us	300 trecentēsim|us	cēt.	
4 quārt|us	40 quadrāgēsim|us	400 quadringentēsim|us	11 ūndecim|us	
5 quīnt|us	50 quīnquāgēsim|us	500 quīngentēsim|us	12 duodecim|us	
6 sext|us	60 sexāgēsim|us	600 sescentēsim|us	13 terti|us decim|us	
7 septim|us	70 septuāgēsim|us	700 septingentēsim|us		
8 octāv|us	80 octōgēsim|us	800 octingentēsim|us	18 duodēvīcēsim|us	
9 nōn|us	90 nōnāgēsim|us	900 nōngentēsim|us	19 ūndēvīcēsim|us	

PRONOMINA

Persōnālia

nōm	ego	tū	—	nōs	vōs
acc	mē	tē	sē	nōs	vōs
dat	mihi	tibi	sibi	nōbīs	vōbīs
abl	mē	tē	sē	nōbīs	vōbīs

Possessīva

me\|us -a -um   noster -tr\|a -tr\|um
tu\|us -a -um   vester -tr\|a -tr\|um
su\|us -a -um

Dēmōnstrātīva

		m	f	n	m	f	n	m	f	n
sing	*nōm*	i|s	e|a	i|d	hic	haec	hoc	ill|e	ill|a	ill|ud
	acc	e|um	e|am	i|d	hunc	hanc	hoc	ill|um	ill|am	ill|ud
	gen	e|ius	e|ius	e|ius	huius	huius	huius	ill|īus	ill|īus	ill|īus
	dat	e|ī	e|ī	e|ī	huic	huic	huic	ill|ī	ill|ī	ill|ī
	abl	e|ō	e|ā	e|ō	hōc	hāc	hōc	ill|ō	ill|ā	ill|ō
plūr	*nōm*	i|ī	e|ae	e|a	hī	hae	haec	ill|ī	ill|ae	ill|a
	acc	e|ōs	e|ās	e|a	hōs	hās	haec	ill|ōs	ill|ās	ill|a
	gen	e|ōrum	e|ārum	e|ōrum	hōrum	hārum	hōrum	ill|ōrum	ill|ārum	ill|ōrum
	dat	i|īs	i|īs	i|īs	hīs	hīs	hīs	ill|īs	ill|īs	ill|īs
	abl	i|īs	i|īs	i|īs	hīs	hīs	hīs	ill|īs	ill|īs	ill|īs

Interrogātīvum/relātīvum

	singulāris			*plūrālis*		
	m	f	n	m	f	n
nōm	qu|is/qu|ī	qu|ae	qu|id/qu|od	qu|ī	qu|ae	qu|ae
acc	qu|em	qu|am	qu|id/qu|od	qu|ōs	qu|ās	qu|ae
gen	cu|ius	cu|ius	cu|ius	qu|ōrum	qu|ārum	qu|ōrum
dat	cu|i	cu|i	cu|i	qu|ibus	qu|ibus	qu|ibus
abl	qu|ō	qu|ā	qu|ō	qu|ibus	qu|ibus	qu|ibus

VERBA

[A] *Āctīvum*

Īnfīnītīvus

praes	amā|re	monē|re	leg|ere	audī|re	es|se
perf	amāv|isse	monu|isse	lēg|isse	audīv|isse	fu|isse
fut	amāt|ūr|um esse	monit|ūr|um esse	lēct|ūr|um esse	audīt|ūr|um esse	fut|ūr|um esse

Imperātīvus

sing	amā	monē	leg|e	audī	es
plūr	amā|te	monē|te	leg|ite	audī|te	es|te

Indicātīvus

praesēns

sing	1	amō	mone|ō	leg|ō	audi|ō	s|um
	2	amā|s	monē|s	leg|is	audī|s	es
	3	ama|t	mone|t	leg|it	audi|t	es|t
plūr	1	amā|mus	monē|mus	leg|imus	audī|mus	s|umus
	2	amā|tis	monē|tis	leg|itis	audī|tis	es|tis
	3	ama|nt	mone|nt	leg|unt	audi|unt	s|unt

imperfectum

sing	1	amā|ba|m	monē|ba|m	leg|ēba|m	audi|ēba|m	era|m
	2	amā|bā|s	monē|bā|s	leg|ēbā|s	audi|ēbā|s	erā|s
	3	amā|ba|t	monē|ba|t	leg|ēba|t	audi|ēba|t	era|t
plūr	1	amā|bā|mus	monē|bā|mus	leg|ēbā|mus	audi|ēbā|mus	erā|mus
	2	amā|bā|tis	monē|bā|tis	leg|ēbā|tis	audi|ēbā|tis	erā|tis
	3	amā|ba|nt	monē|ba|nt	leg|ēba|nt	audi|ēba|nt	era|nt

futūrum

sing	1	amā|b|ō	monē|b|ō	leg|a|m	audi|a|m	er|ō
	2	amā|b|is	monē|b|is	leg|ē|s	audi|ē|s	er|is
	3	amā|b|it	monē|b|it	leg|e|t	audi|e|t	er|it
plūr	1	amā|b|imus	monē|b|imus	leg|ē|mus	audi|ē|mus	er|imus
	2	amā|b|itis	monē|b|itis	leg|ē|tis	audi|ē|tis	er|itis
	3	amā|b|unt	monē|b|unt	leg|e|nt	audi|e|nt	er|unt

perfectum

sing	1	amāv|ī	monu|ī	lēg|ī	audīv|ī	fu|ī
	2	amāv|istī	monu|istī	lēg|istī	audīv|istī	fu|istī
	3	amāv|it	monu|it	lēg|it	audīv|it	fu|it
plūr	1	amāv|imus	monu|imus	lēg|imus	audīv|imus	fu|imus
	2	amāv|istis	monu|istis	lēg|istis	audīv|istis	fu|istis
	3	amāv|ērunt	monu|ērunt	lēg|ērunt	audīv|ērunt	fu|ērunt

plūsquamperfectum

sing	1	amāv|era|m	monu|era|m	lēg|era|m	audīv|era|m	fu|era|m
	2	amāv|erā|s	monu|erā|s	lēg|erā|s	audīv|erā|s	fu|erā|s
	3	amāv|era|t	monu|era|t	lēg|era|t	audīv|era|t	fu|era|t
plūr	1	amāv|erā|mus	monu|erā|mus	lēg|erā|mus	audīv|erā|mus	fu|erā|mus
	2	amāv|erā|tis	monu|erā|tis	lēg|erā|tis	audīv|erā|tis	fu|erā|tis
	3	amāv|era|nt	monu|era|nt	lēg|era|nt	audīv|era|nt	fu|era|nt

futūrum perfectum

sing	1	amāv|er|ō	monu|er|ō	lēg|er|ō	audīv|er|ō	fu|er|ō
	2	amāv|eri|s	monu|eri|s	lēg|eri|s	audīv|eri|s	fu|eri|s
	3	amāv|eri|t	monu|eri|t	lēg|eri|t	audīv|eri|t	fu|eri|t
plūr	1	amāv|eri|mus	monu|eri|mus	lēg|eri|mus	audīv|eri|mus	fu|eri|mus
	2	amāv|eri|tis	monu|eri|tis	lēg|eri|tis	audīv|eri|tis	fu|eri|tis
	3	amāv|eri|nt	monu|eri|nt	lēg|eri|nt	audīv|eri|nt	fu|eri|nt

309

Coniūnctīvus
praesēns

sing	*1*	am|e|m	mone|a|m	leg|a|m	audi|a|m	s|i|m
	2	am|ē|s	mone|ā|s	leg|ā|s	audi|ā|s	s|ī|s
	3	am|e|t	mone|a|t	leg|a|t	audi|a|t	s|i|t
plūr	*1*	am|ē|mus	mone|ā|mus	leg|ā|mus	audi|ā|mus	s|ī|mus
	2	am|ē|tis	mone|ā|tis	leg|ā|tis	audi|ā|tis	s|ī|tis
	3	am|e|nt	mone|a|nt	leg|a|nt	audi|a|nt	s|i|nt

imperfectum

sing	*1*	amā|re|m	monē|re|m	leg|ere|m	audī|re|m	es|se|m
	2	amā|rē|s	monē|rē|s	leg|erē|s	audī|rē|s	es|sē|s
	3	amā|re|t	monē|re|t	leg|ere|t	audī|re|t	es|se|t
plūr	*1*	amā|rē|mus	monē|rē|mus	leg|erē|mus	audī|rē|mus	es|sē|mus
	2	amā|rē|tis	monē|rē|tis	leg|erē|tis	audī|rē|tis	es|sē|tis
	3	amā|re|nt	monē|re|nt	leg|ere|nt	audī|re|nt	es|se|nt

perfectum

sing	*1*	amāv|eri|m	monu|eri|m	lēg|eri|m	audīv|eri|m	fu|eri|m
	2	amāv|eri|s	monu|eri|s	lēg|eri|s	audīv|eri|s	fu|eri|s
	3	amāv|eri|t	monu|eri|t	lēg|eri|t	audīv|eri|t	fu|eri|t
plūr	*1*	amāv|eri|mus	monu|eri|mus	lēg|eri|mus	audīv|eri|mus	fu|eri|mus
	2	amāv|eri|tis	monu|eri|tis	lēg|eri|tis	audīv|eri|tis	fu|eri|tis
	3	amāv|eri|nt	monu|eri|nt	lēg|eri|nt	audīv|eri|nt	fu|eri|nt

plūsquamperfectum

sing	*1*	amāv|isse|m	monu|isse|m	lēg|isse|m	audīv|isse|m	fu|isse|m
	2	amāv|issē|s	monu|issē|s	lēg|issē|s	audīv|issē|s	fu|issē|s
	3	amāv|isse|t	monu|isse|t	lēg|isse|t	audīv|isse|t	fu|isse|t
plūr	*1*	amāv|issē|mus	monu|issē|mus	lēg|issē|mus	audīv|issē|mus	fu|issē|mus
	2	amāv|issē|tis	monu|issē|tis	lēg|issē|tis	audīv|issē|tis	fu|issē|tis
	3	amāv|isse|nt	monu|isse|nt	lēg|isse|nt	audīv|isse|nt	fu|isse|nt

Participium

praes	amā|ns -ant|is	monē|ns -ent|is	leg|ēns -ent|is	audi|ēns -ent|is	—
fut	amāt|ūr|us	monit|ūr|us	lēct|ūr|us	audīt|ūr|us	fut|ūr|us

Supīna amāt\|um -ū   monit\|um -ū   lēct\|um -ū   audīt\|um -ū

[B] *Passīvum*

Īnfīnītīvus

praes	amā|rī	monē|rī	leg|ī	audī|rī
perf	amāt|um esse	monit|um esse	lēct|um esse	audīt|um esse
fut	amātum īrī	monitum īrī	lēctum īrī	audītum īrī

Indicātīvus
praesēns

sing	*1*	am|or	mone|or	leg|or	audi|or
	2	amā|ris	monē|ris	leg|eris	audī|ris
	3	amā|tur	monē|tur	leg|itur	audī|tur
plūr	*1*	amā|mur	monē|mur	leg|imur	audī|mur
	2	amā|minī	monē|minī	leg|iminī	audī|minī
	3	ama|ntur	mone|ntur	leg|untur	audi|untur

imperfectum

sing	*1*	amā|ba|r	monē|ba|r	leg|ēba|r	audi|ēba|r
	2	amā|bā|ris	monē|bā|ris	leg|ēbā|ris	audi|ēbā|ris
	3	amā|bā|tur	monē|bā|tur	leg|ēbā|tur	audi|ēbā|tur
plūr	*1*	amā|bā|mur	monē|bā|mur	leg|ēbā|mur	audi|ēbā|mur
	2	amā|bā|minī	monē|bā|minī	leg|ēbā|minī	audi|ēbā|minī
	3	amā|ba|ntur	monē|ba|ntur	lēg|ēba|ntur	audi|ēba|ntur

310

futūrum

sing	1	amā|b|or	monē|b|or	leg|a|r	audi|a|r
	2	amā|b|eris	monē|b|eris	leg|ē|ris	audi|ē|ris
	3	amā|b|itur	monē|b|itur	leg|ē|tur	audi|ē|tur
plūr	1	amā|b|imur	monē|b|imur	leg|ē|mur	audi|ē|mur
	2	amā|b|iminī	monē|b|iminī	leg|ē|minī	audi|ē|minī
	3	amā|b|untur	monē|b|untur	leg|e|ntur	audi|e|ntur

perfectum

sing	1	amāt|us sum	monit|us sum	lēct|us sum	audīt|us sum
	2 3	es est	es est	es est	es est
plūr	1	amāt|ī sumus	moni|tī sumus	lēct|ī sumus	audīt|ī sumus
	2 3	estis sunt	estis sunt	estis sunt	estis sunt

plūsquamperfectum

sing	1	amāt|us eram	monit|us eram	lēct|us eram	audīt|us eram
	2 3	erās erat	erās erat	erās erat	erās erat
plūr	1	amāt|ī erāmus	monit|ī erāmus	lēct|ī erāmus	audīt|ī erāmus
	2 3	erātis erant	erātis erant	erātis erant	erātis erant

futūrum perfectum

sing	1	amāt|us erō	monit|us erō	lēct|us erō	audīt|us erō
	2 3	eris erit	eris erit	eris erit	eris erit
plūr	1	amāt|ī erimus	monit|ī erimus	lēct|ī erimus	audīt|ī erimus
	2 3	eritis erunt	eritis erunt	eritis erunt	eritis erunt

Coniūnctīvus

praesēns

sing	1	am|e|r	mone|a|r	leg|a|r	audi|a|r
	2	am|ē|ris	mone|ā|ris	leg|ā|ris	audi|ā|ris
	3	am|ē|tur	mone|ā|tur	leg|ā|tur	audi|ā|tur
plūr	1	am|ē|mur	mone|ā|mur	leg|ā|mur	audi|ā|mur
	2	am|ē|minī	mone|ā|minī	leg|ā|minī	audi|ā|minī
	3	am|e|ntur	mone|a|ntur	leg|a|ntur	audi|a|ntur

imperfectum

sing	1	amā|re|r	monē|re|r	leg|ere|r	audī|re|r
	2	amā|rē|ris	monē|rē|ris	leg|erē|ris	audī|rē|ris
	3	amā|rē|tur	monē|rē|tur	leg|erē|tur	audī|rē|tur
plūr	1	amā|rē|mur	monē|rē|mur	leg|erē|mur	audī|rē|mur
	2	amā|rē|minī	monē|rē|minī	leg|erē|minī	audī|rē|minī
	3	amā|re|ntur	monē|re|ntur	leg|ere|ntur	audī|re|ntur

perfectum

sing	1	amāt|us sim	monit|us sim	lēct|us sim	audīt|us sim
	2 3	sīs sit	sīs sit	sīs sit	sīs sit
plūr	1	amāt|ī sīmus	monit|ī sīmus	lēct|ī sīmus	audīt|ī sīmus
	2 3	sītis sint	sītis sint	sītis sint	sītis sint

plūsquamperfectum

sing	1	amāt|us essem	monit|us essem	lēct|us essem	audīt|us essem
	2 3	essēs esset	essēs esset	essēs esset	essēs esset
plūr	1	amāt|ī essēmus	monit|ī essēmus	lēct|ī essēmus	audīt|ī essēmus
	2 3	essētis essent	essētis essent	essētis essent	essētis essent

Participium

perf	amāt|us	monit|us	lēct|us	audīt|us

Gerundīvum

	ama|nd|us	mone|nd|us	leg|end|us	audi|end|us

	Iānuārius *Augustus* *December* (diēs XXXI)	*Aprīlis* *Iūnius* *September* *November* (diēs XXX)	*Februārius* (diēs XXVIII)	*Mārtius* *Māius* *Iūlius* *Octōber* (diēs XXXI)
1.	kalendae	kalendae	kalendae	kalendae
2.		a.d. IV nōn.		a.d. VI nōn.
3.		a.d. III nōn.		a.d. V nōn.
4.		prīdiē nōn.		a.d. IV nōn.
5.		nōnae		a.d. III nōn.
6.		a.d. VIII īd.		prīdiē nōn.
7.		a.d. VII īd.		nōnae
8.		a.d. VI īd.		a.d. VIII īd.
9.		a.d. V īd.		a.d. VII īd.
10.		a.d. IV īd.		a.d. VI īd.
11.		a.d. III īd.		a.d. V īd.
12.		prīdiē īd.		a.d. IV īd.
13.	īdūs	īdūs	īdūs	a.d. III īd.
14.	a.d. XIX kal.	a.d. XVIII kal.	a.d. XVI kal.	prīdiē īd.
15.	a.d. XVIII kal.	a.d. XVII kal.	a.d. XV kal.	īdūs
16.	a.d. XVII kal.	a.d. XVI kal.	a.d. XIV kal.	a.d. XVII kal.
17.	a d. XVI kal.	a.d. XV kal.	a.d. XIII kal.	a.d. XVI kal.
18.	a.d. XV kal.	a.d. XIV kal.	a.d. XII kal.	a.d. XV kal.
19.	a.d. XIV kal.	a.d. XIII kal.	a.d. XI kal.	a.d. XIV kal.
20.	a.d. XIII kal.	a.d. XII kal.	a.d. X kal.	a.d. XIII kal.
21.	a.d. XII kal.	a.d. XI kal.	a.d. IX kal.	a.d. XII kal.
22.	a.d. XI kal.	a.d. X kal.	a.d. VIII kal.	a.d. XI kal.
23.	a.d. X kal.	a.d. IX kal.	a.d. VII kal.	a.d. X kal.
24.	a.d. IX kal.	a.d. VIII kal.	a.d. VI kal.	a.d. IX kal.
25.	a.d. VIII kal.	a.d. VII kal.	a.d. V kal.	a.d. VIII kal.
26.	a.d. VII kal.	a.d. VI kal.	a.d. IV kal.	a.d. VII kal.
27.	a.d. VI kal.	a.d. V kal.	a.d. III kal.	a.d. VI kal.
28.	a.d. V kal.	a.d. IV kal.	prīdiē kal.	a.d. V kal.
29.	a.d. IV kal.	a.d. III kal.	Mārtiās	a.d. IV kal.
30.	a.d. III kal.	prīdiē kal.		a.d. III kal.
31.	prīdiē kal.	Māiās		prīdiē kal.
	Februāriās	Iūliās		Aprīlēs
	Septembrēs	Octōbrēs		Iūniās
	Iānuāriās	Decembrēs		Augustās
				Novembrēs

312

INDEX VOCABVLORVM

105; **13**.1
dīvitiae -ārum *f* **29**.27
docēre **17**.2
doctus -a -um **17**.4
dolēre **11**.80; **34**.135
dolor -ōris *m* **24**.25; **29**.51
domī **15**.81; **18**.151; **20**.127
domina -ae *f* **2**.31
dominus -ī *m* **2**.26; **9**.5; **16**.110,
 130; **30**.95; *pl* **20**.109
domus -ūs *f, abl* -ō, *pl acc* -ōs
 19.42; domum *adv* **20**.123;
 domō *adv* **20**.137
dōnāre **29**.168
dōnec **32**.72
dōnum -ī *n* **19**.67
dormīre **3**.37
dorsum -ī *n* **29**.100
dubitāre **21**.130,131; **29**.116
dubius -a -um **34**.135
du-centī -ae -a **13**.10
dūcere dūxisse ductum **9**.34;
 12.104; **18**.53; animam d. **10**.
 54; (uxōrem) d. **34**.125,191
dulcis -e **30**.131
dum **9**.39,69; **10**.48; **22**.8
dum-modo **34**.17
dumtaxat **35**.36
duo -ae -o **2**.23,33,54
duo-decim **6**.15
duo-decimus -a -um **13**.6
duo-dē-trīgintā **13**.28
duo-dē-vīgintī **17**.20
dūrus -a -um **18**.111
dux ducis *m* **12**.81; **16**.44

E

ē **7**.45 v. ex
ea, eadem v. is, īdem
ēbrius -a -um **31**.193
ecce **2**.81; **4**.59
ed- v. ēsse
ēducāre **31**.150
ē-dūcere **32**.64
ef-ficere **18**.114; e. ut **27**.124
ef-fugere **26**.22,82
ef-fundere **33**.78
ego mē mihi/mī **3**.20; **14**.30;
 15.21; **17**.66; mē-cum **14**.87
ē-gredī -gressum **16**.39
ēgregius -a -um **32**.25,31
ē-icere **28**.5,73
ē-līdere -sisse -sum **34**.242
ē-ligere -lēgisse -lēctum **30**.58
emere ēmisse ēmptum **8**.14

ēn **35**.116
enim **10**.30
ēnsis -is *m* **33**.172
eō *adv* **28**.23
epigramma -atis *n* **34**.157
epistula -ae *f* **18**.153
eques -itis *m* **12**.43
equidem **30**.51
equitātus -ūs *m* **12**.113
equus -ī *m* **6**.56
ergā *prp* + *acc* **19**.94
ergō **10**.121
ē-ripere -iō -uisse -reptum
 29.45,122
errāre **9**.50
ē-rubēscere -buisse **34**.201
ē-rumpere **33**.122
erus -ī *m* **18**.35; **22**.48
esse sum fuisse futūrum esse
 /fore **1**.1,18,53; **4**.32
ēsse edō ēdisse **9**.9,11; **10**.59
et **1**.2; **25**.95; et... et **7**.50
et-enim **33**.163
etiam **5**.30,70; **26**.104; e. nunc
 19.86; e. atque e. **33**.118
etiam-nunc **32**.207
et-sī **24**.38
ē-volāre **26**.41
ē-volvere -visse -lūtum **28**.58
ex/ē *prp* + *abl* **5**.58; **14**.11; **18**.
 113; **22**.1,13; **33**.43,158
ex-audīre **18**.92
excitāre **14**.35; **19**.20
ex-clāmāre **15**.23
ex-cōgitāre **26**.35
ex-cruciāre **34**.138
ex-currere -risse **33**.115
excūsāre **21**.45
exemplum -ī *n* **1**.90; **26**.64;
 31.129
exercitus -ūs *m* **12**.77,80
ex-haurīre **30**.145
exiguus -a -um **13**.51; **17**.148
ex-īre **7**.83; **10**.53
exīstimāre **27**.62
exitus -ūs *m* **25**.70; **26**.111
ex-ōrnāre **30**.64
ex-plānāre **35**.105
ex-plētīvus -a -um **35**.162,168
ex-pōnere **29**.101; **31**.131
ex-pugnāre **12**.112
expugnātiō -ōnis *f* **25**.45
ex-spectāre **7**.2
extendere -disse **28**.49
extrā *prp* + *acc* **22**.7; **28**.129

F

faber -brī *m* **22**.20
fābula -ae *f* **25**.3; **34**.44
fābulārī **31**.186
facere -iō fēcisse factum **10**.17,
 65,69,111; **11**.27,66; f. ut
 27.145,175
faciēs -ēī *f* **13**.15
facilis -e **17**.50; *adv* -e **23**.53
fact- v. fierī (facere)
factum -ī *n* **23**.78
fallāx -ācis **29**.104
fallere fefellisse falsum **21**.115;
 32.109
falsus -a -um **21**.88; **31**.200
falx -cis *f* **27**.18
fāma -ae *f* **28**.38
famēs -is *f* **30**.42
familia -ae *f* **2**.9,73
fārī **20**.1
fatērī fassum **23**.68,144
fatīgāre **33**.45
fātum -ī *n* **34**.70,180
favēre fāvisse **34**.40,148
Februārius -ī *m* **13**.2
fēlīcitās -ātis *f* **29**.160
fēlīx -īcis **29**.41,119
fēmina -ae *f* **2**.1
fēminīnum -ī *n* **2**.96
fenestra -ae *f* **5**.26
fera -ae *f* **10**.7
ferē **33**.54
ferōx -ōcis **22**.10
ferre tulisse lātum **12**.34,55;
 21.17; **24**.(37); **27**.29
ferreus -a -um **22**.14; **33**.176
ferrum -ī *n* **18**.113
fertilis -e **27**.30
ferus -a -um **10**.2
fessus -a -um **6**.61
-ficere -iō -fēcisse -fectum
 < facere
fīdere fīsum esse **31**.55
fidēs -eī *f* **31**.56; **32**.112
fidēs -ium *f* **29**.66
fidicen -inis *m* **29**.70
fīdus -a -um **31**.58
fierī factum esse **16**.98,143;
 18.25; **24**.49
fīgere -xisse -xum **26**.60
fīlia -ae *f* **2**.14
fīliola -ae *f* **20**.57
fīliolus -ī *m* **20**.154
fīlius -ī *m* **2**.12
fīlum -ī *n* **25**.72

fīnīre **29**.179
fīnis -is *m* **12**.69; **13**.38
flāre **16**.30
flectere -xisse -xum **32**.60,220
flēre -ēvisse **24**.36; **34**.209
flōs -ōris *m* **19**.78
flūctus -ūs *m* **16**.33
fluere flūxisse **11**.20
flūmen -inis *n* **10**.40
fluvius -ī *m* **1**.18
foedus -a -um **5**.18
folium -ī *n* **10**.70
forās **22**.115
fore **33**.185 v. esse
foris -is *f* **22**.1
forīs *adv* **22**.56
fōrma -ae *f* **13**.54; **16**.157; **19**.137; **34**.48
fōrmōsus -a -um **7**.10
forsitan **35**.119
fortasse **23**.18
forte *adv* **25**.5; **29**.151
fortis -e **12**.119
fortūna -ae *f* **29**.175
forum -ī *n* **19**.48
fossa -ae *f* **12**.100
frangere -ēgisse -āctum **24**.21,33
frāter -tris *m* **12**.1
fremere -uisse **22**.58
frequēns -entis **18**.14,155
fretum -ī *n* **28**.2
frīgēre **14**.68
frīgidus -a -um **13**.88
frīgus -oris *n* **27**.123
frōns -ontis *f* **11**.8
frūgēs -um *f* **27**.29
fruī **30**.23,59
frūmentum -ī *n* **27**.7
frūstrā **29**.30
fuga -ae *f* **26**.10
fugere -iō fūgisse **12**.116
fugitīvus -a -um **31**.68
fulgur -uris *n* **16**.109
fundere fūdisse fūsum **30**.114
funditus **31**.184
fundus -ī *m* **29**.2
fūr -is *m* **29**.132
fūrtum -ī *n* **29**.136
futūrum -ī *n* **20**.172
futūrus -a -um **20**.49; v. esse

G

gallus -ī *m* **14**.19
gaudēre gavīsum esse **11**.114

gaudium -ī *n* **33**.59
geminus -a -um **34**.51
gemma -ae *f* **8**.1
gemmātus -a -um **8**.58
gena -ae *f* **11**.8
genetīvus -ī *m* **2**.109
gēns gentis *f* **32**.31
genū -ūs *n* **21**.18
genus -eris *n* **30**.89; **31**.101; **35**.13,65; g. hominum **33**.177
gerere gessisse gestum **14**.76,83; **21**.33; **34**.48,78
gerundium -ī *n* **26**.150
gerundīvum -ī *n* **31**.208
glaciēs -ēī *f* **13**.96
gladiātor -ōris *m* **34**.25
gladiātōrius -a -um **34**.27
gladius -ī *m* **12**.33
glōria -ae *f* **25**.51
glōriōsus -a -um **30**.94; **33**.152
gracilis -e **19**.138
gradus -ūs *m* **20**.33; **35**.30
Graecus -a -um **1**.39,68; **2**.48
grammatica -ae *f* **1**.84
grammaticus -a -um **35**.0
grātia -ae *f* **32**.87,122; -ā **32**. 90, 190; -ās agere **32**.123; -am habēre/referre **32**.122
grātus -a -um **32**.33,120
gravidus -a -um **27**.108
gravis -e **12**.52; **24**.38
gremium -ī *n* **34**.72
grex -egis *m* **27**.134
gubernāre **16**.42
gubernātor -ōris *m* **16**.43
gustāre **30**.107

H

habēre **4**.4; **5**.3,6; **11**.1,14; **13**.8; **19**.33; sē h. **14**.26; habērī **28**.80
habitāre **5**.1
hasta -ae *f* **12**.40
haud **26**.28
haurīre -sisse -stum **16**.118
hendeca-syllabus -a -um **34**.279
herba -ae *f* **9**.8; **18**.164
herī **23**.105
heu **29**.21
heus **22**.27
hexameter -trī *m* **34**.256
hic haec hoc **7**.43,85,90
hīc **3**.40; **5**.85
hicine **22**.88 v. hic
hiems -mis *f* **13**.80,82

hinc **23**.11
ho-diē **14**.26
holus -eris *n* **30**.101
homō -inis *m* **10**.5
hōra -ae *f* **13**.40; **22**.50
horrendus -a -um **33**.172
horrēre **11**.98,101,129
hortārī **33**.16,167
hortus -ī *m* **5**.1
hospes -itis *m* **30**.4,5
hostis -is *m* **12**.76
hūc **25**.74,110; **27**.4
hūmānus -a -um **11**.1
humī *adv* **21**.20
humilis -e **25**.15
humus -ī *f* **21**.20

I

iacere -iō iēcisse iactum **12**.108
iacēre **9**.35; **11**.33
iactāre **16**.116
iactūra -ae *f* **29**.33,162
iam **3**.9; **15**.31; **24**.52
iambus -ī *m* **34**.249
iānitor -ōris *m* **22**.6
iānua -ae *f* **15**.27
Iānuārius -ī *m* **13**.2
ibi **25**.53
-icere (-iicere) -iō -iēcisse -iectum < iacere
id v. is
īdem eadem idem **18**.21,22,32,160
id-eō **31**.110
idōneus -a -um **33**.13
īdūs -uum *f* **13**.62
iecur -oris *n* **11**.21
igitur **13**.23
ignārus -a -um **29**.65
ignis -is *m* **26**.59
ignōrāre **30**.50,94
ignōscere -ōvisse **31**.90
ignōtus -a -um **29**.68
ille -a -ud **8**.41,70,79
illīc **7**.3,6
illinc **23**.4
illūc **25**.40,110; **27**.4
illūstrāre **13**.49
imāgō -inis *f* **22**.65
imber -bris *m* **13**.89,90
imitārī **26**.40
im-mātūrus -a -um **27**.168
immō **7**.21,27
im-mortālis -e **28**.44
im-pār -aris **24**.8

317

im-patiēns -entis **31**.34
im-pendēre **28**.131
imperāre **4**.110; +*dat* **12**.82;
  26.40
imperātīvus -ī *m* **4**.111
imperātor -ōris *m* **33**.19
imperfectum -ī *n* **21**.157
imperium -ī *n* **1**.55; **10**.29
impetus -ūs *m* **12**.114
im-piger -gra -grum **18**.156
im-plēre -ēvisse -ētum **16**.34
im-plicāre -uisse -itum **34**.29
impluvium -ī *n* **5**.27
im-pōnere **9**.84
im-primere -pressisse -pressum
  18.192
im-probus -a -um **3**.33
īmus -a -um **30**.70
in *prp*+*abl* **1**.1,72,108; **4**.3,
  60,62; **12**.106; **27**.43; **34**.168;
  +*acc* **7**.14,17; **12**.104,108,
  113; **29**.120; **34**.158
in-certus -a -um **17**.119; **20**.68
in-cipere -iō coepisse coeptum
  13.86,93; **25**.62
in-clūdere -sisse -sum **23**.102
incola -ae *m/f* **32**.10
in-colere **12**.62
incolumis -e **33**.141
inconditus -a -um **35**.217
inde **29**.75
in-dēclīnābilis -e **13**.166
indicātīvus -ī *m* **4**.111; **27**.188
in-dignus -a -um **21**.53
in-doctus -a -um **17**.4
induere -uisse -ūtum **14**.74;
  -ūtus **30**.15
industrius -a -um **17**.9
in-ermis -e **32**.64
in-esse **7**.39,41
in-exspectātus -a -um **30**.6
īnfāns -antis *m/f* **20**.1,18
īn-fēlīx -īcis **31**.43
īnferior -ius **15**.75
īnferus -a -um **16**.4; *m pl* **28**.78
īnfēstus -a -um **32**.1
īn-fīdus -a -um **31**.56
īnfimus -a -um **26**.77
īnfīnītīvus -ī *m* **10**.137
īn-flectere **35**.56
īn-fluere **16**.15
īnfrā *prp*+*acc* **11**.8; **16**.3
ingenium -ī *n* **34**.54
ingēns -entis **26**.62
in-hūmānus -a -um **27**.180

in-imīcus -ī *m* **6**.44,45
in-imīcus -a -um **17**.80
initium -ī *n* **13**.38; -ō **19**.79
iniūria -ae *f* **31**.98
in-iūstus -a -um **31**.97
inopia -ae *f* **32**.19
inquit -iunt **14**.40; -am **34**.152
īn-scrībere **23**.64
īnscrīptiō -ōnis *f* **31**.(204)
īn-struere -ūxisse -ūctum **33**.14
īnstrūmentum -ī *n* **27**.13
īnsula -ae *f* **1**.27
integer -gra -grum **23**.20
intellegere -ēxisse -ēctum **18**.
  46; **20**.51
inter *prp*+*acc* **6**.3; **9**.54; **16**.55;
  21.112; i. sē **22**.14; **30**.152
inter-dum **34**.233
inter-eā **32**.60
inter-esse **16**.1; **22**.46; **34**.14
inter-ficere **25**.10
inter-iectiō -ōnis *f* **35**.6,215
interim **21**.63
internus -a -um **32**.43
inter-pellāre **17**.22
inter-rogāre **3**.24,26
intrā *prp*+*acc* **22**.9; **27**.94
intrāre **6**.76,87; **10**.52; **11**.57
in-tuērī **16**.79
intus **24**.39
in-validus -a -um **31**.131
in-vehere **27**.39
in-venīre **26**.20
in-vidēre **29**.80,181
invidia -ae *f* **29**.163
in-vocāre **16**.105
iocōsus -a -um **34**.142
ipse -a -um **9**.55; **10**.20; **18**.38;
  20.31; **28**.101; **34**.94
īra -ae *f* **35**.191
īrātus -a -um **3**.6
īre eō iisse **6**.20; **16**.72; **22**.50
is ea id **4**.77; **5**.7,33; **8**.138
iste -a -ud **22**.86,103
ita **18**.43; **19**.97; **27**.128
ita-que **6**.41
item **13**.31,77; **26**.47
iter itineris **30**.25; **33**.10
iterum **16**.142; i. i.que **24**.1
iubēre iussisse iussum **11**.45
iūcundus -a -um **30**.37
Iūlius -ī *m* **13**.4
iungere iūnxisse iūnctum **18**.26
Iūnius -ī *m* **13**.4
iūs iūris *n* **31**.104; **35**.198; iūre

  32.46
iūstus -a -um **31**.97,119
iuvāre iūvisse iūtum **26**.27,32;
  34.37
iuvenis -is *m* **31**.71
iūxtā *prp*+*acc* **24**.13

K

kalendae -ārum *f* **13**.57
kalendārium -ī *n* **13**.(0)

L

lābī lāpsum **16**.85,139
labor -ōris *m* **27**.62
labōrāre **27**.61; l. ut **27**.112
labrum -ī *n* **11**.10
labyrinthus -ī *m* **25**.27
lac lactis *n* **20**.9
lacertus -ī *m* **26**.60
lacrima -ae *f* **7**.7
lacrimāre **7**.6
lacus -ūs *m* **13**.96
laedere -sisse -sum **34**.13
laetārī **16**.73
laetitia -ae *f* **29**.45
laetus -a -um **3**.3
laevus -a -um **24**.6
lāna -ae *f* **27**.34
largīrī **17**.133
largus -a -um **17**.132
lāt- v. ferre
latēre **31**.67
Latīnus -a -um **1**.69; **18**.100
lātrāre **9**.42
latus -eris *n* **24**.3; **33**.122
lātus -a -um **12**.104
laudāre **17**.42; **19**.23
laus laudis *f* **23**.48
lavāre lāvisse lautum **14**.45; lavātum īre **22**.52
lectīca -ae *f* **6**.21
lectulus -ī *m* **15**.116
lectus -ī *m* **10**.125; **30**.69
lēgātus -ī *m* **33**.148
legere lēgisse lēctum **18**.37
legiō -ōnis *f* **33**.1
legiōnārius -a -um **33**.7,139
leō -ōnis *m* **10**.1
levāre **26**.69
levis -e **12**.56; **33**.138
lēx lēgis *f* **31**.105
libellus -ī *m* **28**.47
libenter **34**.82
liber -brī *m* **2**.81
līber -era -erum **26**.38,82

līberāre **30**.118; **32**.6
libēre **34**.35
līberī -ōrum *m* **2**.21
lībertās -ātis *f* **26**.89
lībertīnus -ī *m* **30**.117
licēre **15**.116; +*dat* **16**.83
ligneus -a -um **22**.20
lignum -ī *n* **22**.18
līlium -ī *n* **5**.13
līmen -inis *n* **22**.2
līnea -ae *f* **8**.8; **18**.53
lingua -ae *f* **11**.10; **18**.4
littera -ae *f* **1**.66; *pl* **23**.15;
　　33.29
lītus -ōris *n* **25**.101
locātīvus -ī *m* **6**.120
locus -ī *m* **16**.15,159; **20**.13; *pl*
　　loca -ōrum *n* **27**.30
longē **31**.117; **33**.66
longus -a -um **6**.10; **13**.9,25;
　　17.29; nāvis -a **32**.198
loquī locūtum **16**.96
lūcēre lūxisse **9**.29
lucerna -ae *f* **34**.84
lucrum -ī *n* **29**.15
luctārī **35**.81
lūdere -sisse **10**.75; **33**.26
lūdus -ī *m* **15**.2; **34**.15; *pl* **34**.35
lūgēre lūxisse **34**.42
lūna -ae *f* **13**.46
lupus -ī *m* **9**.22
lūx lūcis *f* **13**.47; **33**.114;
　　34.116

M

maerēre **25**.112
maestus -a -um **29**.19
magis **20**.60; **35**.209
magister -trī *m* **15**.4
magnificus -a -um **19**.52,77
magnus -a -um **1**.22,65
māior -ius *comp* **19**.36,57
Māius -ī *m* **13**.3
male **11**.15; **34**.100,103
maleficium -ī *n* **29**.113
mālle māluisse **28**.151,156
malum -ī *n* **15**.93; **16**.101;
　　30.47
mālum -ī *n* **7**.41
malus -a -um **6**.39; **11**.14
mamma -ae *f* **3**.19; **20**.29
māne *indēcl n* **13**.36; *adv* **14**.55
manēre mānsisse **20**.66
manus -ūs *f* **11**.3
mare -is *n* **10**.35

margarīta -ae *f* **8**.1
maritimus -a -um **16**.13
marītus -ī *m* **19**.2
Mārtius -ī *m* **13**.3
masculīnum -ī *n* **2**.95
māter -tris *f* **2**.10,11; **12**.2; m.
　　familiās **19**.17
māteria -ae *f* **18**.109
mātrōna -ae *f* **19**.18
mātūrus -a -um **27**.17
māximē **26**.126,134
māximus -a -um *sup* **19**.36
mē mē-cum v. ego
medicus -ī *m* **11**.26
medius -a -um **8**.120; **13**.41;
　　16.42; *n* **30**.70
mel mellis *n* **30**.132
melior -ius *comp* **19**.25
mellītus -a -um **34**.93
membrum -ī *n* **11**.1
meminisse **32**.107,126
memorāre **28**.55
memoria -ae *f* **31**.19; post ho-
　　minum -am **31**.114
mendum -ī *n* **18**.102
mēns mentis *f* **34**.110
mēnsa -ae *f* **4**.60; **8**.89; **29**.169;
　　m. secunda **30**.102
mēnsis -is *m* **13**.1
mentiō -ōnis *f* **35**.210
mentīrī **21**.88
mercātor -ōris *m* **10**.28
mercātōrius -a -um **32**.44
mercēs -ēdis *f* **18**.182; **27**.72
merēre **23**.45,49; stipendia m.
　　33.35
mergere -sisse -sum **14**.50; *pass*
　　16.35
merīdiēs -ēī *m* **13**.42; **16**.48
merus -a -um **30**.115; *n* **30**.117
merx -rcis *f* **16**.23
metere **27**.8
metuere -uisse **12**.83
metus -ūs *m* **12**.120
meus -a -um **2**.66, *voc* mī **19**.94
mihi/mī *dat* v. ego
mīles -itis *m* **12**.31
mīlia -ium *n pl* **12**.97 v. mīlle
mīlitāre **12**.90
mīlitāris -e **33**.23
mīlle **1**.73; *pl* mīlia **12**.97
mināri **32**.172
minimē **20**.81; **31**.27
minimus -a -um *sup* **19**.37
minister -trī *m* **30**.67

minor -us *comp* **19**.36,56
minuere -uisse -ūtum **19**.91
minus *adv* **19**.133; **20**.26
minus -ōris *n* **19**.149
mīrābilis -e **25**.35
mīrārī **24**.7,16
mīrus -a -um **29**.18,98
miscēre -uisse mixtum **30**.115,
　　132
misellus -a -um **34**.7
miser -era -erum **19**.69; **29**.27
mittere mīsisse missum **19**.79;
　　27.170; **33**.17; **34**.8
modo **11**.37,55; **27**.172; m. ...
　　m. **34**.38
modus -ī *m* **9**.90; **14**.37; **29**.
　　120; **35**.61; nūllō -ō **21**.56
moenia -ium *n* **25**.11
molestus -a -um **30**.37
mollīre **26**.60
mollis -e **18**.109
monēre **22**.61; **23**.30,42; m. ut
　　27.147
mōns montis *m* **9**.19
mōnstrāre **8**.43
mōnstrum -ī *n* **25**.18
mora -ae *f* **25**.82
mordēre momordisse morsum
　　22.58
morī mortuum **28**.45
mors -rtis *f* **25**.41
mortālis -e **28**.45
mortuus -a -um **10**.49; v. morī
mōs mōris *m* **31**.135
movēre mōvisse mōtum **10**.14;
　　27.109; **34**.155
mox **20**.35
mulier -eris *f* **20**.13
multī -ae -a **1**.44
multitūdō -inis *f* **26**.91
multō +*comp* **16**.72
multum **14**.100; **28**.6
mundus -ī *m* **28**.82
mundus -a -um **21**.4
mūnīre **33**.21
mūnus -eris *n* **31**.32
mūrus -ī *m* **6**.14; **25**.30
Mūsa -ae *f* **35**.17
mūtāre **21**.57,112; **23**.35,117
mūtus -a -um **28**.31
mūtuus -a -um **32**.145,146

N

nam **6**.37
-nam **23**.6

paen-īnsula -ae *f* **26**.98
pāgina -ae *f* **2**.85
pallēre **23**.36
pallidus -a -um **23**.35
pallium -ī *n* **22**.73
palma -ae *f* **34**.33
palpitāre **11**.98
pānis -is *m* **9**.11
papȳrus -ī *f* **18**.163
pār paris **24**.7
parāre **30**.67
parātus -a -um **25**.69,94
parcere pepercisse **29**.83,84
parentēs -um *m* **14**.89
parere -iō peperisse **10**.71,72
pārēre **4**.110; +*dat* **12**.76
parricīda -ae *m* **31**.110
pars -rtis *f* **12**.64; **16**.45,92
participium -ī *n* **14**.148; **35**.128
partīrī **17**.144
parum **27**.40; **29**.103
parvulus -a -um **20**.1
parvus -a -um **1**.23,64; **2**.6
pāscere pāvisse pāstum **27**.32;
    34.67
passer -eris *m* **34**.86
passīvus -a -um **6**.128; **35**.72
passus -ūs *m* **12**.93
pāstor -ōris *m* **9**.1
pater -tris *m* **2**.9,10; **12**.2; p.
    familiās **19**.38
patēre **25**.32; **26**.36
patī passum **24**.37
patiēns -entis **27**.91
patientia -ae *f* **27**.91
patria -ae *f* **12**.70
paucī -ae -a **1**.47
paulisper **30**.49
paulō *adv* **16**.91,123,148
paulum **16**.8,108
pauper -eris **19**.62
pāx pācis *f* **33**.147
pectus -oris *n* **11**.18; **20**.9
pecūlium -ī *n* **28**.160
pecūnia -ae *f* **4**.3
pecūniōsus -a -um **8**.20
pecus -oris *n* **27**.33
pedes -itis *m* **12**.42
pēior -ius *comp* **19**.13
pellere pepulisse pulsum **22**.85
penna -ae *f* **26**.59
pēnsum -ī *n* **1**.107
pentameter -trī *m* **34**.268
per *prp*+*acc* **6**.76; **7**.69; **9**.59;
    21.6; **24**.18; **27**.108; **31**.10;

33.95,159; p. sē **18**.23; **25**.71
per-currere -risse **32**.44
per-cutere -iō -cussisse -cussum
    24.15; **33**.157
per-dere **23**.73,131,147; **34**.76
perfectum -ī *n* **21**.158
per-ferre **30**.56
per-ficere **26**.57
pergere perrēxisse **20**.71
perīculōsus -a -um **28**.141
perīculum -ī *n* **28**.129
per-īre **28**.122; **29**.1,16
peristȳlum -ī *n* **5**.30
per-mittere **29**.85
per-movēre **29**.86
perpetuus -a -um **34**.109
per-sequī **26**.2
persōna -ae *f* **3**.2; **15**.134
per-suādēre **28**.110,164
per-territus -a -um **10**.105
per-turbāre **29**.57
per-venīre **28**.137
pēs pedis *m* **10**.12; **12**.47;
    34.248
pessimus -a -um *sup* **19**.15
petasus -ī *m* **10**.27
petere -īvisse -ītum **9**.32,74,
    79; **32**.74; **34**.130
phantasma -atis *n* **28**.97
piger -gra -grum **17**.7
pila -ae *f* **10**.74
pīlum -ī *n* **12**.33
pīpiāre **34**.97
pīrāta -ae *m* **32**.141
pirum -ī *n* **7**.52
piscātor -ōris *m* **29**.166
piscis -is *m* **10**.9
placēre +*dat* **30**.104
plānē **23**.59,136; **31**.62
plānus -a -um **23**.53
plaudere -sisse **34**.34,217
plēnus -a -um **7**.38,43; **13**.55
plērī-que plērae- plēra- **33**.123
plērumque *adv* **34**.32
plōrāre **3**.9
plūrālis -is *m* **1**.88; **5**.143
plūrēs -a *comp* **19**.52; *n* **20**.99
plūrimī -ae -a *sup* **19**.54
plūs -ūris *n* **19**.147; **29**.27; *adv*
    34.92
plūsquamperfectum -ī *n* **24**.125
pōculum -ī *n* **11**.36
poena -ae *f* **31**.100
poēta -ae *m* **32**.103
poēticus -a -um **34**.59

pollicērī **25**.80
pōnere posuisse positum **4**.60;
    21.61; **29**.17; **33**.20,146
populus -ī *m* **32**.22
porcus -ī *m* **21**.49
porta -ae *f* **6**.15
portāre **6**.22; **10**.30
portus -ūs *m* **16**.13
poscere poposcisse **14**.70
positīvus -ī *m* **35**.33
posse potuisse **10**.21; **11**.135
possidēre -ēdisse **19**.60
post *prp*+*acc* **6**.32; **13**.44; *adv*
    16.91
post-eā **22**.41
posterior -ius **15**.62,99
posterus -a -um **33**.46
post-hāc **23**.84
post-quam **21**.79
postrēmō *adv* **17**.12
postrēmus -a -um **13**.6
postulāre **20**.7,138; **27**.94,98
pōtāre **30**.117
potestās -ātis *f* **28**.79; **31**.30;
    35.159
pōtiō -ōnis *f* **31**.1
potius **28**.128
prae *prp*+*abl* **27**.14,63,83
praecipuē **33**.42
praedium -ī *n* **27**.50
praedō -ōnis *m* **28**.132
prae-esse **30**.33,81
prae-ferre **32**.83
praemium -ī *n* **31**.77
prae-nōmen -inis *n* **12**.11
prae-pōnere **32**.25; **35**.178
praepositiō -ōnis *f* **6**.106
praesēns -entis **19**.157; **31**.5
prae-stāre **33**.81
praeter *prp*+*acc* **14**.78; **19**.9;
    31.55; **33**.68
praeter-eā **16**.62
praeteritus -a -um **19**.159
prāvus -a -um **17**.40; -ē **17**.41
precārī **29**.54
precēs -um *f pl* **27**.109
prehendere -disse -ēnsum
    22.74,95
premere pressisse pressum
    18.108; **32**.110
pretiōsus -a -um **29**.10
pretium -ī *n* **8**.61; **22**.16; **32**.9
prīdem **30**.78
prī-diē **33**.46
prīmō *adv* **24**.100

prīmum *adv* **14**.46
prīmus -a -um **1**.67
prīnceps -ipis *m* **28**.64,81
prīncipium -ī *n* **34**.60
prior -ius **15**.97; **22**.83
prius *adv* **22**.42
prius-quam **31**.64
prīvātus -a -um **33**.40
prō *prp*+*abl* **27**.71,72; **32**.93, 121; **33**.35
probus -a -um **3**.32; **8**.106
prō-cēdere **22**.76
procul **6**.10; **9**.55,86
prō-currere -risse **33**.16
prōd-esse prō-fuisse **27**.122
proelium -ī *n* **33**.15
profectō **20**.59
prō-ferre **30**.142; **33**.175
proficīscī -fectum **16**.57
prō-gredī -gressum **33**.11
pro-hibēre **27**.169,175
prō-icere **27**.92
prōmere -mpsisse -mptum **17**.97
prōmissum -ī *n* **23**.95
prō-mittere **23**.87; **27**.119
prōnōmen -inis *n* **8**.135; **35**.39
prope *prp*+*acc* **6**.8; *adv* **9**.78; **12**.102; *comp* propius **22**.67
properāre **33**.56,90
propinquus -a -um **26**.114
proprius -a -um **35**.9,11
propter *prp*+*acc* **16**.118,126
propter-eā **35**.175
prō-silīre -uisse **34**.210
prō-spicere **25**.103
prōtinus **29**.30
prōvincia -ae *f* **1**.57
proximus -a -um *sup* **32**.26
prūdēns -entis **17**.9
pūblicus -a -um **33**.40
pudēre **23**.79; +*gen* **23**.82
pudor -ōris *m* **23**.82
puella -ae *f* **2**.3; **34**.195
puer -erī *m* **2**.2; **12**.98; **30**.86
pugna -ae *f* **21**.53
pugnāre **12**.37
pugnus -ī *m* **12**.39
pulcher -chra -chrum **5**.15,17
pulchritūdō -inis *f* **19**.22
pullus -ī *m* **10**.72
pulmō -ōnis *m* **10**.52
pulsāre **3**.8; **6**.86
pūnīre **15**.7
puppis -is *f* **16**.41

pūrus -a -um **14**.52
putāre **11**.108, 134,139

quadrāgēsimus -a -um **28**.43
quadrāgintā **17**.25
quadringentī -ae -a **17**.32
quaerere -sīvisse -sītum **9**.60; **25**.55; **31**.16; **33**.37; **34**.211
quālis -e **18**.65
quālitās -ātis *f* **35**.36
quam **6**.11; **7**.94; +*sup* **27**.177
quam-diū **33**.87
quam-ob-rem **31**.37
quamquam **17**.81
quandō **13**.107; **35**.171,203
quantitās -ātis *f* **35**.36
quantum **31**.53,81
quantus -a -um **8**.72,75; **19**.121
quā-propter **35**.174
quā-rē **17**.135
quārtus -a -um **8**.124; **13**.3; -a pars **13**.34
quasi **29**.104
quater **18**.123
quatere -iō **26**.116
quaternī -ae -a **33**.3,91
quattuor **4**.9
quattuor-decim **17**.19
-que **2**.9; **3**.53
querī questum **29**.21
quī quae quod **3**.63,70-75; **4**.75; **8**.3; **15**.58
quī quae quod (...?) **8**.26,30
quia **3**.27
quid **1**.50; **2**.76 v. quis
quid *adv* **15**.77
quī-dam quae- quod- **27**.76; **31**.21,28
quidem **26**.43,65; nē...q. **27**.55
quid-nam **23**.6
quidnī **35**.116
quid-quam **27**.106
quid-quid **31**.29
quiēscere -ēvisse **27**.1,64
quiētus -a -um **11**.58; **14**.1
quīn **22**.29; **26**.39
quīn-decim **17**.20
quīn-gentī -ae -a **17**.33
quīnī -ae -a **33**.3
quīnquāgintā **17**.25
quīnque **4**.10
quīnquiēs **18**.124
Quīntīlis -is *m* **13**.128
quīntus -a -um **13**.3

quis quae quid **1**.50; **2**.15,16
quis quid (sī/num/nē q.) **22**.7, 28,105; **32**.135
quis-nam **23**.6
quis-quam quid- **26**.26; **27**.106
quis-que quae- quod- **17**.12, 13, 23; **18**.20,43; **31**.172
quis-quis **31**.176; **34**.211
quō *adv* **6**.35; **16**.47
quō-cum **33**.154 v. quī, quis
quod (= quia) **10**.24
quod *n* **4**.75 v. quī
quō-modo **14**.25,35
quoniam **26**.14
quoque **1**.3
quot **2**.37,38; **26**.91; **31**.69
quot-annīs **25**.37
quotiēs **18**.122

rāmus -ī *m* **10**.69
rapere -iō -uisse -ptum **27**.96, 132; **28**.133
rapidus -a -um **29**.72,192
rārō *adv* **20**.63; -ius **20**.74
rārus -a -um **18**.13; **28**.137
ratiō -ōnis *f* **34**.55
ratiōnālis -e **35**.162,173
ratis -is *f* **33**.106
re-cēdere **22**.76; **23**.11
re-cipere **30**.6
recitāre **15**.97,99
re-cognōscere **29**.171
rēctē **17**.40; **30**.140 v. rēctus
rēctus -a -um **17**.39; **18**.53; -ā viā **26**.88; *adv* -ē
re-cumbere **24**.8
red-dere **15**.88; **34**.55
red-imere -ēmisse -ēmptum **32**.96
red-īre **15**.67; **16**.58; **25**.129
re-dūcere **29**.75
re-ferre rettulisse re-lātum **33**.57; grātiam r. **32**.123
regere rēxisse rēctum **25**.6,44
regiō -ōnis *f* **27**.25
rēgnāre **28**.88
rēgula -ae *f* **14**.109
re-linquere -līquisse -lictum **9**.40,48
reliquus -a -um **26**.15,18,28
re-manēre **29**.8
rēmigāre **32**.54
re-minīscī **32**.102,156
re-mittere **19**.81

re-movēre 22.85
rēmus -ī *m* 29.193
repente 29.99
reperīre repperisse repertum
  9.63; 18.11
re-pōnere 17.129
re-prehendere 17.62
re-pugnāre 32.66
re-quiēscere 30.22
re-quīrere 34.137
rēs reī *f* 14.111,122; 17.3
re-sistere -stitisse 22.62; 32.77
re-spondēre -disse 3.25; 17.107
respōnsum -ī *n* 17.39
rēte -is *n* 34.26
re-tinēre 22.59; 34.73
re-trahere 31.78
re-venīre 11.47
re-vertī -tisse -sum 20.123; 30.1
re-vocāre 26.142; 31.43
rēx rēgis *m* 25.44
rīdēre -sisse -sum 3.10; 5.70
rīdiculus -a -um 33.77
rigāre 27.41
rīpa -ae *f* 33.128
rīsus -ūs *m* 34.141
rīvus -ī *m* 9.8
rogāre 28.57
rogitāre 22.40
Rōmānus -a -um 1.41; 2.1;
  6.15
rosa -ae *f* 5.13
ruber -bra -brum 11.12,20
rubēre 23.81
rudis -e 27.26
rūmor -ōris *m* 31.12
rumpere rūpisse ruptum
  22.72; 24.12
rūrī *loc* 27.66 v. rūs
rūrsus 4.12
rūs rūris *n* 27.65
rūsticus -a -um 27.99; 31.191

S

sacculus -ī *m* 4.3
saccus -ī *m* 6.25
sacerdōs -ōtis *m/f* 35.18
saeculum -ī *n* 13.8
saepe 17.72; -issimē 24.93
saevus -a -um 25.39
sagitta -ae *f* 12.91
sāl salis *m* 30.109; 34.151
salīre -uisse 22.72
salūs -ūtis *f* 29.119; -em dīcere
  23.23

salūtāre 4.33
salvāre 28.122
salvē -ēte 4.34; 7.31
salvēre iubēre 30.16
salvus -a -um 28.104,146
sānāre 11.27
sānē 30.107
sanguis -inis *m* 11.19
sānus -a -um 11.24,77
sapere -iō -iisse 34.190
sapiēns -entis 31.108
satis 8.95,126; 13.110
saxum -ī *n* 25.103
scaena -ae *f* 3.1
scaenicus -a -um 34.44
scalpellum -ī *n* 34.5
scamnum -ī *n* 35.17
scelestus -a -um 31.118
scelus -eris *n* 31.116
scīlicet 22.110
scindere -idisse -issum 22.100
scīre 17.3,113, 137
scrībere -psisse -ptum 18.48
scūtum -ī *n* 12.33
sē sibi 7.8; 15.82; 24.24
secāre -uisse -ctum 29.169; 34.6
sē-cum 14.87 v. sē
secundum *prp+acc* 33.107
secundus -a -um 1.67; 16.37;
  32.100
sed 1.7; 3.57
sē-decim 17.20
sedēre sēdisse 11.31
sella -ae *f* 15.14
semel 18.134; 25.31
sēmen -inis *n* 27.15
semper 16.26
senex senis *m* 31.174
sēnī -ae -a 33.3
sententia -ae *f* 18.30; 30.138
sentīre sēnsisse sēnsum 11.90;
  30.129
septem 4.10
September -bris *m* 13.5
septen-decim 17.20
septentriōnēs -um *m* 16.47
septimus -a -um 13.4
septin-gentī -ae -a 17.33
septuāgintā 17.26
sequī secūtum 16.66,114
serēnus -a -um 16.54
serere sēvisse satum 27.9
sērius -a -um 34.144
sermō -ōnis *m* 20.50
servāre 16.125

servīre 28.152,158; 35.209
servitūs -ūtis *f* 32.2
servus -ī *m* 2.26
ses-centī -ae -a 17.33
sēsē 29.156
sēstertius -ī *m* 8.61; 17.99
seu 32.113 v. sī-ve
sevērus -a -um 15.6; 31.100
sex 1.74
sexāgintā 13.7
sexiēs 18.120
Sextīlis -is *m* 13.136
sextus -a -um 13.4
sī 15.83; +*coni* 33.73,181
sibi *dat* 24.24 v. sē
sīc 18.42
siccus -a -um 27.129
sīc-ut 22.16
signāre 18.188
significāre 18.33; 24.87; 25. 41;
  35.203
significātiō -ōnis *f* 35.104
signum -ī *n* 19.3; 23.13; 33.9
silentium -ī *n* 20.116
silēre 20.115
silva -ae *f* 9.10,21
similis -e 35.221
simul 16.55; s. atque 31.41
sīn 26.78
sine *prp+abl* 5.45
sinere sīvisse situm 22.77
singulāris -is *m* 1.88
singulī -ae -a 30.73,74
sinister -tra -trum 14.80;
  f 16.51; 30.97
sinus -ūs *m* 34.159
sī-quidem 35.171
sitis -is *f* 30.48
situs -a -um 16.2
sī-ve/seu 16.2; 20.12; s. ... s.
  20.82; 32.116
sōl -is *m* 9.25,30
solēre -itum esse 14.62
solum -ī *n* 21.64; 27.39
sōlum *adv* 7.56
sōlus -a -um 5.23
solvere -visse solūtum 22.63;
  23.43; 31.33; nāvem s. 25.98
somnus -ī *m* 20.4
sonus -ī *m* 24.9
sordēs -ium *f* 21.60
sordidus -a -um 14.45; 27.62
soror -ōris *f* 12.1
spargere -sisse -sum 27.15,171
speciēs -ēī *f* 35.159

spectāre **11**.76,109
spectātor -ōris *m* **34**.31
speculum -ī *n* **7**.8
spērāre **28**.147,158
spēs -eī *f* **29**.16
-spicere -iō -spexisse -spectum
spīrāre **10**.47
spondēus -ī *m* **34**.250
stāre stetisse **11**.32
statim **15**.28
statuere -uisse -ūtum **31**.80
stēlla -ae *f* **13**.46
sternere strāvisse strātum
  30.72,82
stilus -ī *m* **14**.109
stipendium -ī *n* **33**.35
strepitus -ūs *m* **24**.12
studēre **33**.29
studiōsus -a -um **26**.43
studium -ī *n* **33**.30
stultus -a -um **11**.10
stupēre **29**.112
suādēre -sisse **29**.161
sub *prp*+*abl* **9**.30; **10**.47;
  27.57; +*acc* **22**.91
sub-īre **29**.99
subitō *adv* **24**.12
subitus -a -um **24**.10
sub-mergere **32**.4
sub-urbānus -a -um **27**.58
sūmere -mpsisse -mptum **4**.73;
  11.23
summus -a -um **26**.79; **30**.69;
  32.37
super *prp*+*acc* **11**.6, 30; +*abl*
  31.147
superbus -a -um **32**.170
super-esse **18**.140; **32**.48
superior -ius **23**.64; **33**.144
superlātīvus -ī *m* **13**.175
superus -a -um **16**.2
supīnum -ī *n* **22**.125
supplicium -ī *n* **31**.119
suprā *prp*+*acc* **9**.25; **16**.2; *adv*
  33.22
surdus -a -um **28**.31
surgere surrēxisse **14**.40; **15**.15
sur-ripere -iō -uisse -reptum
  29.131
sūrsum **26**.73
suscitāre **28**.66,121
su-spicere **26**.85,108
sus-tinēre **10**.100,124; **12**.115
suus -a -um **4**.19; **13**.47
syllaba -ae *f* **1**.74

T
tabella -ae *f* **21**.109
tabellārius -ī *m* **22**.24
taberna -ae *f* **8**.1
tabernārius -ī *m* **8**.3
tabula -ae *f* **14**.109
tacēre **4**.37
tacitus -a -um **15**.18
talentum -ī *n* **32**.169
tālis -e **18**.70
tam **6**.11; **8**.81; **14**.59; **34**.20
tam-diū **33**.86
tamen **19**.63
tam-quam **26**.53
tandem **22**.35; **34**.71
tangere tetigisse tāctum **11**.40
tantum **27**.94; *adv* **4**.11
tantun-dem **35**.40
tantus -a -um **8**.64
tardus -a -um **30**.12,79
tata -ae *m* **20**.30
taurus -ī *m* **25**.26
tē tē-cum v. tū
tēctum -ī *n* **19**.3
temerārius -a -um **26**.104
tempestās -ātis *f* **16**.32
templum -ī *n* **19**.46
tempus -oris *n* **13**.9,19,80; **19**.
  155; t. est **13**.148
tenebrae -ārum *f* **34**.83
tenebricōsus -a -um **34**.98
tenēre -uisse **7**.6; **16**.77; **25**.32
tenuis -e **10**.101
ter **18**.125
tergēre -sisse -sum **7**.23,92
tergum -ī *n* **15**.61; ā -ō **16**.38
ternī -ae -a **30**.74
terra -ae *f* **9**.26; **12**.62; **13**.49;
  31.39
terrēre **22**.67
terribilis -e **25**.25
tertius -a -um **1**.68
testis -is *m*/*f* **34**.205
tetig- v. tangere
theātrum -ī *n* **34**.45
tibi *dat* **14**.66 v. tū
tībiae -ārum *f pl* **28**.(73)
tībīcen -inis *m* **28**.71
timēre **6**.39,42
timidus -a -um **25**.21
timor -ōris *m* **9**.57
-tinēre -uisse -tentum <tenēre
titulus -ī *m* **2**.82
toga -ae *f* **14**.71
togātus -a -um **14**.77

tollere sus-tulisse sub-lātum
  17.17; **28**.59
tonitrus -ūs *m* **16**.109
tot **17**.29
totiēs **18**.121
tōtus -a -um **13**.50
trā-dere **23**.5
trahere trāxisse tractum
  25.7,11
tranquillitās -ātis *f* **28**.124
tranquillus -a -um **16**.28,30
trāns *prp*+*acc* **26**.38
trāns-ferre **33**.73
trāns-īre **33**.84
tre-centī -ae -a **13**.7
trē-decim **17**.19
tremere -uisse **22**.84
trēs tria **1**.67; **2**.54
trīcēsimus -a -um **27**.114
triclīnium -ī *n* **30**.64
trīgintā **13**.25
trīnī -ae -a **33**.91
trīstis -e **12**.20
trīstitia -ae *f* **29**.46
trochaeus -ī *m* **34**.249
tū tē tibi **3**.25; **14**.66; **15**.20;
  17.63; tē-cum **14**.108
tuērī tūtum **32**.45
tul- v. ferre
tum **15**.29; **33**.167
tumultuārī **28**.71
tumultus -ūs *m* **24**.87
tunc **13**.19; **28**.123
tunica -ae *f* **14**.71
turba -ae *f* **28**.28
turbāre **16**.32; **28**.9; **29**.73
turbidus -a -um **16**.31,124
turgidus/-ulus -a -um **34**.7,105
turpis -e **18**.93; **24**.80
tūtus -a -um **28**.135,136
tuus -a -um **2**.67,82
tyrannus -ī *m* **29**.152

U
ubi **1**.12; **6**.58; u. prīmum
  32.175
ubī-que **32**.47
ūllus -a -um **19**.14,53
ulterior -ius **33**.131
ultimus -a -um **34**.106
ultrā *prp*+*acc* **33**.87
ululāre **9**.68
umbra -ae *f* **9**.30; **28**.89
umerus -ī *m* **6**.26
ūmidus -a -um **20**.108

umquam **23**.26
ūnā cum **20**.104
unde **6**.34; **16**.20,45
ūn-dē-centum **9**.3
ūn-decim **13**.30
ūndecimus -a -um **13**.5
ūn-dē-trīgintā **13**.28
ūn-dē-vīgintī **17**.21
ūniversus -a -um **28**.37
ūnus -a -um **1**.76; **18**.58; **19**.5;
    28.67; ūnī -ae -a **33**.91
urbānus -a -um **27**.67; **31**.192
urbs -bis *f* **13**.100
ūrere ussisse ustum **26**.80
ūsque **17**.16; **27**.121; **34**.97
ut **9**.72; **11**.104; **12**.63,64; **14**.
    120; **18**.122; +*coni* **27**.78; **28**.
    87,90,103; **32**.42
uter -tra -trum **14**.12
uter-que utra- utrum- **14**.7
ūtī ūsum +*abl* **27**.20; **34**.10
utinam **32**.157,179; **33**.67
utrum... an **28**.12
ūva -ae *f* **27**.48
uxor -ōris *f* **19**.1

V

vacuus -a -um **4**.66
vāgīre **20**.7
valdē **24**.20,24
valē -ēte **14**.128; **16**.71
valēre **14**.12
valētūdō -inis *f* **33**.60
validus -a -um **21**.47; **28**.103
vallis -is *f* **9**.19
vāllum -ī *n* **12**.100
varius -a -um **18**.33; **29**.179
vās -is *n*, *pl* -a -ōrum **30**.90
-ve **27**.29
vehere vēxisse vectum **6**.30,69
vel **13**.7,9
velle voluisse **10**.67,75; **13**.140

vēlōx -ōcis **29**.185
vēlum -ī *n* **16**.39
vel-ut **28**.26
vēna -ae *f* **11**.20
vēn-dere **8**.5
venīre vēnisse **3**.21; **13**.47
venter -tris *m* **11**.21
ventus -ī *m* **16**.29
venustus -a -um **34**.89
vēr -is *n* **13**.80,84
verbera -um *n pl* **23**.99
verberāre **3**.46
verbum -ī *n* **3**.100; **4**.45
vērē **21**.101 v. vērus
verērī **16**.74
vērō **16**.123; **18**.140; **21**.104;
    neque/nec v. **16**.138
versārī **28**.89,134; **32**.157
versiculus -ī *m* **34**.172
versus -ūs *m* **12**.145; **32**.102
versus, ad... v. **20**.67
vertere -tisse -sum **7**.16,45;
    13.50; **22**.3
vērum **26**.8
vērus -a -um **15**.54; **22**.66; **32**.
    115; *n* **15**.57
vesper -erī *m* **13**.36; -ī *adv* **20**.42
vester -tra -trum **12**.25
vestīgium -ī *n* **9**.54,82
vestīmentum -ī *n* **14**.69,75
vestīre **14**.71
vestis -is *f* **21**.5; **30**.71
vestrum *gen* **29**.43
vetāre -uisse -itum **31**.106
vetus -eris **31**.127,154
via -ae *f* **6**.1; **8**.11
vīcēsimus -a -um **20**.0
victor -ōris *m* **32**.40
victōria -ae *f* **32**.31
vidēre vīdisse vīsum **3**.11; **10**.
    50; vidērī **26**.94,95; **33**.63
vigilāre **14**.5

vigilia -ae *f* **28**.95
vīgintī **8**.48
vīlis -e **32**.38
vīlla -ae *f* **5**.1
vincere vīcisse victum **21**.46;
    32.31
vincīre vīnxisse vīnctum **22**.11
vīnea -ae *f* **27**.47
vīnum -ī *n* **27**.49
vir -ī *m* **2**.1; **5**.20
vīrēs -ium *f* **32**.53
virga -ae *f* **15**.6
virgō -inis *f* **19**.41
virtūs -ūtis *f* **33**.37
vīs vim vī *f* **32**.13,164
viscera -um *n* **11**.22
vīsere -sisse **30**.19
vīta -ae *f* **29**.7
vītāre **28**.143
vītis -is *f* **27**.46
vīvere vīxisse **10**.46; **20**.11;
    25.25
vīvus -a -um **10**.49
vix **16**.69; **27**.177
vōbīs vōbīs-cum v. vōs
vocābulum -ī *n* **1**.71
vōcālis -is *f* **18**.7,23
vocāre **3**.16; **19**.30; **30**.9
vocātīvus -ī *m* **4**.102
volāre **10**.11
voluntās -ātis *f* **32**.61
vorāgō -inis *f* **28**.131
vorāre **25**.19
vōs vōbīs **15**.51,120; **20**.130;
    21.109; vōbīs-cum **29**.57
vōx vōcis *f* **10**.81
vulnerāre **33**.137
vulnus -eris *n* **33**.138
vultus -ūs *m* **23**.34

Z

zephyrus -ī *m* **18**.12

INDEX GRAMMATICVS

NOTAE

=	idem atque (pōnitur inter vocābula quae eandem ferē rem significant)
↔	contrārium (pōnitur inter vocābula quae rēs contrāriās significant)
<	factum ex (pōnitur inter vocābula quōrum alterum ex alterō factum est)
|	haec nota pōnitur ante litterās quae in dēclīnātiōne adduntur

abl	ablātīvus	*īnf*	īnfīnītīvus
acc	accūsātīvus	kal.	kalendae
āct	āctīvum	*loc*	locātīvus
a. d.	ante diem	*m, masc*	masculīnum
adi	adiectīvum	*n, neutr*	neutrum
adv	adverbium	*nōm*	nōminātīvus
cap.	capitulum	nōn.	nōnae
cēt.	cēterī -ae -a	pāg.	pāgina
comp	comparātīvus	*part*	participium
coni	coniūnctīvus	*pass*	passīvum
dat	datīvus	*perf*	perfectum
dēcl	dēclīnātiō	*pers*	persōna
dēp	dēpōnēns	*pl, plūr*	plūrālis
f, fēm	fēminīnum	*praes*	praesēns
fut	futūrum	*prōn*	prōnōmen
gen	genetīvus	*prp*	praepositiō
īd.	īdūs	s. d.	salūtem dīcit
imp	imperātīvus	*sg, sing*	singulāris
imperf	imperfectum	*sup*	superlātīvus
indēcl	indēclīnābile	*voc*	vocātīvus

FORMAE MVTATAE

A
ab-lāt-abs-tul-< au-ferre
āct- < agere
al-lāt- at-tul- < af-ferre
C
cecid- < cadere
cecin- < canere
cēp- < capere
cruc- < crux
D
ded- < dare
dī diī diīs dīs < deus
didic- < discere
dīx- < dīcere
dō < dare
duā- duae < duo
duc- < dux
dūx- < dūcere
E
ea eā eae < is
ea- eandem < īdem
eam eārum eās < is
eam eās eat... eant < īre
ed- ēd- < ēsse
ēg- < agere
eī eius(-dem) < is īdem

eō eōrum eōs eum < is
eō eunt eunt- < īre
eō- eun-dem < īdem
er- < esse
F
fēc- < facere
fit fīunt < fierī
fīx- < fīgere
frāct- frēg- < frangere
fu- < esse
G
gener- < genus
gess- gest- < gerere
H
ha- hīs ho- hu- < hic
I
ī īb- < īre
iēc- < iacere
iī iīs < is
iī iistī iit... iērunt < īre
iuss- < iubēre
L
lāt- < ferre
later- < latus
lēct- < legere
lēg- < lēx

libr- < liber
locūt- < loquī
lūc- < lūx
M
mā-vīs -vult < mālle
merc- < merx
mī < meus
mīs- miss- < mittere
mixt- < miscēre
mōr- < mōs
N
nec- < nex
noct- < nox
O
ob-lāt- -tul- < of-ferre
oper- < opus
ōr- < ōs
P
pāc- < pāx
ped- < pēs
pepul- < pellere
posit- posu- < pōnere
pot- potu- < posse
prō-fu- -su- < prōd-esse
Q
qua- quo- < *quī/quis*

quan- quen-dam < quī-
  dam
R
rē rēbus < rēs
rēg- < rēx
reī rem rērum < rēs
rūp- rupt- < rumpere
S
scid- sciss- < scindere
secūt- < sequī
sim sīs sit... sint < esse
strāt- strāv- < sternere
sum sumus sunt < esse
T
tetig- < tangere
tract- trāx- < trahere
tria tribus trium < trēs
tul- < ferre
V
vect- vēx- < vehere
vī vim < vīs
vīc- vict- < vincere
vīs < velle
vīx- < vīvere
vōc- < vōx
vol- vult vultis < *velle*